国家社科基金后期资助项目
出版说明

后期资助项目是国家社科基金设立的一类重要项目，旨在鼓励广大社科研究者潜心治学，支持基础研究多出优秀成果。它是经过严格评审，从接近完成的科研成果中遴选立项的。为扩大后期资助项目的影响，更好地推动学术发展，促进成果转化，全国哲学社会科学工作办公室按照“统一设计、统一标识、统一版式、形成系列”的总体要求，组织出版国家社科基金后期资助项目成果。

全国哲学社会科学工作办公室

国家社科基金
GUOJIA SHEKE JIJIN HOUQI ZIZHU XIANGMU
后期资助项目

宪法视阈下
纵向府际关系研究

A Study on the Vertical Intergovernmental Relations from the Perspective of Constitution

任进 著

法律出版社
LAW PRESS · CHINA
——北 京——

图书在版编目(CIP)数据

宪法视阈下纵向府际关系研究 / 任进著. -- 北京 : 法律出版社, 2023
ISBN 978-7-5197-7701-2

Ⅰ. ①宪… Ⅱ. ①任… Ⅲ. ①宪法-研究-中国 Ⅳ. ①D921.04

中国国家版本馆 CIP 数据核字(2023)第 061504 号

宪法视阈下纵向府际关系研究
XIANFA SHIYU XIA ZONGXIANG FUJI GUANXI YANJIU

任 进 著

责任编辑 董 昱
装帧设计 李 瞻

出版发行 法律出版社
编辑统筹 法规出版分社
责任校对 张红蕊
责任印制 耿润瑜
经　　销 新华书店

开本 710 毫米×1000 毫米 1/16
印张 22.5 **字数** 385 千
版本 2023 年 7 月第 1 版
印次 2023 年 7 月第 1 次印刷
印刷 北京虎彩文化传播有限公司

地址:北京市丰台区莲花池西里 7 号(100073)
网址:www.lawpress.com.cn
投稿邮箱:info@lawpress.com.cn
举报盗版邮箱:jbwq@lawpress.com.cn
销售电话:010-83938349
客服电话:010-83938350
咨询电话:010-63939796

书号:ISBN 978-7-5197-7701-2
定价:88.00 元
凡购买本社图书,如有印装错误,我社负责退换。电话:010-83938349

基金项目
国家社会科学基金后期资助项目，项目批准号：17FFX001

目录 Contents

前言　纵向府际关系研究的意义、现状和方法

一、纵向府际关系研究的意义

“府际关系”(Intergovernmental Relations,IGR),国内也称“政府间关系”,一般分为纵向府际关系和横向府际关系,通常是指一国之内不同层级政府之间纵向和横向的关系,包括中央与地方之间、联邦与联邦成员及其与地方之间以及各级地方政府及其部门之间的纵向关系,也包括它们之间的横向关系。

府际关系作为国家政治生活中最基本的关系之一,是各国宪法涉及的重要内容。如何认识和处理府际关系,是世界各国尤其是一些大国普遍关注的重大课题。

毛泽东同志指出,“处理好中央和地方的关系,这对于我们这样的大国大党是一个十分重要的问题”,“还有一个地方和地方的关系问题,这里说的主要是地方的上下级关系问题”①。

府际关系是现代国家治理体系的重要组成部分。鉴于治理现代化、经济市场化和地方分权化的发展趋势,对这一领域的研究愈加显示出重要性。

《中共中央关于坚持和完善中国特色社会主义制度、推进国家治理体系和治理能力现代化若干重大问题的决定》要求:“健全充分发挥中央和地方两个积极性体制机制。”

习近平总书记在党的二十大报告中提出,“深化简政放权、放管结合、优化服务改革”;“优化政府职责体系和组织结构,推进机构、职能、权限、程序、责任法定化”。

对纵向府际关系研究的政治和法治意义在于,立足我国基本国情和法治原则,借鉴域外合理的制度因素,促进国家结构、组织、职权、财政、监督、合作等方面的纵向整合;发挥各级组织的职能作用,促进秩序与活力的动态平衡;推进党和国家机构改革,实现政府间关系的科学化、法治化。

对纵向府际关系的宪法学研究,将涉及政府间纵向关系的各个要素和

① 毛泽东:《论十大关系》,载《毛泽东著作选读》(下册),人民出版社 1986 年版,第 730 – 731 页。

内容纳入宪法学范畴，有利于扩大研究视阈，并拓展研究的深度，丰富宪法学、政治学等理论成果；有利于从更宏观视野建立和健全保障宪法实施的纵向体制机制，推进国家治理体系和治理能力现代化。

二、纵向府际关系研究的现状

（一）国外相关研究

词源学意义上的“府际关系”的提出，始于20世纪30年代。为应对严重经济危机，时任美国总统罗斯福推出“新政”（New Deal），强化联邦政府对经济社会生活的调节。为避免各州怀疑联邦政府破坏联邦宪法的分权制衡架构，需要在联邦与各州之间以及各州之间各自独立、相互分立的“二元联邦主义”的基础上进行调整，建立起各级政府间的互动合作关系。随着“合作联邦主义”的提出，“府际关系”的概念应运而生。

一般认为，最早提出“府际关系”的人，是美国的克莱德·辛德（Clyde F. Sinder）。1937年，他在《1935—1936年的乡村和城镇政府》一文中，提出“府际关系”一词。

1960年，威廉·安德森（W. Anderson）在明尼苏达大学出版社出版的《府际关系评论》（*Intergovernmental Relations in Review*）中，将“府际关系”正式定义为：“联邦政府内各类和各级政府机构的一系列重要活动及相互作用。”

“政府”一词在美国是广义的。作为宏观意义上的“府际关系”在各国宪法或宪法性法律中，具有重要的地位。实际上，1787年《美利坚合众国宪法》关于联邦与州及州际关系的条款，就是涉及政府间关系的重要内容。

国外对纵向府际关系的研究，历史久远。例如，《联邦党人文集》是一部解读美国宪法草案的著作，该书由美国三位重要政治家汉密尔顿（Hamilton）、麦迪逊（Madison）和杰伊（Jay），写于《美利坚合众国宪法》制定之时，其中多方面论及联邦与州之间以及各州之间的关系。可以说，它是早期关于政府间关系最重要的研究成果之一，尽管没有使用“府际关系”的概念。

其他国家学者，对府际关系也有论及。如英国乔舒亚·托尔敏·史密斯（Joshua Toulmin Smith）所著的《地方自治与中央集权》（1851年）（*Local Self－Government and Centralization*，1851），是早期府际关系的代表作。

运用比较方法对府际关系研究的成果有英国G. M.哈里斯（G. M. Harris）在其原著《各国地方政府》（*Local Government in Many Lands*）基础上改编的《比较地方政府》（1948年）（*Comparative Local Government*，

1948)等。

之后,关于纵向府际关系的著述不断出现。如戴维·威尔伯恩(David M. Welborn)和杰西·伯克海德(Jesse Burkhead)合著的《美国行政国家的政府间关系》(1989 年)(*Intergovernmental Relations in the American Administrative State*,1989)、罗纳德·费舍尔(Ronald C. Fisher)编著的《府际财政关系》(1997 年)(*Intergovernmental Fiscal Relations*,1997)等。

也有学者在介绍本国政府时涉及府际关系,如菲利普·林奇(Philip Lynch)与保罗·菲尔克拉夫(Paul Fairclough)所著的《英国政府与政治》(2013 年第4 版)(*UK Government &Politics*,*Fourth Edition*,2013),专章对英国权力下放与地方政府进行阐述;又如西奥多·罗伊(Theodore J. Lowi)、本杰明·金斯伯格(Benjamin Ginsberg)、肯尼斯·谢普斯尔(Kenneth A. Shepsle)与斯蒂芬·安索拉比赫(Stephen Ansolabehere)合著的《美国政府:权力与目的》(2019 年)(*American Government:Power and Purpose*,2019),对美国联邦与州的关系作了研究和分析。

(二)国内相关研究

我国学界一开始将西方意义上的"府际关系"称为"政府间关系",并主要是政治学和行政学等领域学者在讨论中央与地方关系、国家结构形式时予以关注的。

宪法学界较少使用"府际关系"的用语,一般用"中央与地方关系"或在"国家结构形式"研究中,描述中央与地方、国家整体与部分的关系。但国内一些学者将单一制国家中央与地方关系或联邦制国家联邦与联邦成员关系,都理解成"中央与地方政府"关系;有的认为"国家结构的形式是指国家各部分领土的政治权力之间的关系,主要包括中央与地方政府的权力关系"。[①]

政治学与行政学领域的学者对政治与行政意义上的"府际关系"的研究,大致始于20 世纪80 年代至90 年代。

由于我国是单一制国家,中央政府处于主导地位,因此,对纵向府际关系,学界多侧重于中央与地方关系的研究范式,如王沪宁著《中国变化中的中央和地方政府的关系:政治的含义》(1988 年)[②],薄贵利著《中央与地方关系研究》(1991 年),辛向阳著《大国诸侯:中国中央与地方关系之结》(1995 年),金太军、赵晖等著《中央与地方政府关系建构与调谐》(2005

---

① 张千帆:《宪法学导论:原理与应用》,法律出版社 2004 年版,第 205 页。

② 王沪宁:《中国变化中的中央和地方政府关系:政治的含义》,载《复旦学报》(社会科学版)1988 年第 5 期。

年)等。

此外,相对于"府际关系"这一舶来品,"政府间关系"不仅更早出现,并且与之经常交替使用。如林尚立著《国内政府间关系》(1998 年)[①]、张紧跟著《当代中国政府间关系导论》(2009 年)、马斌著《政府间关系:权力配置与地方治理》(2009 年)等,使用的是"政府间关系"的用语。

同时,学术界注重政府间关系的比较研究,如董礼胜著《欧盟成员国中央与地方关系比较研究》(2000 年)等。

国内第一个使用"府际关系"一词的学者是北京大学政府管理学院的谢庆奎教授,他认为府际关系是政府间在垂直和水平上的纵横交错的关系以及不同地区政府间的关系。[②] 谢庆奎和杨宏山指出,应建立起一个中央政府选择性集权的体制,并在分权过程中选择制度化的路径解决非制度化权力下放的问题。[③] 我国台湾地区学者赵永茂、孙同文、江大树等认为,狭义来说,府际关系是各层级政府间之垂直互动关系;广义而言,府际关系其实更涵盖同级政府间的水平互动关系、特定政府机关内各部门间之协调管理及政府机关与民间社会的公共关系等。[④]

2005 年中国社会科学出版社出版、杨宏山著的《府际关系论》,是我国出版的系统阐述府际关系理论和制度的政治学专著,该书对世界主要国家的府际关系的基本模式进行比较,并对各种模式下府际关系的具体运作和影响因素作了分析。

2011 年浙江大学吴帅的《分权、制约与协调:我国纵向府际权力关系研究》,是较早全面分析我国府际关系的政治学博士学位论文;2013 年游腾飞博士学位论文《美国联邦制纵向权力关系研究》于 2015 年出版。

自 1983 年在全国试行市管县体制、1986 年修改《中华人民共和国地方各级人民代表大会和地方各级人民政府组织法》(以下简称《地方组织法》)赋予了较大的市地方性法规和地方政府规章制定权,特别是 1994 年分税制改革以来,各级地方的特点和作用逐步显现出来。不少学者关注省

① 林尚立没有使用"府际关系"一词,他使用的是"政府间关系"的概念。在他看来,国内政府间关系主要指国内各级政府和各地区政府间关系,包含纵向的中央政府和地方政府关系,也包括横向的各地区政府关系。他根据政府间关系的基本格局和性质因素,将政府间关系主要分为权力关系、财政关系和公共行政关系三个部分。参见林尚立:《国内政府间关系》,浙江人民出版社 1998 年版,第 68 – 73 页。

② 参见谢庆奎:《中国政府的府际关系研究》,载《北京大学学报(哲学社会科学版)》2000 年第 1 期。

③ 参见谢庆奎、杨宏山:《府际关系的理论与实践》,天津教育出版社 2007 年版,第 117 页。

④ 参见赵永茂、孙同文、江大树主编:《府际关系》,台北,元照出版有限公司 2001 年版,第 6 页。

级与省级之下地方的关系，加强了对“市管县”“强县扩权”“省直管县”等改革举措的研究。如孙学玉认为，随着市场经济发展，区域经济联系越来越紧密、交通通信更加便捷等因素为“强县扩权”和“省直管县”提供了条件、动力和技术支持。① 石亚军、施正文分析了安徽省直管县财政体制改革实践和问题，认为改革省直管县体制要借鉴市场经济国家经验和管理学理论，适当缩小省级管理半径，增加省级数量。②

在法学、政治学领域，主要从职权划分、中央与地方关系法治化等视角进行研究，如朱苏力认为，中央与地方关系之间存在的非制度化分权问题，带来了预期不确定，会造就机会主义的政治经济社会伦理，不利于中国的统一的市场经济发展，会威胁中国的政制统一和稳定。③ 王绍光、胡鞍钢则认为，现有的分权机制主要是基于中央和地方利益博弈的结果，合法性薄弱。④

杨小云分别从四个方面（资源、法治、调整行政权力纵向结构方式及合理分权），提出建构新型央地关系的思路。⑤

而杨兴林认为，现实的中国作为一个单一制大国，其国家治理尤其要以强大的政治凝聚力和驱动力为重要保证，而从严治党是有效增强中国政治凝聚力和驱动力的关键。⑥

石佑启认为，我国中央与地方纵向权力配置的关键问题，一是财权与事权的统一性；二是集权与分权的平衡性。他提出通过修宪界定央地政府事权，并辅之以“地方政府组织法”等法律，构成央地政府间权限划分的法律规范体系。⑦

郑毅则从宪法文本视角，对中央与地方关系进行历史研究和规范分析。⑧

于文豪对地方政府向同级人大和上级政府双重负责作出分析，认为构

① 参见孙学玉：《强县扩权与省直管县（市）的可行性分析》，载《中国行政管理》2007 年第 6 期。

② 参见石亚军、施正文：《从“省直管县财政改革”迈向“省直管县行政改革”——安徽省直管县财政改革的调查与思考》，载《中国行政管理》2010 年第 2 期。

③ 参见苏力：《当代中国的中央与地方分权——重读毛泽东〈论十大关系〉第五节》，载《中国社会科学》2004 年第 2 期。

④ 参见王绍光、胡鞍钢：《中国国家能力报告》，辽宁人民出版社 1993 年版，第 168 页。

⑤ 参见杨小云：《试论协调中央与地方关系的路径选择》，载《中国行政管理》2002 年第 3 期。

⑥ 参见杨兴林：《单一制国家结构视角下的大国治理》，载《学习论坛》2018 年第 12 期。

⑦ 参见石佑启、邓搴：《论法治视野下行政权力纵向上的合理配置》，载《南京社会科学》2015 年第 11 期。

⑧ 参见郑毅：《建国以来中央与地方关系在宪法文本中的演变》，载《中国行政管理》2015 年第 4 期。

造其内涵的核心目标是使自上而下的行政意志与自下而上的民主意志得到恰当平衡。①

郭殊对中央与地方关系的司法调控问题进行了研究，涉及司法调控的理论基础、宪法功能、制度模式及对我国中央与地方关系中的司法机制的分析。② 刘海波认为，要充分注意司法调节方式优点，发挥司法改革在央地关系上的作用。③

除了中央与地方关系范式外，法学界也有学者采用其他范畴定义纵向关系。如胡萧力、王锡锌提出“纵向治理结构”的概念，强调在“宏观集权”的同时，落实“微观分权”，从而构造更为合理的纵向治理结构。④ 王建学主持的“国家纵向治理体系现代化和法治化若干重大问题研究”，以我国国家纵向治理的百年转型过程和在世界范围内的特殊性为基础，建构了关于“国家纵向治理体系”现代化和法治化规范研究的新范式。

三、纵向府际关系研究的方法

对纵向府际关系的研究，不仅涉及政治学与行政学、宪法学等的重要内容，还涉及对其采取何种有效的方法。

吕育诚借用罗森布鲁姆(Rosenbloom)对公共行政问题的分析方法，认为对地方政府的研究大致可分为法制研究途径、政治研究途径和管理研究途径等三类。⑤ 同样，这也适用于纵向府际关系的研究。

(一)政治学与行政学研究方法

在国内外政治学与行政学领域，对纵向府际关系的研究，大致采用以下方法。

1. 综合研究方法(the compendious approach)

即对纵向府际关系进行全面综合分析。如塞缪尔·休姆斯(Samual Humes)著《地方治理与国家权力：地方政府传统和变革的世界性比较》(1991年)(*Local Governance and National Power: A Worldwide Comparison of Tradition and Change in Local Government*, 1991)、张志红著《当代中国政府间纵向关系研究》(2005年)等。

---

① 参见于文豪：《地方政府双重负责的宪法内涵》，载《中国法学》2021年第3期。

② 参见郭殊：《中央与地方关系的司法调控研究》，北京师范大学出版社2010年版，第16页。

③ 参见刘海波：《中央与地方政府间关系的司法调节》，载《法学研究》2004年第5期。

④ 参见胡萧力、王锡锌：《基础性权力与国家“纵向治理结构”的优化》，载《政治与法律》2016年第3期。

⑤ 参见吕育诚：《地方政府管理：结构与功能的分析》，台北，元照出版有限公司2006年版，第30页。

2. 个案研究方法(the case study approach)

即对某一国的纵向府际关系进行研究。如劳伦斯·小奥图尔(Laurence J. O'Toole Jr.)著《美国府际关系》(2006 年第 4 版)(*American Intergovernmental Relations, Fourth Edition*, 2006)、黄凯斌著《法国分权改革与地方治理研究》(2012 年)等。

3. 问题重点方法(the problem focus approach)

即对一国纵向府际关系的某一重点问题进行研究。如卡尔·吉尔森(Cal Jillson)著《美国政府:政治发展和制度变迁》(2015 年)(*American Government: Political Development and Institutional Change*, 2015),设专章对联邦主义与美国政治发展进行研究;又如周振超著《当代中国政府"条块关系"研究》(2009 年)、文政著《中央与地方事权划分》(2008 年)等。

(二)法学研究方法

法学领域的学者对"政府间纵向关系"十分重视,并在政治学与行政学界提出"纵向府际关系"概念后,仍主要以"中央与地方关系"或"国家结构形式"为主要分析模式,并体现了法学的特点。

1. 关注理论研究

即阐释中国和主要西方国家宪法的理论,分析国家结构形式或中央与地方关系的基本原理。如郑贤君著《地方制度论》(2000 年),介绍中国地方制度和西方国家地方自治理论,并认为应区别地方政府、地方行政机关、地方自治行政机关和地方团体等概念;[①]童之伟著《国家结构形式论》(2015 年)从宪法学的若干基础性的问题入手,以法权概念与法权分析方法为理论基点,分专题对国家结构形式的概念和实质、起源、演变、基本分类和典型国家的单一制、联邦制实践等作深入剖析[②]。

2. 注重规范研究

即梳理中国和主要西方国家宪法、法律对国家结构形式或中央与地方关系的条款,并进行综合分析。如张千帆、葛维宝编《中央与地方关系的法治化》(2009 年)等。张千帆建议及时出台"中央与地方关系基本法",规范中央与地方之间关系;[③]熊文钊讨论了中国中央与地方"一体多元"的关系格局;[④]王建学、郑毅等则探讨了《中华人民共和国宪法》第 3 条第 4 款

---

① 参见郑贤君:《地方制度论》,首都师范大学出版社 2000 年版,第 24 – 40 页、第 8 – 9 页。
② 童之伟:《国家结构形式论》(第 2 版),北京大学出版社 2015 年版,第 1 – 3 页(目录)。
③ 参见张千帆:《国家主权与地方自治》,中国民主法制出版社 2012 年版,第 353 – 355 页。
④ 参见熊文钊主编:《大国地方:中央与地方关系法治化研究》,中国政法大学出版社 2012 年版,第 113 页。

规定的“中央的统一领导”与充分发挥地方的“主动性、积极性”的内涵与相互关系。①

3. 进行个案研究

即对某一特定地方与中央关系或某一方面进行研究。如王振民著《中央与特别行政区关系:一种法治结构的解析》(2014 年),从宪法学角度,探讨了“一国两制”下,中国处理中央与特别行政区关系的基本理论和基本架构;②又如高韫芳著《当代中国中央与民族自治地方政府关系研究》(2009 年)等。③

4. 分域细化研究

即分领域对中央与地方关系进行细化研究。如封丽霞著《中央与地方立法关系法治化研究》(2008 年);马怀德著《行政区划变更的法治问题》(2016 年);④靳文辉著《风险规制中的央地政府关系之规范建构》(2022 年)⑤等。

5. 重视比较研究

即对主要国家的政府间纵向关系进行比较分析。通常是按照政府间关系的内容或国别,对主要国家政府间关系的宪法基础、权限配置、组织结构等进行重点研究。如许崇德主编《各国地方制度》(1993 年)、⑥任进著《比较地方政府与制度》(2008 年)⑦。另外,王书成以欧盟、联邦及单一制为考察对象,对纵向分权中的比例原则作了研究。⑧

(三)本项目研究方法

本项目从宪法学视角研究纵向府际关系,采取常用的规范分析、比较研究、实证研究方法,辅之以必要的历史研究,并试图在研究视阈上有所创新。

一是,研究内容上,注意把政府间纵向关系置于一国宪法制度的大背

---

① 参见王建学:《中央的统一领导:现状与问题》,载《中国法律评论》2018 年第 1 期;郑毅:《论中央与地方关系中的“积极性”与“主动性”原则——基于我国〈宪法〉第 3 条第 4 款的考察》,载《政治与法律》2019 年第 3 期。

② 参见王振民:《中央与特别行政区关系:一种法治结构的解析》,三联书店(香港)有限公司 2014 年版,第 9 – 11 页。

③ 参见高韫芳:《当代中国中央与民族自治地方政府关系研究》,人民出版社 2009 年版,第 1 页。

④ 马怀德:《行政区划变更的法治问题》,载《行政法学研究》2016 年第 1 期。

⑤ 靳文辉:《风险规制中的央地政府关系之规范建构》,载《法学研究》2022 年第 5 期。

⑥ 参见许崇德主编:《各国地方制度》,中国检察出版社 1993 年版。

⑦ 任进:《比较地方政府与制度》,北京大学出版社 2008 年版,第 3 页。

⑧ 参见王书成:《论纵向分权中的比例原则——以欧盟、联邦及单一制为考察对象》,载《重庆社会科学》2007 年第 5 期。

景下,从宪法规范的国家地域结构、组织架构、职权体系、财政和监控、合作等方面,把握政府间纵向关系的概貌。同时,重视政府间纵向关系域外发展和理论的介绍、评析,并梳理制度成果。

二是,研究方法上,注重纵向府际关系的宪法学规范分析和综合研究。本项目采用广义的视角研究纵向府际关系。与中国传统政治学基于政治学原理并主要以各级政府间行政关系等为研究重点不同,它侧重于对各国宪法和法律规范的综合分析和比较研究,对与各级政府及其相关的立法、地域结构、司法、财政等问题作宏观思考,并就改革政府间关系和完善中国政府间纵向关系的法律规范,提出科学化、法治化构建思路。

三是,项目成果上,为了反映政府间纵向关系及法治建设的理论成果、制度建设的发展变化及主要国家政府间纵向关系调整的新动向,力求在资料遴选、理论分析和制度梳理上做到新颖性、准确性和规范性。

研究纵向府际关系及其法治化的发展和走向,需要树立政府间关系整体化思维和相互结合的多学科视野。项目研究尝试用"纵向府际关系"而非"中央与地方关系"范式进行跨学科研究,基于以下考量:

一是,"纵向府际关系"是一个新的分析框架。"纵向府际关系"较早由美国政治学与行政学学者提出,其试图超越联邦主义宪法所规范的国家结构、权力配置和政府组织形态,但在多层次的政治结构中,共同的政治原则得到了各国的广泛认同,有的在宪法、宪法性法律或地方法中有明确阐述,有的则是含蓄的。实际上,政府间纵向关系涉及的内容,一直以来是宪法学关注的课题。

二是,"纵向府际关系"视野下的政府间关系,包括政府间的纵向静态和动态关系。对"纵向府际关系"的研究,不仅关注中央或联邦的权力和监控,也强调中央与地方、各级地方、联邦与联邦成员及其与地方彼此间的互动合作。

三是,"纵向府际关系"本来就是一个包容性语汇。将不同国家结构形式下的政府间关系(单一制:中央—地方;联邦制:联邦—联邦成员—地方)都纳入研究范围,有利于避开因对联邦制下"中央""地方"的理解的不同造成研究上的困扰,克服仅仅以"中央与地方关系"分析范式表述所有国家特别是联邦制国家纵向关系的局限。

四是,采用"纵向府际关系"的分析模式,将中国中央与地方及不同层级地方之间的关系(中央—各级地方、上级地方—下级地方)均纳入纵向关系,有利于弥补"中央与地方关系"范围的不足,扩大了研究视阈。

第一章　府际关系的宪法基础

一、府际关系概说

(一)"政府"的含义

对"政府"一词,宪法规定或学术界有广义和狭义两种含义。

在实行"三权分立"(separation of powers)的国家,广义的"政府"一般由三部分构成:行使立法权的国会或议会、行使行政权的行政机关和行使司法权的法院;狭义的"政府",仅指国家行政机关,包括国防、内政、外交、财政、文化、教育、卫生等部门,分别管理各方面的行政事务。

在有的国家,"政府"一词在广义上应用。在具体使用"政府"概念时,美国的"政府",一般包括联邦、各州和地方的全部机关。如在美国的宪法学和政治学著述中所指的"政府",涵盖了国会、总统及行政部门、法院、州与地方等。英国的"政府"也多指中央、地区和地方的全部机关。

有的国家的"政府"范围则相对较窄。如意大利所称"政府",多指中央及地方的行政机关。

中华人民共和国成立前,"政府"一词大多在广义上使用,如1936年《中华民国宪法草案》所称"中央政府",包括总统和行政院、立法院、司法院、考试院、监察院。根据1943年《中华民国国民政府组织法》第8条,国民政府以行政院、立法院、司法院、考试院和监察院五院,分别行使行政、立法、司法、考试和监察五种治权。1948年《华北人民政府组织大纲》所称"华北人民政府",下设各部(会、行、厅)、华北人民法院和华北人民监察院等。

也有在狭义上使用"政府"概念的,如1949年《陕甘宁边区政府暂行组织规程》所称"陕甘宁边区政府",为陕甘宁及晋南、晋西北之"最高行政机关"。

中华人民共和国成立时,亦采用广义的"政府"的概念。如根据《中华人民共和国中央人民政府组织法》,中央人民政府委员会组织的政务院、人民革命军事委员会、最高人民法院和最高人民检察署,都属于"中央人民政府"的范畴。

1954年《中华人民共和国宪法》第47条规定:"中华人民共和国国务院,即中央人民政府,是最高国家权力机关的执行机关,是最高国家行政机关。”第 62 条规定：“地方各级人民委员会，即地方各级人民政府，是地方各级人民代表大会的执行机关，是地方各级国家行政机关。”“政府”被赋予狭义的内涵。

1982 年《中华人民共和国宪法》第 85 条和第 105 条的规定，对“政府”也作了狭义的定义，并沿用至今。

根据《现代汉语词典》的解释，政府是指“国家权力机关的执行机关，即国家行政机关，例如中国的国务院（中央人民政府）和地方各级人民政府”。①

中国实行人民代表大会制度，各级人民代表大会是国家权力机关，各级人民政府即国家权力机关的执行机关和国家行政机关。

在中国香港特别行政区和澳门特别行政区，也采用狭义的政府的概念，明确特别行政区政府是特别行政区行政机关。

（二）“府际关系”或称“政府间关系”的概念

“府际关系”或称“政府间关系”的概念，如前所述，是伴随政府间合作关系的建立而提出的。

作为最早提出“府际关系”的西方宪政国家，美国在 1787 年《美利坚合众国宪法》中，没有对政府间关系作出重要的规定，而是设定两个主要级别的政府（全国性的联邦政府和作为联邦组成单位的州政府），在宪法规定其作用和责任分配的政策领域内各自自主运作。

后来的 1867 年《加拿大宪法》和 1900 年《澳大利亚联邦宪法》等，也仿行这种联邦制结构。

在 1787 年《美利坚合众国宪法》实施后的相当长的时期，美国联邦和各州按照联邦宪法配置的权力结构，在不同的领域里行使各自的职权。进入 19 世纪、20 世纪后，随着工商业网络扩展和铁路交通、电报等的运用及发展，政府规模和管辖范围扩大，出现了宪法原先没有预设到的新问题。如以前被视为区域或地方政策领域的一些事务，变成了具有全国性质的社会、经济或环境等事项，或至少是对全国性政府具有政治和政策利益的事项。特别是 20 世纪 30 年代发生的严重经济危机，要求加强联邦对经济社会事务的调节。如何在宪法规范的权力分享框架内，整合联邦、州和地方政府的关系，需要加强各级政府之间的互动合作。

1940 年，W. 布鲁克 · 格瑞伍斯（W. Brook Graves）在《编年史》（*The*

---

① 中国社会科学院语言研究所词典编辑室编：《现代汉语词典》（第 6 版），商务印书馆 2012 年版，第 1664 页。

Annals)一书中,以“美国府际关系”为主题,登载了20余篇关于美国联邦、州、地方相互关系的文章。

1953年7月,美国国会成立“府际关系委员会”(Commission on Intergovernmental Relations),旨在为消除联邦与州间的摩擦、重复和浪费,明确政府权力界限以及提高政府项目的效率提供建议。

1959年美国国会成立“府际关系咨询委员会”(Advisory Committee on Intergovernmental Relations),作为府际关系委员会的继任者。① 此后,“府际关系”被广泛应用到政府运作以及学术研究中。

关于“府际关系”的内涵,尼古拉斯·亨利(Nicholas Henry)认为,它是“公共行政领域的经费组合和人员互动”或者是“在拥有不同权力和辖区自治权的各级政府之间建立的各种财政、法律、政治和行政关系”。② 而乔治·爱德华兹(George C. Edwards Ⅲ)等指出,在美国,政府间关系是指联邦、州和地方政府之间的一整套互动关系,包括法规、资金转移和信息共享。③

一般认为,“府际关系”或称“政府间关系”不仅是指联邦制下联邦、联邦成员与地方政府的纵向和横向关系,也指单一制下中央与地方政府、各级地方之间的纵向和横向关系,以及政府各部门之间的关系。

“府际关系”具有如下特点:

第一,府际关系与联邦主义的宪法结构密切相关,也涉及单一制等不同国家结构下的中央与地方、地方与地方等关系。

第二,府际关系与联邦主义关系密切,但它与传统联邦主义有所区别,不仅关注政府间的法定结构和自主职权,也强调彼此间的合作运行。

第三,府际关系和中央与地方关系的架构和运作亦不相同,后者关注中央主导和层级节制(尽管实行地方分权的单一制国家承认和保障地方自主权),而府际关系强调政府间的互动合作。

第四,府际关系不仅发生于不同层级的行政机关之间,也涉及立法、司

---

① 府际关系咨询委员会由26个成员组成,包括由国会参众两院的领导人任命的6人、4个州长、3个州立法机构的成员、4个市长、3个县官员、3个公民和3个联邦政府部门代表(公民和联邦政府部门代表由总统直接任命。州、县、市的官员由总统从州和地方政府的全国性机构提交的提名中任命)。1996年,府际关系咨询委员会终止。

② [美]尼古拉斯·亨利:《公共行政与公共事务》,孙迎春译,中国人民大学出版社2017年版,第280页。

③ George C. Edwards Ⅲ, Martin P. Wattenberg & William G. Howell, *Government in America: People, Politics and Policy* (*2016 Presidential Election Edition*, 17th Ed.), Pearson Press, 2016, p. 60.

法和其他组织在不同层级运行过程中扮演的角色。

第五，府际关系是一种政策和法治面向，跨区域、跨层级且涉及在政策、法律形成、执行与评估过程中行动者、参与者的动态关系。

第六，在府际关系运作中，联邦或中央政府可通过财政拨款和承担支出责任，实质性地介入制度运行，进而扩大到联邦制或央地关系中难以企及的政府层级。

换言之，府际关系不仅主要指行政机关之间的关系，也涉及立法、司法等机关，既包括横向（联邦或中央、联邦成员、各级地方层级）的静态与动态互动关系，也包括纵向（联邦与联邦成员、地方之间，中央与地方、各级地方之间）的静态与动态互动关系。

（三）从“中央与地方关系”到“纵向府际关系”

“府际关系”与“中央与地方关系”（central － local relations）都是政治学与行政学、法学的常用词汇，但意义不完全相同：府际关系最早源于美国联邦制政府的运作实践，注重研究联邦、州和地方政府之间的互动合作，后也推广运用于各种国家结构下的政府间关系；而中央与地方关系更多用于叙述单一制国家的纵向关系。

中国学者对政府间关系的研究，主要采用“中央与地方关系”分析范式。所谓“中央”，一般是指国家机关、政党组织等在全国范围内的领导机构。而“地方”是相对于“中央”的一个概念。《现代汉语词典》解释：地方是指“中央下属的各级行政区划的统称”。[①] 一国为实现政治统治和地域治理，将其领土划分为不同层级和管辖范围的区域，这个大小不等的区域，即为“地方”。

“中央与地方关系”，通常被看作单一制国家政府间纵向关系的主要内容，而“中央与地方关系”与中国学者经常使用的“国家结构形式”的关系密切。

通常认为，“国家结构形式指的是特定国家表现其国家的整体和局部之间相互关系所采取的外部总体形式”。[②] “国家结构形式所要解决的是统治阶级对国家的领土如何划分以及划分以后如何规范国家整体与组成部分、中央与地方之间权限的问题。”[③]

---

① 中国社会科学院语言研究所词典编辑室编：《现代汉语词典》（第 6 版），商务印书馆 2012 年版，第 283 页。

② 许崇德主编：《中国宪法》（修订本），中国人民大学出版社 1996 年版，第 155 页。

③ 《宪法学》（马克思主义理论研究和建设工程重点教材），高等教育出版社、人民出版社 2020 年版，第 123 页。

府际关系有时被描述成联邦制的运作。① 在联邦制下，政府实务和学者著述中，较多使用“府际关系”的表述，而很少出现“中央与地方关系”的用语。

但在中国，学术研究中，往往将单一制国家中央政府(central government)与地方，或联邦制国家全国性政府或联邦政府(national government，federal government)与州等联邦成员之间的关系，都理解成“中央与地方关系”或简称为“央地关系”。甚至认为，地方“主要是指中央政府下的第一级地方政府，在中国就是省、自治区、直辖市政府，在联邦制国家就是州政府”。②

还有学者认为，在联邦制国家，“有两层中央政府，联邦中央政府和成员国中央政府并存。但是，成员国中央政府应服从联邦中央政府”。③

实际上，“纵向府际关系”与“国家结构形式”和“中央与地方关系”的概念，还是有些差别的。“国家结构形式”主要从领土结构上描述国家整体与部分的关系，并主要表现为单一制和联邦制；“中央与地方关系”涉及的是单一制国家中央与省级单位的纵向关系。相较于国家结构形式，纵向府际关系不仅涉及国家整体与部分、单一制国家中央与地方的关系，还体现了联邦制国家联邦、联邦成员与地方的纵向关系，以及不同层级政府间的权力分享、互动以及政策的实际运行。

从全球视野看，在单一制国家，纵向府际关系除了中央与地方关系外，还有各级地方之间的关系；在联邦制国家，纵向府际关系体现在三个层级上：全国性的联邦政府居于顶层，联邦成员(州、邦、省、共和国等)为中间部分，地方政府位于最底层(见图1.1)。

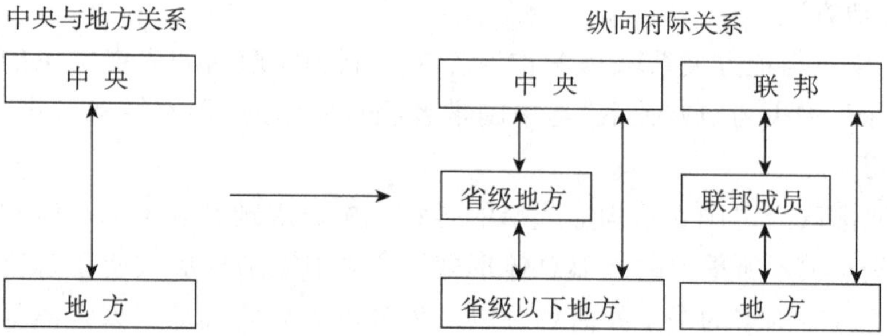

图1.1 “中央与地方关系”与“纵向府际关系”

---

① George C. Edwards Ⅲ, Martin P. Wattenberg & William G. Howell, *Government in America: People, Politics and Policy* (*2016 Presidential Election Edition*, 17th Ed.), Pearson Press, 2016, p. 60.

② 辛向阳：《大国诸侯：中国中央与地方关系之结》，中国社会出版社1995年版，第16页。

③ 《中华人民共和国宪法学习读本》，中共党史出版社1999年版，第196页。

如在实行联邦制的美国,政府间纵向关系发生在联邦、州、地方三个层次。在美国的学术话语和官方文件中,“合众国政府”、“全国性政府”和“联邦政府”是通用的。所谓“联邦制”,是关于全国性的联邦政府与州政府之间的关系,州本身不是地方或地方政府,只有州之下的单位才被称作“地方”或“地方政府”。

美国商务部下属的人口统计局(Census Bureau),在一年一度公布的《政府统计报告》中,将州政府定义为“组成合众国的五十个州的政府”,而地方政府是指县、市、镇、乡和特别区等。可见,在美国,纵向府际关系,是指联邦、州与地方政府的关系。

而在中国,作为单一制国家,“中央与地方关系”一般是指中央与省级、市级、县级、乡级即地方各级的关系,特别是中央与省级地方的关系,不包括不同层级地方之间的关系。

采用“纵向府际关系”框架分析中国不同层级政府间纵向关系,将中国中央之下不同层级地方之间的关系也纳入其中,可以更好说明中国纵向府际关系的全貌,也从理论上关注了“赋予省级及以下政府更多自主权”及“建立中央转移支付特殊机制,确保资金直达基层”的改革举措。

二、纵向府际关系的类型、制度化模式、影响因素和范围

(一)纵向府际关系的类型

府际关系可以定义为一个国家政治体系内政府之间相互作用的机制和过程。

现代各国,按其采用的国家结构的不同形式,可大致分为单一制国家和联邦制国家。世界各国,无论采行单一制还是联邦制,只要设有不止一个层级的政府,就都存在某种类型的政府间纵向关系。相应地,纵向府际关系亦可大致分为单一制下的纵向府际关系和联邦制下的纵向府际关系。

在单一制国家,在中央政府之下,以普通行政区划或自治区域为组成单位,自上而下形成统一的权力结构。

单一制具有某些优势:它有利于在全国层面实现国家的立法、行政、司法统一和市场统一;中央的社会动员力、领导力和地方政治执行力更强,效率更高,全国的统一意志的形成有助于培养国民的共同体意识和民族认同感。

单一制也有若干不足:中央集权的体制,在某种程度上会制约地方的主动作为和创新实践;层级节制的价值取向,容易导致官僚主义和专制主义的弊端;自上而下的治理模式,可能出现管理效率递减,不利于地方公共

产品的有效供给。随着地方分权和权力下放，承认和确保了地方的自主权，中央集权受到一定的限制。

联邦制的优势在于：宪法规定联邦与各联邦成员的分权，联邦与州等联邦成员分享政治权力，在不同的领域行使国家主权，有利于发挥各级政府的职能作用；联邦制对外一致，维护国家统一性和最高性，也兼顾了各组成单位的多样性。

联邦制的不足是：政府间关系若处理不当可能引发地区不平等甚至分离主义；府际结构复杂，各组成单位的体制、组织和运作不尽一致，妨碍联邦有效协调；联邦制宪法的刚性规定有可能限制联邦政府推动国家发展的实际作为。而纵向府际合作关系的建立，有助于联邦制不同程度地完善。

联邦制下的纵向府际关系，主要表现为联邦与州等联邦成员的分权。与单一制国家实行的中央与地方分权一样，都是纵向权力划分，但在有些方面并不相同：

第一，权力划分的目标导向不同。单一制国家实行的中央与地方分权，是将权力从中央政府划分到地方政府，是一个“去中央集权化”的过程，主要是为确认和保障地方自主权；而联邦制国家联邦与州等联邦成员的分权，主要目的在于明确各自的职权范围。

《劳特里奇政治学词典》认为：分权（decentralization）是指“权力和责任从中央政府转移到另一个（通常是地方）政府的过程或情况。该术语可用于政治决策过程、民选政府机构之间的权力分配以及行政机构的组织”。而在联邦制下，“权力按照宪法在不同的机构之间划分，各机构保有其各自责任范围内的主权”。①

第二，下级或组成单位的地位不同。单一制国家中央的下级是各级地方，不具有相对主权；联邦的组成单位是各联邦成员，是具有相对主权的政治实体。

《布莱克韦尔政治学词典》指出：“在没有地区性政府的单一制国家，地方政府是中央以下的一个层级；在联邦制或设有地区性政府的情况下，地方政府是第三层级。无论在何种情况下，市政府和农村地区都将从中央获得权力。中央政府可以根据政治和法律立场，改变政府的边界、结构和职能。”②

第三，权力来源不同。一般认为，单一制下，地方政府权力来自中央的

---

① *The Routledge Dictionary of Politics*, 3rd ed. , Taylor & Francis Press, 2004, p. 132, 184.

② *The Blackwell Dictionary of Political Science*, Blackwell Publishing Ltd. , 1999, p. 194.

授予;而联邦制之下,联邦成员的权力建立在宪法基础之上,而非中央的授予。

按照《现代政治学词典》的解释,"地方政府是一个较小政治单位如城镇、县和农村地区的行政系统。它在更大的政府框架内运作,但与联邦制下联邦政府与州政府的关系不同,地方政府的权力通常来自全国性或中央政府的授予"。①

但由于受历史、地理、民族等因素的影响和制约,有些国家的纵向府际关系兼有单一制或联邦制的特点。

(二)纵向府际关系制度化模式

政府间纵向关系作为一国宪法的重要内容,涉及国家结构、职权配置、组织架构等因素。其中,各级政府间的职权配置,是宪法中的最实质内容。

在单一制国家,职权主要在中央与地方之间配置。在联邦制国家,职权的纵向配置,主要是联邦与州(邦、省、共和国等)之间的分权;此外,州(邦、省、共和国等)与地方之间也存在职权的划分。

无论是在单一制国家还是在联邦制国家,政府间的职权配置都建立在一定的宪法基础上,并依循一定的宪法原则。

1. 纵向府际关系的西方宪政基础

在单一制下,对中央与地方之间的职权配置,各国宪法的规定既有共同原则也有个体差异,其职权划分也不尽相同,但在西方国家和有些发展中国家,主要实行地方自治(local self – government)和地方分权。

关于中央与地方职权的纵向配置,按照 1985 年《欧洲地方自治宪章》(European Charter of Local Self – Government)第 4 条第 3 款,公共职能一般应优先由最接近居民的机构实施,此即"辅助性原则"(subsidiarity)。该款还规定,如将职能分配给其他政府机构,应权衡任务的范围、性质以及效率和经济性的要求。

在英国,地方政府是由联合王国议会制定的法律设立的机构。除了《英国地方政府法》以外,其他宪法性法律对地方政府制度也有规定。英国 1998 年 4 月 24 日批准了《欧洲地方自治宪章》(该宪章于 1998 年 8 月 1 日起在英国生效),英国政府要满足将《欧洲地方自治宪章》规定的地方民主的基本原则转化为国内法的要求,还要遵守批准宪章后修改的《英国地方政府法》《苏格兰法》《威尔士政府法》《北爱尔兰法》《英国地方主义法》等有关规定。英国地方政府或权力下放机构的职权范围和变化,多由联合

---

① *A Dictionary of Modern Politics*, Tailor & Francis Group, 2002, p. 288.

王国议会通过制定法律的形式规定。权力下放机构行使独立的立法权(如基本立法权),无须经过联合王国议会批准。在英国,地方政府的职责、权限,根据地方政府的类型、在英国的地理位置和职能或服务本身的性质的不同而有所不同。

法国传统上是一个中央集权的国家,但2003年3月28日对《法兰西共和国宪法》进行修改的《关于法国分权组织的宪法性法律》(2003年第276号宪法性法律),确立了分权原则。根据《法兰西共和国宪法》第34条的规定,有关地方公共团体议会选举制度的事项,由法律规定;法律还规定了有关地方公共团体的行政自主权、它们的权限和财政管理的原则。《法兰西共和国宪法》第72条第2款规定,“在其层级能得以最好实施的全部权限,由地方公共团体负责作出决定”。这一规定,将“辅助性原则”宪法化。

在日本,《日本国宪法》对地方制度作了原则规定。日本国会根据宪法确定的原则制定了以《日本地方自治法》为首的一系列法律。《日本地方自治法》重申了宪法规定的地方自治基本原则,并具体规定了地方公共团体的类型、产生、组织、职权和活动原则及地方公共团体与中央政府的关系。日本对中央与地方职权的配置,既强调地方自治,又保证中央的依法管控。各地方公共团体在宪法和法律的范围内,除有权自主地处理本地区的自治事务,包括在不抵触法令的情况下制定条例和规则外,还有权处理中央对地方公共团体的法定委托事务。

有些发展中国家宪法也规定实行地方自治。如1990年《贝宁共和国宪法》第151条规定,地方公共团体按照法律规定的条件通过民选议会实施自治。

而有些国家在实行地方自治的前提下,坚持国家对地方的行政领导或监督。如根据《蒙古国宪法》第59条,“对蒙古国的行政区划单位,实行地方自治与国家领导相结合的原则”。[①]

而联邦制国家奉行联邦主义(federalism)。所谓联邦主义,是指一种组织国家的方式,据此两个或更多级别的政府对同一地区和居民拥有正式权力。

乔治·爱德华兹等认为,美国联邦主义的宪法基础,可以概括为职权

① 孙谦、韩大元主编:《〈世界各国宪法〉分解资料丛书·地方制度》,中国检察出版社2013年版,第79页。

划分、联邦至上和各州彼此义务等方面。①

其中，关于职权划分的原则和方式，是联邦制的最重要的内容。

根据1787年《美利坚合众国宪法》和1791年《美利坚合众国宪法》修正案第10条，联邦宪法列举联邦权力，联邦宪法未列举的剩余权力概括保留给各州。

《美利坚合众国宪法》第6条规定："本宪法和依本宪法所制定的合众国法律以及根据合众国的权力已缔结和将缔结的一切条约，都是全国的最高法律"；此外，根据第1条第10款，任何一州无权与他州或外国缔约、结盟和进行战争，无权于和平时期保持军队，无权铸造货币和发行信用券。可见，在美国，联邦高于州的地位。

联邦和州都不能单方面任意修改宪法。根据《美利坚合众国宪法》第5条，宪法的修改，须由国会两院2/3以上议员或2/3以上州议会提议，并经3/4州的议会或制宪会议批准。第1条第8款逐项列举了联邦的权力，并于《美利坚合众国宪法》修正案第10条规定："本宪法未授予合众国，也未禁止各州行使的权力，由各州或人民保留"。

为防止联邦与州互相侵权，根据《美利坚合众国宪法》第3条和宪法判例，主要由联邦最高法院通过对具体案件的审理，裁决联邦和州的行为是否合宪。

之后，有的国家仿效美国，但基于基本国情，各国实行的联邦制各有特点。

《德意志联邦共和国基本法》第20条第1款规定："德意志联邦共和国是一个民主的、社会福利的联邦制国家。"第30条规定了联邦与州权限划分的总原则："如果基本法没有其他规定或特许，国家权力的行使和国家职能的履行是各州的职责。"即剩余权力归各州行使。

根据《俄罗斯联邦宪法》第11条，划分俄罗斯联邦国家权力机关和俄罗斯联邦主体国家权力机关的管辖范围和权限，由该宪法和有关划分管辖范围与权限的联邦条约和其他条约予以实现。

在联邦制国家，地方政府主要由联邦成员而非联邦管理。因此，政府间职权的纵向配置，还有一个州（邦、省、共和国等）与地方职权的划分问题。

1787年《美利坚合众国宪法》要求合众国保障各州实行共和政体，但未提及"地方政府"。在此前提下，各州有权制定自己的宪法，有权选择和

---

① George C. Edwards Ⅲ, Martin P. Wattenberg & William G. Howell, *Government in America: People, Politics and Policy* (*2016 Presidential Election Edition*, 17th ed.), Pearson Press, 2016, p. 61.

组织任何形式的政府。各州宪法规定了地方政府的产生、结构和职能。

美国的地方政府及其职权是各州规定或特许的。根据"狄龙规则"①，地方政府只能行使由州法明确授予的权力、由这些明示权力所隐含的权力及为已宣告的地方政府的宗旨和目的所绝对必要的权力。当对地方政府的任何一项具体权限发生合理怀疑的时候，法院都要使问题的解决有利于州。但"狄龙规则"并不反对纯属地方性事务由地方政府管理。一般原则是：地方性事务由地方政府管理；全州性问题，如公共安全等，由州政府管理。

与实行地方分权的单一制国家相类似，许多联邦制国家的宪法在确立联邦制的同时，规定实行地方自治。

根据《德意志联邦共和国基本法》第 28 条第 1 款，在州、县、乡镇中，人民应拥有一个由普遍、直接、自由、平等和无记名方式选出的代表机构。在县和乡镇选举中，按照欧盟法律，拥有欧盟任何成员国公民身份的人都有资格投票和被选举。在乡镇中，乡镇居民大会可以代替选举产生的机构。第 28 条第 2 款是关于地方自治最重要的规定："必须保障乡镇在法律规定的范围内自主管理所有地方事务的权利。"自治的保障应扩大到财政自主的基础；包括乡镇根据经济能力获得税收来源和确定税率的权利。第 28 条第 3 款还要求联邦保证各州的宪法秩序符合基本权利以及上述第 1 款和第 2 款的规定。②

德国各州根据《德意志联邦共和国基本法》制定的宪法也确定了地方自治原则，如《德国巴伐利亚州宪法》不仅规定了乡镇自治的原则（第 11 条），还专条规定了乡镇职责的范围，明确乡镇有义务制定财政预算以及州对乡镇承担州转让任务的支出责任（第 83 条）。③ 而且，各地方以宪章的形式规定地方自治的基础。

因此可以说，德意志联邦共和国的国家和行政组织的主要特征是联邦

---

① "狄龙规则"（Dillon's Rule）是美国艾奥瓦州最高法院法官佛里斯特·狄龙（Forest Dillon）在 1868 年的"克林顿市诉希德高速公路及密苏里河铁路公司案"（City of Clinton v. Cedar Rapids and Missouri River Railroad Company）和"马里亚姆诉穆迪执行官案"（Maryam v. Marshal Moody）中提出的；随后，狄龙法官又发表了一篇论文进一步阐述自己的观点。后人将其归纳为"狄龙规则"。"狄龙规则"诞生以后，许多州将其认定为处理州与城市关系的基本原则。美国联邦最高法院也在 1907 年的"亨特诉匹兹堡市案"（Hunter v. Pittsburgh）中采用了这一规则。

② 孙谦、韩大元主编：《〈世界各国宪法〉分解资料丛书·地方制度》，中国检察出版社 2013 年版，第 215 页。

③ 《德国州宪全译》，祝捷、向雪宁、江易、姚聪慧译，人民出版社 2017 年版，第 71 – 72、83 – 84 页。

国家的结构和宪法保障的地方自治。①

1993 年《俄罗斯联邦宪法》不仅明确俄罗斯联邦承认并保障地方自治,地方自治在其权限范围内是独立的,地方自治机关不列入国家权力机关系统(第 12 条);而且在第 8 章专章对“地方自治机关”作了规定,其中,第 130 条明确,“俄罗斯联邦的地方自治保证居民独立解决地方性问题,占有、使用和处分市政财产;地方自治由公民通过公决、选举、直接表达意志的形式并经过选举产生的地方自治机关和其他地方自治机关来实现”;第 131 条规定,“考虑到历史的和其他的地方传统,在城市居民点、村镇居民点和其他领土上实行地方自治。地方自治机关的结构由居民独立确定”。②

2. 关于地方自治、地方分权和权力下放

近现代意义上的地方自治,源于罗马的自治城市,后成为社会新兴力量反对封建专制、实现政治参与和人权保障的形式。各国在长期历史进程中,结合本国情况,发展了各自的地方自治理论。西方国家意义上的地方自治,主要是指地方政府作为全体居民组成的自治团体的一种自下而上的、固有的权利和责任。

如前所述,许多国家实行地方自治。除了宪法和其他国内法的规定外,地方自治在一些国家也达成了共识。1985 年 9 月,地方政府国际联合会(IULA)通过《世界地方自治宣言》,该宣言的内容与《欧洲地方自治宪章》的内容基本相同。③《世界地方自治宣言》第 3 条明确了地方自治的范围,构成地方政府职权划分的宣示性原则;而在欧洲国家,《欧洲地方自治宪章》第 4 条关于地方自治的范围的规定,被视为缔约国政府间职权配置的重要原则。

《世界地方自治宣言》和《欧洲地方自治宪章》的核心要义包括:一是,公共职能一般应优先由最接近居民的机构实施。公共职能的分配,应权衡任务的范围、性质以及效率和经济性的要求。二是,地方政府对不专属于任何其他政府也不完全排除地方政府职能的任何事项,应有自主管理的一般性权利。三是,地方政府的基本权力和责任应主要由宪法或法律规定。

---

① [德]施密特 – 阿斯曼等:《德国行政法读本》,于安等译,高等教育出版社 2006 年版,第 133 页。

② 孙谦、韩大元主编:《〈世界各国宪法〉分解资料丛书 · 地方制度》,中国检察出版社 2013 年版,第 217 页。

③ 1985 年 9 月地方政府国际联合会在巴西里约热内卢召开第 27 届大会,通过了《世界地方自治宣言》。1993 年 6 月,IULA 在加拿大多伦多召开的第 31 届大会,对该宣言的导言部分进行了修改。

四是,在一般情况下,地方政府的权力应是充分和独享的,不受其他的、中央及地区的或法律规定的机构的影响或限制。五是,如果中央政府或区域性政府授权,地方政府应可根据本地区条件自主地加以实施。六是,地方政府在其他层级政府涉及地方事务的决策中,应具有合理和有效的参与权。

《世界地方自治宣言》第1条“地方自治的宪法基础”,提出“地方自治原则应在本国宪法或有关国家政府结构的基本立法中得到承认”。

《欧洲地方自治宪章》第2条“地方自治的宪法和法律基础”,也要求“地方自治的原则应在国内立法中得到承认,并在可行的情况下在宪法中得到承认”。按此条规定,地方自治的原则应写入本国成文法,且鉴于这一原则的重要性,最好将其纳入管理国家组织的基本文本即宪法中。

宪法或法律中确立地方自治的基本立论是,地方政府在国家生活中起着十分重要的作用,人民精神向往可以在国家层面,而生活的依靠在地方,地方政府直接面对居民,承担“从摇篮到坟墓”的公共服务;地方政府通过选举产生的议员对当地居民负责,能够为纳税人创造更好的价值;权力应该在最低的实际层面上行使,并接近受决策影响的人,而不是远离他们;当地方政府有真正的自由去回应当地居民的需求而不是中央政府要求他们做事时,它们才能做得更好。

但地方自治原则是否入宪,需要考虑以下因素:一是,在那些需经立法机构特别多数同意或全体公民投票批准才能修宪的欧洲国家,将地方自治原则载入宪法的难易程度;二是,在联邦制国家,地方政府一般由州而非联邦政府规范和管理,地方自治原则对州与联邦之间的权力和责任划分的影响范围。

但大多数缔约国在本国宪法中体现了上述原则,如前述《德意志联邦共和国基本法》第28条第2款的规定。

1976年《葡萄牙共和国宪法》第239条第1款规定,地方政府的组织机构包括经选举产生并享有决策权的议会和对其负责的合议制执行机关。

有的还在宪法中规定地方政府的职权。根据《奥地利联邦宪法》第118条第1款和第2款,市镇的职权范围,包括其独立的职权及由联邦或州委托的职权。该条第3款具体列举了各市镇可履行法定职责的事项共11项。该条第4款还规定,对于其独立职权范围内的事项,各市镇应在联邦和州的法律、法令所规定的范围内自行处理,不受指令约束,并自行承担责任，同时也要遵守相关规定。[①]

上述原则也体现在联邦制国家的州与地方关系中，如德国《黑森州宪法》第 137 条规定，乡镇在其地域内是所有地区公共行政的唯一承担者，自负其责，所有未因国家紧急利益而由法律明确排他授权其他机关的任务，乡镇均可承担。[②]

地方自治意味着实行地方分权，地方分权是将中央政府或联邦成员的大部分权力交由地方行使，后者对地方事务有自主权，不直接对中央或联邦成员负责。

在实行分权单一制的国家，国家权力依法由中央政府和地方政府分别行使。中央政府和地方政府的职权范围一般规定在宪法或法律中。除国防、外交等全国性重要事项由中央政府统一掌管外，凡地方可处理的事项，如市镇规划、垃圾处理等，由地方政府负责；有的如交通、环境污染防治等，则由中央与地方共同负责。地方政府除依法行使其自主职权外，还依法执行中央政府交办的全国性政务。

"地方分权"不等同于"权力下放"。L. F. 巴斯妲认为，在权力下放体制中，地方管理权委托给在地方区域行使权力的中央政府代理人，国家通过财政和纪律措施实行控制；与权力下放不同，地方分权意味着中央政府或其代理人的权力转交给地方政府的代表，后者不直接对中央政府或其代理人负责。[③]

从"权力下放"的内涵看，"权力下放"一般是指职权在不同层级的主体之间的自上而下转移。

不同国家可能有差异性特征。如在英国，权力下放是指"政治权力从中央政府向次国家级政府转移"；[④]而在美国，是指"将许多公共项目和服务的责任尝试从联邦政府向州转移"。[⑤]

一般而言，单一制国家中央与地方的分权和联邦制下联邦与州等联邦成员的分权，性质上属于制度性分权的范畴，是宪法或法律对纵向府际职权的确认和保障；而"权力下放"性质上属于行政性放权，是对纵向府际职

---

① 孙谦、韩大元主编：《〈世界各国宪法〉分解资料丛书·地方制度》，中国检察出版社 2013 年版，第 199 页。

② 《德国州宪全译》，祝捷、向雪宁、江易、姚聪慧译，人民出版社 2017 年版，第 233 页。

③ 参见［瑞士］J. 布莱泽：《地方分权——比较的视角》，肖艳辉、袁朝晖译，中国方正出版社 2009 年版，第 2 页。

④ Philip Lynch & Paul Fairclough, *UK Government & Politics*, Hodder Education, 2013, p. 291.

⑤ James Q. Wilson & John J. DiIulio, Jr., *American Government: The Essentials*, Cengage Learning, 2008, p. 50.

权的调整。

3. 中国纵向府际关系的宪法基础

中国的地方国家机构与西方国家的地方政府,都是纵向府际关系的重要一方,但两者在有些方面存在不同。

如前所述,西方国家普遍实行地方自治,地方政府有权"在法律规定的范围内,确定并管理属于其各自职责内的、以本区域内居民的利益为目的的重要公共事务";同时,对地方政府的职能配置要遵循基本原则要求。而在中国,国家机构实行民主集中制,这必然体现到纵向府际关系上。

毛泽东同志 1940 年就设想,中国"可以采取全国人民代表大会、省人民代表大会、县人民代表大会、区人民代表大会直到乡人民代表大会的系统,并由各级代表大会选举政府……这种制度即是民主集中制"。[①] 民主集中制在 1949 年《中国人民政治协商会议共同纲领》中,主要体现为第 15 条关于各级政权机关实行民主集中制的主要原则的规定和第 16 条关于中央与地方职权划分的规定。1982 年《中华人民共和国宪法》第 3 条明确了民主集中制的有关内容,其中包括了中央与地方"两个积极性"的原则。

民主集中制使地方国家机构依法享有充分的自主权,又能维护国家统一和中央权威。它既不同于西方国家实行的地方自治或地方分权,也有别于有些国家实行的中央集权制或联邦集权。

在西方国家,地方政府多是广义的,包括地方议会及对其负责的地方执行机关,性质上属于地方公共团体,且在纵向府际关系中具有独立地位。

中国的地方国家机构包括地方各级人民代表大会和地方各级人民政府。地方各级人民代表大会是地方国家权力机关,地方各级人民政府是本级国家权力机关的执行机关和地方各级国家行政机关,都属于国家机构体系的重要组成部分。这与西方意义上的地方公共团体有本质不同。

同时,中国官方语境下较少使用"地方分权"的概念,而更多使用"权力下放"或"事权划分"来表述中央与地方政府的职权的调整或配置。

从理论上看,中国所称"权力下放"多属于行政性放权,一般是指行政权力从中央或上级向地方或下级转移;而"事权划分"多属于制度性分权,是指基于制度安排使中央或地方获得各自权力。

中国是统一的多民族国家,1982 年《中华人民共和国宪法》第 3 条确定了中央和地方的国家机构职权划分的原则。正如其名称所表示的,"地方的国家机构",既是国家的,也有地方属性;它既是国家治理体系和国家

---

① 毛泽东:《新民主主义论》,载《毛泽东著作选读》(上册),人民出版社 1986 年版,第 364 页。

机构的重要组成部分，负责执行或保证执行宪法、法律、行政法规和上级国家机关的决议、决定，办理上级国家机关交办的事务，同时也是地方单位，依法管理地方事务。

中国的民族区域自治也有自己的特点。《中华人民共和国宪法》第4条第3款规定："各少数民族聚居的地方实行区域自治，设立自治机关，行使自治权。各民族自治地方都是中华人民共和国不可分离的部分。"《中华人民共和国宪法》还设专节对"民族自治地方的自治机关"作了规定。它表明，"民族自治地方的自治机关"，既是地方的，又是本民族的，除了依法行使一般地方国家机关的职权外，还依法行使自治权。中国的民族区域自治与其他国家实行的"民族自治"或"地方自治"有着显著不同。中国的民族区域自治不是绝对自治，而是各民族自治地方在宪法范围内，坚持党的领导、坚持中国特色社会主义道路、坚持维护国家统一的区域自治；民族自治地方的自治机关按民主集中制原则建立，行使地方国家机关的职权，同时，依据宪法和法律规定的权限行使自治权，而非西方意义上的自治团体。

周恩来同志1957年8月4日在《关于我国民族政策的几个问题》的讲话中指出："我们根据我国实际情况，实事求是地实行民族区域自治，这种民族区域自治，是民族自治与区域自治的正确结合，是经济因素与政治因素的正确结合，不仅使聚居的民族能够享受到自治权利，而且使杂居的民族也能够享受到自治权利。从人口多的民族到人口少的民族，从大聚居的民族到小聚居的民族，几乎都成了相当的自治单位，充分享受了民族自治权利。这样的制度是史无前例的创举。"①

根据"一国两制"方针和依据《中华人民共和国宪法》制定的《中华人民共和国香港特别行政区基本法》和《中华人民共和国澳门特别行政区基本法》的规定，特别行政区是中华人民共和国不可分离的部分，全国人大授权特别行政区依照基本法的规定实行高度自治，享有行政管理权、立法权、独立的司法权和终审权。因此，在特别行政区实行的是中央全面管治权和特别行政区高度自治权的统一，不是完全自治；而且特别行政区的高度自治体现了港（澳）人治港（澳）、行政长官主导等，这也具有自己的特点。

邓小平同志1987年4月16日在《会见香港特别行政区基本法起草委员会委员时的讲话》中指出："香港的制度也不能完全西化，不能照搬西方

---

① 周恩来：《关于我国民族政策的几个问题》，载《周恩来选集》（下卷），人民出版社1984年版，第258页。

的一套。现在如果完全照搬,比如搞三权分立,搞英美的议会制度,并以此来判断是否民主,恐怕不适宜。""将来香港当然是香港人来管理事务,这些管理香港事务的人应是爱祖国、爱香港的香港人。""即使搞普选,也要有一个逐步的过渡,要一步一步来。""其实有些事情,在某些国家能实行的,不一定在其他国家也能实行。我们一定要切合实际,要根据自己的特点来决定自己的制度和管理方式。"①

(三)影响纵向府际关系的主要因素

各个国家由于其历史文化、基本国情和政治决策规则等的差异,决定了它们走不同的道路。各国现今的纵向府际关系,是在各国特定的历史文化传统、经济基础之上长期演化、逐步形成和发展起来的。纵向府际关系在不同国家不尽一致,甚至存在明显的不同。

薄贵利认为,影响中央地方关系的主要因素有地理因素、政治环境、历史传统、政治文化、经济结构、政治结构、民族问题、科技发展水平。② 张志红从政治性因素(人口和民族构成、政党组织、社会阶级阶层结构、政治制度、政治过程、政治环境和政治文化)和非政治性因素(自然地理条件、历史传统、经济体制、经济发展水平和科技发展水平)两方面,对政府间纵向关系进行了分析。③

纵向府际关系是多种因素共同作用的产物,各国的历史和文化传统、经济环境、政治因素、民族问题等,会对府际关系产生重要影响。

任何国家都不能割断自己的历史。纵向府际关系是社会发展到一定历史阶段的产物,也随时代而变化。一国历史传统深刻影响着纵向府际关系的制度安排。

在政治文化上,西方大多数国家一贯奉行"权力分立""地方自治"等理念;而中国古代尊崇"大一统"的传统,在纵向关系上,地方是中央的下级单位,地方对中央在政治上要服从。

孙隆基指出:"中国人是用中央'地方化'、地方'中央化'的配方来达成'天下大治'的。"④这种政治文化对纵向府际关系的选择产生潜移默化的作用。

纵向府际关系的制度构建也要考虑如何有效治理国家和维护社会和

---

① 邓小平:《会见香港特别行政区基本法起草委员会委员时的讲话》,载《邓小平文选》(第3卷),人民出版社1993年版,第220-221页。

② 薄贵利:《集权分权与国家兴衰》,经济科学出版社2001年版,第2页。

③ 张志红:《当代中国政府间纵向关系研究》,天津人民出版社2005年版,第131-162页。

④ 孙隆基:《中国文化的深层结构》,中信出版社2015年版,第289页。

谐稳定。府际关系的处理,在政治上既要有利于全国性政府的主导地位,又要使组成单位和地方履职尽责、具有活力。

经济是社会历史发展的动力,也是影响政府间关系的重要因素。进入20世纪,随着政府规模和范围的扩大,在运输、水、环境和商业管理等领域出现了正面和负面溢出效应,这意味着各级政府之间需要建立某种形式的合作机制来确定政策立场和责任。

随着经济社会的发展,经济因素在纵向府际关系上日益重要,如何形成统一、开放、公平竞争、运转有序的市场,建立高效的微观经济规制和宏观经济调控及监管体系,在财政资金的筹集和运用上兼顾各方利益,都是处理纵向府际关系需要考量的重要因素。

例如,府际关系最早提出于联邦主义下的美国。在美国历史初期,关于联邦权力与州权力的分配出现了两种观点并进行长期的斗争。[①] 围绕联邦制的问题,美国历史上曾出现两次重大宪法危机,第一次是19世纪20年代关于奴隶制废存问题,最终导致19世纪60年代的南北战争。20世纪30年代,经济萧条席卷美国和世界上许多国家,美国联邦制遭遇第二次重大危机。经济萧条引发的诸多问题亟须采取统一的国家行动,而依据联邦宪法,联邦政府是否拥有此项权力受到质疑,时任总统罗斯福与国会民主党支持者明确认为联邦政府有此权力。

1933年至1935年国会通过相关法律,联邦政府首次获得权力管理美国经济的重要领域,如劳资关系、证券市场和商品交易等,国会通过《童工法》《失业保险法》《最低工资和最高工时法》等建立了一系列经济社会制度。政治保守派则强烈反对罗斯福的"新政",并向法院提出对其合宪性的质疑。[②] 罗斯福"新政"的实施,使联邦政府获得了许多新的权力,并设立了一些新的联邦机构。但是,"新政"推出的一些项目如社保等,只在联邦层面实施,并由联邦政府管理,而"新政"的其他项目则需要联邦政府与州政府的协同努力,如失业保障制度由国会建立,而其资金来自各州并由州政府管理。

联邦制度经此完善,在实现联邦政府目标的过程中,州政府和地方政

---

① 如在18世纪80年代,针对联邦政府是否有权设立国家银行并在全国运营展开了激烈的争论。时任财政部长的亚历山大·汉密尔顿坚持认为,依据宪法联邦有此权力;而时任国务卿托马斯·杰斐逊则坚持主张联邦无此权力,设立国家银行将侵犯宪法保留给州的权力。

② 联邦最高法院就其部分内容违宪曾一度阻挠罗斯福"新政"的实施,直到1937年联邦最高法院改变立场并驳回所有针对"新政"违宪的质疑,罗斯福和国会民主党支持者在与联邦最高法院的对立中取得了胜利。

府与联邦政府之间的协同合作得到强调,联邦主义由传统的联邦与州“二元”转向联邦与州的“合作”,纵向府际关系被赋予新的内涵。

在历史上,各种制度文明互相交融。这使纵向府际关系不仅受国内各种因素的制约,还受外来因素的影响。如随着《欧洲地方自治宪章》《里斯本条约》等的签署和批准实施,欧洲各国纵向府际关系呈现出某些趋同性,如强调地方民主和地区民主、辅助性原则、居民政治参与、政府的责任和服务方式的变化等。

随着逆全球化或地缘政治冲突、单边主义的演进变化,纵向府际关系受外来因素影响的程度和范围也或将变化。

(四)中国纵向关系的范围

纵向府际关系涉及的问题具有“模糊、复杂和交互作用”等特点。要对纵向府际关系进行规范分析和实证研究,首先要大致明确纵向府际关系涉及的范围。

林尚立认为,“从严格意义上讲,府际关系包括两个方面:一是政府职能部门之间的纵横关系;二是作为一级政权的中央与地方、地方与地方之间的纵横关系”。①

从宪法研究的视角看,现代国家治理涉及国家权力边界的厘定、国家机构职能的配置和规范运行等。

在中国,国家权力纵向配置及其运行,不仅主要涉及政治学与行政学所指各级政府之间的关系,还涉及立法机关、司法机关、政党组织等广义的公共部门之间的关系,属于“大政府”范畴下的各种关系。因此,应结合中国政府(广义)组织架构(主体)、实际运行(内容)等来讨论纵向府际关系的范围。

从纵向府际关系涉及的主体上看,鉴于中国行政机关的开放性特点以及党和国家机构的统筹设置,这里的“纵向府际关系”涉及的组织机构,就不仅指狭义的政府,而且包含行政机关在内的机关或组织。换言之,宪法学研究的“纵向府际关系”中的“政府”,应主要是指国家行政机关但又不限于国家行政机关。

根据《中华人民共和国国家标准:组织机构类型》(GB/T 20091—2021),机关法人包括中国共产党中央和地方各级委员会、国家权力机关、国家行政机关、政协及其直属机关单位,以及各民主党派、国家监察机关、国家审判机关、国家检察机关等。

---

① 林尚立:《重构府际关系与国家治理》,载《探索与争鸣》2011 年第 1 期。

从组织架构看，中国的中央国家机构或组织，有全国人大及其常委会、国务院、中央军委、国家监察委员会以及中国共产党的中央组织（如中央委员会、中央政治局、中央政治局常委会）等；中国的地方国家机构或组织，有地方各级人大和县级以上地方人大常委会、地方各级人民政府、地方监察委员会以及中国共产党的地方组织（如地方党委及常委会）等。这些组成要素不仅有横向的职责配置，而且有纵向的层次分工，构成立体交叉的网络。

纵向府际关系，相应地主要表现为中央国家机构或组织与地方国家机构或组织之间以及各级地方国家机构或组织之间的关系。

除了党中央及其工作机关与地方党委及其工作机关以及地方各级党组织的关系外，纵向府际关系主要表现为国务院及其机构与地方人民政府及其机构之间的关系。

全国人大和地方各级人大，作为最高国家权力机关和地方各级国家权力机关，它们之间不是领导关系，而是立法上的权限关系、法律上的监督关系、业务上的指导关系和工作上的联系关系。

各级监察委员会之间的关系，则是一种领导关系。国家监察委员会对全国人大及其常委会负责，地方监察委员会对本级人大及其常委会负责并对国家监察委员会负责。

从纵向府际关系的大致范围看，中央与地方的权力关系，实际上主要包含政治权力关系和行政权力关系。具体来说，纵向府际关系，主要内容包括国家和区域结构、组织架构、职权及划分、监督与合作、财政关系等。另外，司法机关与地方的关系，也会对纵向府际关系产生重要影响。

按《中华人民共和国宪法》的规定，地方各级人民政府对上一级国家行政机关负责并报告工作；全国地方各级人民政府都是国务院统一领导下的国家行政机关，都服从国务院。《地方组织法》规定国务院部门与地方人民政府部门之间依法存在业务指导或领导关系。

另外，纵向府际关系还涉及司法机关与地方之间的关系。人民法院、人民检察院依法独立行使国家的审判权、检察权，不受任何行政机关、社会团体和个人的干涉。从本质上看，它们不属于地方国家机构体系。

从宪法规范的视角看，在中国，目前纵向府际关系主要表现为中央与地方国家机构特别是中央人民政府及其机构与地方各级人民政府及其机构之间、地方各级人民政府及其机构之间的相互关系。

《中国共产党章程》和其他党内法规，规定了党的中央组织对地方组织的领导关系。而从《中华人民共和国宪法》的规定和实际运作看，党中央和党的各级组织对党和国家、地方重大问题和事项的领导权，对纵向府际关系具有重要影响。

从关系实质看，作为各自利益的体现，中央国家机构或组织代表的是国家的整体利益和社会的普遍利益，地方国家机构或组织代表的是国家的局部利益和地方的特殊利益。纵向府际关系本质上就是国家整体利益、社会普遍利益与国家局部利益、地方特殊利益的关系。

从内容方面看，纵向府际关系最重要的是立法、行政等职权的配置，这种职权配置主要通过不同层级机构之间的职权划分和调整体现出来；纵向府际关系还表现在组织和财政等方面；中央对地方、上级对下级的监督和相互之间的合作，在纵向府际关系中亦占据重要的位置。

鉴于纵向府际关系的上述特点，研究我国纵向府际关系，不仅要了解国家、区域结构与行政区划，关注立法、行政等职能权限划分，而且要研究纵向组织架构；不仅要重视行政关系，也要研究财政关系，还要研究政治关系；不仅要重视正式关系和法定关系，而且不能忽视非正式的关系。

三、中国纵向府际关系的历史变迁

（一）中国中央集权制的形成和发展

延续几千年的中国封建史，可以说就是一部纵向府际关系史。

公元前221年，秦始皇统一六国后，为巩固统治，通过确立帝制，在中央实行三公九卿制（丞相、太尉、御史大夫，奉常、郎中令、卫尉、宗正、太仆、廷尉、典客、治粟内史、少府），在地方废除分封制，实行郡县制等，建立了专制主义中央集权制。

西汉初年改革官制，组成内朝和外朝，加强皇权；实行刺史制度，加强对地方官僚的控制；在地方则继承秦朝的郡县制，同时又分封同姓诸侯国，郡国两制并行，结果造成了王国问题。为加强中央集权，汉武帝颁行推恩令，允许诸侯王将自己的封地分给子弟，使诸侯国变小，并颁行附益法，防止朝廷大臣交结诸侯。

隋唐实行三省六部制（中书省、门下省、尚书省，吏部、户部、礼部、兵部、刑部、工部），使封建官僚机构形成完整严密的体系，将宰相的权力一分为三，从而削弱了相权，加强了皇权；创立和完善了科举制，扩大了官吏来源；调整和健全了府兵制，加强了中央集权。

北宋设三衙（殿前司、侍卫亲军马军司、侍卫亲军步军司）统领禁军，与枢密院互相牵制；实行更戍法，以防武将专权；设参知政事、枢密使、三司使分割宰相的行政权、军权和财权；派文官作知州，知州设通判，二者互相牵制；在各路设转运使，管理地方财政；中央派文官担任地方司法职员。通过以上措施，集中了从中央到地方的军事、财政、行政和司法大权，铲除了封建藩镇割据的基础。

元朝健全了中央官制，设中书省、枢密院和御史台，分管行政、军事和监察事务；设宣政院，统领宗教事务和管辖西藏地区。在地方，实行行省制度。

明朝建立后，裁撤中书省，并废丞相，分相权于吏、户、礼、兵、刑、工六部；地方实行三司分权：都指挥使司是军事总机构，承宣布政使司是民政总机构，提刑按察使司是司法总机构，三司分掌军事、地方行政和司法三方面事务。

清承明制，仍沿用明朝的内阁和六部，但增设军机处，标志着我国专制主义中央集权制发展到顶峰。

（二）中国近现代政府间纵向关系的变革

1840年后，中国逐步沦为半殖民地半封建社会。一些志士仁人开始寻求摆脱封建专制制度、救国救民的途径。

清朝末期，以康有为、梁启超等为首的立宪派，宣扬西方宪政思想和地方自治理念。康有为作《公民自治篇》，提出地方自治的具体构想；①梁启超认为以地方自治为立国之本，是中国当务之急。②

孙中山在其为中国同盟会成立起草的宣言中提出，在约法时期，“军政府以地方自治权归之其地之人民，地方议会议员及地方行政官皆由人民选举”。③

孙中山在《国民政府建国大纲》中，将政权建设分为军政、训政、宪政三个时期，提出训政时期由各县人民筹备自治，待条件成熟，便可由人民选举县官执行一县政事，选举议员议立一县的法律，县民行使选举、罢免、创制、复决四权，实行完全的自治；凡一省之内，全部县都达到完全自治时，便是宪政开始之日。他主张在宪政时期，“中央与省之权限，采均权制度，凡事务有全国一致之性质者，划归中央；有因地制宜之性质者，划归地方；不偏于中央集权，或地方分权”。④

在1920年孙中山手订的《地方自治开始实行法》中，他系统提出关于

---

① （清）康有为：《公民自治篇》，载《新民丛报》1902年第5－7期。

② （清）梁启超：《公民自治篇·按语》，载《新民丛报》1902年第5期。

③ 《中国同盟会革命方略》，载广东省社会科学院历史研究室、中国社会科学院近代史研究所中华民国史研究室、中山大学历史系孙中山研究室合编：《孙中山全集》（第1卷），中华书局1981年版，第297页。

④ 北京大学法律系宪法教研室、资料室编：《宪法资料选编》（第2辑），北京大学出版社1982年版，第299－302页。

地方自治的具体构想。①

在立宪派和地方自治思潮影响下，清末宣布预备立宪，在颁布《钦定宪法大纲》的同时，设立资政院，“资政院钦遵谕旨，取决公论，豫立上下议院基础为宗旨”；而在各省（除新疆外）陆续成立的咨议局，为“各省采取舆论之地，以指陈通省利病、筹计地方治安为宗旨，并为资政院储材之阶”。

清末光绪三十四年十二月二十七日（1909 年 1 月 18 日），清政府颁布《城镇乡地方自治章程》；宣统元年十二月二十四日（1910 年 2 月 3 日），清政府颁布《府厅州县地方自治章程》；宣统元年十二月二十七日（1910 年 2 月 6 日），清政府颁布《京师地方自治章程》。依照各章程的规定，城、镇、乡的自治事务以教育、卫生、道路工程、实业、慈善、公共营业等为限，城、镇、乡议事会为议决机关，城镇以董事会、乡以乡董为执行机关；府、厅、州、县自治范围是地方公益事务和国家或地方行政以法律或命令委任自治机关办理的事务；议事会及参事会为自治议决机关，府、厅、州、县长官为执行机关；京师地方自治事项为教育、文化、卫生、道路工程、实业、善举、公共营业、筹款等，各议事会为议决机关，各董事会为执行机关。

1911 年 10 月武昌起义爆发，1912 年 1 月中华民国临时政府在南京成立。各省成立军政府，置都督。督都府设各部（后改称司），直辖于都督。当时省以下仍沿清制。

袁世凯就任临时大总统后，为加强集权，统一地方行政管理，于 1913 年 1 月公布《划一现行各省地方行政官厅组织令》《划一现行各道地方行政官厅组织令》《划一现行各县地方行政官厅组织令》，规定实行省、道、县三级行政体制。省设巡按使，管辖全省民政各官及巡防警备等队，并一律由大总统任命，监督财政及司法、行政等；道置道尹；县置知事。但随后军阀混战，政局纷乱，中央与地方关系不统一。

资产阶级民主共和方案破灭后，袁世凯明令停止各地自治会。其后的北洋军阀，效法袁氏所为，以“自治”为名，行割据之实。

1920 年 11 月 17 日北京政府宣布筹备地方自治，1921 年颁布《市自治制》《乡自治制》《县自治制》《地方自治试行条例》等法规。湖南、广东、浙

① 孙中山认为，县为地方自治之充分区域；如不得一县，则联合数村而附有纵横二三十里之田野者，亦可为一试办区域。他主张地方自治以实行民权、民生两主义为目的，故其地能否试办自治，当视该人民思想知识以为断，若必要条件已具备，则先就下列六事试办，待有成效，再推及其他：清户口；立机关；定地价；修道路；垦荒地；设学校。孙中山认为地方自治团体不止为一种政治组织，亦并为一种经济组织，由一县而推行各县，民国基础便得以巩固和确立。参见黄彦编：《孙文选集》（中册），广东人民出版社 2006 年版，第 665 – 670 页。

江、四川等省起草、颁布了各自的省宪法,开展联省自治。

1923 年 10 月颁布《中华民国宪法》,规定设国会、大总统、国务院和法院,并宣称"中华民国之国权,属于国家事项,依本宪法之规定行使之","属于地方事项,依本宪法及各省自治法之规定行使之"。[①] 该宪法实质上属于联邦宪法。

1928 年 7 月,国民政府公布《特别市组织法》和《市组织法》。1930 年又下令废止两法,另颁布《市组织法》,废除特别市和普通市之称,将市分为"院辖市"和"省辖市";规定首都所在地或人口在 100 万以上或在政治经济文化上有特殊情形之一者,可设受行政院指挥监督的市(院辖市)。当时有南京、上海、北平、青岛、天津、西京为"院辖市"。《市组织法》后于 1933 年和 1943 年两度修正,简化了设市标准,即"院辖市"为首都或人口在 100 万以上或在政治经济文化上地位重要、其人口在 10 万以上者。

1929 年 3 月,中国国民党召开第三次全国代表大会,通过了《确定训政时期党政府人民行使政权治权之分际及方略案》和《确定地方自治之方略及程序以立政治建设之基础案》。

1931 年 5 月国民会议通过《中华民国训政时期约法》,其中第 59 条规定,"中央与地方之权限,依建国大纲第十七条之规定,采均权制度",并对中央与地方之权限、政府之组织(中央制度、地方制度)专章作了规定。[②]

1936 年 5 月 5 日国民大会通过《中华民国宪法草案》,设"地方制度"专章,规定省设省政府,执行中央法令及监察地方自治;县为地方自治单位。[③]

1946 年 12 月 25 日国民大会通过《中华民国宪法》,设第 10 章"中央与地方之权限",对中央立法并执行事项,中央立法并执行事项或交由省、县执行事项,省立法并执行事项或交由县执行事项,县立法并执行事项,分别作出规定;并规定除上述列举事项外,"如有未列举事项发生时,其事务有全国一致之性质者属于中央,有全省一致之性质者属于省,有一县之性质者属于县。遇有争议时,由立法院解决之"。设第 11 章"地方制度",规

① 北京大学法律系宪法教研室、资料室编:《宪法资料选编》(第 2 辑),北京大学出版社 1982 年版,第 285 页。

② 北京大学法律系宪法教研室、资料室编:《宪法资料选编》(第 2 辑),北京大学出版社 1982 年版,第 336 – 338 页。

③ 北京大学法律系宪法教研室、资料室编:《宪法资料选编》(第 2 辑),北京大学出版社 1982 年版,第 379 – 380 页。

定省、县得依据省县自治通则制定自治法。[①]

（三）中华人民共和国政府间纵向关系的建立和发展

中华人民共和国没有沿袭以往的政府间关系制度，而是在根据地建设和改造旧中国制度基础上，建立起新的制度。

1. 初创阶段（1949 年中华人民共和国成立至 1954 年《中华人民共和国宪法》公布施行）

在筹建新中国的过程中，中央与地方关系就是一个需要考虑的问题。

1949 年 1 月，在中共中央政治局会议上，周恩来同志首次提出中央与地方分权的问题。他提出："随着全国胜利的即将到来，怎样将原来长期处于分散状态的各解放区工作统一起来，已成为一个突出的问题。要准备成立中央政府，首先就要妥善解决集权和分权的关系。"[②]

1949 年 9 月，中国人民政治协商会议第一届全体会议通过《中国人民政治协商会议共同纲领》。根据《中国人民政治协商会议共同纲领》第 15 条的规定，各级政权机关一律实行民主集中制，各下级人民政府均由上级人民政府加委并服从上级人民政府，全国各地方人民政府均服从中央人民政府。第 16 条规定："中央人民政府与地方人民政府间职权的划分，应按照各项事务的性质，由中央人民政府委员会以法令加以规定，使之既利于国家统一，又利于因地制宜。"[③]

在中央层面，根据《中华人民共和国中央人民政府组织法》的规定，中央人民政府委员会组织政务院，以为国家政务的最高执行机关；组织人民革命军事委员会，以为国家军事的最高统辖机关；组织最高人民法院及最高人民检察署，以为国家的最高审判机关及检察机关。中央人民政府委员会有权制定并解释国家的法律，颁布法令，并监督其执行；规定国家的施政方针等。

在地方，依据《大行政区人民政府委员会组织通则》、《省人民政府组织通则》、《市人民政府组织通则》和《县人民政府组织通则》的规定，大行政区政府、省政府、直辖市、大行政区辖市和省辖市政府、县政府都有权拟定与本行政区域政务有关的暂行法令、条例，报上一级政府批准。

根据《中华人民共和国中央人民政府组织法》第 7 条的规定，中央人民

---

① 北京大学法律系宪法教研室、资料室编：《宪法资料选编》（第 2 辑），北京大学出版社 1982 年版，第 408 - 412 页。

② 中共中央文献研究室编：《周恩来传》（二），中央文献出版社 2011 年版，第 822 页。

③ 全国人大常委会法制工作委员会审定：《中华人民共和国法律法规全书》（第 1 卷），中国民主法制出版社 1996 年版，第 2 页。

政府委员会“依据政务院的提议,任免或批准任免各大行政区和各省市人民政府的主席、副主席和主要的行政人员”。

1948 年 9 月华北人民政府成立。[①] 1949 年 12 月,中央人民政府委员会任命华东、东北、中南、西北、西南五大行政区领导人,政务院随后通过《大行政区人民政府委员会组织通则》,大行政区制度正式建立。

1949 年后,中国行政区划分为六大行政区,共有 30 个省、1 个自治区、12 个直辖市、5 个行署区、1 个地方、1 个地区。

《中国人民政治协商会议共同纲领》关于中央与地方关系的规定还有:中央人民政府应“规定中央和地方在经济建设上分工合作的范围”(第 33 条);“关于财政:建立国家预算决算制度,划分中央和地方的财政范围”(第 40 条)。

《中国人民政治协商会议共同纲领》主要是对中央和地方经济方面的职权作宏观界定。这一阶段纵向府际关系的显著特征是,地方有一定权限,主要是因为中央政府尚处于成立初期,各地情况纷繁复杂,西藏等地还未完全解放,国家政权尚未完全建立和巩固。

1950 年 3 月,政务院颁布《关于统一国家财政经济工作的决定》,首次对中央与地方经济管理权限进行划分,全国的财政、经济、金融、行政管理权集中到中央政府手里,而地方政府则设立了与中央经济部门相对应的管理机构,“条条”管理体制初步形成。

当时,各大行政区人民政府委员会既是各该区所辖省(市)高一级的地方政权机关,又是中央人民政府政务院领导地方政府的代表机关。同时,全国各大行政区设立中共中央地方局,代表党中央领导某一大区数省党的工作。

1952 年 11 月 15 日,中央人民政府委员会决定将各大区人民政府(军政委员会)一律改为行政委员会,为“代表中央人民政府在各该地区进行领导与监督地方政府的机关”。自此,大行政区不再是最高地方行政区域,只作为中央人民政府的代表机关管辖的区域。[②]

1954 年 4 月 27 日,“为了加强中央对经济建设的集中统一的领导和加强省、市、自治区的领导;同时,为了解决中央一级和大批新建厂矿的干

---

① 1950 年,华北人民政府撤销后,所辖五省二市归中央直属;1950 年 11 月,中央人民政府设立华北事务部;1952 年 4 月,中央人民政府委员会决定,成立政务院华北行政委员会,撤销华北事务部。

② 全国人大常委会法制工作委员会审定:《中华人民共和国法律法规全书》(第 1 卷),中国民主法制出版社 1996 年版,第 50 页。

部需要”，中共中央政治局扩大会议决定撤销大区一级党政机构，六大区中央局撤销，各省党委直接对中央负责。

为了进一步加强中央集中统一领导，减少组织层次，增加工作效率，克服官僚主义，1954 年 6 月 19 日，中央人民政府决定撤销大区一级行政机构。

2. 探索阶段（1954 年《中华人民共和国宪法》至 1982 年《中华人民共和国宪法》公布施行）

1954 年《中华人民共和国宪法》确立全国人大、地方各级人大和其他国家机关，一律实行民主集中制。值得注意的是，1954 年《中华人民共和国宪法》对《中国人民政治协商会议共同纲领》中关于中央与地方职权划分的规定，不再提及。

根据 1954 年《中华人民共和国宪法》的规定，全国人大是“最高国家权力机关”，是“行使国家立法权的唯一机关”；全国人大产生的国务院即中央人民政府，“是最高国家权力机关的执行机关，是最高国家行政机关”，“统一领导全国地方各级国家行政机关的工作”；“地方各级人民委员会都对本级人民代表大会和上一级国家行政机关负责并报告工作”；“全国地方各级人民委员会都是国务院统一领导下的国家行政机关，都服从国务院”。

1954 年《中华人民共和国宪法》的规定，“改变了原来中央人民政府下辖政务院的两级政府的过渡状态”。①

1956 年 4 月，毛泽东同志在中央政治局扩大会议上指出，解决中央和地方的关系的矛盾，目前要注意的是，应在巩固中央统一领导的前提下，扩大一点地方的权力，给地方更多的独立性，让地方办更多的事情。他认为，中国地域大、人口多、情况复杂，有中央和地方两个积极性，比只有一个积极性好得多。“我们不能像苏联那样，把什么都集中到中央，把地方卡得死死的，一点机动权也没有。”②

1956 年 6 月 30 日，周恩来同志在一届全国人大三次会议上指出，中央与地方职权的划分，宪法上本有明文规定，为了适应新情况，中央和地方的职权的划分应该更加具体，应该按照民主集中制原则，在中央统一领导下实行中央与地方的适当分权。③

---

① 中共中央党史研究室：《中国共产党历史》（第 2 卷）（上册），中共党史出版社 2011 年版，第 258 页。

② 毛泽东：《论十大关系》，载《毛泽东著作选读》（下册），人民出版社 1986 年版，第 729 页。

③ 《全国人民代表大会会议闭幕》，载《人民日报》1956 年 7 月 1 日，第 1 版。

1956年9月16日，周恩来同志在党的八大会议上，提出划分中央与地方管理权限的七项原则（见表1.1）。①

表1.1　划分中央与地方管理权限的七项原则

周恩来提出的“划分中央与地方管理权限的七项原则”
“我国的社会主义改造已经取得了决定性的胜利，人民民主专政已经更加巩固，这就使我们有必要也有可能，按照统一领导、分级管理、因地制宜、因事制宜的方针，进一步地划分中央和地方的行政管理职权，改进国家的行政体制，以利于地方积极性的充分发挥。” “在划分中央和地方的行政管理职权的时候，应该实行以下的原则：（1）明确地规定各省、自治区、直辖市有一定范围的计划、财政、企业、事业、物资、人事的管理权；（2）凡关系到整个国民经济而带全局性、关键性、集中性的企业和事业，由中央管理；其他的企业和事业，应该尽可能地多交给地方管理；企业和事业在下放的时候，同他们有关的计划、财务管理和人事管理一般地应该随着下放；（3）企业和事业的管理，应该认真地改进和推行以中央为主、地方为辅或者以地方为主、中央为辅的双重领导的管理方法，切实加强对企业和事业的领导；（4）中央管理的主要计划和财务指标，由国务院统一下达，改变过去许多主要指标由各部门条条下达的办法；（5）某些主要计划指标和人员编制名额等，应该给地方留一定的调整幅度和机动权；（6）对于民族自治地方各项自治权利，应该作出具体实施的规定，注意帮助少数民族地区政治、经济、文化事业的发展；（7）改进体制要逐步实现，某些重大的改变，应该采取今年准备、明年试办、到第二个五年计划期间全面实施的步骤，稳步进行。”

资料来源：周恩来：《关于发展国民经济的第二个五年计划的建议的报告》，载中央文献研究室编：《建国以来重要文献选编》（第9册），中央文献出版社2011年版。

1958年1月毛泽东同志在其起草的《工作方法六十条（草案）》中提出，在省、地、县三级或者在省、地、县、乡四级的干部会议上，讨论一次党的领导原则问题：“大权独揽，小权分散。党委决定，各方去办。”②1958年2月19日，中共中央办公厅印发《工作方法六十条（草案）》。

1958年开始的体制变动，使地方政府获得了较大自主权。但随之而来的大跃进，导致了中央对地方失控现象，造成国民经济失调的局面。为扭转局面，从1960年开始，中央进行政策调整，开始收回下放的一些权力。

1961年1月18日，党的八届九中全会批准中央政治局1960年9月的决定，恢复成立华北、东北、华东、中南、西南、西北六大区中央局，各中央局以建立本地区的比较完整的经济体系为主要任务，根据党的路线、方针、政

① 周恩来：《关于发展国民经济的第二个五年计划的建议的报告》，载中央文献研究室编：《建国以来重要文献选编》（第9册），中央文献出版社2011年版，第176－177页。

② 中共中央文献研究室编：《毛泽东文集》（第7卷），人民出版社1999年版，第355页。

策，因地制宜地贯彻执行中央的决定；同时，对本地区的政治、经济、文化、军事、党组织等各项工作，进行全面领导和统一安排。①

1966年3月20日毛泽东同志主持中共中央政治局常委扩大会议，在谈到中央与地方经济关系时指出，“中央还是虚君共和好，只管大政方针、政策、计划”，“中央计划要同地方计划结合，中央不能管死，省也不能完全统死，计划也不要统死”。② “文化大革命”期间，中央再次下放权力。同时，6个党的中央局陆续被撤销。

“文化大革命”结束后，中央又作出政策调整，集中一些经济管理权限。

1978年9月13日至20日，邓小平同志在东北和天津等地进行调研，发表“北方谈话”，阐述了改革的总要求及改革的精神。邓小平同志提出：“过去讲发挥两个积极性，无非是中央和省市，现在不够了，现在要扩大到基层厂矿。”③

1978年12月召开的党的十一届三中全会，作出将党和国家的工作重点转移到改革开放和社会主义现代化建设上来的重大决策。

此前的中央工作会议闭幕会上，邓小平同志作了《解放思想，实事求是，团结一致向前看》的讲话。他指出，“现在我国的经济管理体制权力过于集中，应该有计划地大胆下放”。④

根据1979年7月1日五届全国人大二次会议通过的《地方组织法》第6条和第27条的规定，省、自治区、直辖市的人大及其常委会，“根据本行政区域的具体情况和实际需要，在和国家宪法、法律、政策、法令、政令不抵触的前提下，可以制订和颁布地方性法规，并报全国人民代表大会常务委员会和国务院备案”。⑤

1981年11月五届全国人大常委会第二十一次会议通过《关于授权广东省、福建省人大及其常委会制定所属经济特区的各项单行经济法规的决议》；1988年4月七届全国人大一次会议通过《关于建立海南经济特区的

---

① 《中国共产党第八届中央委员会第九次全体会议关于成立中央局的决议》（1961年1月18日）。

② 中共中央文献研究室编：《毛泽东年谱（1949—1976）》（第5卷），中央文献出版社2013年版，第569页。

③ 冷溶、汪作玲主编：《邓小平年谱（1975—1997年）》（上），中央文献出版社2004年版，第376页。

④ 《邓小平文选》（第2卷），人民出版社1994年版，第145页。

⑤ 北京大学法律系宪法教研室、资料室编：《宪法资料选编》（第1辑），北京大学出版社1982年版，第346、352页。

决议》,授权海南省人大及其常委会制定海南经济特区法规;1992 年 7 月、1994 年 3 月、1996 年 3 月全国人大或其常委会先后通过决定,授权深圳市、厦门市、汕头市和珠海市制定经济特区法规和规章,分别在经济特区实施。

3. 改革阶段(1982 年《中华人民共和国宪法》公布施行至 2012 年党的十八大召开)

1982 年《中华人民共和国宪法》确立了我国中央与地方关系的基本内容。

根据 1982 年《中华人民共和国宪法》,我国是"统一的多民族国家";"各少数民族聚居的地方实行区域自治";"国家在必要时得设立特别行政区"。

1982 年《中华人民共和国宪法》规定,"国家机构实行民主集中制的原则"。其表现之一是,"中央和地方的国家机构职权的划分,遵循在中央的统一领导下,充分发挥地方的主动性、积极性的原则"。

1979 年制定的《地方组织法》,经 1982 年、1986 年、1995 年、2004 年、2015 年和 2022 年 6 次修改。

1984 年制定《中华人民共和国民族区域自治法》并于 2001 年修改。按照《中华人民共和国宪法》和《中华人民共和国民族区域自治法》的规定,民族自治地方的人民代表大会有权依照当地民族的政治、经济和文化的特点,制定自治条例和单行条例。

1982 年《中华人民共和国宪法》、1990 年《中华人民共和国香港特别行政区基本法》和 1993 年《中华人民共和国澳门特别行政区基本法》确立了特别行政区制度。

改革开放进程中,邓小平同志将"权力要下放"作为政治体制改革的一项重要内容,强调要"解决中央和地方的关系,同时地方各级也都有一个权力下放问题"。[①] 他还说:"调动积极性,权力下放是最主要的内容。"[②]

按照 1992 年党的十四大提出建立社会主义市场经济体制的目标,1993 年 11 月 14 日党的十四届三中全会通过《中共中央关于建立社会主义市场经济体制若干问题的决定》,提出健全宏观调控体系、积极推进财税体制改革以及合理划分中央与地方经济管理权限,发挥中央和地方两个积极性等任务。

---

① 邓小平:《关于政治体制改革问题》,载《邓小平文选》(第 3 卷),人民出版社 1993 年版,第 177 页。

② 邓小平:《改革的步子要加快》,载《邓小平文选》(第 3 卷),人民出版社 1993 年版,第 242 页。

江泽民同志在党的十四届五中全会上的讲话中指出："必须加强中央的统一领导，维护中央权威。宏观调控权必须集中在中央，中央在制定政策时要充分考虑地方合理的利益和要求，地方要自觉服从和顾全大局，正确运用国家赋予的必要权力，调节好本地区的经济活动。"①

为进一步理顺府际财政分配关系，国务院决定，从 1994 年 1 月 1 日起改革地方财政包干体制，对各省级以及计划单列市实行分税制财政管理体制。

2002 年 11 月党的十六大报告提出，"依法规范中央和地方的职能和权限，正确处理中央垂直管理部门和地方政府的关系"。

2003 年 10 月 14 日党的十六届三中全会通过《中共中央关于完善社会主义市场经济体制若干问题的决定》，将合理划分中央和地方经济社会事务的管理责权，作为深化行政管理体制改革的重要任务。

2004 年 9 月 19 日党的十六届四中全会通过《中共中央关于加强党的执政能力建设的决定》，将正确处理中央与地方关系作为关系经济体制改革全局的重大问题之一，要求"合理划分经济社会事务管理的权限和职责，做到权责一致，既维护中央的统一领导，又更好地发挥地方的积极性"。

胡锦涛同志在党的十七大报告中，将"统筹中央和地方关系"作为统筹兼顾的重要方面和科学发展观的根本方法之一，并提出"健全中央和地方财力与事权相匹配的体制"、"完善省以下财政体制"以及"规范垂直管理部门和地方政府的关系"等任务。

2012 年 11 月党的十八大报告，在纵向府际关系方面，提出"健全中央和地方财力与事权相匹配的体制""构建地方税体系""优化行政层级和行政区划设置，有条件的地方可探索省直接管理县（市）改革"等任务。

4. 深化改革阶段（党的十八大召开至今）

党的十八大以后，中国特色社会主义进入新时代，我国纵向府际关系也进入到一个新的发展阶段（详见第九章"纵向府际关系的改革与法治建构"）。

四、我国纵向府际关系的特点和总体原则

（一）我国纵向府际关系的特点

在最早提出"府际关系"的美国，一直存在联邦政府与州政府之间的

① 《正确处理社会主义现代化建设中的若干重大关系》，载《江泽民文选》（第 1 卷），人民出版社 2006 年版，第 472 页。

关系的争论。但马格莱比(David B. Magleby)、莱特(Paul C. Light)指出,在如今,有关联邦制的争论,较少涉及联邦制的宪法结构,而更多地涉及应由联邦政府还是州政府和地方政府采取行动。简而言之,美国有关联邦制的争论,实际上是集权主义者与分权主义者之间的争论。①

我国是长期实行中央集权的国家。在中国历史上的政治变迁过程中,集权和分权的问题始终是一个主要因素。

按照1982年《中华人民共和国宪法》序言关于"中华人民共和国是全国各族人民共同缔造的统一的多民族国家"的定位和第3条确定的中央和地方的国家机构职权划分的原则,我国确立中央统一领导、充分发挥地方作用的纵向关系特别是中央与地方关系的基本格局,这主要依据的是我国的历史文化传统、具体国情以及多民族国家的特点和中国特色的社会主义性质。

从秦朝以来,我国就建立了统一的、中央集权的多民族国家,几千年来形成的国家统一、民族团结的核心价值理念深入人心。建立中央统一领导的中央与地方关系,符合我国长期形成的历史文化传统,也有利于提升民族凝聚力。

我国是社会主义国家,社会主义制度是我国的根本制度,中国共产党领导是中国特色社会主义最本质的特征和最大制度优势。我国仍处于社会主义初级阶段,治理好我们这个世界上人口最多的国家,必须坚持中央统一领导,坚持民主集中制。同时,我国经济社会发展不平衡,各地情况复杂,必须在坚持中央统一领导的前提下,更有效发挥地方和基层的积极和能动作用。建立具有中国特色的纵向府际关系特别是中央与地方关系,体现了一脉相承的历史传承,也反映了与时俱进的时代要求。

针对改革开放以来政府间关系所出现的阶段性变化特征,政治学领域的学者们对转型期中央集权和地方分权表现出以下四种倾向。

持中央集权型观点的学者认为,即使市场转型过程中中央策略性放权,中央主导型的控制模式没有根本变化。尤其是改革开放以来中国始终保持集权的"法宝",即对纵向的干部管理体系的掌控。周黎安提出的"晋

① [美]马格莱比、莱特:《民治政府:美国政府与政治》(第23版·中国版),吴爱明、夏宏图编译,中国人民大学出版社2014年版,第41-42页。

升锦标赛模式”①、荣敬本等提出的“压力型体制”②,都从一个侧面反映了地方分权过程中,中央对地方具有较高的政治控制能力。

持地方分权型观点的学者认为,中国改革开放的过程是一个中央权力弱化和地方权力扩大的过程。这种现象的根本原因归于中央权力缺乏“中央性”③。一些地方政府官员将自己的利益和目标放在中央、地方民众和地方社区之上,更加剧了中央权威的“碎片化”。

持混合型观点的学者认为,改革开放过程中,中国政府在中央和地方关系上采取的是选择性集权和分权结合的混合互动模式。选择性集权和分权的结果是中央和地方关系呈现出错综复杂的、灵活性很强的博弈和妥协。有的地方会采取机会主义的策略进行“治理”,甚至出现“上有政策、下有对策”的情况。④

还有一种观点认为,我国中央与地方关系,是一种“行为联邦制”,这种“联邦制”并不是用宪法规定下来的,也不是直接表现在国家的规范政治结构中的,而是在实际权力运作中达成的,是通过中央和地方之间在多种多样的相互谈判的行为中表现出来的。⑤

实际上,从宪法制度安排上,我国的纵向府际关系具有“一体多元性”、原则性与灵活性结合、多层次性以及综合复杂性等特点。

1. 纵向府际关系的统一性和多样性

我国是统一的多民族国家,实行单一制。这在纵向府际关系上的主要体现,就是“中央的统一领导”。

中国共产党和国家机构实行民主集中制,不仅党中央集中统一领导关系党和国家事业发展的重大工作,各级国家机关在履行职责过程中坚持和加强党中央的集中统一领导,而且在国家机构层面,体现中央的统一领导:全国人大及其常委会行使国家立法权;国务院即中央人民政府,统一领导全国地方各级国家行政机关的工作;中央军委领导全国武装力量;地方各级人民政府服从国务院统一领导;地方各级人民政府工作部门受本级人民政府领导,并且依法受国务院或上级人民政府主管部门的业务领导或指

---

① 周黎安:《晋升博弈中政府官员的激励与合作——兼论我国地方保护主义和重复建设问题长期存在的原因》,载《经济研究》2004 年第 6 期。

② 荣敬本:《变“零和博弈”为“双赢机制”——如何改变压力型体制》,载《人民论坛》2009 年第 2 期。

③ 郑永年、王旭:《论中央地方关系中的集权和民主问题》,载《战略与管理》2001 年第 3 期。

④ 鲁敏:《转型期政府间纵向关系的调适——从政府过程角度》,载《长白学刊》2011 年第 5 期。

⑤ 郑永年:《中国的“行为联邦制”:中央—地方关系的变革与动力》,邱道隆译,东方出版社 2013 年版,第 28 – 36 页。

导；全国地方各级人民政府和各民族自治地方的人民政府都是国务院统一领导下的国家行政机关，都服从国务院。

但作为统一的多民族国家，我国采取不同于一般单一制的复合单一制。在中央人民政府领导下既有一般地方行政区域，又有民族自治地方和特别行政区。

在国家统一领导下，各少数民族聚居的地方实行民族区域自治，设立自治机关，行使自治权。处理民族自治地方和国家关系的基本准则是，“一方面，民族自治地方是中华人民共和国不可分离的部分，要维护国家的统一，保证中央人民政府的统一领导和国家政策、计划在各民族自治地方的贯彻执行；另一方面，又要保证民族自治地方自治机关充分行使自治权，照顾各民族自治地方的特点和需要，使自治地方有大于一般地方的自主权”。①

国家设立香港特别行政区、澳门特别行政区，作为中华人民共和国的一个享有高度自治权的地方行政区域，直辖于中央人民政府。同时，全国人大授权特别行政区依照基本法的规定实行高度自治。

2. 纵向府际关系的原则性和灵活性

处理纵向府际关系，要遵循坚持党的领导、坚持民主集中制和坚持发挥“两个积极性”等原则要求。

党中央对关系党和国家事业发展的重大工作实行集中统一领导，各级地方国家机关、企事业单位、基层群众性自治组织等，都必须自觉接受党中央领导。

坚持中央统一领导，要求外交、国防、海关、国家安全等涉及国家主权、安全、发展利益的事项，金融、国家税务、外汇管理等关系国民经济命脉的事项，由中央政府及其部门或机构专属管辖。

坚持民主集中制和坚持发挥“两个积极性”，要求对教育、科学、文化、卫生、体育事业、社会保障、环境和资源保护、城乡建设事业和财政、民政、民族事务等行政工作，实行中央统一领导、中央与地方共同负责、分级管理；区域性公共服务作为地方事权。

我国幅员辽阔，各地经济社会发展不平衡，各种情况复杂。在坚决维护中央权威和统一领导、保证中央令行禁止的前提下，适度赋予各级地方一定自主权和灵活性，有利于地方因地制宜、因时制宜处理本地方事务，从

---

① 阿沛·阿旺晋美：《关于〈中华人民共和国民族区域自治法（草案）〉的说明》，载全国人大常委会办公厅研究室编：《中华人民共和国人民代表大会文献资料汇编（1949～1990）》，中国民主法制出版社1991年版，第284－285页。

实际出发创造性开展工作,提升地方治理水平。

进入新时代新征程,改革发展稳定的任务艰巨繁重,面临的风险挑战严峻复杂,更要坚持中央统一领导的原则性和地方因地制宜、因时制宜的灵活性的统一。

3. 纵向府际关系的多层次性

我国领土辽阔,纵向府际关系具有多层次性,不仅有中央与地方之间的关系,还有各级地方之间的关系,是世界上少有的存在多层级政府间关系的国家。

为了有效治理国家,我国多层级地建立地方机构。根据1982年《中华人民共和国宪法》,全国分为省、自治区、直辖市;省、自治区分为自治州、县、自治县、市;县、自治县分为乡、民族乡、镇。直辖市和较大的市分为区、县。自治州分为县、自治县、市。国家在必要时,得设立特别行政区。

党的十九大报告和其他中央文件提出"赋予省级及以下政府更多自主权",这意味着纵向府际关系的具体化,突出表现为地方人民政府至少可以分为"省级政府"和"省级以下政府"两大类,实际上是将政府层次分为"中央政府"、"省级政府"和"省级以下政府"三类。

而省级以下,多数省级地方又可分为地级市(地区、自治州)、市辖区(县级市、县、自治县)和镇(乡、民族乡、街道)。

因此,我国纵向府际关系,除了中央一级外,主要有三级制[直辖市—市辖区(县、自治县)—镇(乡、民族乡、街道),省(自治区)—地级市(地区、自治州)或县(自治县、县级市)—镇(乡、民族乡、街道)]纵向关系和四级制[省(自治区)—地级市(地区、自治州)—市辖区(县级市、县、自治县)—镇(乡、民族乡、街道)]纵向关系,体现了多层次的特点。[①]

4. 纵向府际关系的综合复杂性

我国纵向府际关系具有综合复杂性,既有政治关系又有经济关系,既有立法权划分也有行政权、财政权划分。

作为纵向府际关系运行中的重要角色,中国共产党总揽全局、协调各方,在同级各种组织中发挥领导核心作用;按照民主集中制原则,保证党的中央组织对地方组织的领导,并对府际关系产生重要影响。

根据《中国共产党地方委员会工作条例》的规定,地方党委在本地区

---

① 如果加上城市的居民委员会和农村的村民委员会,就又多了一个层级。它们办理本居住地区的公共事务和公益事业,调解民间纠纷,协助维护社会治安,并且向政府反映群众的意见、要求和提出建议,虽然不是一级政府,而是基层群众性自治组织,但它们与基层政府的关系实际上也符合一般"府际"的特点。

发挥领导核心作用，对本地区各方面工作实行全面领导；同时，地方党委在党代表大会闭会期间，执行上级党组织的指示和同级党代表大会的决议、决定，领导本地区的工作，并贯彻执行党中央和上级党组织决策部署；地方党委常委会履行的职责包括组织实施上级党组织决策部署，向上级党组织请示报告工作，讨论和决定下级党组织请示报告的重要事项等。

在国家机构关系层面，我国在中央与地方立法、行政、财权的划分上，遵循在中央的统一领导下，充分发挥地方的主动性、积极性的原则，地方政府职能比较广泛，涉及政治、经济、教育、科学、文化、卫生、体育、城乡建设等事业和生态环保、自然资源、财政、民政、社会保障、公安、民族事务、司法行政、人口与计划生育等行政工作，但在依法履职过程中，要贯彻落实党中央的方针政策和上级决策部署。

换言之，地方各级人民政府在接受本级党委领导、对本级人大及其常委会负责的同时，还要对上级国家行政机关负责，贯彻落实中央的方针政策，并在履职过程中坚持党中央集中统一领导。

（二）处理纵向府际关系的总体原则和基本要求

宪法学者主要从我国单一制国家视角讨论中央与地方关系的总体原则。

如许崇德提出我国中央与地方关系，有发挥“两个积极性”，大权集中、小权分散，因地因事制宜，社会主义法制和分工合作等五项原则。[①] 熊文钊认为中央与地方关系问题是国家体制改革的基本问题，并论述我国中央与地方府际权力关系的重构的若干原则、良性互动机制以及法制保障。[②]

从我国纵向府际关系特别是中央与地方关系的历史发展、规范现状、制度实践和改革趋势综合分析，处理我国纵向府际关系，应坚持在中央的统一领导下充分发挥地方主动性、积极性的总体原则，并遵循体现“两个积极性”的基本要求。

1. 总体原则

1982 年《中华人民共和国宪法》以马克思主义国家学说为指导，结合我国具体情况，确立了体现民主集中制原则的纵向府际关系特别是中央与地方关系。

［苏联］列宁指出：“在各种不同的民族组成一个统一的国家的情况下，并且正是由于这种情况，马克思主义者是决不会主张实行任何联邦制

① 许崇德主编：《中国宪法》（修订本），中国人民大学出版社 1996 年版，第 245 – 246 页。

② 熊文钊：《论中国中央与地方府际权力关系的重构》，载《河北法学》2005 年第 9 期。

原则,也不会主张实行任何分权制的……我们维护集中制只是维护民主集中制……民主集中制不仅不排斥地方自治以及有独特的经济和生活条件、民族成分等等的区域自治,相反,它必须既要求地方自治,也要求区域自治。"①

1982年《中华人民共和国宪法》第3条第4款规定:"中央和地方的国家机构职权的划分,遵循在中央的统一领导下,充分发挥地方的主动性、积极性的原则。"第4条第3款中规定:"各少数民族聚居的地方实行区域自治,设立自治机关,行使自治权。"

我国历史悠久、人口众多、各地经济社会发展不平衡。按照民主集中制原则处理纵向府际关系特别是中央与地方关系,既要有体现全国利益的统一性,又要有统一领导下兼顾局部利益的灵活性;既要维护中央统一领导,又要赋予地方更多自主权。

最早确立"两个积极性"的,是1949年《中国人民政治协商会议共同纲领》。其第33条第2款规定:"中央各经济部门和地方各经济部门在中央人民政府统一领导之下各自发挥其创造性和积极性。"②

1956年4月25日,毛泽东同志在《论十大关系》中指出:"应当在巩固中央统一领导的前提下,扩大一点地方的权力……我们的国家这样大,人口这样多,情况这样复杂,有中央和地方两个积极性,比只有一个积极性好得多。"③在这里,"中央统一领导"被概括为"中央的积极性"。

1975年《中华人民共和国宪法》第10条规定,"充分发挥中央和地方两个积极性,促进社会主义经济有计划、按比例地发展",首次以正式宪法的形式将"两个积极性"确立下来。

1978年《中华人民共和国宪法》第11条第2款在"充分发挥中央和地方两个积极性的方针"前,增加了"在中央统一领导下"的表述。

1982年修改《中华人民共和国宪法》时,"在宪法中如何正确规定中央与地方的关系",成为宪法修改草案起草者重点关注的问题之一。④

与1949年《中国人民政治协商会议共同纲领》、1975年《中华人民共和国宪法》和1978年《中华人民共和国宪法》不同之处是,1982年《中华人

---

① [苏联]列宁:《关于民族问题的批评意见》,载《列宁全集》(第24卷),中共中央马克思恩格斯列宁斯大林著作编译局编译,人民出版社2017年版,第148-149页。

② 全国人大常委会法制工作委员会审定:《中华人民共和国法律法规全书》(第1卷),中国民主法制出版社1996年版,第3页。

③ 《毛泽东著作选读》(下册),人民出版社1986年版,第729页。

④ 许崇德:《中华人民共和国宪法史》,福建人民出版社2003年版,第570-571页。

民共和国宪法》的规定不是在经济建设上，而是在国家机构的职权划分上，将充分发挥“两个积极性”提到宪法基本原则的高度，作为“民主集中制”原则的一部分，置于宪法总纲部分的第 3 条第 4 款中。

在 1982 年宪法修改草案讨论稿中，原拟定了这样一款：“中央和地方的国家职权的划分，遵循既有利于中央的统一领导，又能充分发挥地方的主动性、积极性的原则。”后来考虑到，这种表述不够准确，没有突出以中央统一领导为主的精神，而是把两者并列起来，所以，最后作此修改。①

作为“两个积极性”原则的体现，1982 年《中华人民共和国宪法》第 110 条，对地方各级人民政府实行双重负责制作了规定：一方面，地方各级人民政府对本级人大负责并报告工作；另一方面，对上一级国家行政机关负责并报告工作，全国地方各级人民政府都是国务院统一领导下的国家行政机关，都服从国务院。

党的十八届三中全会通过的《中共中央关于全面深化改革若干重大问题的决定》，将“发挥中央和地方两个积极性”作为深化财税体制改革的总体要求之一。

习近平总书记指出：“要发挥好中央和地方两个积极性，确保党中央集中统一领导和国家制度统一、政令统一，中央和国家机关要做好对本行业本系统的指导和监督，地方在坚决贯彻党中央决策部署的同时，要发挥主观能动性，结合地方实际创造性开展工作。”②

党的十九届四中全会把“健全充分发挥中央和地方两个积极性体制机制”，作为推进国家治理体系和治理能力现代化的重要内容作出部署。

2022 年 3 月 11 日十三届全国人大五次会议审议通过的修改后的《地方组织法》第 5 条，“根据宪法有关规定精神，明确地方人大和地方政府在国家法治统一中的职责，增加规定：地方各级人民代表大会、县级以上地方各级人大常委会和地方各级人民政府遵循在中央的统一领导下、充分发挥地方的主动性积极性的原则，保证中央政令畅通，保证宪法、法律和行政法规在本行政区域的实施”。③

因此，“两个积极性”不仅应当是中央与地方国家机构的职权划分的

---

① 蔡定剑：《宪法精解》，法律出版社 2006 年版，第 174 – 175 页。

② 习近平：《继续完善党和国家机构职能体系》，载《习近平谈治国理政》（第 3 卷），外文出版社 2020 年版，第 107 页。

③ 王晨：《关于〈中华人民共和国地方各级人民代表大会和地方各级人民政府组织法（修正草案）〉的说明——2022 年 3 月 5 日在第十三届全国人民代表大会第五次会议上》，载《中华人民共和国全国人民代表大会常务委员会公报》2022 年第 2 号。

总体原则,而且应作为处理纵向府际关系特别是中央与地方关系的基本遵循。

2. 基本要求

贯彻"两个积极性"的总体原则,我国纵向府际关系特别是中央与地方关系,要遵循以下基本要求。

一是,维护中央权威和统一领导。这是贯彻"中央的统一领导"的基本要求,是正确认识和处理纵向府际关系特别是中央与地方关系的根本保证。

中国特色社会主义最本质的特征和制度的最大优势,是中国共产党的领导。在中国,党的各级组织和国家机构实行民主集中制。《中国共产党章程》和《中华人民共和国宪法》确立了党的领导权和执政权;宪法和法律规定了全国人大及其常委会、国务院等中央国家机关的职权,同时,赋予了地方各级人大、县级以上地方各级人大常委会和地方各级人民政府广泛的职权。

中央统一领导首要是党中央的集中统一领导。在本质上,党的各级组织和国家各级机关都是政治机关,都要接受中国共产党的领导,党是最高政治领导力量。

有学者指出,中国有 14 亿多人口,却依然用单一制作为国家权力的组织原则,而且还很成功,这个成功的制度密码首先在于党的领导。①

根据《中华人民共和国宪法》第 3 条第 4 款,中央统一领导是前提,地方的主动性和积极性不能妨碍中央统一领导。这与联邦制下联邦与州在宪法上平等的制度安排不同。在我国宪法之下,中央处在主导地位,对地方具有支配力。关于发挥中央和地方"两个积极性",各级国家机关在履职过程中,首先要维护中央权威和集中统一领导,贯彻落实中央决策部署。"中央的统一领导",除了要坚持中共中央的集中统一领导外,主要表现为国务院即中央人民政府统一领导全国各级国家行政机关、全国人大及其常委会行使国家立法权等。

同时,要处理好坚持党的领导和发挥国家机关的作用的关系。

彭真同志指出:"我们的法律是党和国家的方针、政策的定型化。法律是党领导制定的,但是,必须经过全国人民代表大会或者全国人大常委会审议通过。法律一经通过、颁布,每个公民都要服从。党员服从法律,就是

---

① 祝灵君:《着力发挥社会主义制度"坚持全国一盘棋"显著优势》,载《学习时报》2020 年 2 月 12 日,第 1 版。

服从党的领导，就是服从全国人民。”①

中国共产党在横向维度上，主要把依法治国基本方略同依法执政基本方式统一起来，把党总揽全局、协调各方同各级人大、政府等依法履行职能、开展工作统一起来，把党领导人民制定和实施宪法法律同党坚持在宪法法律范围内活动统一起来，并善于使自身的主张通过法定程序成为国家意志，善于使党组织推荐的人选通过法定程序成为国家政权机关的领导人员，善于通过国家政权机关实施党对国家和社会的领导；中国共产党还要在上述方面涉及纵向关系的问题上发挥作用，并善于运用民主集中制维护中央的权威和集中统一领导。

二是，坚持全国“一盘棋”。中国国家制度和国家治理体系的显著优势的一个重要方面，是坚持全国“一盘棋”。

邓小平同志曾说，“社会主义同资本主义比较，它的优越性就在于能做到全国一盘棋，集中力量，保证重点”。② 习近平总书记将“集中力量办大事”作为我国的政治优势之一。③

中国作为一个大国，有条件发挥规模优势，集中力量办大事；同时，各地情况不同，需要统筹兼顾、协调各方。无论是深入推进区域协调发展战略以及京津冀协同发展、长江经济带发展、粤港澳大湾区建设等区域重大战略，加快建设全国统一大市场，还是扶贫帮困、对口援建、共同抗疫，都是为了集中优势，促进经济社会协调健康发展。

从经济上看，为保证经济总量平衡和结构优化，中央要制定和实施全国性的政策、法律和规划；从政治上看，中央是全国的中枢，维护国家统一、政治安全和社会稳定，是中央必须承担的重大职责。

坚持这一要求，对涉及纵向府际关系特别是中央与地方关系的根本性、全局性、长远性问题，要加强顶层设计、战略规划、统筹谋划和前瞻研究；在完善中央决策、地方执行的机制基础上，确保地方政府在中央划分或授权、委托权责范围内行使职权履行责任。各级地方要切实强化全局观念、大局意识。

三是，尊重地方和基层首创精神。在中央统一领导的前提下，赋予地方更多自主权，让地方有更多的因地制宜的灵活性。充分发挥地方的积极性和创造性有利于增强经济社会发展的生机、动力和活力。

毛泽东同志指出，解决好中央与地方关系这个矛盾，“应当在巩固中央

① 彭真：《论新时期的社会主义民主与法制建设》，中央文献出版社 1989 年版，第 62 页。

② 《邓小平文选》（第 3 卷），人民出版社 1993 年版，第 16－17 页。

③ 《习近平谈治国理政》（第 3 卷），外文出版社 2020 年版，第 264 页。

统一领导的前提下，扩大一点地方的权力，给地方更多的独立性，让地方办更多的事情。这对我们建设强大的社会主义国家比较有利”。[①] 他还说：“还有一个地方和地方的关系问题，这里说的主要是地方的上下级关系问题。省市对中央部门有意见，地、县、区、乡对省市就没有意见吗？中央要注意发挥省市的积极性，省市也要注意发挥地、县、区、乡的积极性，都不能够框得太死。”[②]

实践证明，尊重地方和基层首创精神，将地方特别是基层探索的成功做法在面上总结推广，并通过法规制度巩固完善，这是我国改革开放和现代化建设取得巨大成功的重要经验之一。

坚持这一要求，要尽量减少中央对微观事务的直接管理，发挥地方政府因地制宜加强区域内事务管理的优势，调动和保护地方的积极性和主动性。

四是，坚持法制统一和法治保障。法律最主要的功能之一，是确认、规范和制约国家权力，保证国家机构按照法定的原则、方式和程序行使权力、履行职责。

根据《世界地方自治宣言》和《欧洲地方自治宪章》第 2 条关于“地方自治的原则应在国内立法中得到承认，并在可行的情况下在宪法中得到承认”的要求，“联合国的 193 个成员国共有 165 个实行单一制，在 165 个单一制国家的 160 部成文宪法典（5 个单一制国家没有宪法典）中，有 67 部将地方自治确立为基本原则”。[③] 如《意大利共和国宪法》第 5 条规定，意大利是统一而不可分割的共和国，承认并鼓励地方自治；在国家事务中实行行政上充分的分权，并使自己的立法原则和方法满足自治权和地方分权的要求。

而在实行联邦制的 20 多个国家中，联邦与联邦成员、地方政府之间关系，也是宪法的重要内容。如 1949 年《德意志联邦共和国基本法》第 28 条第 1 款规定，各州合宪性秩序必须符合基本法意义上的共和、民主以及社会法治国的原则；该法同时规定了对地方自治的宪法保障。

我国实行单一制的国家结构形式，由若干个普通行政区域、民族自治区域和特别行政区组成统一的主权国家，各省、自治区、直辖市和特别行政区的权力源于宪法、法律的规定。

1982 年《中华人民共和国宪法》第 5 条，确立了依法治国原则和建设

---

① 《毛泽东著作选读》（下册），人民出版社 1986 年版，第 729 页。

② 《毛泽东著作选读》（下册），人民出版社 1986 年版，第 731 页。

③ 王建学：《论地方政府事权的法理基础与宪法结构》，载《中国法学》2017 年第 4 期。

社会主义法治国家的目标，并强调国家维护社会主义法制的统一和尊严。党的十九届四中全会决定特别指出“加强中央宏观事务管理，维护国家法制统一、政令统一、市场统一”。

坚持这一要求，要发挥法制统一的规范功能，做到纵向关系重大改革于法有据，通过改革加强和完善法治。

贯彻“两个积极性”原则，不应仅停留于其政治宣示意义上，还应强化法律保障的功能。要按照党的二十大报告关于“在法治轨道上全面建设社会主义现代化国家”的要求，将中央与地方事权划分的基本原则由宪法和基本法律确立，将中央与地方的职权事项和支出责任划分相关制度以法律或行政法规的形式规定，将地方各级人民政府间的事权和支出责任划分相关制度以法律或行政法规、地方性法规、地方政府规章的形式细化，在法治轨道上逐步实现纵向治理体系的现代化。

第二章　纵向府际关系与国家结构

一、纵向府际关系与国家结构形式

国家结构形式表述国家整体与其组成部分之间的关系，是国家制度的重要内容。

国家权力的横向配置，决定于国家政权的组织形式；而国家权力的纵向划分，作为纵向府际关系的核心内容，很大程度上取决于国家的结构形式。

何华辉指出："国家结构形式直接牵涉到统治阶级对它所控制的领土的划分与国家权力的分配和运用。它服从统治阶级的意志和利益，决定于国家的本质。"[①]

府际关系是建立在一定的国家结构之上的政府间关系，国家结构形式是建立纵向府际关系的国家制度基础。

（一）国家结构形式及其对纵向府际关系的意义

关于近现代国家结构，一般认为主要存在单一制（unitary system）和联邦制（federal system）两种形式。[②] 国家结构形式，在单一制国家，是指中央与地方的关系；在联邦制国家，是指联邦与联邦成员的关系。

也有学者认为，国家结构形式主要有单一制和复合制两大类型。复合制又可分为邦联和联邦等形式。[③] 沃尔特·E. 弗克默尔（Walter E. Volkmer）认为，联邦制是介于单一制与邦联制（confederation）之间的一种政府组织形式。[④] 邦联是两个或两个以上的国家为了军事、贸易或其他共同目的而形成的一种国家联合。如根据1777年美国《邦联条例》（The Articles of Confederation）由独立后的北美13个州结成的邦联，现代的欧盟、东盟等实际上也是邦联。

另外，有欧洲学者认为，还存在地区制国家。在地区制国家，存在中央

---

① 何华辉：《比较宪法学》，武汉大学出版社1988年版，第142页。

② 《宪法学》（马克思主义理论研究和建设工程重点教材），高等教育出版社、人民出版社2020年版，第123页。

③ 胡锦光、韩大元：《中国宪法》（第4版），法律出版社2018年版，第72－73页。

④ 参见［美］沃尔特·E. 弗克默尔：《美国政府》，汪威译，上海社会科学院出版社2016年版，第44－45页。

与地区、地方的关系。根据 1996 年《欧洲区域主义宣言》(Declaration on Regionalism in Europe),所谓“地区”(region),“是依公法设立的领土的一部分,是一个仅次于国家的概念,地区有权设立自治政府”。在设立地区的国家,地区政府拥有较大的政策制定权,但中央政府仍有最高权;在一些特别事务上依靠更多的专家参与以获得更高效的地区治理,如强化地区内部基层组织、完善附属机构、增强竞争力、提高公民参与度。①

国家结构形式对纵向府际关系的意义,主要表现在国家与其组成部分的职权划分、国家结构中的层级以及组成部分的多样性上。

在联邦制国家,职权纵向划分主要是联邦与各联邦成员之间的分权;此外,各联邦成员与地方之间也存在职权配置关系。在单一制国家,则是中央与各级地方之间以及不同层级地方之间职权的划分。

在联邦制下,实行联邦和联邦成员分权,联邦与联邦成员依据联邦宪法负责各自的事务或同一领域的不同方面,联邦与各联邦成员之间通常没有等级关系;立法、行政和财政等权力在联邦、联邦成员和地方进行配置,纵向府际关系比较分散。而在单一制下,权力主要集中于中央政府,虽然也有层级划分,但纵向府际关系的统一程度一般较高。

在联邦制国家,位于中间的层级是州、邦、省或共和国等,作为“国中之国”,是联邦组成单位,其下才是地方政府;而在单一制国家,中间层级的省、大区等,本身即是地方政府。

国家结构中的层级如较少,下级政府就可能履行在层级较多的其他结构中由层级较高政府承担的职责;如层级较多,上级政府就可能在更大地域范围内统筹区域或地方事务,而将实施更有效率的区域性事务,分配给下级或基层地方政府。

与单一制国家结构相比,联邦制不仅对外是统一的,而且可以体现不同区域和地方的特点和多样性。

罗纳德·瓦茨(Ronald L. Watts)认为,“联邦制”将共同机构实施的共治和区域机构实施的自治结合在一起,通过在一个较大的政治联合体内协调、保留和促进各成员的不同特性,兼顾了统一性与多样性。②

(二)国家结构形式的影响因素

目前大多数国家,实行的是单一制,实行联邦制的国家有 20 多个,如美国、阿根廷、澳大利亚、奥地利、比利时、巴西、加拿大、埃塞俄比亚、德国、

---

① 参见唐铁汉、袁曙宏主编:《社会治理创新(第二届中欧政府管理高层论坛论文集)》,国家行政学院出版社 2006 年版,第 334 页。

② Ronald L. Watts, *Comparing Federal Systems*, McGill – Queen's University Press, 2008, p. 6.

印度、伊拉克、马来西亚、墨西哥、尼泊尔、尼日利亚、巴基斯坦、俄罗斯、南非、瑞士、阿联酋、苏丹、索马里、委内瑞拉等。

特定国家采取何种结构形式，取决于历史、民族、国土面积和政治、经济等多重因素。采用单一制或联邦制，是不同国家在本国历史长期发展、渐进演化基础上各种因素共同作用的结果。

历史因素主要表现为一个国家形成和发展的历史传统，包括统治者在国家治理中沿袭下来的经验，也包括国民在历史发展过程中，对国家结构形成的相对稳定的心理定式。

民族因素则是一个国家的民族构成、分布状况、民族关系等要素的综合体。如果统治者选择的国家结构形式不利于民族问题的解决，则会影响国家的制度优势和治理效能，妨碍国家的政治稳定。有的国家在联邦制下建立民族共和国，主要是为了解决民族问题。

在当今实行联邦制的20多个国家中，有不少大国，如俄罗斯、美国、加拿大、印度、巴西、澳大利亚等，它们选择联邦制，国土面积是一个重要的因素。此外，它们在人口及分布、资源、财富、民族和宗教的多样性上也有所不同。

社会主义国家成立以后，在一般条件下，坚持建立集中统一的国家，即单一制国家。除非为了解决民族等问题，才将联邦制作为一种国家形式，如苏联。

（三）宪法中的国家结构形式

国家结构形式是一国宪法的最重要内容之一。

美国是世界上第一个建立联邦制的国家。虽然1787年《美利坚合众国宪法》中没有“联邦制”的提法，但联邦制是美国宪法最重要的原则之一。①

有的国家的宪法，明确规定国家结构形式为单一制。如1997年《波兰共和国宪法》第3条规定，“波兰共和国是单一制国家”；1978年《斯里兰卡民主社会主义共和国宪法》第2条规定，“斯里兰卡共和国是单一制国家”；2016年《吉尔吉斯斯坦宪法》第1条规定，“吉尔吉斯斯坦共和国是一个主权、民主、世俗、单一制、社会的法治国家”；1992年《蒙古国宪法》第2条规定，“蒙古国在国家体制上是单一制国家”。

有的国家的宪法，采用“统一而不可分割”等表述。如1947年《意大

---

① Theodore J. Lowi, Benjamin Ginsberg & Kenneth A. Shepsle, *American Government: Freedom and Power*, Norton & Company, 2006, p. 45.

利共和国宪法》第5条规定，“共和国是统一且不可分割的”；1958年《法兰西共和国宪法》第2条规定，“法兰西共和国是民主、统一和不可分割的国家”；1991年《老挝人民民主共和国宪法》第1条规定，老挝人民民主共和国是“不可分割的多民族统一国家”；2019年《古巴共和国宪法》第1条规定，“古巴是一个统一而不可分割的共和国”；2007年《泰王国宪法》第1条规定，“泰王国是统一的不可分割的国家”。虽未使用“单一制”的词语，但也表明国家的单一制性质。

1982年《中华人民共和国宪法》序言宣示：“中华人民共和国是全国各族人民共同缔造的统一的多民族国家。”加上其他规定，表明我国是由多民族组成的统一的、单一制的国家。

实行联邦制的国家，多在宪法中载明其国家结构形式。如1950年生效的《印度宪法》第1条明确，“印度实行联邦制”；1993年《俄罗斯联邦宪法》第1条规定，“俄罗斯联邦——俄罗斯是具有共和制政体的民主的、联邦制的法治国家”；2015年《尼泊尔宪法》规定，“尼泊尔为联邦民主共和国”；2005年《伊拉克共和国宪法》第1条规定，“伊拉克共和国是一个联邦、独立和完全自主的国家”。

有些国家宪法提到国家的“不可分割”或“领土完整”，并不表明其国家结构的具体形式。如芬兰共和国是单一制国家，《芬兰共和国宪法》确立“芬兰共和国的领土不可分割”；1957年《马来西亚联邦宪法》规定，“马来西亚联邦是不可分割的、世俗的、民主的和社会的君主制国家”；1993年《俄罗斯联邦宪法》第4条规定，“俄罗斯联邦保证自己的领土完整和不可侵犯”。

1974年《缅甸社会主义联邦宪法》第2条规定，“缅甸的国家名称是联邦共和国”，但缅甸实际上是一个单一制国家。[①]

二、国家结构形式的理论和实践

（一）国家结构形式的基础理论

根据对国家结构形式的一般认识，近现代国家的结构形式大致分为单一制和联邦制。L. F. 巴斯妲将世界上不同国家的结构分为“实行分区的单一制国家、实行地方分权的单一制国家和联邦制国家”。[②]（见

① 缅甸名义上是联邦制国家，国名叫“缅甸联邦”，但自奈温将军1962年政变夺权、废除联邦宪法后，缅甸便受军人独裁统治，实际上已变成单一制国家。

② ［瑞士］J. 布莱泽：《地方分权——比较的视角》，肖艳辉、袁朝晖译，中国方正出版社2009年版，第2页。

图 2.1)

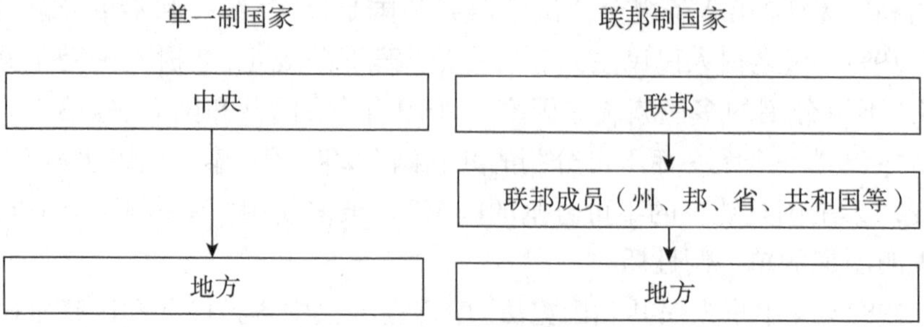

图 2.1　国家结构形式的单一制和联邦制

1. 联邦制

联邦制是一种复合制的国家结构形式。联邦制的产生,体现了多中心、多样性和自治等特点。

罗纳德·瓦茨认为,"联邦制"不等同于"联邦主义",它是一个描述性的术语,指范围较为广泛的一类政治体制,相较于单一制中唯一的中央政府,这类政治体制中,有两个(或更多)层级的政府,将共同机构实施的共治和区域机构实施的自治结合在一起,这一范围较为宽泛的政治体制类型囊括了一系列更加独特的、非单一制的政治体制模式。①

孟德斯鸠(Montesquieu)指出:"一个共和国,如果小的话,则亡于外力;如果大的话,则亡于内部的邪恶……这种弊害出自事物的本性,不是任何法制的形式能够医治的。要是人类没有创造出一种政制,既具有共和政体的内在优点,又具有君主政体的外在力量的话,则很可能,人类早已被迫永远生活在单人统治的政体之下了。我说的这种政制,就是联邦共和国。"②

在摆脱大英帝国并赢得独立后,北美殖民地人民不愿再度建立一个强大的中央政权,因此,《邦联条例》将权力分散于一些较为独立的州之间;但作为一个新的国家,邦联政府无力解决诸多在国家层面上需要面对的问题,因此,1787 年制宪会议通过《美利坚合众国宪法》,创立了美国联邦制的基本形态。

美国之所以采用联邦制,是因为那时别无选择。马格莱比、莱特认为:"对于美国而言,联邦制实际上是当时支持建立一个强有力国家政府的人士与赞成州地分权的人士之间达成的一个妥协方案。美国之前已经尝试

---

① Ronald L. Watts, *Comparing Federal Systems*, McGill - Queen's University Press, 2008, p. 7.

② [法]孟德斯鸠:《论法的精神》(上册),商务印书馆 1959 年版,第 130 页。

过邦联制，但实践证明并不成功。中央集权制对美国而言也不可行，因为当时大多数美国民众已过于依赖其州政府，以至于不大可能容许州政府从属于全国性政府的统治。”①

此外，乔治·爱德华兹等认为，居民居住过于分散，乡村的交通和通信系统十分原始，也不允许实行中央的集中管理。②

美国联邦制的原则，也称“联邦主义”，尽管后来的修正案在制度上作了一些改动，但是仍有以下原则作为联邦主义的基础。

第一，联邦与州分享权力。联邦行使宪法“列举的权力”以及根据联邦最高法院解释可以从“列举的权力”中引申出来的权力，如管理同外国的和各州之间的商业、铸造货币、宣战等；州政府拥有“保留的权力”，如征税、管理州内工商业和劳工、组织警卫力量、维持治安等。

第二，联邦与州在各自的权力范围内享有最高权力。联邦设有最高的立法、行政和司法机关，有统一的宪法和法律，是国际交往的主体；各州也有自己的立法、行政和司法机关，有自己的宪法、法律。

第三，联邦地位高于州。各州的宪法、法律，若与联邦宪法和法律发生冲突，联邦宪法和法律优于州的宪法、法律。

这种政府形式，既授予联邦政府特定的权力，又保留了各州其余的大部分权力。一方面，对于联邦政府，宪法限制了某些权力并规定了它对各州所需履行的一些责任；另一方面，对于各州政府，宪法则撤销了它们的某些权力，并规定了各州之间和各州与联邦政府要履行的责任。

宪法还设置了一个联邦最高法院，其职责之一是裁决组成联邦的各州之间和各州与联邦之间的权限争议。

2. 单一制

单一制是指由若干行政区域单位或自治单位组成单一主权国家的结构形式，各组成单位都是国家不可分割的一部分。这种国家结构下，单一的中央权力机构行使统一的制宪权，政府职权可以被下放到地方，但中央政府有最高的行政权。

世界上大部分国家的结构形式采用单一制，如中国、法国、日本、意大利、韩国等都是单一制国家。

---

① ［美］马格莱比、莱特：《民治政府：美国政府与政治》（第23版·中国版），吴爱明、夏宏图编译，中国人民大学出版社2014年版，第26页。

② George C. Edwards Ⅲ, Martin P. Wattenberg & William G. Howell, *Government in America: People, Politics and Policy* (2016 *Presidential Election edition*, 17th ed.), Pearson Press, 2016, p. 61.

单一制国家，又有分权型单一制和集权型单一制的分类。

詹姆斯·威尔逊（James Q. Wilson）和约翰·迪伊乌里奥（John J. DiIulio, Jr.）认为："在采取单一制的国家，主权全部掌握在全国性政府手中，地方要服从中央的意志；在采取联邦制的国家，主权由全国性政府和州分享，在一些事项上全国性政府具有最高性，而在另一些事项上州具有最高性。"①

简单地说，单一制与联邦制至少有如下的区别。

一是，单一制国家划分为各个一般地方或自治地方，而联邦制国家则由各个联邦成员组成。

二是，在单一制国家，中央政府享有最高国家权力，地方不是一个独立的政治实体，不具有国家主权特征；但联邦制下，联邦成员享有一定主权，与联邦在各自的权力范围内享有最高权力。

三是，在单一制国家，地方权力来自中央的授予；而联邦制下联邦成员的权力，来自联邦宪法的划分。

四是，单一制国家中央权力机构行使统一的制宪权；而联邦制下，除了联邦宪法外，联邦成员有权制定自己的宪法，规定各自的政体形式和地方制度。

以上关于单一制与联邦制的区别，仅仅是一般的说明和简单的区分。实际上，现代国家的结构是很复杂的。采用单一制或联邦制，是不同国家在自身历史发展的基础上，综合各种要素有效处理本国政务的结果，单一制与联邦制之间不存在不可逾越的鸿沟。

（二）不同国家结构形式下的纵向府际关系

1. 分权单一制

在分权单一制国家，国家结构实行单一制，但中央与地方实行分权，实行地方自治。分权单一制国家有英国、意大利及日本、法国等。

分权单一制国家具有共同特点。

一是，宪法或法律在确立为单一制国家的同时，明确规定实行地方自治和地方分权。如1976年《葡萄牙共和国宪法》第6条规定，"国家实行单一制，其组织方式和职能应尊重自治岛屿的自治制度和辅助性原则、地方政府的自治和公共行政的民主分权"。

二是，中央政府行使最高国家权力，而地方政府在法律范围内享有自

---

① James Q. Wilson & John J. DiIulio, Jr., *American Government: The Essentials*, Cengage Learning, 2008, p. 51.

主管理地方事务的全部权力。如根据 1945 年《印度尼西亚共和国宪法》第 18 条,省、县、市根据自治原则和援助任务安排和处理各自政府事务;除法律规定属于中央政府的权力外,地方政府实行广泛自治。①

三是,中央政府仅在法定范围内对地方政府进行监控。如根据 1997 年《波兰共和国宪法》第 171 条,地方自治政府行为的合法性应受审查。②

以英国为例。

英国是一个非对称分权单一制国家(asymmetrically decentralized unitary),由英格兰和三个权力下放地区(苏格兰、威尔士和北爱尔兰)组成。

尽管英国议会保留着绝对主权,但苏格兰议会、威尔士议会(2020 年 5 月前称“威尔士国民议会”)和北爱尔兰议会,自 1998 年权力下放以来获得了不同程度的立法权,且各自的权力下放法所确立的安排并不对称(这三个机构的权力在性质和范围上各不相同)。

将英国称为“联合王国”,表明英国实际上不是单一的,而是由四个部分组成,它们保留着各自的领土和文化特征。尽管英国议会拥有最高立法权,但不同部分适用不同的立法规定,地方政府的结构一直存在差异和不对称。

也有学者不认同英国是单一制国家,如弗农・波格丹诺(Vernon Bogdanor)指出,英国兼具联邦制和单一制的特征,是一个准联邦制国家。③杰姆斯・米切尔(James Mitchell)则认为,英国既不是单一制国家,也非联邦制国家,而是一个联合制国家(union state)。④

在英国三个层次的政府(中央政府—在苏格兰、威尔士和北爱尔兰的地区性政府—地方政府)中,地方政府的结构最复杂:苏格兰、威尔士和北爱尔兰实行单一的、一级制地方政府;在英格兰,地方政府有一级制也有二级制。

英格兰地方政府大致说来,可以分为三类。

①二级制地方政府(two - tier):包括一个郡议会(county authority)和

---

① 孙谦、韩大元主编:《〈世界各国宪法〉分解资料丛书・地方制度》,中国检察出版社 2013 年版,第 184 页。

② 孙谦、韩大元主编:《〈世界各国宪法〉分解资料丛书・地方制度》,中国检察出版社 2013 年版,第 214 页。

③ Vernon Bogdanor, *Sovereignty and Devolution*: *Quasi - Federalism*?, 3 Politics Review (2010).

④ Philip Lynch & Paul Fairclough, *UK Government & Politics*, Hodder Education, 2013, p. 293.

若干个区议会(district or borough councils)。二级政府各有不同的职责范围,如郡级负责教育,区级负责城镇规划。

②一级制地方政府(single – tier):同时具有郡和区议会职能。主要是单一的议会(unitary authorities),它们是由一个没有设立郡议会的郡之下一个单独的区或是若干个区组成的行政郡(如伯克郡或都市郡);但怀特岛郡是个例外,它有郡议会但没有区的建制。

一级制地方政府,即在本区域内只有一级政府机构,它们负责提供在英格兰其他地区由郡和区两级地方政府提供的服务,但在有的地方,消防、警务等除外。都市区议会存在于 6 个都市郡,这些都市郡只有郡的区划,但没有设郡议会。①

截至 2020 年 12 月,英格兰有区议会 201 个,郡议会 87 个,33 个单一的议会。

③伦敦市:共有 32 个伦敦区议会(borough councils)、伦敦城(City of London Corporation)和大伦敦政府(the Greater London Authority)。

威尔士有 22 个单一的议会,由一级地方政府提供主要的服务。它们是根据 1994 年《威尔士地方政府法》(1996 年 4 月 1 日生效)建立的。

苏格兰有单一的议会 32 个,其中,29 个议会在苏格兰本土,3 个议会在岛区(奥克尼、设得兰和西部群岛)。它们是根据 1994 年《苏格兰地方政府法》于 1996 年 4 月 1 日生效后建立的。

北爱尔兰现有单一的议会 11 个,是单一地方政府,直接提供有限的服务。

除上述主要的地方政府单位外,在英格兰还有教区议会(parishes councils)和市镇议会,在苏格兰和威尔士,有社区议会(community councils)。它们不是地方政府的一个层级,法定职能有限,主要负责管理社区设施,如村厅、战争纪念馆、墓地以及休闲设施和游乐场、人行道及文化工程。

---

① 都市区议会分布在伦敦以外的 6 个都市郡内(有默西赛德、大曼彻斯特、西米德兰兹、西约克郡、南约克郡、泰恩·威尔,均在英格兰)。

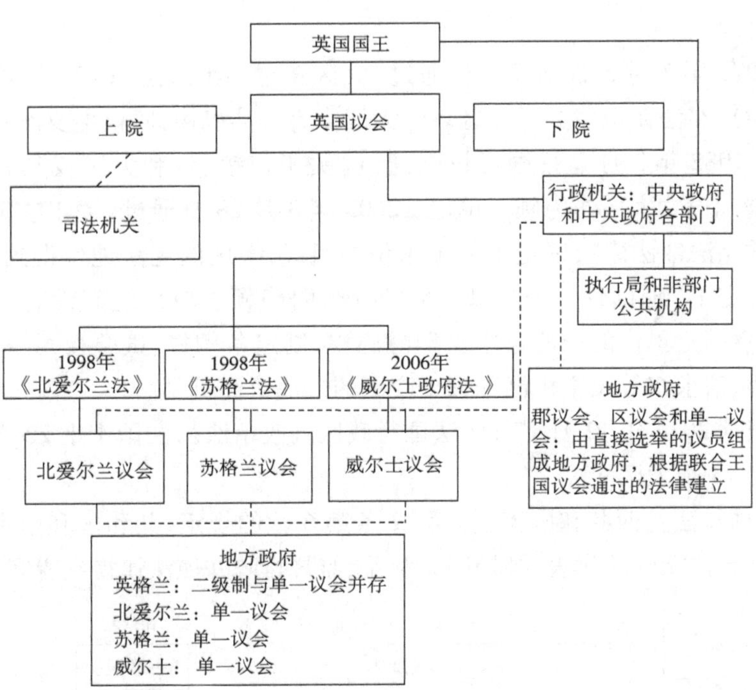

图 2.2　英国的政治结构

资料来源：根据欧洲委员会（Council of Europe）出版物《英国的地方与地区民主的结构和运行（1999）》（Structure and Operation of Local and Regional Democracy, United Kingdom Situation in 1999）改编，欧洲委员会出版社 2000 年英文版（Council of Europe Publishing, 2000），第 12 页。

再以法国为例。

法国传统上是一个中央集权的单一制国家。1982 年以来，法国进行了地方分权改革，将中央的权限向地方转移。《关于法国分权组织的宪法性法律》（2003 年第 276 号宪法性法律）规定："法兰西是不可分离的、非宗教的、民主的社会共和国……它的组织是分权化的。"

在法国，组成国家的结构单位称为"领土单位"或"地方区域"（collectivités territoriales），既是一个自治行政的区域，同时又是国家行政的一个区域。法国现行的地方政府即法国的地方公共团体，是一个以领土单位为基础的行政主体，具有独立的公法人资格，享有行政上的自治权力。

法国的领土单位是：大区（régions）、省（départements）、市镇（communes）、海外领地（collectivités d'outre－mer）和具有特殊地位的领地（collectivités ɑ statut particulier）。

1958 年《法兰西共和国宪法》第 72 条第 1 款规定："共和国的领土单位为市镇、省和海外领地。其他领土单位均由法律建立。"根据第 72 条第 3 款的规定，各领土单位根据法律规定的条件，通过选举产生的议会进行自主管理。

1972 年 7 月 5 日国民议会通过《大区建立和组织法》(1972 年第 619 号法律),在法律上建立了大区。但大区作为公共机构,职权主要涉及经济方面。1982 年 3 月 2 日国民议会通过《关于市镇、省和大区权利和自由法》,增加设立大区作为领土单位。2003 年 3 月 28 日通过《关于法国分权组织的宪法性法律》,确定了领土单位的组成,大区的宪法地位得到明确。该法肯定了“辅助性”(subsidiarité)原则,明确领土单位之间没有监管关系,确立领土单位的依法自主支配财源权、制定条例权、试验权,并构建公民投票、请求权等民主机制和领土变更的选民协商机制。

根据 2014 年 12 月 17 日《法国行政区划改革法》,法国本土 22 个大区合并为 13 个大区。①

根据《法兰西共和国宪法》第 72 条第 6 款的规定,共和国和中央政府在领土单位派驻的代表,维护国家利益、监督行政并使法律得到遵守。

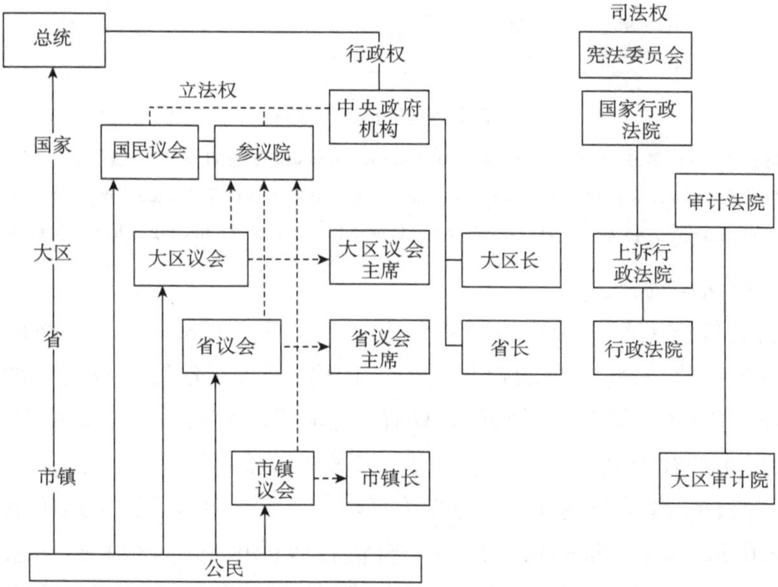

图 2.3　法国的政治结构

资料来源:根据欧洲委员会(Conseil de l'Europe)出版物《法国的地方与地区民主的结构和运行(1997)》(Structure et Fonctionnement de la Démocratie Locale et Régionale, France Situation en 1997)改编,欧洲委员会出版社 1998 年法文版(Conseil de l'Europe Publication, 1998),第 11 页。

---

① 根据法国内政部的统计,截至 2021 年 1 月,法国有大区 18 个(本土 13 个、海外 5 个),省 101 个(本土 96 个、海外 5 个),市镇 35048 个(本土 34836 个、海外 129 个、新喀里多尼亚 83 个),还有 6 个海外领地和具有特殊地位的领地。

最后以日本为例。根据《日本国宪法》第 94 条关于“地方公共团体有管理财产、处理事务及执行行政的权能,得在法律范围内制定条例”的规定,日本实行地方自治。

现行《日本地方自治法》规定,全国划分为都、道、府、县,各都、道、府、县又划分为市、町、村;地方政府由以上两个层级的行政组织所构成,形成双重结构。

日本的都、道、府、县,自明治时代中期引进地方自治制度以来一直没有变化。各都、道、府、县行政区划以 8 世纪古代律令制下形成的地方行政单位为基础,根据 1603 年以后江户时代各地封建领主“藩”的辖区予以界定,这符合历史上形成的日本人的区域观念因而具有稳定性。但市、町、村的数量自 1888 年引进近代自治制度以来持续减少。①

其中,都、道、府、县是较大范围的地方自治体,市、町、村是负责处理最贴近居民生活事务的基层地方自治体。关于市的划分,除了一般意义上的市,还有拥有更大权限的“政令指定市”、“核心市”以及“实施时特例市”。②

2. 联邦制

在联邦制下,联邦与联邦成员都拥有制宪权,联邦与联邦成员建立分权与制衡机制;联邦成员制宪权不能为联邦政府单方面改变。如美国、德国、俄罗斯等。

先看美国。美国作为世界上第一个联邦制国家,全国领土由 50 个州和哥伦比亚特区组成。全国行政区划分为三级:联邦、州和地方。根据美国的联邦制原则,州不是联邦划分的次级行政单位,而是组成联邦的主体;只有州以下的行政单位才被称为地方,它们是州的分治区或自治体。

美国地方制度的特点是形式多样、差别较大,州以下的地方没有全国统一的建制,地方行政单位有县、市、乡、镇、市镇、村镇以及学校区或非学校区的特别区等。美国地方一般分为县、市两级。市级单位称为市或市镇(municipalities, or cities/towns);在一些州,县分为乡镇(townships)。

从法律地位看,市与县都是地方公共团体,但市与县的创设方式和自

① 日本国自治体国际化协会编:《日本的地方自治》(2019 年改订中文本),日本国自治体国际化协会 2020 年版,第 3 页。

② 《日本地方自治法》规定,通过中央政令指定的、人口达到 50 万人以上的城市被命名为“政令指定市”;人口达到 20 万人以上、通过中央政令指定的城市被称为“核心市”。2015 年 4 月 1 日“特例市”(人口达到 20 万人以上,通过中央政令指定的城市)制度被废止;在该制度废止时为特例市的城市被称为“实施时特例市”。

治程度有所不同:县是州的行政分治区,是州为治理某些政务的需要设置的;而市是当地居民为地方的利益、便利和办理地方事业,经过州特许或由州法规定而成立的。

美国除了县和市以外,还有乡、镇等行政单位。乡镇是州的分治区,由州政府创立。尽管它们位于县或市的地域,但不意味着它们在行政上隶属于某个县或市。乡、镇政府独立存在,分别执行各自的职能。美国的政府数目每5年统计一次。①

再看德国。联邦制在德国,不仅是国家体制,而且还构成了德国的分权文化和经济结构,并深深根植于传统中。各州除了政治功能以外,也体现了各具特色的地区认同。

1949年《德意志联邦共和国基本法》给了各州较高的地位。德国各州具有相对独立主权,都制定了各自的宪法。

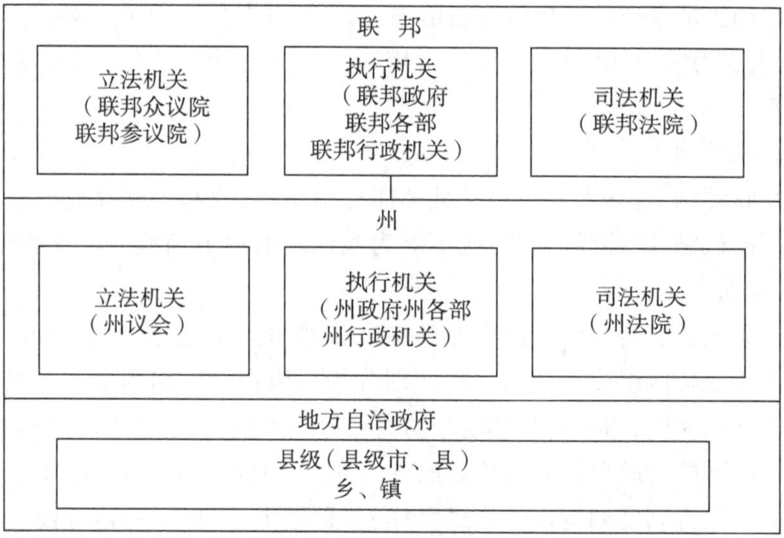

图2.4 德国的联邦、州和地方

资料来源:根据欧洲委员会(Council of Europe)出版物《德国地方与地区民主的结构和运行(1998)》(Structure and Operation of Local and Regional Democracy, Germany Situation in 1998)改编,欧洲委员会出版社1999年英文版(Council of Europe Publishing, 1999),第11页。

统一前的联邦德国共有11个州,统一后的德国,5个新州(勃兰登堡州、梅克伦堡-前波莫瑞州、萨克森州、萨克森-安哈特州和图林根州)建

---

① 根据美国商务部人口统计局2019年4月25日公布的数据,截至2017年12月,美国地方政府共90075个,分别是:3031个县,19495个市,16253个乡、镇,12754个学校区,38542个特别区。

立起来，现有 16 个州。

全德 16 个州中，4 个较大的州（北莱茵 – 威斯特法伦州、黑森州、巴登 – 符腾堡州、巴伐利亚州）细分为行政区（Regierungsbezirke，也译为“专区”）；所有 19 个行政区和其余的 12 个州下分为县（Kreise），县又分为乡村县（Landkreise）和城市县（kreisfreie Städte）（或译为“县”和“市”）；县以下是乡镇（Gemeinden）。因此，在德国，各州地方政府的主要区域单位是乡镇和县。①

在法律上，乡和镇只用一个词“Gemeinden”来表示。由于德国独特的地理环境，乡镇在德国不完全是指农村和城镇，其中许多是指城市化的地区，称为“市镇”（Städte）。作为地方自治单位，乡镇是较县更为独立的地方政府。

在德国公法上，乡镇是一个独立的公共团体。作为最基层的地方单位，乡镇不是州政府的行政单位，而是组成县的自治团体，但在组织和职权上又独立于县。

县在德国公法中属于自治团体的社团法人，县主要存在于农村地区，人口一般不超过 10 万人；地位较为重要且居民人数超过 10 万的县，被称为“城市县”，实际上是一个独立的县级市。城市县独立于县，不受县的管辖，往往具有县和市的双重地位。

最后看俄罗斯。苏联 1991 年 12 月解体后，俄罗斯组成一个统一的多民族的联邦制国家。与一般联邦制不同，它不是由若干个清一色的成员国组成的，而是由平等的若干联邦主体组成的联邦制国家。这些联邦主体包括俄罗斯联邦组成中的国家（共和国）、区域性国家组织（边疆区、州、联邦直辖市）和民族国家组织（自治州、自治区）。共和国（国家）拥有自己的宪法和法律；边疆区、州、联邦直辖市、自治州、自治区拥有自己的规章和法律。在同联邦国家权力机关的相互关系方面，俄罗斯联邦所有主体平等。

截至 2021 年 12 月底，俄罗斯全国共划分为中央区、西北区、南部区、伏尔加河沿岸区、乌拉尔区、西伯利亚区、远东区、北高加索区 8 个联邦区，其联邦主体包括共和国、边疆区、州、联邦直辖市、自治州和自治区。

（三）中国是统一的多民族国家并具有复合单一制的特点

中国的国家结构，经过长期历史演进，是一种新型的国家结构形式。

---

① 截至 2019 年 12 月 31 日，德国共有 401 个县级单位（含 107 个市、294 个县）、12854 个乡镇（含 2055 个市镇）和 1216 个联合体。

1. 从“联邦共和国”到“统一的多民族的国家”

中国共产党从成立初期到建立区域政权，再到建立新中国，都在探求采取什么样的国家结构形式实现国家统一并解决少数民族问题。

1922 年 7 月中国共产党第二次全国代表大会通过的宣言提出：“用自由联邦制，统一中国本部、蒙古、西藏、回疆，建立中华联邦共和国。”①

1931 年 11 月 7 日中华苏维埃第一次全国代表大会通过的《中华苏维埃共和国宪法大纲》第 14 条规定：“中华苏维埃政权承认中国境内少数民族的民族自决权，一直承认到各弱小民族有同中国脱离、自己成立独立的国家的权利。蒙、回、藏、苗、黎、高丽人等，凡是居住在中国的地域内，他们有完全自决权。加入或脱离中国苏维埃联邦，或建立自己的自治区域。”②

1945 年 6 月 11 日中国共产党第七次全国代表大会通过的《中国共产党章程》，提出“为建立独立、自由、民主、统一与富强的各革命阶级联盟与各民族自由联合的新民主主义联邦共和国而奋斗”。

综上所述，新中国成立前相当长一段时间，考虑到少数民族问题和其他因素，中国共产党一度是主张采取联邦共和国的国家结构形式的。

而在筹建新中国的过程中，对究竟实行联邦制还是实行统一共和国、少数民族自治，党中央“进行了慎重考虑并作出决策，认为：单一制的国家结构形式，更加符合中国的国情；在统一的国家内实行民族区域自治，更有利于实现民族平等原则”。③

1949 年《中国人民政治协商会议共同纲领》第 51 条中规定：“各少数民族聚居的地区，应实行民族的区域自治，按照民族聚居的人口多少和区域大小，分别建立各种民族自治机关。”④

根据 1954 年 9 月 20 日一届全国人大一次会议通过的《中华人民共和国宪法》第 3 条的规定，中华人民共和国是统一的多民族的国家；各少数民族聚居的地方实行区域自治；各民族自治地方都是中华人民共和国不可分离的部分。⑤

---

① 参见中共中央文献研究室、中央档案馆编：《建党以来重要文献选编》（1921－1949）（第一册），中央文献出版社 2011 年版，第 133 页。

② 北京大学法律系宪法教研室、资料室编：《宪法资料选编》（第 2 辑），北京大学出版社 1982 年版，第 118 页。

③ 《中国共产党简史》，人民出版社、中共党史出版社 2021 年版，第 140 页。

④ 全国人大常委会法制工作委员会审定：《中华人民共和国法律法规全书》（第 1 卷），中国民主法制出版社 1996 年版，第 4 页。

⑤ 全国人大常委会法制工作委员会审定：《中华人民共和国法律法规全书》（第 1 卷），中国民主法制出版社 1996 年版，第 5 页。

至此,“统一的多民族的国家”,在宪法上得到了确认。

2. 建立统一的多民族国家的历史必然性

对 1954 年《中华人民共和国宪法》第 3 条“中华人民共和国是统一的多民族的国家”的规定,1982 年讨论修宪时,“一种观点认为,这句话实质上是规定我们国家的结构形式,放在国体和政体等内容后面从逻辑上看比较顺。另一种意见则认为,把这句话和民族问题放在一起规定,给人的感觉只有少数民族才产生维护统一的问题。宪法修改委员会综合了这两方面的意见,最后决定把这句话放在序言中”。①

结果,1982 年《中华人民共和国宪法》将“中华人民共和国是全国各族人民共同缔造的统一的多民族国家”置于宪法序言中,并在“统一的多民族国家”前加上“全国各族人民共同缔造的”修饰语。第 4 条第 3 款规定:“各少数民族聚居的地方实行区域自治,设立自治机关,行使自治权。各民族自治地方都是中华人民共和国不可分离的部分。”

中国采取“统一的多民族国家”的结构形式,这是中国共产党根据马克思主义国家结构形式理论,结合我国的实际情况确定的。

马克思主义的国家学说主张,在一般条件下,无产阶级应当坚持建立集中统一的国家,即单一制国家,原则上反对联邦制和分离制。只有在特定条件下,如果联邦制有助于民族问题的解决,有助于各民族从分散走向统一,才可将联邦制作为一种例外情况加以采用。列宁指出:“我们在原则上反对联邦制,因为它削弱经济联系,它对一个国家来说是不合适的形式。”②

同时,统一的多民族国家符合我国民族分布状况。我国汉族人口占全国人口的绝大多数,少数民族人口虽然只占少数但分布的地区非常辽阔,这造成以汉族为主体的各民族大杂居、小聚居的局面。这些都决定了我国各民族不能单独组成独立的国家,而应结合成一个统一的多民族国家。

1957 年 8 月 4 日周恩来同志在全国人大民族委员会召开的民族工作座谈会上的讲话中指出:“中国的民族发展在地区上是互相交叉的,内地更是如此。汉族曾经长时期统治中原,向兄弟民族地区扩张;可是,也有不少的兄弟民族进入过内地,统治过中原。这样就形成各民族杂居的现象,而一个民族完全聚居在一个地方的比较少,甚至极少……这样的民族分布情况,就不可能设想采取如同苏联那样的民族共和国办法。因为要构成一个

---

① 蔡定剑:《宪法精解》,法律出版社 2006 年版,第 177 页。

② 列宁:《致斯·格·邵武勉》(1913 年 12 月 6 日),载《列宁全集》(第 46 卷),中共中央马克思恩格斯列宁斯大林著作编译局编译,人民出版社 2017 年版,第 387 页。

民族共和国,需要构成一个独立的经济单位,绝大多数的民族人口要聚居。"①

建立统一的多民族国家,符合历史传统和我国各族人民的共同愿望。从秦朝以来,我国就建立了中央集权的多民族国家。建立单一制国家符合历史发展,也有利于提升民族向心力和凝聚力,防止国外敌对势力的分裂破坏活动。

1949 年 9 月 7 日,周恩来同志向政协代表作了题为《关于人民政协的几个问题》的报告,其中专门讲到这个问题。周恩来同志说:"中国是多民族国家,但其特点是汉民族占人口的最大多数,各少数民族总起来还不到全国人口的百分之十。不管人数多少,各民族间是平等的。这里主要的问题在于民族政策是以自治为目标,还是超过自治的范围。我们主张民族自治,但是今天帝国主义者还想分裂我们的西藏、台湾甚至新疆,在这个情况下,我们希望各民族不要听帝国主义者的挑拨。为了这一点,我们国家的名称,叫中华人民共和国,而不叫联邦。我们虽然不是联邦,但却主张民族区域自治,行使民族自治的权力。"②

3. 我国具有复合单一制的特点

宪法学界一般认为,我国国家结构形式为单一制国家,但表述上略有不同。有的认为"我国是单一制的国家结构形式",③有的认为"我国为统一、多民族的单一制国家"。④

也有学者从新的视角考察我国的国家结构形式。如王世涛认为我国"是一个带有联邦制因素的单一制国家"。⑤ 马岭提出,将我国的国家结构形式说成是"单一制"过于简单化,没有把我国单一制结构形式的复杂性体现出来,也主张用"我国是具有联邦制因素的单一制"这样的表述。⑥

《中华人民共和国宪法》的规定表明,我国实行的是单一制的国家结构形式,但我国不同于一般的单一制国家;我国也不同于联邦制国家,没有联邦制国家中的州、邦、共和国等组成部分。我国的国家结构形式实质上具有复合单一制的特点。

---

① 《周恩来选集》(下卷),人民出版社 1984 年版,第 139 - 140 页。

② 《周恩来统一战线文选》,人民出版社 1984 年版,第 190 - 191 页。

③ 许崇德主编:《宪法》(第 5 版),中国人民大学出版社 2014 年版,第 120 页。

④ 《宪法学》(马克思主义理论研究和建设工程重点教材),高等教育出版社、人民出版社 2020 年版,第 124 页。

⑤ 王世涛:《论单一制中国的财政联邦制:以中央与地方财政关系为视角》,载《北方法学》2010 年第 5 期。

⑥ 马岭:《我国单一制国家结构形式的特点》,载《河南财经政法大学学报》2017 年第 6 期。

所谓“复合”，意即“合在一起；结合起来”。[①] 复合单一制，是指单一制国家中结合了某些联邦制的因素，既有统一性又有多样性，既不同于联邦制又有别于一般的单一制。

其一，《中华人民共和国宪法》“序言”宣称“中华人民共和国是全国各族人民共同缔造的统一的多民族国家”，表明我国是“统一的”“多民族国家”。

其二，《中华人民共和国宪法》第 3 条第 4 款规定：“中央和地方的国家机构职权的划分，遵循在中央的统一领导下，充分发挥地方的主动性、积极性的原则。”这表明，我国既不实行中央集权的单一制，也非地方分权的单一制，而是体现了民主集中制原则。

其三，我国在国家结构上采取在单一制国家中建立民族自治地方和特别行政区的形式。根据《中华人民共和国宪法》第 30 条和第 31 条，在中央领导下我国既有普通的地方行政区域，又有实行民族区域自治的民族自治地方和实行高度自治的特别行政区，我国的单一制既体现了统一性又具有多样性。

其四，《中华人民共和国宪法》第 4 条第 3 款规定，“各民族自治地方都是中华人民共和国不可分离的部分”。根据依《中华人民共和国宪法》制定的《中华人民共和国香港特别行政区基本法》第 1 条、第 12 条和《中华人民共和国澳门特别行政区基本法》第 1 条、第 12 条的规定，特别行政区“是中华人民共和国不可分离的部分”，“是中华人民共和国的一个享有高度自治权的地方行政区域，直辖于中央人民政府”。这些规定表明，民族自治地方和特别行政区，不是联邦制国家中的联邦成员而是单一制国家的地方。

其五，根据《中华人民共和国宪法》，全国人民代表大会是最高国家权力机关（第 57 条）；国务院即中央人民政府，是最高国家权力机关的执行机关，是最高国家行政机关（第 85 条）；国务院有权“统一领导全国地方各级国家行政机关的工作，规定中央和省、自治区、直辖市的国家行政机关的职权的具体划分”（第 89 条）；“全国地方各级人民政府都是国务院统一领导下的国家行政机关，都服从国务院”（第 110 条）。第 96 条、第 105 条还分别规定了地方各级人民代表大会和地方各级人民政府的性质。这些关于中央、地方国家机关的性质和中央人民政府对地方各级人民政府的领导权

---

① 中国社会科学院语言研究所词典编辑室编：《现代汉语词典》（第 6 版），商务印书馆 2012 年版，第 409 页。

的宪法规定,都体现单一制国家的基本特征。

其六,根据《中华人民共和国宪法》第62条的规定,全国人民代表大会有权"批准省、自治区和直辖市的建置""决定特别行政区的设立及其制度"等,表明单一制国家中央对地方建置的决定权。

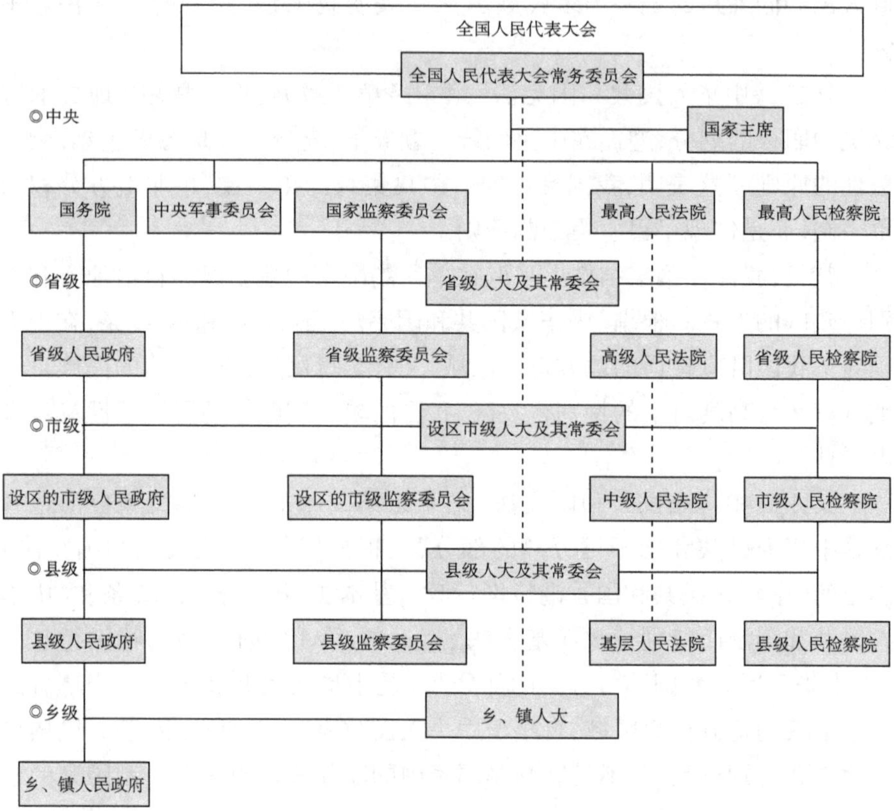

图2.5 中国的国家结构和国家机构

资料来源:《中华人民共和国宪法》。

其七,《中华人民共和国宪法》第3条第4款中"充分发挥地方的主动性、积极性"的规定,《中华人民共和国宪法》第99条、第100条、第101条、第104条关于地方各级人大及其常委会职权和第107条关于地方各级人民政府职权的规定,《中华人民共和国宪法》第4条第3款中"各少数民族聚居的地方实行区域自治,设立自治机关,行使自治权"的规定,以及《中华人民共和国香港特别行政区基本法》第2条和《中华人民共和国澳门特别行政区基本法》第2条关于全国人民代表大会授权香港特别行政区、澳门特别行政区依照基本法"实行高度自治"的规定,表明我国各类地方的职权来自中央通过宪法作出的授予,符合单一制国家的特征。

三、纵向府际关系与行政区划

研究纵向府际关系，需要厘清国家在确立其结构形式基础上，是如何在纵向上将全国或区域划分为若干特定区域，并确立相应的层级的。国家为便于政治统治和行政管理，把全国的领土划分为大小不等、层级不同的部分，并设立相应的地方机关或公共团体进行治理，此即行政区划的问题。

（一）行政区划

1. 相关概念分析

一个国家的领土区域，根据不同标准、重点、综合性和可比性，存在多种划分方式。

哈特向（Richard Hartshorne）对区域的定义是："区域是一个具有具体位置的地区，在某种方式上与其他地区有差别，并限于这个差别所延伸的范围之内。差别的性质取决于使用这个术语的学者；如果没有明晰地予以阐述，就必须从内容中加以判断。"①这里所指区域是地理学的概念。

行政区域是地理区域的一种形式，但又不是一般的地理区域，它是结合政治目的和行政管理的需要划定的。一个国家为了实施有效的政治统治、政府治理和实现国家的目的，对其领土进行的区域划分，称为"行政区划"。它本来是指划分行政区域的行为和过程，但有时也指"行政区域"。

《中国大百科全书·政治学》中指出：行政区划"是为国家实行分级管理而进行的区域划分"。② 行政区划管理是一国政治制度和行政体制的重要内容。通过行政区域划分，可以决定行政区划单位、地方政府的层级和管辖范围。行政区划对纵向府际关系具有重要意义。

关于行政区划与国家结构的关系，通说认为，行政区划是国家结构形式的一项重要内容，是国家结构形式在地理上的表现。③

从府际关系上看，国家结构形式侧重国家整体与部分的关系，属于国家制度的范畴；而行政区划注重在统一国家基础上，对不同领土单位的区域划分和层级设置，不仅是国家制度的重要内容，同时也是地方制度建立的基础。

与行政区划相关的概念还有行政单位、行政建制、行政区域的建置、政

---

① ［美］哈特向：《地理学性质的透视》，黎樵译，商务印书馆1963年版，第129－130页。

② 中国大百科全书总编辑委员会《政治学》编辑委员会等编：《中国大百科全书·政治学》，中国大百科全书出版社1992年版，第409页。

③ 《宪法学》（马克思主义理论研究和建设工程重点教材），高等教育出版社、人民出版社2020年版，第126页。

区等。

行政单位是“行政区划单位”的简称，是指一定领土范围内组成不同层级行政区域的个体，是行政区划的组成单元。

行政建制，主要是指行政机关的组织编制和行政区划等制度的总称。[①]

根据《中华人民共和国宪法》，全国人大有权批准省、自治区和直辖市的建置；国务院有权批准自治州、县、自治县、市的建置。

宪法规定的行政区域的建置，应当是指包括行政区域的设立、撤销或更名等在内的行政区划管理。

民政部编撰的《中华人民共和国行政区划简册》还使用“中国政区”的概念。关于“政区”，刁田丁等认为，政区“是行政区域同经济区域、自然地理区域相区别”的概念。[②] 而周振鹤、李晓杰则将政区理解为“政治区域”的简称，而政治区域是比行政区域更宽泛的概念。[③]

2. 行政区划的属性

马克思主义认为，按地域划分行政区而不依氏族划分部落，这是国家区别于氏族组织的一个显著特点。

自从国家产生以来，为了实现有效治理，在一国范围内，将本国领土划分成若干区域并建立各级地方，形成了由一定层级和范围构成的相对独立的行政系统。

世界上绝大多数国家，除个别国家外，不论一国幅员是否辽阔，也不论人口分布和发展状况如何，都要将国土划分为一定的区域，并设置地方政府。行政区域的设置、调整是国家管理和地方治理的前提条件。

在许多国家，行政区划主要是指地方政府管辖的区域。如按照《牛津法律词典》的解释，“地方政府辖区”（local government area），是指为地方政府的目的而设立的单位所管辖的区域。如英格兰（大伦敦以外）的郡、单一议会、区和教区（1996 年、1998 年和 2009 年，英格兰有些地方设立单一议会取代非都市郡和区）；威尔士两级制的郡、区（1996 年 4 月被单一议会取代）和社区。[④] 也有的国家如英国，在有的领土设置了行政区划，但没有设立一级地方政府。

---

① 中国社会科学院语言研究所词典编辑室编：《现代汉语词典》（第 6 版），商务印书馆 2012 年版，第 638 页。

② 刁田丁主编：《中国地方国家机构概要》，法律出版社 1989 年版，第 3 页。

③ 周振鹤主编：《中国行政区划通史 · 总论、先秦卷》，复旦大学出版社 2009 年版，第 19 页。

④ Jonathan Law, Elizabeth A. Martin, *Oxford Dictionary of Law*, Oxford University Press, 2009, p. 332.

行政区划不仅是地方政府的辖区，从本质上说，它还是执行国家行政的区域。如法国的大区和省，既是地方领土单位，同时又是执行国家行政的区域。

在我国，根据国家的结构形式，各级行政区划具有双重性，不仅是本级地方政府管辖的区域，而且是执行中央行政或上级地方行政的区域。

3. 行政区域划分、层级确定及对纵向府际关系的影响

在对行政区划设置、撤销和变更过程中，要充分考虑政治统治、行政管理和地方治理的需要。同时，行政区域划分作为国家对地方进行控制的方式之一，对纵向府际关系有着重要的影响。

赵聚军认为，在平衡府际关系的过程中，能否适度保持中央政府的控制能力，将直接关系到国家的统一和政局的总体稳定。行政区划作为中央对地方施加控制的基本技术手段，在中国历史上曾经被反复运用，对纵向府际关系基本框架的形成发挥了深刻的影响。“在一定程度上可以说，一部中国行政区划的变迁史，也就是政府纵向权力关系的调整史。”①

行政区域的形成一般有较长的历史。如我国的县制始于东周时期，作为一级基本行政区划单位，历经了2000多年；省制始于元代，也历经了700多年。因此，行政区划的划分要尊重历史传统、风俗习惯和地域文化，保持行政区划的相对稳定性。

行政区域的划分要参考民族分布和民族风格，照顾少数民族，巩固民族团结，促进各民族共同发展和繁荣。

我国是一个统一的多民族国家，除汉族外，全国共有55个少数民族，少数民族人口不到全国总人口的10%，但分布面积占全国总面积的60%以上。从1949年《中国人民政治协商会议共同纲领》到1954年《中华人民共和国宪法》，再到1982年《中华人民共和国宪法》，都对行政区划中设置民族自治地方作了明确的规定。

行政区域划分要顾及领土面积、人口、地理环境以及资源状况，考虑社会经济情况，要有利于促进地方经济发展。如根据2004年《阿富汗伊斯兰共和国宪法》第136条和第140条，行政区划分为省、区、镇，省的数量、区域、组成部分和结构以及相关的行政，依法依据人口、社会和经济及地理区域的条件规定。

行政区域划分要履行一定的法律程序，有利于地方治理和居民政治

---

① 赵聚军：《行政区划手段的适度运用与纵向府际关系的平衡》，载《湛江师范学院学报》2011年第2期。

参与。

根据1999年《瑞士联邦宪法》第53条，联邦保障各州的存在、地位及区域，州的数量和地位的变化必须得到相关各州及其选民的批准，且须提交瑞士人民和各州投票；各州之间区域的变更须得到相关选民和相关州批准，并提交联邦议会以联邦命令形式通过；州界调整须由相关各州通过州际条约予以实现。①

根据1987年《菲律宾共和国宪法》第10章“地方政府”第10条的规定，非依照地方政府法典规定的标准，并在各直接有关行政区域的公民投票中获得过半数票赞成，不得增设、分割、合并、撤销任何省、市、自治市或区，或对其境界作重大变更。②

1992年《蒙古国宪法》第57条规定，变更行政区划单位须以当地呼拉尔和人民的意见为根据，并考虑经济结构、人口分布状况，由国家大呼拉尔决定。③

行政区划涉及行政区域的层级、幅员、边界、区位等要素。其中，行政区域的层级是最核心的内容。

行政区域的层级的设置，除了受到上述因素的影响外，还取决于从纵向府际关系角度进行的科学考虑。行政区域的层级并非一个简单的数字问题，它还关涉纵向府际关系的各种价值取向。

实现有效的公共治理是确立纵向府际关系的首要考虑因素。与古代城市小国寡民的情形不同，许多现代国家领土广袤、人口众多，公共事务较为复杂，仅全国性政府无法实现公共治理的职能；而且，随着需要国家承担的公共职能的日益增多，仅以全国性政府之力难以应付。因此，除了梵蒂冈以外，即使像摩纳哥等小国，也需要从纵向上划分国家领土。一般来说，幅员辽阔、人口众多、国情复杂的大国，纵向划分的层级更多；反之亦然。但层级数过多不利于公共治理，层级数目应结合具体国情和公共行政的效率加以确定。

周振鹤、李晓杰认为，“层级是行政区划的核心要素”。④ 一般而言，地方政府层级越多，政府机构和人员越多，政府开支也越大。由于人们对公

---

① 孙谦、韩大元主编：《〈世界各国宪法〉分解资料丛书·地方制度》，中国检察出版社2013年版，第255页。

② 孙谦、韩大元主编：《〈世界各国宪法〉分解资料丛书·地方制度》，中国检察出版社2013年版，第36页。

③ 孙谦、韩大元主编：《〈世界各国宪法〉分解资料丛书·地方制度》，中国检察出版社2013年版，第78页。

④ 周振鹤主编：《中国行政区划通史·总论、先秦卷》，复旦大学出版社2009年版，第9页。

共政府的基本经济要求是“以最小的投入获得最大的产出”，因此，设置行政区域要尽可能减少层级，以减轻财政负担；但层级过少会使政府难以全面履行职责，也不利于公共治理目标的实现。

设置行政区域的层级，还要尽可能减少层级对中央政策执行的可能影响。

中央政府制定的全国性政令，除了法定的以外，往往需要委托或授权给地方政府执行。地方政府层级过多，一是不可避免地出现全国性政令执行中的管理效率递减；二是会增加“代理人的机会主义”现象发生的可能性，加大中央政府对各级地方政府进行监督的成本，相应地导致地方政府在缺乏有效监督的背景下对全国性政令的曲解或执行上的偏差。因此，地方政府层级过多，会加大统一实施全国性政策的难度。①

行政区域的层级在根本上还涉及居民对地方治理的参与和居民自治权的实现。一般来说，层级较低的政府更接近当地居民，更有利于居民的直接政治参与和普选权的实现。

此外，本地居民对本地方的文化传统、地域情感等各种利益的实现与保障，也与行政区域纵向划分的层级相关。

（二）行政区划的法律规定

无论国家结构形式如何，国家的结构和行政区划及其管理是一国宪法或法律的重要内容。

1. 联邦制国家的结构

在联邦制国家的宪法中，一般只规定构成联邦的组成单位，而在各联邦成员（州、邦、省和共和国等）宪法或宪章中规定行政区划。

美国是第一个联邦制国家，全国领土由50个州和哥伦比亚特区组成，各州之下设置各级地方。1787年《美利坚合众国宪法》第4条第4款规定，合众国保证本联邦各州实行共和政体，保护各州免遭入侵；没有对各州及地方行政区划作具体的规定，而是各州宪法关于地方政府制度的规定明确主要的行政区划单位是县和市。

如根据《加利福尼亚州宪法》第11章“地方政府”的规定，州划分为县，这些县是州在法律上的分治区。立法机关应规定县的设立、合并和边界变更的统一程序；设立或合并需经每个受影响县的多数选民投票批准；

① 作为制度经济学的一个基本概念，“代理人的机会主义”主要是指，“如代理人得知，委托人对代理人的行为细节不很了解或保持着理性的无知”，因而自己采取机会主义行为而不受惩罚，那么代理人就会受诱惑而机会主义地行事。参见［德］柯武刚、史漫飞：《制度经济学》，韩朝华译，商务印书馆2000年版，第77－78页。

边界的改变需经每个受影响县的管理机构的批准。该章还规定,州立法机关应规定设立市的统一程序,并规定市的权力;除非获得就该问题投票的过半数选民同意,任何一个市不得被合并或并入另一个市。

1993 年《俄罗斯联邦宪法》第 3 章“联邦结构”第 65 条规定了组成联邦的各共和国、边疆区、州、联邦直辖市、自治州和民族自治区的名称,并规定接收新主体加入俄罗斯联邦和在俄罗斯联邦成立新的主体,要按照联邦宪法性法律所规定的程序进行。①

澳大利亚划分为 6 个州和 2 个地区:6 个州分别是新南威尔士、维多利亚、昆士兰、南澳大利亚、西澳大利亚、塔斯马尼亚;2 个地区分别是北方领土地区和首都地区。但 1900 年《澳大利亚联邦宪法》列举了各州名称,并在第 6 章规定可以设置或承认新的州,没有规定具体的行政区域划分。

2. 单一制国家的行政区划

有的国家的宪法对本国行政区划作了规定。如根据 1987 年《菲律宾共和国宪法》第 10 章“地方政府”的规定,菲律宾共和国的领土和行政区域划分为省、市、镇和区。在穆斯林聚居的棉兰老岛和科迪耶拉山区,依规定设立若干自治区。根据 1996 年《乍得共和国宪法》的规定,乍得共和国地方分权单位为乡村共同体、市镇、省和大区。

也有的国家的宪法对行政区划不作规定。如日本是单一制国家,全国领土由本州、四国、九州、北海道四个主要岛屿以及几千个小岛组成。1947 年《日本国宪法》规定实行地方自治,但未对行政区划作出规定。根据《日本地方自治法》第 1 条之三和第 5 条的规定,全国划分为都、道、府、县、市、町、村。这些都、道、府、县和市、町、村不仅被定义为国家的行政区划,它们还以各自的区域为基础,以当地的居民为成员,拥有该区域的行政职能,是与国家相对独立的普通地方公共团体。

有的国家对行政区划的设置、变更作了规定,一般要求具备一定条件并经过有权机关批准、考虑有关居民意见,有的还需经居民投票。如根据《俄罗斯联邦宪法》第 67 条,俄罗斯联邦各主体之间的边界可根据其相互同意予以改变。第 131 条规定,考虑到相应区域内的居民意见,允许改变

---

① 《俄罗斯联邦宪法》第 66 条规定,共和国的地位由俄罗斯联邦宪法和共和国宪法规定;边疆区、州、联邦直辖市、自治州、自治区的地位由俄罗斯联邦宪法和俄罗斯联邦相应的主体立法(代表)机关所通过的边疆区、州、联邦直辖市、自治州、自治区规章予以规定;根据自治州、自治区立法和执行机关的议案可通过关于自治州、自治区的联邦法律;边疆区或州与自治区的关系可由联邦法律和自治区国家权力机关与相应的边疆区或州国家权力机关之间的条约加以调整;俄罗斯联邦主体的地位可经俄罗斯联邦与俄罗斯联邦主体相互同意根据联邦宪法性法律而改变。

实行地方自治的地区边界。1998 年《阿尔巴尼亚共和国宪法》第 108 条规定，地方政府单位的领土行政区域由法律以相互间经济需要、利益和历史传统为基础予以规定，其边界不得在未考虑居民意见的情况下改变。①

许多联邦制国家的州宪法，也有类似规定，如德国《下萨克森州宪法》第 59 条规定，出于公共利益的需要可以解散、合并和建立新的乡镇和区县，重新划分乡镇和区县的区域；区域变更要有法律依据，可通过所涉乡镇、区县的协议，经州批准后重新划分区域；在乡镇区域变更前，所设乡镇的居民有发言权。②

3. 行政区域的层级设置

通观世界各国行政区划的层级设置，联邦制国家的一般模式，是在联邦之下设"州—县级行政区划单位—基层行政区划单位"三级制；单一制国家则多在中央之下设"省级行政区划单位—县级行政区划单位—基层行政区划单位"三级制，或设"省级或县级行政区划单位—县级或基层行政区划单位"二级制。

在美国法的体系中，政府在层级上分为联邦政府、州政府和地方政府。地方政府又分为县、市、乡镇等，这些地方政府就级别而言情形各异，但通常分为一级或二级。因此，美国的地方政府层级通常为一级到二级，如果将州一级也包含在内，即为二级到三级。

与美国类似的另一个联邦制国家加拿大的国家结构在纵向上首先划分为 10 个省和 3 个地区，省以下设大都市、市、镇、村等不同类别的行政区域，其总体上的地方政府层级为二级。

根据 1947 年《意大利共和国宪法》第 114 条的规定，共和国由市、省、特大城市、大区和国家组成。宪法还规定了 20 个大区的名称。因此，意大利实行大区、省和市镇三级制。

其他国家的情形各异，但通常以二级到三级居多，四级或四级以上的情形很少。

对这种情形，董翔飞认为："参诸政治实证经验，政府层级过多将造成行政区划与资源分配细部化、隶属与权责关系复杂化、施政成本扩大化、自治资源不足、机关叠床架屋、行政流程缓慢、效能低落，各国大抵不超过三个层级。"③

---

① 孙谦、韩大元主编：《〈世界各国宪法〉分解资料丛书 · 地方制度》，中国检察出版社 2013 年版，第 187 页。

② 《德国州宪全译》，祝捷、向雪宁、江易、姚聪慧译，人民出版社 2017 年版，第 275 页。

③ 董翔飞：《地方自治与政府》，台北，五南图书出版公司 1982 年版，第 7 - 8 页。

我国的行政区域的层级设置来自 1982 年《中华人民共和国宪法》第 30 条的规定(见表 2.1)。

表 2.1　宪法和法律规定的中国行政区划和层级

1. 中国行政区划 (1)全国分为省、自治区、直辖市。 (2)省、自治区分为自治州、县、自治县、市。 (3)县、自治县分为乡、民族乡、镇。 (4)直辖市和较大的市分为区、县。 (5)自治州分为县、自治县、市。 国家在必要时得设立特别行政区。 2. 中国行政区划的层级 二级制:直辖市—市辖区 三级制:直辖市—市辖区(县、自治县)—镇(乡、民族乡、街道);省(自治区)—较大的市(地区、自治州)或县(自治县、县级市)—镇(乡、民族乡、街道) 四级制:省(自治区)—较大的市(地区、自治州)—市辖区(县级市、县、自治县)—镇(乡、民族乡、街道)

资料来源:《中华人民共和国宪法》和《地方组织法》。

关于宪法规定的是"三级"地方还是"四级"地方,有不同意见。有的认为宪法规定基本是"四级制",①有的认为宪法规定基本是"三级制";但实际上是"四级制"②。

四、我国的行政区域划分

我国自秦兼并各诸侯国、建立统一国家、采行郡县制开始,就已形成全国统一的行政区域。经过两汉、三国两晋南北朝、隋唐、两宋、元明清和中华民国,历代行政区域不断调整,名称也不完全相同;即使在同一朝代,行政区域也有所调整和变动。

(一)中华人民共和国行政区划沿革

1949 年 10 月,中华人民共和国成立初期,全国还未完全解放。《中国人民政治协商会议共同纲领》第 2 条明确"中华人民共和国中央人民政府必须负责将人民解放战争进行到底,解放中国全部领土,完成统一中国的事业"。

1949 年 10 月 1 日,中华人民共和国中央人民政府成立。中华人民共

① 《宪法学》(马克思主义理论研究和建设工程重点教材),高等教育出版社、人民出版社 2020 年版,第 127 页;许崇德主编:《宪法学》(第 5 版)(21 世纪法学系列教材),中国人民大学出版社 2014 年版,第 122 页。

② 胡锦光、韩大元:《中国宪法》(第 4 版),法律出版社 2018 年版,第 377－378 页。

和国成立初期,中央人民政府之下设有东北、华北、西北、华东、中南、西南6大行政区,简称“大区”。大区是省级以上的行政区划单位,设有大区人民政府或军政委员会,代表中央人民政府领导区内各省、自治区、直辖市人民政府,是中央人民政府的派出机关,同时也是地方政权的最高机构,是一级地方政府。原民国时期设立的院辖市(直辖市)成为大行政区直辖市。大行政区之下,设有省级行政区划单位50个(30个省、1个自治区、12个直辖市、5个行署区、1个地方、1个地区)。[①] 省级之下,设有市、县(县级市)、市辖区等行政区划单位。

1950年1月27日,华北人民政府撤销,所辖五省二市改由中央人民政府直接领导。1950年11月成立的中央人民政府华北事务部,于1952年4月撤销,改设中央人民政府政务院华北行政委员会。同年11月,东北、西北、华东、中南、西南5大区人民政府和军政委员会也一律改设为行政委员会。这样,大区仅代表中央在各地区领导和监督地方政府,不再是一级地方政权。

中华人民共和国成立初期设立的若干“人民行政公署”所辖区域“行署区”,1952年8月后陆续撤销。

1952年11月直辖市南京市改为江苏省辖市。1953年3月12日政务院颁布的《关于改变大行政区辖市及专署辖市的决定》,将上海、武汉、广州、重庆、西安、沈阳、旅大、鞍山、抚顺、本溪等10个大行政区直辖市,一律改称中央直辖市(连同北京、天津2个中央直辖市,全国共12个中央直辖市)。

1953年7月哈尔滨市、长春市升为中央直辖市。

1954年6月19日中央人民政府委员会第三十二次会议通过决定,撤销6大区行政委员会,并将沈阳、旅大、鞍山、抚顺、本溪、哈尔滨、长春、武汉、广州、西安、重庆等11个中央直辖市改为省辖市。

随着对省级行政区划的撤并调整,到1957年底,全国分为22个省、

---

① 即30个省(河北省、山西省、平原省、察哈尔省、绥远省、辽东省、辽西省、吉林省、松江省、黑龙江省、热河省、陕西省、甘肃省、宁夏省、青海省、新疆省、山东省、浙江省、福建省、台湾省、河南省、湖北省、湖南省、江西省、广东省、广西省、四川省、贵州省、云南省、西康省);1个自治区(内蒙古自治区);12个直辖市(北京市、天津市、沈阳市、鞍山市、抚顺市、本溪市、西安市、上海市、南京市、武汉市、广州市、重庆市);5个行署区(旅大行署区、苏北行署区、苏南行署区、皖北行署区、皖南行署区);1个地方(西藏地方);1个地区(昌都地区)。参见中华人民共和国民政部行政区划处编:《中华人民共和国行政区划手册》,光明日报出版社1986年版,第20页。

4个自治区、3个直辖市。[1]

1965年9月，西藏自治区正式成立。10月，“广西僮族自治区”更名为“广西壮族自治区”。天津市于1958年改为河北省辖市，1967年又恢复为直辖市。

进入改革开放和社会主义现代化建设新时期以后，1988年4月13日，设立海南省；1997年3月14日，四川省重庆市重新升为直辖市。

1997年7月1日，国家对香港恢复行使主权，设立香港特别行政区。1999年12月20日，国家对澳门恢复行使主权，设立澳门特别行政区。

至此，全国有23个省、5个自治区、4个直辖市、2个特别行政区。

市级行政区划，如省辖市、专区、盟等，是省级之下的一级行政区划单位。

中华人民共和国成立后，原部分抗日根据地和解放区在民国时期实行的制度基础上改造建立的“行政督察专员制度”得以沿用。根据1954年《中华人民共和国地方各级人民代表大会和地方各级人民委员会组织法》第42条第1款，省人民委员会在必要时，经国务院批准，可设立若干“专员公署”，作为它的派出机关。“专员公署”管辖的区域，称“专区”；在内蒙古自治区，相当于专区的行政区划单位称“盟”。

“文化大革命”期间，地方各级建立了党政合一的“革命委员会”。1970年以后，原“专员公署”所辖区域“专区”全面改称为“地区”。根据1975年《中华人民共和国宪法》第21条、第22条的规定，“地区”设人民代表大会和革命委员会。至此，“地区”演变为一级行政区划。

1978年《中华人民共和国宪法》第34条第3款规定：“省革命委员会可以按地区设立行政公署，作为自己的派出机构。”“地区”恢复为省政府的派出机关所辖区域。

1986年修改《地方组织法》后，在法律上不再使用“行政公署”的提法。随着地市合并改革，实行市管县体制，行政公署逐渐减少。

县级行政区划，如县、县级市、旗等，是市级之下的一级行政区划单位。

根据1954年《中华人民共和国地方各级人民代表大会和地方各级人民委员会组织法》第42条第2款，县人民委员会在必要时，经省人民委员

---

① 即河北省、山西省、辽宁省、吉林省、黑龙江省、陕西省、甘肃省、青海省、山东省、江苏省、浙江省、安徽省、福建省、台湾省、河南省、湖北省、湖南省、江西省、广东省、四川省、贵州省和云南省；内蒙古自治区、宁夏回族自治区、新疆维吾尔自治区、广西僮族自治区；北京市、天津市、上海市。中华人民共和国内务部编：《中华人民共和国行政区划简册（1958）》，法律出版社1958年版，第1页。

会批准,可设立若干“区公所”,作为它的派出机关。

地方政权建设正规化后,县直接领导乡、镇的条件具备,一些省遂全部或部分撤销了区公所。

乡是广大农村的基层行政区划单位。人民公社化以后,农村基层行政区划单位改为“人民公社”,乡遂被撤销。

1983 年 10 月 12 日中共中央、国务院发出《关于实行政社分开建立乡政府的通知》后,开始政社分开重建乡政府。

在城市或市镇设置方面,设有直辖市、省辖市、县级市以及镇和市辖区。根据 1954 年《中华人民共和国地方各级人民代表大会和地方各级人民委员会组织法》第 42 条第 3 款,市辖区和不设区的市的人民委员会在必要时,经上一级人民委员会批准,可设立若干“街道办事处”,作为它的派出机关。中华人民共和国成立初期,对镇的建制没有统一规定,各省设镇的情况不尽相同。1955 年国务院颁布《关于设置市、镇建制的决定》,规定聚居人口 2000 人以上为设镇的标准,按此标准进行调整。

(二)我国现行的行政区划

根据 1982 年《中华人民共和国宪法》第 30 条,我国的行政区域划分如下:一是,全国分为省、自治区、直辖市。二是,省、自治区分为自治州、县、自治县、市。三是,县、自治县分为乡、民族乡、镇。直辖市和较大的市分为区、县。自治州分为县、自治县、市。第 31 条还规定,国家在必要时得设立特别行政区。

根据《中华人民共和国宪法》和宪法相关法的规定,一般认为,我国的地方制度主要有普通地方、民族自治地方和特别行政区等三种类型。但我国行政区划可以分为普通地方、城市地方、民族自治地方和特别行政区四类。

1. 普通地方

根据《中华人民共和国宪法》和《地方组织法》的规定,中国的省、县、乡和镇,设立人民代表大会和人民政府。

截至 2021 年 12 月底,全国 34 个省级行政区划单位中,有 23 个省;333 个地级行政区划单位中,有 7 个地区;2843 个县级行政区划单位中,有 1301 个县、1 个特区、1 个林区;38558 个乡级行政区划单位中,有 2 个区公所、21322 个镇、7197 个乡。①

---

① 《2021 年民政事业发展统计公报》,载中华人民共和国民政部网站,https://www. mca. gov. cn/images3/www2017/file/202208/2021mzsyfztjgb. pdf。

2. 城市地方

根据《中华人民共和国宪法》和《地方组织法》的规定，中国的直辖市、市（设区的市和不设区的市）、市辖区，设立人民代表大会和人民政府。

截至2021年12月底，全国共有4个直辖市，293个地级市，977个市辖区，394个县级市，8925个街道。①

另外，国务院批准深圳、厦门、大连、宁波、青岛实行计划单列，使之享有相当于省级政府的经济管理权限。

国务院还批准设置了若干副省级市，这些市的市委书记、市人大常委会主任、市长、市政协主席均为副省级。但它们都不是一级行政区划。②

3. 民族自治地方

根据《中华人民共和国宪法》和《中华人民共和国民族区域自治法》，国家建立了民族自治地方。

民族自治地方是依据宪法在少数民族聚居地区建立起来的自治单位，按行政地位，分为自治区、自治州、自治县。

各民族自治地方的行政区域，根据当地民族成分、民族分布、民族关系和历史状况决定。其名称一般由民族名称冠以地方名称组成，大致分为三种类型：（1）以一个占绝对多数的少数民族聚居区为基础建立，如四川省甘孜藏族自治州等；（2）以一个人口较多的少数民族聚居区为基础，并包括一个或几个人口较少的少数民族聚居区建立，如内蒙古自治区等；（3）以两个或两个以上的少数民族聚居区为基础建立，如贵州省黔东南苗族侗族自治州等。

此外，作为自治形式的一种补充，我国还有958个民族乡。民族乡是我国特有的、少数民族自己管理自己内部事务并依法行使当家作主权利的一种基层政权形式，它是解决我国散杂居少数民族问题的一种较好的政权形式。

民族自治地方的自治机关是自治区、自治州、自治县的人民代表大会和人民政府，是国家的一级地方政权机关。民族自治地方的自治机关行使宪法规定的地方国家机关的职权，同时依法行使自治权。

截至2021年12月底，全国共有5个自治区，30个自治州、3个盟，117

---

① 《2021年民政事业发展统计公报》，载中华人民共和国民政部网站，https://www.mca.gov.cn/images3/www2017/file/202208/2021mzsyfztjgb.pdf。

② 目前我国共有15个副省级市。其中，包括10个省会城市（哈尔滨、长春、沈阳、济南、南京、杭州、广州、武汉、成都、西安），以及5个计划单列市（大连、青岛、宁波、厦门、深圳）。

个自治县、49 个旗、3 个自治旗，958 个民族乡、153 个苏木、1 个民族苏木。①

4. 特别行政区

《中华人民共和国宪法》第 31 条规定："国家在必要时得设立特别行政区。在特别行政区内实行的制度按照具体情况由全国人民代表大会以法律规定。"依照《中华人民共和国香港特别行政区基本法》和《中华人民共和国澳门特别行政区基本法》，特别行政区"是中华人民共和国的一个享有高度自治权的地方行政区域，直辖于中央人民政府"。同时规定，全国人民代表大会授权特别行政区依照基本法的规定实行高度自治，享有行政管理权、立法权、独立的司法权和终审权。一方面，作为中华人民共和国不可分离的一部分，特别行政区是中央直接管辖的地方行政区域；另一方面，特别行政区实行与内地不同的制度和政策，享有高度自治权。

五、行政区划的依法管理和改革

一个国家的行政区划管理和纵向政府结构调整，与该国的历史传统、民族状况、自然地理、人文条件、经济水平等因素有密切关系。

管理行政区划、改革府际区域结构，既要遵循共同的发展规律，又要符合基本国情，并通过宪法、法律和法规规范。

（一）行政区划的依法管理

1982 年《中华人民共和国宪法》规定了行政区划单位，还规定了行政区划的设置、变更的权限。

1985 年《国务院关于行政区划管理的规定》明确了行政区划管理的原则、方针和管理程序等，2018 年公布的《行政区划管理条例》对此作了完善。

1. 行政区划管理的原则和方针

行政区划的管理，如设置和变更，应遵循以下原则和方针：

第一，要尊重历史的传统，保持总体稳定，并考虑行政区划管理的连续性。

我国的县制、省制历史悠久，中华人民共和国成立后，仍然采用了省级建制和县级建制，有些县的县名、管辖区域，至今没有太大变动；在省级建制上，自 1967 年至今，除新设了海南省、重庆市和 2 个特别行政区之外，省

① 《2021 年民政事业发展统计公报》，载中华人民共和国民政部网站，https://www.mca.gov.cn/images3/www2017/file/202208/2021mzsyfztjgb.pdf。

级行政区划单位基本在30多个，保持了相对稳定性。

在中国共产党领导下，我国在民主革命的过程中，逐步建立起各级政权机关。全国解放的时间先后不一，其行政区划与历史传统习惯有一些不同，且基层政权建设也不尽统一，因此，中华人民共和国成立初期的行政区划，充分注意到了这一客观实际，沿袭了革命战争进程中所形成的行政区划。

保持行政区划总体稳定，也体现在宪法和有关文件的规定中。1982年《中华人民共和国宪法》第30条关于行政区划的规定，除"直辖市和较大的市分为区、县"与1954年《中华人民共和国宪法》第53条规定的"直辖市和较大的市分为区"略有不同外，其他内容保持一致。2022年《中共中央关于加强和改进行政区划工作的意见》提出，要把历史文化传承保护放在更重要位置，深入研究我国行政区划设置历史经验，稳慎对待行政区划更名，防止随意更改老地名；要坚持行政区划保持总体稳定，做到非必要的不调、拿不准的不动、时机条件不成熟的不改。

第二，要有利于维护和巩固中央统一领导。

中华人民共和国成立之初，为了解放全国领土、恢复正常秩序，也为了进行土地改革，完成民主革命的任务，在中央政权下设立了大行政区，作为一级地方人民政府，直接领导省、市人民政府。

随着全国大陆的解放，国家要进行更大规模的各项建设，为充分发挥中央和地方"两个积极性"，1952年11月15日，中央人民政府委员会第十九次会议决定将大行政区人民政府和军政委员会一律改为行政委员会，大区成为中央的派出机构管辖的区域。到1954年6月19日，6大行政区全部撤销。

第三，要有利于国家治理和政治统治。行政区划是国家结构的重要基础，行政区划的调整，要以维护人民民主政权为根本目的。

全国大陆统一后，随着人民民主政权的巩固和国民经济的恢复，撤销了一些为适应中华人民共和国成立初期的形势及战争年代留下来的行政区划单位；为了维护国家领土安全，促进地区经济的发展和国防建设，国家在边境地区设立了一些城市。

为维护国家统一和领土完整，保持港澳的繁荣和稳定，1997年和1999年国家对香港、澳门恢复行使主权时，设立了香港特别行政区和澳门特别行政区。

2012年6月，国务院批准设立地级三沙市，下辖西沙、中沙、南沙诸群岛及海域。三沙市人民政府驻西沙永兴岛。2020年4月国务院批准海南省三沙市设立西沙区、南沙区。

第四，要有利于促进经济发展和现代化建设。

如1952年下半年，撤并了中华人民共和国成立初期设立的一些较小的省、行政区和县，以推动经济建设的开展；同时，把发展城市的重点放在内地，不断设置新的城市。

改革开放以来，我国对一些行政区划进行调整，经济发展和现代化建设是重要考量因素之一。如1984年5月31日六届全国人大二次会议通过决定，设置海南行政区；1988年4月13日七届全国人大一次会议通过决定，批准设立海南省，撤销海南行政区。这些都加快了海南岛的开发和建设。

第五，要有利于增进民族团结、促进民族地区发展。

中华人民共和国成立以来，对有少数民族的行政区划名称及地名进行更名或撤销；为加强民族地区的各项建设，在民族地区积极创造条件，不断设置一些城镇。

1984年六届全国人大二次会议通过《中华人民共和国民族区域自治法》，进一步落实了宪法规定的民族区域自治制度。对少数民族聚居的地方，条件成熟后，国家即设立民族自治区、自治州（盟）、自治县（旗）以及民族乡。

2. 行政区划管理权限和程序

根据《行政区划管理条例》，行政区划的设立、撤销和变更等，应遵循下列权限和程序：

第一，省、自治区、直辖市的设立、撤销、更名和特别行政区的设立由全国人大批准或决定。

第二，下列行政区划的变更由国务院审批：省、自治区、直辖市的行政区域界线的变更等；自治州、县、自治县、市、市辖区的设立、撤销、更名和隶属关系的变更等；自治州、自治县的行政区域界线的变更，县、市、市辖区的行政区域界线的重大变更等。

第三，县、市、市辖区的部分行政区域界线的变更等，由国务院授权省、自治区、直辖市政府审批；批准变更时，同时报送国务院备案。乡、民族乡、镇的设立、撤销、更名，行政区域界线的变更等，由省、自治区、直辖市政府审批。

为稳妥推进行政区划调整，加强对行政区划变更的管理，2019年12月民政部制定了《行政区划管理条例实施办法》，从行政区划变更界定、申报、审核、实施、管理等方面，对行政区划变更作了详细的规定。

（二）行政区划工作的加强和改进

1. 加强中央的统一领导和中央的顶层规划

行政区划是大政国基，是党领导人民依据宪法和法律推进国家治理体系和治理能力现代化的基础和重要内容。行政区划工作应加强中央统一领导。

刘松山指出："设置行政区域，必须以有利于实现中央的统一领导为前提。在这个前提下，以充分发挥地方的主动性、积极性为原则，考虑人口、民族、历史、经济社会发展等因素，设置不同的行政区域，实现国家和社会治理。"①

党中央高度重视行政区划工作。党的十八大以来，全国行政区划设置和调整工作总体稳慎有序推进。为加强对行政区划的依法管理，党中央将制定《行政区划管理条例》确定为全面深化改革急需的立法项目，先后列入中央全面深化改革委员会工作要点和国务院立法工作计划。2018 年 10 月国务院发布的《行政区划管理条例》，对 1985 年《国务院关于行政区划管理的规定》作了全面修改；贯彻党中央、国务院关于优化行政区划设置、加强行政区划管理重大决策部署，对相关问题作出明确规定。2022 年中共中央发布《关于加强和改进行政区划工作的意见》。

要加强党中央对涉及行政区划重大工作的集中统一领导。一是，行政区划的重大改革、重要政策、重大调整由党中央研究决策；二是，行政区划的重大调整应及时报告党中央；三是，县级以上行政区划命名、更名，以及地名的命名、更名、使用涉及国家领土主权、安全、外交、国防等重大事项的，应按有关规定报党中央。

同时，要在坚持中央统一领导前提下，加强对行政区划的顶层规划。一是，要加强战略性、系统性、前瞻性研究，组织研究拟定行政区划总体规划思路，提升行政区划设置的科学性、规范性、有效性，确保行政区划设置和调整同国家发展战略、经济社会发展、国防建设需要相适应；二是，优化行政区划设置，要从政治上和全局上综合考量，体现改革精神，完善配套措施；三是，行政区划必须变更时，要制订方案，逐级上报直至中央审批；四是，要完善行政区划调整标准体系，加强行政区划同相关政策、规划、标准的协调衔接。

2. 减少行政层级，实行"扁平化"管理

我国行政区划的层次较多，与我国单一制的国家结构、历史文化传统

---

① 刘松山：《区域协同立法的宪法法律问题》，载《中国法律评论》2019 年第 4 期。

和地理条件有关,也与一定经济发展水平和交通通信条件相适应。

在 1982 年之前,我国的行政区划是“三实二虚”,即在省、县、乡三级地方政权基础上,设立两级派出机关:省级人民政府的派出机关是地区行政公署,县级人民政府的派出机关是区公所。但 1982 年之后,随着中央一系列政策的出台,作为省级政府派出机关的地区行政公署逐渐被地级市取代。通过地市合并、撤地设市和撤县设市,我国省县之间的市级行政区划逐渐增多。

目前,我国的行政区划单位,主要实行三级制和四级制并存,其中,有的是“省(自治区)—地级市(地区、自治州)—市辖区(县级市、县、自治县)—镇(乡、民族乡、街道)”四级制。

学术界普遍认为,与国外比较,这种四级制明显偏多。

如何减少行政层级,学术界和实践部门提出了各种设想。相比之下,比较合理的方向选择是探索省直管县(市)体制,减少地级市管理层级。

实行市管县的初衷,是以城市带动农村,实现城乡协调发展,但有的城市并没有起到带动或辐射农村的作用。原来的地区行政公署变为一级政府,多出来一个层次。

比较而言,有些国家省(州)政府直接管理的事务有限,管理幅度也很大,如截至目前,美国每个州平均管理的县、市在 450 个左右,日本每个都、道、府、县平均管理近 70 个市、町、村。

特别是,随着交通运输的快速发展和互联网、大数据等技术在公共治理领域的运用和普及,政府节约了行政成本,提高了治理效率,治理方式也应随之转变。减少行政层级、扩大管理幅度已成为地方治理的客观要求。因此,应优化行政区划设置,实行“扁平化”管理。

3. 改革市管县体制,实行省直管县(市)

市管县体制可以上溯到 20 世纪 50 年代。1959 年 9 月 17 日二届全国人大常委会第九次会议通过《关于直辖市和较大的市可以领导县、自治县的决定》,目的是“适应社会主义建设事业的迅速发展,特别是 1958 年以来工农业生产的大跃进和农村的人民公社化,密切城市和农村的经济关系,促进工农业的相互支援,便利劳动力的调配”。①

1982 年,中共中央发出《改革地区体制,实行市领导县体制的通知》,肯定了辽宁等省在经济发达地区实行市领导县体制的经验。

---

① 全国人大常委会法制工作委员会审定:《中华人民共和国法律法规全书》(第 1 卷),中国民主法制出版社 1996 年版,第 76 页。

1982 年《中华人民共和国宪法》第 30 条规定“直辖市和较大的市分为区、县”，这是对 1954 年《中华人民共和国宪法》第 53 条规定的“直辖市和较大的市分为区”的重要修改。

1983 年 2 月 15 日，中共中央、国务院发布《关于地市州党政机关机构改革若干问题的通知》，要求实行“地、市合并，由市领导县”。实行地市合并、由市领导县的体制，对县域经济的发展发挥了一定的带动作用。但随着经济体制改革的不断深化，市领导县体制的问题逐渐显现。

吴帅、陈国权对中国“市管县”体制的历史进行梳理，并对政府间关系的发展趋势作出评估，总结出对“市管县”体制运作产生影响的主要的矛盾关系，强调有必要进行改革。①

根据 2008 年 8 月《中共中央、国务院关于地方政府机构改革的意见》、2008 年 10 月《中共中央关于推进农村改革发展若干重大问题的决定》和 2013 年 8 月中共中央、国务院《关于地方政府职能转变和机构改革的意见》的规定和精神，应该改革市领导县体制。

党的十八届三中全会通过的《中共中央关于全面深化改革若干重大问题的决定》提出，优化行政区划设置，有条件的地方探索推进省直管县（市）体制改革。

从 1982 年《中华人民共和国宪法》第 30 条的规定看，县与市并列、直辖市与较大的市并列；而且根据 1954 年《中华人民共和国宪法》第 53 条的规定，只有直辖市和较大的市才分为区。

在我们看来，1954 年《中华人民共和国宪法》和 1982 年《中华人民共和国宪法》规定的行政区划，实行“直辖市—市辖区（县、自治县）—镇（乡、民族乡、街道）”或“省（自治区）—县（自治县、县级市）—镇（乡、民族乡、街道）”三级制，或实行“省（自治区）—较大的市（自治州）—市辖区（县级市、县、自治县）—镇（乡、民族乡、街道）”四级制。这里的“较大的市”不应当是指所有的地级市。因此，探索实行省直管县（市）的体制，符合宪法规定的精神。

实行省直管县（市），符合行政区划“扁平化”的发展方向，但它是一项长期的战略任务。实行省直管县（市），扩大省级管理幅度，需要具备一定的条件，如省与县市之间职责划分合理，都有各自的职责范围和重点；市县政府对职责范围内的地方事务有充分的自主权，并有稳定的可预期的财政

---

① 吴帅、陈国权：《中国地方府际关系的演变与发展趋势——基于“市管县”体制的研究》，载《江海学刊》2008 年第 1 期。

收入来源;在法律框架内有地方政府规章制定权等。具备这些条件,需要统筹谋划,先在有条件的地方探索推进,取得经验后,再有条件地逐步实施。但应将扩大省级管理幅度、实行"扁平化"作为改革方向,逐步加以实现。

4. 行政区划与经济区划衔接协调

行政区划与其他区划衔接协调,也是学者们多年来关注的问题。如许崇德提出,在单一制国家结构形式下,可以适应各种不同的需要,包容若干种类不同的区域划分。[①] 熊文钊将行政区划与经济区域相协调,作为处理中央与地方关系的原则之一,强调宪法学者与区域经济学者应跨学科一起来研究这个问题。[②]

在行政区划以外的其他区域划分中,最重要的当属经济区划。经济区划是国家或地方政府根据社会发展的目标和规划,结合区域经济发展水平、经济联系的密切程度等划分的区域。

促进经济发展是行政区划调整的动因之一,提出行政区划调整方案时,应充分注意行政区划和经济区划的协调;设立经济区划,也要考虑与行政区划的衔接。

如 1979 年 7 月中共中央决定在广东的深圳设置经济特区,后来又设珠海、厦门、汕头 3 个经济特区和海南经济特区。1984 年 4 月,进一步开放沿海的大连、秦皇岛、天津、烟台、青岛、连云港、南通、上海、宁波、温州、福州、广州、湛江、北海等 14 个城市。1990 年后,国家先后设置上海浦东新区、天津滨海新区、重庆两江新区。2011 年 10 月,国务院发布《关于支持喀什霍尔果斯经济开发区建设的若干意见》。这些主要是经济区划,也与行政区划衔接协调。

此外,国务院还批准设立了成都、武汉、长株潭、深圳、沈阳、山西和厦门等综合配套改革试验区;分 6 批先后批准在上海,天津、广东、福建,辽宁、浙江、河南、湖北、重庆、四川、陕西,海南,山东、江苏、广西、河北、云南、黑龙江,北京、湖南、安徽,设立自贸区。2017 年 3 月 28 日中共中央、国务院印发通知,决定设立河北雄安新区。2018 年 4 月《中共中央、国务院关于支持海南全面深化改革开放的指导意见》和 2020 年 6 月中共中央、国务院印发的《海南自由贸易港建设总体方案》,赋予海南建设全面深化改革开放试验区、国家生态文明试验区、国际旅游消费中心和国家重大战略服

① 参见许崇德主编:《中国宪法》(修订本),中国人民大学出版社 1996 年版,第 165 页。
② 参见熊文钊:《处理央地关系的原则》,载《瞭望新闻周刊》2005 年第 49 期。

务保障区的战略定位。2020年中央财经委员会第六次会议提出,支持成渝地区探索经济区和行政区适度分离,为探索成渝地区经济区和行政区适度分离可行性方案提供了指引。

5. 提升行政区划的法治化水平

行政区划是一个国家纵向结构的重要内容之一,一国宪法往往会对之作出规范,但行政区划体制是一种伴随时代发展而变化的地方制度,因此,需要由法律因应时代变化要求对之作出相应调整。

在我国,宪法对行政区划的设置主体作出划分,除了省级行政区划单位的建置由全国人大批准之外,其他行政区划单位都由国家行政机关决定:自治州、县、自治县、市的建置及区域划分由国务院决定,乡镇的设立及区域划分由省级人民政府决定。由于行政区划多由政府批准即可设置或变更,行政区划的变动比较频繁,行政色彩过浓是行政区划管理缺乏法治基础的一个表现。对此,有学者提出,用行政区划宪法条款去审视中国现实体制时,应采取对行政区划管理实行“法律保留”的方式,将宪法中的法律保留原则适用到行政区划体制。①

宪法是国家的根本法,也是行政区划的最高依据和标准。提升行政区划法治化水平,最重要的是要使行政区划设置符合宪法规定,纠正以往有些行政区划设立脱离宪法规定的现象,如将一般的地级市分为区、县,将直辖市和较大的市分为区、市等,强化对行政区划设置的合宪性审查;宪法还应当明确规定行政区域划分的基本原则和层级。

同时,行政区划法律规范层次不高,也是行政区划管理缺乏权威的一个表现。除了宪法的原则规定外,行政区划缺少法律层次的规范,如1985年《国务院关于行政区划管理的规定》和2018年发布的《行政区划管理条例》,都是国务院的行政法规,而且侧重于行政区划的“管理”。而实际上对行政区划不仅是管理的问题,还涉及行政区划的体制、设置等事项。应在此基础上制定“行政区划法”,规范行政区域划分的标准、层级和程序;而且变更过程中应能反映当地居民的意愿。

---

① 田芳:《行政区划宪法条款的解读:从“省管县”体制的推行说起》,载《现代法学》2008年第4期。

第三章　政府组织架构

一、政府的组织形式、组成和职权

在府际关系中，最主要的是各级政府组织之间的关系，各级政府的组织架构及其纵向关系是政府间纵向关系的重要内容。

在现代各国，无论国家结构形式如何，各级国家机关特别是行政机关都是宪法规定的重要内容。无论政权组织形式如何，宪法对行政机关都作了规定，而且明确行政机关的主要职责是执行法律和管理行政事务。

（一）政府组织形式

现代各国采用的政权组织形式，主要有君主立宪制和共和制。在各自的政权组织形式框架内，各国采取各具特色的政府组织形式。

在君主立宪制下，君主的权力不同程度地受宪法和议会的约束。采用这种政体的国家有约旦、沙特阿拉伯等。

在共和制下，国民享有统治权并选举代表或公职人员有期限地行使此项权力。共和制又有内阁制、总统制、半总统制、人民代表制等不同的形式。

“内阁制”，又称“议会内阁制”“责任内阁制”。在实行内阁制的国家，内阁是最高国家行政机关；内阁由议会中的多数党组成；内阁首相或总理是政府首脑；内阁成员同时是议员；内阁对议会负责，议会对内阁有投不信任案之权。实行内阁制的国家，有英国、日本、德国、意大利、希腊、印度、新加坡等国。

在实行总统制的国家，总统由公民直接或间接选举产生，既是国家元首又是政府首脑。总统制以美国为代表。

法国、俄罗斯等国实行半总统制，经全民投票产生的总统是国家元首又掌握重要行政权力，政府并设总理作为政府首脑；政府制定并执行国家政策，对议会负责；当议会通过不信任案或否决政府施政纲领时，总理得向总统提出辞职。

社会主义国家采用人民代表制，行政机关是作为国家机构的组成部分在宪法中规定的。各级人民政府产生于同级国家权力机关，既是国家行政机关，又是国家权力机关的执行机关，对国家权力机关负责并报告工作。

(二)行政机关的组成

1787年《美利坚合众国宪法》规定,行政权属于美利坚合众国总统,并对总统的职权作了原则性规定,但对联邦政府行政机关的规定很少。

美国学者认为,“制宪者们在制宪会议上并没有花费太多时间讨论联邦政府的行政机关,相反,他们把有关联邦行政机关的许多细节留给了未来的总统去处理,他们仅设想联邦行政机关的规模相对较小”。①

美国联邦行政的核心是内阁。宪法未直接提及“内阁”一词,也没有对设立哪些内阁部门和多少部门作出规定。按照惯例,内阁成员主要包括总统、副总统和15名内阁部长。另外,内阁还包括若干内阁级官员,如白宫办公厅主任、行政管理和预算局局长、美国贸易代表等,一般20多人。

1787年《美利坚合众国宪法》尽管对联邦行政机关的规定很少,但对行政机关的性质、地位有重要影响,主要体现在三个方面:一是,规定国会议员不得担任联邦行政机关的职务;二是,赋予总统提名政府高级官员;三是,总统可要求各行政部门首长“就其各自职责有关的任何事项提出书面意见”。

根据1949年《德意志联邦共和国基本法》第62条、第63条和第64条的规定,联邦政府由联邦总理和联邦各部部长组成;联邦总理由联邦总统提名,联邦议院选举产生;联邦各部部长由联邦总统根据联邦总理的建议任命。内阁成员人数未在该法中规定,由联邦总理依需要而定,一般为20人左右。

根据《俄罗斯联邦宪法》第110条的规定,俄罗斯联邦政府由俄罗斯联邦政府主席、俄罗斯联邦政府副主席和联邦部长组成。第83条规定,俄罗斯联邦总统经国家杜马同意任命俄罗斯联邦政府主席,有权主持俄罗斯联邦政府会议,接受俄罗斯联邦政府的辞呈,根据俄罗斯联邦政府主席的提名任命和解除俄罗斯联邦政府副主席、联邦部长职务等。②

按照英国的宪法惯例,内阁是英国中央政府的核心,是实际上的最高国家行政机关。内阁主要由首相挑选的中央政府中一些重要部门的大臣和执政党各派领袖人物组成。内阁成员的数目不是固定不变的,通常由首相根据情况和需要酌情决定,大约20名。内阁大臣同时是议会议员。

法国中央政府由总理、部长、部长级代表和国务秘书组成。法国中央

① [美]马格莱比、莱特:《民治政府:美国政府与政治》(第23版·中国版),吴爱明、夏宏图编译,中国人民大学出版社2014年版,第256-257页。

② 孙谦、韩大元主编:《〈世界各国宪法〉分解资料丛书·行政机关》,中国检察出版社2013年版,第152、149页。

政府设内阁,但不设副总理和副部长,政府成员的人数和各部设置的数目,在法律上并无明文规定,由总统根据实际需要决定。所有内阁部长都参加内阁会议,内阁会议由总统主持。根据不相容原则,政府成员不得同时担任任何议会议员职务或保有任何全国性职业代表的职务,亦不得参加任何职业性活动。

根据《日本国宪法》和《日本内阁法》的规定,内阁是由"内阁总理大臣"和"二十人以内的国务大臣"组成的合议制机关。内阁总理大臣居于其他国务大臣之上,具有统率内阁的地位。构成内阁的国务大臣是作为合议制的内阁的成员,同时作为"主管国务大臣"分担国家事务,原则上成为各省的长官。

根据《中华人民共和国宪法》第 86 条的规定,中华人民共和国国务院由总理、副总理若干人、国务委员若干人、各部部长、各委员会主任、审计长和秘书长组成。

(三)行政机关的职权和行使方式

许多国家宪法规定实行"三权分立"原则。尽管各国对分权原则的理解和实践不尽相同,各国中央或联邦政府(内阁)的职权也有所差别,且各国中央或联邦政府职权的范围也不是固定不变的,但是,作为中央或联邦执行机关的政府(内阁),其主要职权,在各国基本上是相似的。概括起来,主要有以下几个方面:一是执行法律;二是制定并执行政府政策;三是编制并向议会(国会)提出预算、决算案;四是掌管所属行政机构,领导各部的工作,并任免官员;五是制定政令,行使委任立法权;六是缔结条约、制定和执行外交政策等;七是掌管军队、警察。

英国内阁的主要行政职权有:制定政府的政策并对拟提交议会的问题作最终的决定;负责政策的执行和监督,行使最高国家行政管理权;协调和划定各部的职权范围。此外,内阁还行使特别的权力,有权宣布国家处于紧急状态,但需要经过国王批准、议会确认。

根据《法兰西共和国宪法》第 20 条的规定,政府决定并执行国家的政策;政府掌管行政机构和武装力量。① 法国总统虽然从体制上说不属于政府组成人员,但政府的许多职权实际上从属于总统,总统掌握广泛的行政权,包括任命总理及其他政府组成人员和文武官员,主持内阁会议,担任军队统帅,主持最高国防会议和国防委员会,签署内阁会议通过的法案、法

① 孙谦、韩大元主编:《〈世界各国宪法〉分解资料丛书·行政机关》,中国检察出版社 2013 年版,第 158 页。

令，委派驻外大使和特使并接受外国大使和特使等。

根据《德意志联邦共和国基本法》，德国联邦政府代表联邦执行机关。但该法未逐一列出联邦政府的任务。联邦总理与联邦总统一道，领导国家。联邦政府的主要任务如下：一是有权拟订法律草案，确定政治发展规划，履行政府的职责；二是组织实施联邦议会制定的法律，尽管依据惯例，许多联邦法律是由州政府执行的；三是在联邦议会授权的情况下颁布法规命令。

《俄罗斯联邦宪法》第 114 条规定了俄罗斯联邦政府的职权，包括编制并向国家杜马提交联邦预算并保证预算的执行，保证联邦奉行统一的金融、信贷和货币政策，保证联邦在教科文卫、社保和生态领域奉行统一的国家政策，管理联邦财产，维护国防、国家安全、实现联邦对外政策等。

根据《日本国宪法》第 73 条的规定，内阁除执行一般行政事务外，执行下列各项事务：诚实执行法律，总理国务；处理外交关系；缔结条约（须得到国会承认）；按照法律规定的准则掌管有关官吏事务；编制并向国会提出预算；为实施宪法及法律的规定而制定政令；决定大赦、特赦、减刑、免除刑罚执行及恢复权利等。[①] 根据《日本内阁法》，内阁通过内阁会议，有权决定对各省的指挥监督方针，裁定主管大臣间的权限争议等。

我国国务院的职权，根据《中华人民共和国宪法》和《中华人民共和国国务院组织法》的规定，共 18 项，包括《中华人民共和国宪法》列举的 17 项职权以及全国人大及其常委会授予的其他职权。根据《中华人民共和国国务院组织法》，国务院实行国务院全体会议和常务会议制度。国务院全体会议由国务院全体成员组成；常务会议由总理、副总理、国务委员、秘书长组成。国务院工作中的重大问题，必须经国务院常务会议或全体会议讨论决定。国务院常务会议是国务院日常领导工作机构，在国务院总理领导下，负责对职权范围内各项重要工作进行领导和决策。此外，按照 2023 年《国务院工作规则》的规定，国务院根据需要召开总理办公会议和国务院专题会议。

二、中央政府或联邦政府机构

（一）英国中央政府机构

英国内阁机构主要有内阁办公厅和内阁委员会。

---

① 孙谦、韩大元主编：《〈世界各国宪法〉分解资料丛书 · 行政机关》，中国检察出版社 2013 年版，第 23 页。

内阁办公厅,于1916年创立,其常设办事机构是内阁秘书处,负责规制和协调内阁日常事务,其主要任务是召集会议、发布文件、准备会议议程和编写会议纪要,并协调政府各部的事务。内阁秘书处对首相和内阁委员会主席负责。①

为有效开展工作,内阁设置若干委员会、分委员会或专责小组,如国家安全委员会及其核威慑和安全分委员会,以及涉及国内经济战略等专责小组。

英国政府部门可以分为内阁各部(ministerial departments)与非内阁部门(non－ministerial departments)。内阁各部由大臣领导,大臣属于内阁成员;非内阁部门由非内阁成员的资深人士领导。

英国内阁各部的建立和发展复杂且不稳定,名称不尽统一,数目也没有法律的限制,取决于各部职权,也取决于实施这些职权的组织方式。

英国内阁各部,除内阁办公厅外,目前有总检察长办公室,能源安全与净零部,文化、媒体与体育部,科技、创新与技术部,教育部,环境、食品与农村事务部,商业贸易部,地区平衡发展、住房与社区事务部,交通部,就业与养老金部,卫生和社会福利部,外交、联邦与发展事务部,财政部,内政部,国防部,司法部,北爱尔兰事务部,苏格兰事务部,威尔士事务部等。

英国非内阁部门有英国慈善委员会,英国竞争与市场管理局,英国皇家检控署,食品标准局,林业委员会,政府精算署,皇家土地登记局,皇家税务海关局,英国国民储蓄和投资银行,国家档案局,国家打击犯罪局,英国铁路和公路局,天然气和电力市场管理局,英国资格认证与考试监督办公室,英国教育、儿童与技能办公室,英国反严重欺诈局,英国统计局和水务办公室等。②

此外,英国还设有400多家独立于政府部门的执行局(agencies)和其他公共机构,如英格兰银行、英国文化委员会、大英图书馆、大英博物馆等。

地区平衡发展、住房与社区事务部的主要职能是支持英国各地的社区发展,并监督地方政府和规划;而苏格兰、威尔士和北爱尔兰的事务大臣作为英国内阁成员,负责与权力下放政府的联络。北爱尔兰事务大臣保留一些职责,包括处理尚未下放的问题以及北爱尔兰议会可以在英国政府同意下立法的问题。

北爱尔兰事务部、苏格兰事务部、威尔士事务部,在中央政府中代表各

---

① Philip Lynch & Paul Fairclough, *UK Government & Politics*, Hodder Education,2013,p. 246.

② 参见英国政府网,https://www. gov. uk/government/organisations#ministerial_departments。

自所在地区的利益。中央政府与权力下放机构之间的信息、协商和协调，由联合部级委员会(JMC)管理，该委员会汇集了英国各部大臣和权力下放政府行政部门的大臣。联合部级委员会是一个咨询机构，最初每年至少举行1次全体会议。该委员会的创建是为了考虑以下事项：(1)影响下放责任的非下放事项以及影响非下放责任的下放事项；(2)如果英国政府和权力下放政府同意，在英国不同地区讨论各自的处理方式是有益的，则考虑下放事项；(3)继续审查英国政府与权力下放政府之间的联络安排；(4)行政部门之间的争议。

(二)法国中央政府机构

法国中央政府机构，主要有总统府、总理府及直属机构、中央政府各部等。

总统府是协助总统处理政务的办事机构。由于法国总统实际上发挥着行政领导的作用，因此，总统府可以视为行政机构组成部分。

总理的行政部门包括总理府、直属机构等多个部门，协助总理并参与政府政策的制定等。

中央政府各部是负责公共事务管理的职能部门，每一届政府部门设置有所变动，目前设有经济、财政、工业与数字主权部，内政与海外事务部，欧洲与外交事务部，司法部，生态转型与领土融合部，国民教育与青年部，国防部，卫生与预防部，劳工、充分就业与融合部，团结、自治与残疾人事务部，高等教育与研究部，农业与粮食主权部，转型与公共服务部，文化部，能源转型部，体育、奥运会与残奥会部等，分别由各部部长领导。①

此外，中央政府还设部长级代表和国务秘书。部长级代表和国务秘书从属于总理或各部部长，分别负责各有关事务。

法国中央政府负责纵向府际关系的主要部门是内政与海外事务部。内政与海外事务部在组织领土和维护国家机构的凝聚力方面发挥着核心作用，其主要职能之一是管理领土单位，确保在权力下放的情况下尊重地方自由和地方政府的权力；其下的地方政府总局，负责在财政、制度和法律层面，制定与地方政府有关的规定、与领土和城市发展政策有关的战略、观察和评估的指导方针，并提供有关地方政府的统计数据。此外，生态转型与领土融合部，经济、财政、工业与数字主权部以及转型与公共服务部，也参与确定与地方政府相关的政策。

---

① 参见法国中央政府网，https://www.gouvernement.fr/composition-du-gouvernement。

(三)日本中央政府机构

日本中央政府的机构设置,主要有内阁辅佐机构和内阁统辖下的行政组织。前者有内阁官房(直属于内阁,是日本总理大臣的辅佐机构)、内阁法制局和人事院。[①] 后者是根据《日本国家行政组织法》第3条,作为行政组织依法设置的国家行政机构,主要有府、省、委员会和厅。(见图3.1)

府和省是日本的基本国家行政组织,是作为内阁领导下的负责行政事务的机关而设置的。内阁府长官为内阁总理大臣,各省长官为各省大臣,各省大臣作为主管大臣。

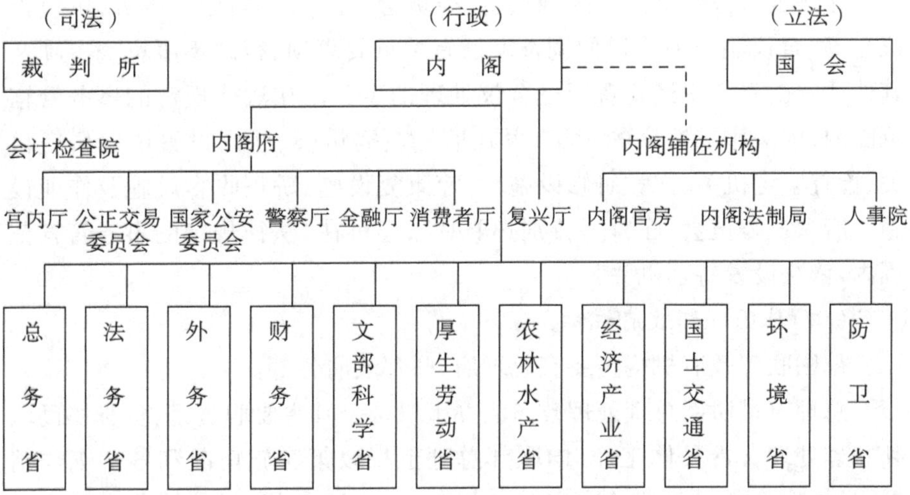

图3.1　日本中央政府组织

资料来源:日本中央政府网站,http://www.japan.go.jp/directory/index.html#ministries。

在府和厅,为执行其掌管事务,设置官房及局作为府和厅的内部部局;在官房及局内,如有必要还可设置部。

在府或省,可设置委员会和厅,作为外局(相对于府和省的内局而言)。

特别必要时,在法律规定大臣担任其长官的委员会和厅内,也可设置

① 2011年3月11日发生东日本大地震。根据2011年6月20日日本国会制定的《复兴基本法》,新设"复兴厅",负责重建计划的拟定、协调及落实等。2011年12月6日日本国会通过《复兴厅设置法》。根据该法,复兴厅负责制定灾后重建基本政策、确定"复兴特区"范围、管理和分配重建资金及综合协调各省厅灾后重建政策。复兴厅设置于内阁之下,与内阁官房共同协助东日本大震灾复兴的相关内阁事务。2012年2月10日成立的复兴厅,应于2021年3月31日前废止。但日本政府认为2021年度以后也有必要继续援助灾民,日本复兴厅现仍作为直属于首相的机关保留下来。

委员会和厅。外局的内部组织基本与府、省的内部组织相同。

日本政府现有总务省、法务省、外务省、财务省、文部科学省、厚生劳动省、农林水产省、经济产业省、国土交通省、环境省和防卫省。

其中，总务省是负责地方行政、地方财政和选举事务及推进地方分权改革的政策主管部门，其下的自治行政局、自治财政局和自治税务局等，承担相关职责。

府即内阁府，其所属机构是宫内厅、公正交易委员会、国家公安委员会、警察厅、金融厅和消费者厅。

在法定事务管辖范围内，府、省、委员会、厅，为妥当处理事务，可设审议会等“合议制机关”，以便调查审议有关重要事项、行政不服审查事项及其他适宜由有学识经验者通过合议处理的事务。在法律规定的事务管辖范围内，依法律或法令的规定，可在府、省、委员会、厅内设置试验研究机关、检查鉴定机关、文教研修设施、医疗康复设施、矫正收容设施及作业设施。府、省、委员会、厅，在“特别必要时”，还可在“法律规定的事务管辖范围内，依法设置特别机关”。

（四）德国联邦政府机构

德国联邦政府机构主要有总理府、联邦政府各部。

总理府是协助总理处理政务的办事机构。其主要职责是：负责协助联邦总理处理日常具体工作，向联邦总理汇报政策实施情况和各部工作情况，具体拟订联邦总理的决定并监督实施，协调各部工作，筹备内阁会议等。

《德意志联邦共和国基本法》和其他法律未对联邦政府各部作出规定。由联邦政府总理根据《德意志联邦共和国基本法》授予的组织权按需设立，不需经议会立法或批准。

联邦政府由联邦总理、副总理、专业部长和联邦总理府主任组成。

目前，联邦政府设有财政部，内政与社区部，外交部，经济事务与气候保护部，司法部，劳动与社会事务部，国防部，粮食与农业部，家庭、老人、妇女与青年部，卫生部，数据与交通部，环境、自然保护、核安全与消费者保护部，教育与研究部，经济合作与发展部，住房、城市发展与建设部。①

德国联邦、州、地方政府以外，还设立独立机构、非独立机构、公法法人和私法法人等。

---

① 参见德国联邦政府网，https://www. bundesregierung. de/breg – de/bundesregierung/bundeskabinett。

（五）美国联邦政府行政机构

美国联邦政府行政机构，除了总统办事机构（executive office of the president）外，主要有内阁各部、独立行政机构。（见图 3.2）

总统办事机构，不是一个法定的、统一的机关，而是对总统的若干参谋机构和办事机构的统称，它们相互之间是独立的。总统办事机构由罗斯福总统于 1939 年创建。其主要职责是协助总统履行职责，帮助总统获得信息，致力于研究和解决国内外的重要问题，提出可供考虑的方案。总统办事机构的设立，使总统能够摆脱繁杂的日常事务，加强对行政部门的控制和管理。

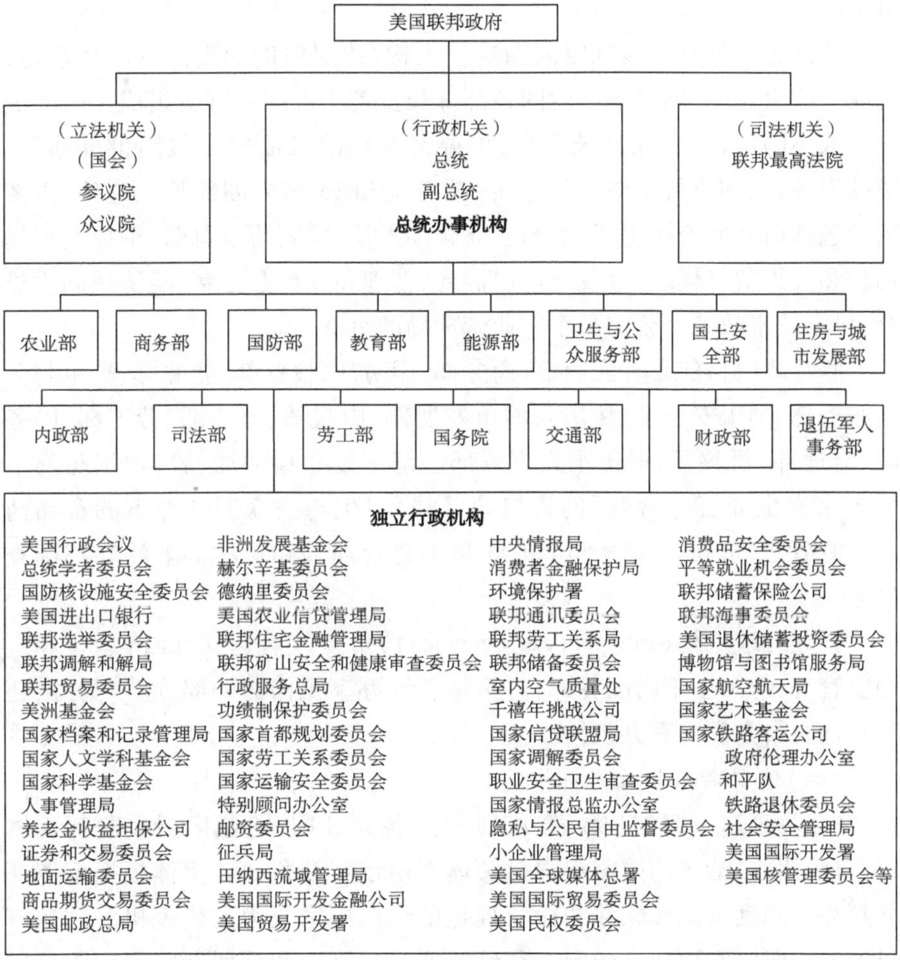

图 3.2　美国联邦政府组织

资料来源：美国联邦政府网（政府部门），https://www.usa.gov/branches-of-government。

总统办事机构主要有两类。一是白宫办公厅。它是总统办事机构的核心，也是整个联邦行政机构的中枢，负责处理总统的日常事务，与国会和其他行政机构、社会组织进行联系、磋商，拟订有关政策。白宫办公厅设正副主任、国家安全事务助理、新闻秘书、通讯联络办公室主任等。二是委员会、局和办公室。每一届政府略有不同，目前有经济顾问委员会、环境质量委员会、国内政策委员会、性别政策委员会、国家经济委员会、国家安全委员会、国内气候政策办公室、政府间事务办公室、行政管理和预算局、国家毒品管制政策办公室、公众参与办公室、国家网络总监办公室、科学技术政策办公室、美国贸易代表办公室、总统人事办公室和国家航天委员会。

美国宪法没有直接规定内阁这一机构，按照惯例和宪法的间接规定，内阁一般由总统、副总统和内阁各部部长及若干内阁级官员组成。内阁成员一般不固定，由时任总统提名，但要经参议院按简单多数制批准通过。按照惯例，内阁成员主要包括总统、副总统和 15 名内阁部长。此外，内阁成员包括白宫办公厅主任、美国驻联合国大使、国家情报总监、中央情报局局长和美国贸易代表，以及环境保护局、管理和预算办公室、经济顾问委员会、科学技术政策办公室和小企业管理局的负责人。①

联邦政府目前设有农业部、商务部、国防部、教育部、能源部、卫生与公众服务部、国土安全部、住房与城市发展部、内政部、司法部、劳工部、国务院、交通部、财政部、退伍军人事务部。部下设立相关局、署，如国防部下的国家安全局、商务部下的人口统计局、卫生与公众服务部下的食品药品监督管理局、国土安全部下的联邦应急管理署和司法部下的联邦调查局等。

独立行政机构(independent agencies)，负责政府运作、经济运行和规制监管等，但独立于内阁各部，且不是总统办事机构的一部分。② 另外，还有其他委员会和准官办机构。

(六)俄罗斯联邦政府机构

《俄罗斯联邦宪法》第 77 条规定："各共和国、边疆区、州、联邦直辖市、自治州、自治区的国家权力机关体系由俄罗斯联邦各主体根据俄罗斯联邦宪法制度基础和联邦法律所规定的组织国家权力的代表机关和执行机关的一般原则而独立确定。在俄罗斯联邦管辖和俄罗斯联邦权限范围

---

① 参见美国联邦政府网(内阁)，https://www.whitehouse.gov/administration/cabinet/。

② 参见美国联邦政府网(政府部门)，https://www.usa.gov/branches-of-government。

内,根据俄罗斯联邦和俄罗斯联邦各主体共同管辖的对象,联邦执行权力机关和俄罗斯联邦各主体执行权力机关在俄罗斯联邦组建统一的执行权力体系。”

除了总统办事机构履行一定行政职能外,俄罗斯联邦政府的主要机构包括:一是联邦各部。目前有内政部,民防、紧急情况与救灾部,外交部,国防部,司法部,卫生部,文化部,科学与高等教育部,自然资源与生态环境部,工业与贸易部,教育部,远东与北极发展部,农业部,体育部,建设、住房与公用事业部,交通部,劳动与社会保障部,财政部,数字发展、通信与大众传媒部,经济发展部和能源部等。二是联邦各局。目前有联邦国家储备局,对外情报局,联邦安全局,联邦国民警卫队,联邦警卫局,联邦金融监督局,联邦国家档案局,国家快递服务局,联邦反垄断局,联邦注册服务局,联邦消费者权益保护与福利监督局,联邦医疗监督服务局,联邦教育与科学监督局,联邦环境、技术与核监督局,联邦医学生物局,联邦青年事务署和联邦民族事务署等。①

联邦各部是联邦政府的组成部门,联邦各局作为主管部门,履行专门的服务、执行、监督、批准等职能。

(七)我国中央人民政府及其行政机构

1954 年《中华人民共和国宪法》第 48 条第 2 款规定:“国务院的组织由法律规定。”1954 年《中华人民共和国国务院组织法》第 2 条具体列出了国务院的各部、各委员会。

1982 年《中华人民共和国宪法》虽然也规定“国务院的组织由法律规定”,但 1982 年《中华人民共和国国务院组织法》只规定了国务院机构的组成、类别和领导职数,未将国务院各部、各委员会具体列出。

对国务院机构,法学界早期主要是两种分类。

一种分类是,依据 1982 年《中华人民共和国宪法》和《中华人民共和国国务院组织法》的有关规定,将国务院行政机构分为办公厅、组成部门、直属机构和办事机构。②

另一种分类是,依据 1997 年《国务院行政机构设置和编制管理条例》的有关规定,将国务院行政机构分为国务院办公厅、组成部门、直属机构、办事机构、组成部门管理的国家行政机构、议事协调机构六类。③

随着国务院在机构改革中设立国务院直属特设机构国资委,法学界对

① 参见俄罗斯联邦政府网,http://www.gov.ru/main/ministry/isp-vlast44.html。
② 许崇德主编:《宪法》(第 2 版),中国人民大学出版社 2004 年版,第 246-247 页。
③ 胡锦光、韩大元:《中国宪法》(第 4 版),法律出版社 2018 年版,第 372 页。

国务院行政机构的分类渐趋一致，即国务院行政机构分为国务院办公厅、组成部门、直属特设机构、直属机构、办事机构、组成部门管理的国家局、议事协调机构。[①] 此外，国务院还设置了直属事业单位。

国务院办公厅，是国务院依《中华人民共和国国务院组织法》的规定设立的协助国务院领导处理国务院日常工作的行政机构。国务院办公厅由秘书长领导，并设副秘书长若干人，协助秘书长工作。国务院秘书长受总理领导。

国务院组成部门，是依法分别履行国务院基本的行政管理职能的行政机构。国务院组成部门包括：(1)各部：如外交部、国防部等；(2)各委员会：如国家民族事务委员会等；(3)中国人民银行；(4)审计署。

国务院直属特设机构，即国资委，根据国务院授权对中央企业履行出资人职责。

国务院直属机构，主管国务院某项专门业务、具有独立的行政管理职能。如海关总署、国家统计局等。

国务院办事机构，协助国务院总理办理专门事项、不具有独立的行政管理职能。如国务院研究室等。

国务院组成部门管理的国家局，由国务院组成部门管理，主管特定业务、行使行政管理职能。如中国人民银行管理的国家外汇管理局等。

国务院议事协调机构，承担跨国务院行政机构的重要业务工作的组织协调任务。议事协调机构不设实体办事机构，议定事项由有关的行政机构按各自的职责负责办理。如国务院学位委员会等。

此外，国务院还设立新华通讯社、中国科学院、中国社会科学院、中国工程院等直属事业单位。

中国没有像有的国家那样，在中央政府设立关于地方政府及政策的主管部门。根据《中华人民共和国宪法》的规定，国务院统一领导全国地方各级国家行政机关的工作，国务院各部门分领域对地方政府有关部门进行业务领导或指导；涉及地方事务较多的国务院部门或机构有财政部、民政部、国家民族事务委员会等。

中央人民政府驻香港特别行政区联络办公室、中央人民政府驻澳门特别行政区联络办公室，是中央人民政府分别派驻香港特别行政区、澳门特

---

① 《宪法学》(马克思主义理论研究和建设工程重点教材)，高等教育出版社、人民出版社 2020 年版，第 254－255 页。

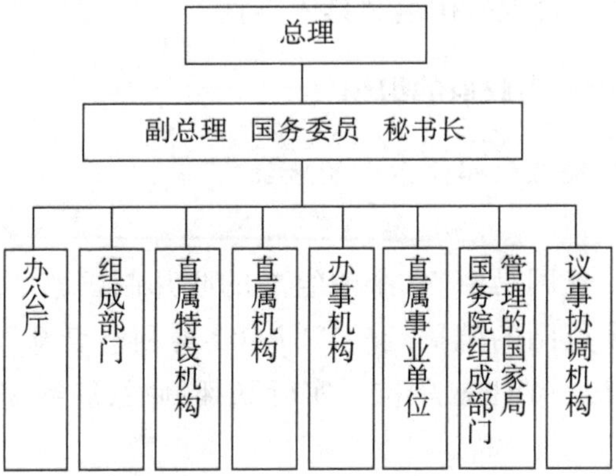

图 3.3　中国国务院机构设置

资料来源：中国中央人民政府网。

别行政区的机构。①

根据《中华人民共和国香港特别行政区维护国家安全法》的规定，中央人民政府在香港特别行政区设立维护国家安全公署，依法履行维护国家安全职责，行使相关权力。驻香港特别行政区维护国家安全公署与香港特别行政区维护国家安全委员会建立协调机制，并监督、指导香港特别行政区维护国家安全工作；驻香港特别行政区维护国家安全公署的工作部门与香港特别行政区维护国家安全的有关机关建立协作机制，加强信息共享和行动配合。另外，根据 2023 年 3 月中共中央、国务院印发的《党和国家机构改革方案》，组建中央港澳工作办公室，作为党中央办事机构（保留国务院港澳事务办公室牌子）。

根据《中国共产党机构编制工作条例》第 5 条、第 6 条和第 7 条的规定，党中央集中统一领导全国机构编制工作，并设立中央机构编制委员会，作为党中央决策议事协调机构，在中央政治局及其常委会领导下开展工作。地方各级党委设立机构编制委员会，管理本地区机构编制工作。各级机构编制委员会下设办公室，承担日常工作，归口本级党委组织部门管理，

---

① 1999 年 12 月 28 日，国务院第 24 次常务会议决定，将中央人民政府授权的工作机构新华通讯社香港分社和新华通讯社澳门分社，更名为中央人民政府驻香港特别行政区联络办公室、中央人民政府驻澳门特别行政区联络办公室，简称“中联办”。国务院同时赋予中联办五项职能：联系外交部驻香港特别行政区特派员公署、外交部驻澳门特别行政区特派员公署和中国人民解放军驻香港部队、中国人民解放军驻澳门部队；联系并协助内地有关部门管理在香港、澳门的中资机构；促进香港、澳门与内地之间的经济、教育、科学、文化、体育等领域的交流与合作，联系香港、澳门社会各界人士，增进内地与香港、澳门之间的交往，反映香港、澳门居民对内地的意见；处理有关涉台事务；承办中央人民政府交办的其他事项。

根据授权和规定程序处理机构编制具体事宜。

三、联邦成员或地方政府的组织

(一)联邦成员及在联邦体系中的地位

1. 联邦成员

以美国为例。美国是由50个州组成的联邦制国家。北美最早的13个州在独立前原属英国的殖民地。1787年《美利坚合众国宪法》实施以前,每个州实际上是一个主权单位。实行联邦制后,联邦宪法允许各州保持一定的独立性。

根据《美利坚合众国宪法》修正案第10条的规定,各州拥有广泛的权力。随着联邦政府权力的逐步扩大,州的权力有所削弱,州的管辖权与联邦管辖权之间有了一些重合;但联邦政府与各州政府在履行职责时多彼此合作,较少自上而下强制命令。各州有自己的宪法和法律,虽然州宪法有些方面有所不同,但通常采用类似联邦宪法的形式,包括一项公民权的宣言及组织州政府的基本原则等。

各州宪法都规定,州政府机构由立法、行政和司法三类机关组成,且实行"三权分立"。

除内布拉斯加州实行"一院制"外,各州议会均由参、众两院组成。①两院议员均由选举产生。州参议院议长由副州长担任,众议院议长由众议员推选。州议会的职责是:制定本州的宪法和法律(立法范围由联邦宪法及各州的宪法规定),批准预算,规定州政府的组织结构和各行政部门的职责,监督行政部门的工作等。

各州宪法通常规定,州长是州的行政首脑,由选民直接选举产生。州长的权力主要有:任命除副州长、秘书长、检察长、审计长、司库等以外的其他高级官员;对执行法律和各行政部门的工作实施总监督;管理本州财政;掌握本州的武装力量,州长是州国民警卫队的名义统帅;负责与联邦政府、地方和他州的联系;行使减刑和赦免权(经联邦法院判决的除外)。

再以德国为例。德国原先州的许多事务须经联邦参议院批准。但自2006年德国联邦制改革以来,需要征得批准的领域已经减少。此外,各州获得了在欧盟代表联邦级别处理州专属权限问题的可能性。在欧盟代表联邦一级的州的代表,由联邦参议院与联邦政府协商后任命。

各州根据本州的宪法和法律设有自己的法院系统,与联邦法院平行。

---

① 根据《内布拉斯加州宪法》第3条,内布拉斯加州议会由一院组成。

除《德意志联邦共和国基本法》赋予联邦法院的司法权外，其他司法权均属州法院。各州法院根据本州法律审理案件，法官主要由选民选举产生，有的州由州长任命或议会选举。

根据《德意志联邦共和国基本法》第28条第1款，各州必须“符合基本法意义上的共和、民主和社会法治国的原则”。

大多数州都由一个州长领导的政府以及被称为州议会的“一院制”立法机关管辖。州采用议会共和制，立法机关与行政机关的关系，体现了联邦制的特点。州立法机关由选民选举产生。州长由州议会议员按多数投票制选出；州长任命内阁组织行政机关并执行州政府的职能。

德国各州行政机构体系庞大，根据各州宪法的规定，州政府是各州的最高行政机关，由州长和州内各部部长（有的称“政府委员”）组成。有的州还规定由州长任命一名部长为副州长（巴伐利亚州、图林根州），有的还规定设州政府秘书（巴伐利亚州、萨尔州、萨克森州、巴登－符腾堡州），有的州规定州长可从各部部长中确定一人为自己的代表（梅克伦堡－前波莫瑞州、石勒苏益格－荷尔斯泰因州）。在柏林和不来梅两个城市州，州长称“市长”。

2000年1月1日之前，巴伐利亚州议会实行“两院制”，一个是民选的州议院，另一个是由州的主要社会和经济团体的代表组成的州参议院。1998年全民公决后，州参议院被废除。柏林、不来梅、汉堡州的管辖与其他各州略有不同。在每个城市，行政部门由市议会选出的市执行机关组成，市长负责执行相当于较大的州的州长的职务。各城市政府和首长名称不尽一致。

2. 联邦成员在联邦体系中的地位和作用

以美国为例。州在美国联邦体系中的作用，可以从州与联邦政府的关系和州与地方的关系两方面体现出来。

美国实行联邦制，联邦与各州依联邦宪法进行分权。对此，在托克维尔（Tocqueville）看来，美国削弱权威的力量不是靠剥夺当局的自卫权或自卫能力，而是靠将权力分散给许多人掌握。用这种方法分散权威之后，权威的作用便减少了不可抗拒性和危险性，但权威本身并没有被破坏。①

联邦宪法授予联邦的权力很少，明确规定联邦政府只管全国性的一些重要问题，如战争、和平、谈判、外贸等问题，而对州的权力进行概括式保留。

---

① ［法］托克维尔：《论美国的民主》（上卷），董果良译，商务印书馆1997年版，第78－79页。

联邦最高法院，在美国历史发展的过程中，大都遵循对宪法的严格解释原则裁决权限争议案件，成为联邦与州权的平衡者。

美国的50个州的历史、民族、宗教、社会结构、资源禀赋等各有不同，各州对于类似的问题有各自的处理办法。与地方政府一样，各州为联邦政府提供了制度试验的广阔空间。

美国各州一直是政策的创新者。许多全国性立法和政策都始于各州。如儿童劳动法、最低工资法、失业补偿制度、反污染立法以及民权保护和所得税征收等，都是由一州或多州率先立法或规定，再推广到全国的。①

以选举制度为例，在1920年《美利坚合众国宪法》修正案第19条（合众国公民的选举权不得因性别而被合众国或任何一州加以剥夺或限制）通过前，已有17个州的妇女获得选举权。此外，直接预选、无记名投票、创制权、复决权、罢免权也是各州率先创造的。

州和地方政府也是大多数国会议员和联邦政府官员政治生涯的起点。通过在州和地方的政治历练，一些官员积累了从政经验，并逐步走向全国政坛。罗斯福入主白宫前，曾任纽约州州长，采取过一些对付萧条的新政措施，包括设立临时紧急救济机构等，之后这些“新政”的有关原则逐步成为联邦的政策原则。② 截至2021年，美国46任总统中，有17位曾任州长。州和地方政府向联邦输送了大批人才。

州执行联邦计划，使联邦政府不仅依靠自己的执行机构，也可以依靠各州而实现联邦的目标。作为联邦资金的主要受领者，州接受了全部联邦资助的约3/4；州作为联邦资助地方的“二传手”，通过计划、监督、资助，甚至直接执行重大的政府计划，承担着重要的中间人的作用。在执行联邦计划的过程中，州拥有一定的参与权。由于联邦计划项目繁多，各州可选择符合自己需要的计划项目，并且可根据实际情况，变通执行联邦计划。

《美利坚合众国宪法》未直接提及地方政府。实际上，州与地方政府之间，主要表现为立法、行政和财政关系。③ 州和地方的关系，一般认为，地方除了执行联邦法律及州法和政策、提供制度试验地以外，主要体现在两方面。一是，地方政府是州政府的创造物，在不违反宪法的前提下，州议会

---

① George C. Edwards Ⅲ, Martin P. Wattenberg & William G. Howell, *Government in America: People, Politics and Policy* (*2016 Presidential Election Edition*, 17th ed.), Pearson Press, 2016, p. 76.

② 高国荣：《州在美国联邦体系中的地位和作用》，载《世界历史》1999年第6期。

③ Ann O'M. Bowman & Richard C. Kearneg, *State and Local Government: The Essentials*, Houghton Mifflin Press, 2000, p. 236.

可创立或废止地方政府；州以宪法、法令、宪章的方式规定地方政府的类型、职权及权力在各部门之间的分配。二是，地方政府享有充分的自治权。

有学者认为，州和地方的关系如同单一制国家中央和地方关系，或称联邦制下的“州内单一制”。①

托克维尔指出，与联邦主权只在一些重大问题上涉及个人的利益和代表一个幅员辽阔的国家、一种模糊不清的感情不同，“各州主权似乎每天都在包围着每个公民，每天都在精心地掌管着每个公民；正是它在负责保卫每个公民的生命财产和自由，它无时无刻不在影响每个公民的安危”②。由于州更接近当地居民，美国人普遍对州政府寄予更多的依靠。

州规定地方政府的征税范围和税率、地方资金的用途，设置开支限制，规定工资和服务收费标准，审核、批准地方财政预算的编制；州决定地方之间合作的范围和程序，并有权对管辖区进行合并。

为帮助地方政府经济而有效地为辖区居民提供各类服务，州在财政预算编制、法律的制定与实施、人才资源管理等方面提供范围广泛的技术援助；州还通过完善地方政府结构以加强地方决策与行政能力。

州也是许多服务的直接提供者，在公路、社会福利、公共卫生、自然资源和劳动改造等方面承担主要责任；州还是地方政府外来资金的主要提供者，州作为联邦向地方拨款的中间人，将大笔资金转移支付给地方政府。此外，州还同地方政府分享税收和向企业征税等。

为加强州与地方的合作，美国许多州设立与地方政府相关的机构，如模仿联邦设置的府际关系咨询委员会设置州一级的州地关系咨询委员会、由州长或立法机关设置专门机构。所有的州都设立了涉及地方政府的部门，如社区事务部、地方政府部、经济与社区发展部等。③

（二）地方政府的组织和职权

1. 地方政府的概念、范围和宪法地位

无论国家的结构形式如何，地方政府作为纵向府际关系的一个层面，都是纵向府际关系中的重要因素。

西方国家一般从广义上理解地方政府，并根据不同的国家结构特点对地方政府进行定义。

《剑桥百科全书》认为：“地方政府是在宪法上属于全国性政府、区域

① 参见许崇德主编：《各国地方制度》，中国检察出版社1993年版，第59页。

② ［法］托克维尔：《论美国的民主》（上卷），董果良译，商务印书馆1997年版，第188页。

③ Ann O'M. Bowman & Richard C. Kearneg, *State and Local Government: The Essentials*, Houghton Mifflin Press, 2000, p. 236 – 237.

性政府或联邦制政府下的一整套政治机构,它有权在国家有限的领土范围内履行某种职能。”①

《国际社会科学百科全书》这样表述地方政府:“地方政府一般可以说是一种公共组织,它有权决定和管理一个较小地域内的有限公共政治,这一地域是某个区域性政府或全国性政府之下的区域。地方政府在政府机构体系中位于底层,全国政府位于最高层,中间部分则为中间政府(州、地区、省)。”②

根据1985年《欧洲地方自治宪章》第3条和1993年《世界地方自治宣言》第2条,地方政府有权“在法律规定的范围内,确定并管理属于其各自职责内的、以本区域内居民的利益为目的的重要公共事务”,地方政府包括地方议会及对其负责的地方执行机关。

许多国家的宪法,对“地方政府”的范围作广义的界定,如1976年《葡萄牙共和国宪法》在第8章“地方政府”中的第239条规定,“地方政府的组织机构应包括经选举产生并有决策权的议会和对该议会负责的合议制执行机关”。社会主义国家的宪法,也有作广义规定的。根据2013年《越南社会主义共和国宪法》第9章,地方政府包括人民议会和人民委员会。

有的国家实行“议行合一”制。根据1976年《古巴共和国宪法》第103条,在古巴的国家领土单位设立地方各级人民政权代表大会,作为地方最高国家权力机关,在所在地区履行国家职能,对其所属地区行使管理权,并通过代表大会设立的管理部门,对其直属的经济、生产和服务部门实行指导,开展工作。③

根据1993年《俄罗斯联邦宪法》第1章“国家宪政基础”的有关规定,人民直接地并通过国家权力机关和地方机关行使自己的权力。在俄罗斯联邦,地方自治机关不属于国家权力机关体系;其机构设置根据联邦和联邦主体的宪法和法律规定,由居民自主决定;联邦及其主体不得限制地方自治机关根据宪法和法律享有的地方自治权。《俄罗斯联邦宪法》第8章“地方自治机关”则规定了地方自治机关的基本制度。

除了宪法和其他国内法的规定外,地方自治原则在一些国际宣言或区域性国际公约中得到认可。

---

① David Crystal, *Cambridge Encyclopedia*, Cambridge University Press, 2000, p. 658.

② David L. Sills, Robert K. Merton, *International Encyclopedia of the Social Science*, Volume 9 - 10, Macmillan, 1968, p. 451.

③ 参见孙谦、韩大元主编:《〈世界各国宪法〉分解资料丛书 · 地方制度》,中国检察出版社2013年版,第415-416页。

《世界地方自治宣言》第1条"地方自治的宪法基础",提出"地方自治原则应在本国宪法或有关国家政府结构的基本立法中得到承认"。

《欧洲地方自治宪章》第2条"地方自治的宪法和法律基础",要求"地方自治的原则应在国内立法中得到承认,并在可行的情况下在宪法中得到承认"。

2. 不同类型的地方政府机构

陈嘉陵、田穗生等根据不同的地方制度,将各国地方政府分为行政体地方政府、自治体地方政府和民主集中制地方政府等三类。①

按照地方政府在国家结构中的地位,可将地方政府分为单一制国家的地方政府和联邦制国家的地方政府。

在单一制国家,地方政府作为地方行政机关或地方公共团体,各国组织和职权各有特点。

法国领土单位主要有大区、省和市镇。

大区作为一级领土单位,大区设大区议会,是大区的审议机关。大区议会主席是大区的政治首长,对大区的管理承担责任,同时,大区议会主席也是大区的地方行政首长。

省设省议会,是省的审议机关。省议会主席是省的政治首长,同时也是省的地方行政首长。

市镇依宪法规定,均设有市镇议会,是市镇的审议机构,管理市镇事务。市镇长是市镇的政治首长,由市镇议会从议员中选举产生。市镇长具有双重身份:一是作为国家在市镇的公务人员,代表国家履行某些职务;二是作为市镇行政首长,是市镇议会的主要执行官,要对执行市镇议会的决定负责。

日本地方公共团体分为普通地方公共团体和特别地方公共团体两种。

普通地方公共团体包括都、道、府、县和市、町、村,特别地方公共团体包括特别区、地方公共团体组合、财产区和地方开发事业团。

都、道、府、县与市、町、村是互相独立的地方公共团体。都、道、府、县与市、町、村虽无上下级关系,但市、町、村设于都、道、府、县区域内,是基层地方公共团体。

地方公共团体设地方议会作为议事机关,由有选举权的居民直接选举的议员组成。都、道、府、县议会为处理议会事务,设置事务局;市、町、村议会依条例也可设事务局。

---

① 陈嘉陵主编:《各国地方政府比较研究》,武汉出版社1991年版,第25-26页。

普通地方公共团体执行机关，由普通地方公共团体首长和行政委员及委员共同构成。

根据《日本地方自治法》的规定，普通地方公共团体行政首长在都、道、府、县称知事，在市、町、村称市长（町长、村长）。地方公共团体行政首长由选民于有被选举权者中选出，为专职。

普通地方公共团体的执行机关除首长外，还设有各种行政委员会及委员，以防止权力过分集中于首长。这些委员会通常具有调整利害关系、评议、裁决的职能，也有的是为保持政治中立、确保公平行政而设置的。

关于比较典型的委员会，都、道、府、县有教育委员会、选举管理委员会、人事委员会、公安委员会、地方劳动关系委员会、监查委员会等；市、町、村有教育委员会、选举管理委员会、公平委员会、监查委员会、固定资产评估审查委员会和农业委员会等。

有少数的联邦制国家宪法，对地方政府机构作了规定。根据《奥地利联邦宪法》第117条，所有市镇均应设置市镇议会作为议事机关，市长由市镇议会选举产生。

大多数联邦制国家的宪法，没有关于地方政府机构的规定，而主要由各联邦成员宪法或宪章规定。

在美国，作为州政府以下的行政单位，地方政府没有全国统一的建制，地方行政单位有县、市、乡、镇、市镇、村镇以及学校区或非学校区的特别区等，并通常由州宪法或市宪章规定政府组织形式。

美国地方政府可分为两大类型。一类是综合职能地方政府，即县、市、乡、镇、市镇、村镇等政府，它们在本行政区域内行使一般和普通的行政管理职能；另一类是单一职能地方政府，即学校区和各种类型的特别区，它们仅管理本辖区某一特定方面的事务，如中小学教育、消防、供水等。

《德意志联邦共和国基本法》和各州宪法均没有规定地方政府的组织机构，而主要由地方宪章规定；如果地方宪章未加规定，则由地方议会通过制定规章规定。[①]

在德国，地方政府机关主要有地方议会和执行机关。

地方议会是地方最高行政机关，有权决定本区域的重大事项。各级地方议会的组成取决于各地方宪章，其成员数目由本区域人口数决定，议员通常由选民直接选举产生。但在有联合乡镇的联合议会的州不尽一致，这

---

① 德国有的州宪法规定了地方议会及其产生方式，如《下萨克森州宪法》第57条规定，乡镇居民必须通过普遍、直接、自由、平等和秘密方式选出代表，乡镇居民大会可以代替选出的乡镇议会。参见《德国州宪全译》，祝捷、向雪宁、江易、姚聪慧译，人民出版社2017年版，第274页。

种情况下，议员由从属于联合议会的乡镇代表机构选举产生。

乡镇长由选民直接选举产生，是乡镇议会的议员，通常还是乡镇议会的主席。经过几十年的改革以后，几乎所有州的执行机关是乡镇长或县长。

（三）设在地方或联邦成员的中央或联邦政府机构

1. 中央政府设在地方的机构

一般来说，地方行政区划主要是地方政府的管辖区域。但在很多国家，一些中央政府及其部门在地方、联邦政府及其部门在州等区域内也设置了若干派出的分支机构。所以，设在地方行政区域内的机构，主要是地方政府机构，但也可以是非地方政府的机构。

这些非地方政府的机构，隶属于中央或联邦政府各部门，作为政府职能部门在地方的分支，其首长是中央或联邦政府各部门的行政下属，而非地方官员。但这些政府部门的机构在履行职责时，要与地方政府及其机构发生联系。

法国原来实行典型的中央行政领导体制，行政区划整齐划一。但根据1982年3月2日法国国民议会颁布的《关于市镇、省和大区权利和自由法》，省、大区设有各自的议会作为地方自治机关，同时中央及其部门设置了派驻机构。

中央政府在大区、省派驻大区长、省长及其附属机构。大区长和省长由总理提名，总统任命，领导派驻机构。省长、大区长的主要责任是：代表国家利益，监督行政，并使法律得以遵守。其中，由省长或副省长负责行使监督权，特别是对地方政府行为的合法性和预算方面的监督；中央政府的专业技术部门，特别是农业、交通等部门可以协助地方领土单位，尤其在实施基本建设计划方面协助市镇政府的工作。

中央政府部门在大区和省设立派驻机构。这些中央部门的派驻机构隶属于不同的部，但接受双重领导：一方面，在业务上接受所属部的领导和指挥；另一方面，接受所在地区的大区长或省长统一领导，协助其开展工作，并各司其职。

虽然在许多情况下，中央政府各部门在地方的派驻机构与作为地方政府的地方议会所管辖的区域相同，但两者之间有区别：前者与中央部门属于同一行政主体，是中央国家行政机关为便于进行管理而设在地方的分支管理机构，是地方国家行政机关；而后者是国家以外的行政主体，其地方自治行政行为是国家以外的地方议会的行政活动。

中央政府各部门在地方的派驻机构与中央各部具有行政隶属关系，被派出到地方行政区域内执行各部在地方的公务，且具有自己的特定的业务范围，它们在法国地方行政管理中起重要作用。中央政府各部门制定政策和标准，通过派驻机构，实际上提供了许多地方服务。各派驻机构设于各大区首府或省会所在地，几乎涉及行政管理的每一方面。

法国这种由中央政府向地方派驻机构的模式对很多国家产生了影响。尤其是在法语国家，通常都在宪法中直接规定设置在各地方的国家代表。例如，《海地共和国宪法》第 5 编“国家主权”第 1 章“地方公共团体和地方分权”，在明确市镇区、市镇、区和省的自治体地位后，专门在第 5 节规定了中央政府的特派员和副特派员，作为中央政府的垂直机构实现国家行政职能，对地方自治进行监督。[①]《加蓬共和国宪法》在第 112 乙条专门规定了“国家代表”，作为国家在地方的垂直机构负责监督国家利益是否得到尊重。

还有非洲一些国家亦可见到类似于法国的体制。2011 年《摩洛哥王国宪法》第 145 条规定：“大区长和州与省之总督在地方公共团体中代表中央权力。他们以政府之名确保法律的实施，执行条例和政府决定，进行行政监督。大区长和总督协助地方公共团体的主席尤其是大区委员会主席实施发展规划与计划。他们受政府相关各部领导，协调中央政府权力下放服务活动并监督其良好运作。”[②]

《西班牙王国宪法》第 154 条规定：“政府任命代表一人领导自治区地域内国家行政机构的工作，并在必要情况下负责国家行政与自治区行政之协调。”

根据《日本国家行政组织法》第 9 条，府、省、委员会、厅，可在其管辖的区域内，设置地方分支机构，作为中央在地方的行政机关以分管其事务。根据《日本地方自治法》，中央在地方设置行政机关需得到国会承认，其设置、运行费用由国家负担。如经济产业省在地方设有北海道、东北、关东、中部、近畿、中国、四国、九州 8 个经济产业局，并设北海道、关东东北、中部近畿、中国四国、九州、那霸 6 个产业保安监督事务所；[③]财务省的国税厅在札幌、仙台、东京、名古屋、大阪、广岛、福冈、熊本等地设置国税局。

① 孙谦、韩大元主编：《〈世界各国宪法〉分解资料丛书 · 地方制度》，中国检察出版社 2013 年版，第 425 页。

② 孙谦、韩大元主编：《〈世界各国宪法〉分解资料丛书 · 地方制度》，中国检察出版社 2013 年版，第 331 页。

③ 日本经济产业省介绍（2023 年度），参见日本经济产业省网，https://www.meti.go.jp/intro/pdf/a_soshikizu.pdf。

上述设置相当于在地方自治机关及其承担的地方行政事务以外,又设置了国家在地方的机构。它们作为派驻机构,用以实现国家的行政职能和对地方的监督。

2. 联邦政府设在州等区域内的机构

在美国,联邦政府把全国 50 个州、关岛、波多黎各和维尔京群岛划分为十个标准联邦大区,第一至第十个大区的办事处依次设在波士顿、纽约、费城、亚特兰大、芝加哥、达拉斯、堪萨斯城、丹佛、旧金山和西雅图。各部及其司局和处多半在这些市设立大区办事处。有的部及其司局也有根据其业务需要另行划分大区者。大区办事处之下为地区办事处,再下则为地方办事处。如农业部的农场主家园局、卫生和公众服务部的社会保险局在全国设有上千个办事处。另外,独立管制机构也在全国各地设有为数众多的办事处。这些设在各地的办事处,既方便了民众,也减轻了联邦政府的负担。①

《俄罗斯联邦宪法》第 78 条规定:"联邦执行权力机关为实现其权限可成立自己的区域性机构和任命相应的公职人员。"按照此宪法规定,联邦执行权力机关,主要是负责国防、安全、内务、外交、突发事件应对和自然灾害防御等的部、主管部门,在各联邦主体建立了自己的区域性机构。

《德意志联邦共和国基本法》第 8 章具体规定了联邦对外交、国防、航空、铁路、邮政和电信、财政、水路和航运、公路等联邦事务的管理。以上事务,可以由德国联邦政府部门直接管理或委托给州管理。如果是前者,联邦政府部门可以在州和地方设置管理机构。

王世杰、钱端升认为,德国等联邦制国家与美国联邦制的区别之一是,之前的欧洲大陆各国常将联邦立法事务付诸各州代为执行,而美国则概由联邦部门固有的行政机关和官吏自为执行。② 但几十年以后的情况有一些变化。

根据《德意志联邦共和国基本法》第 87 条第 1 款,外交事务、联邦财政以及根据《德意志联邦共和国基本法》第 89 条规定的联邦水路和航运的管理,应由联邦行政机关及其下属机构负责。根据该基本法第 87 条之六,联邦依经联邦参议会批准的联邦法律,确保在整个联邦领土内提供充分和适当的邮政和电信服务。邮政和电信领域的公法职能由联邦行政机关履行。

① 参见李道揆:《美国政府与美国政治》,中国社会科学出版社 1990 年版,第 451 页。

② 参见王世杰、钱端升:《比较宪法》,中国政法大学出版社 1997 年版,第 321－322 页。

第 88 条规定，联邦设立负责货币管理和纸币发行的联邦银行。[①]

（四）我国的地方人民政府及其机构和垂直管理机构

《中华人民共和国宪法》、《地方组织法》和《地方各级人民政府机构设置和编制管理条例》，未对县级以上地方各级人民政府机构作具体的分类。实践中，县级以上地方各级人民政府机构设置主要有：办公厅（室）、组成部门、直属特设机构（地级市以上）、直属机构、直属事业单位以及议事协调机构；省级人民政府还设有若干部门管理机构。

在 2022 年修改《地方组织法》增加规定县级以上地方各级人民政府“国有资产管理”职权以后，在原先省级、设区的市级人民政府直属特设机构国资委基础上，增设了县级人民政府直属特设机构国资委。

按照构建党委领导、党政统筹、简约高效的乡镇（街道）管理体制的要求，要深化基层机构改革，统筹党政机构设置、职能配置和编制资源，因此，在乡镇（街道）人民政府，主要是设置综合性内设机构。

概括而言，我国目前设在地方的政府及其机构，主要有下列几类：

一是地方各级人民政府。这是设在地方的行政机构的主体，接受国务院统一领导。

二是与国务院或上级地方人民政府机构有业务指导关系的地方人民政府机构，如民政厅（局）等。这类地方人民政府机构接受本级人民政府的统一领导，同时，接受国务院或上级地方人民政府相应机构的业务指导。

三是与国务院或上级地方人民政府机构有业务领导关系的地方人民政府机构，如审计厅（局）等。这类地方人民政府机构接受国务院或上级地方人民政府相应机构的业务领导，并接受本级人民政府的统一领导。在双重领导关系中，一般要明确以一方领导为主。

四是国务院或上级地方人民政府机构对其有垂直领导关系但与地方人民政府联系相对较少的机构，如国务院或上级地方人民政府机构设在地方或下级的分支机构或派出机构。这些分支机构或派出机构在遵守和执行法律和政策方面，接受所在地人民政府的监督，并在工作上得到所在地人民政府的协助，如中国证券监督管理委员会设在地方的分支机构证监局等。

五是国务院或上级地方人民政府机构对其有垂直领导关系但与地方政府机构有较多联系的机构。它们也是国务院或上级地方人民政府机构

---

① 孙谦、韩大元主编：《〈世界各国宪法〉分解资料丛书·行政机关》，中国检察出版社 2013 年版，第 145－147 页。

设在地方或下级的分支机构或派出机构。但同时，地方或下级地方人民政府中也有相应的机构。国务院或上级地方人民政府机构对其是领导关系，而对地方政府中的有关机构是业务指导关系。如财政部派驻各省的财政监察专员办事处、审计署派驻的审计特派员办事处，而地方人民政府也设有财政部门、审计部门。同样，这类分支机构或派出机构，在遵守和执行法律和政策方面，接受所在地人民政府的监督，并在工作上得到所在地的地方人民政府的协助。

六是中央人民政府即国务院的派驻机关。目前，中央人民政府派驻地方的代表机关有中央人民政府驻香港特别行政区联络办公室、中央人民政府驻澳门特别行政区联络办公室和中央人民政府驻香港特别行政区维护国家安全公署。

此外，香港特别行政区政府和澳门特别行政区政府是特别行政区的行政机关。香港特别行政区政府设有政务司、律政司、财政司和各局、处、署等部门；澳门特别行政区政府设有行政法务司、经济财政司、保安司、社会文化司、运输工务司和各局、厅、处等部门。

四、我国的纵向行政组织关系

我国的法律、法规、国务院或上级人民政府的决定、命令，主要通过国务院及其部门和地方各级人民政府及其机构执行。

从宪法规范的视角看，在纵向维度上，国务院及其机构与地方各级人民政府及其机构之间，是一种统一领导或业务领导、指导的关系；全国地方各级人民政府都是国务院统一领导下的国家行政机关，都服从国务院。《地方组织法》规定国务院部门与地方人民政府部门之间依法存在业务领导或指导关系。

在我国，人们常常将政府间纵向组织关系形象地表述为“条条块块”关系。依照法律规定，政府之间的行政组织关系，在纵向维度上，主要有以下几方面。

（一）国务院及其机构之间的关系

1. 国务院与国务院机构之间（“块—条”）的关系

《中华人民共和国宪法》和相关法律，对国务院与国务院机构的关系作了规定。

一是领导关系。国务院规定各部和各委员会的任务和职责，统一领导各部和各委员会的工作。

二是权限关系。各部、各委员会工作中的方针、政策、计划和重大行政措施,应向国务院请示报告,由国务院决定。

三是组织设置关系。国务院可以根据工作需要和精简的原则,设立若干直属机构主管各项专门业务,设立若干办事机构协助总理办理专门事项。

2. 国务院与国务院派驻机关之间(“块—块”)的关系

国务院与其派驻机关之间的主要关系,一是组织设置关系。如根据《中华人民共和国香港特别行政区维护国家安全法》第 48 条,中央人民政府在香港特别行政区设立维护国家安全公署,依法履行维护国家安全职责,行使相关权力。

二是授权关系。如按有关规定,中央人民政府驻香港特别行政区联络办公室、中央人民政府驻澳门特别行政区联络办公室,根据国务院授权履行相关职能,承办其交办的事项。

3. 国务院主管部委与国家局之间(“条—条”)的关系

国家局是负责国家某方面工作的行政管理机关,具有相对的独立性。国务院主管部委与国家局之间,主要有两个关系。

一是管理关系。国务院主管部委主要通过部长(主任)或部长(主任)召开会议的形式,对国家局工作中的重大方针政策、工作部署等事项实施管理,由主管部委部长(主任)对国务院负责。

二是权限关系。国家局原则上不直接向国务院请示工作。国家局在工作中有需要请示国务院的事项,应由主管部委向国务院呈文;遇有紧急情况,国家局需直接向国务院请示时,应同时报告主管部委;国家局可以根据法律和国务院的行政法规、决定、命令,在权限内拟定部门规章、指示、命令,经主管部委审议通过后,由主管部委对外发布。

4. 国务院机构与其分支机构或派出机构之间(“条—条”)的关系

一是领导和管理关系。如根据《中华人民共和国中国人民银行法》第 13 条,中国人民银行根据履行职责的需要设立分支机构,作为中国人民银行的派出机构。中国人民银行对分支机构实行统一领导和管理。

二是授权关系。如根据《中华人民共和国证券法》第 7 条,国务院证券监督管理机构根据需要可以设立派出机构,按照授权履行监督管理职责。

(二)国务院及其机构与地方各级人民政府及其机构之间的关系

1. 国务院与地方各级人民政府之间(“块—块”)的关系

《中华人民共和国宪法》和相关法律,对国务院与地方各级人民政府的关系作了规定。

一是领导关系。国务院统一领导全国地方各级人民政府的工作，规定中央和省级国家行政机关的职权的具体划分。

二是权限关系。国务院批准省、自治区、直辖市的区域划分，批准自治州、县、自治县、市的建置和区域划分；而乡镇的设立、撤销、更名和行政区域界线的变更等，由省级人民政府审批。

三是监督关系。国务院有权改变或撤销地方各级国家行政机关的不适当的决定和命令，有权改变或撤销不适当的地方政府规章。另外，国务院办公厅有权对下级人民政府及其所属部门落实党中央和国务院重大决策部署以及上级和本级人民政府重要工作部署落实情况、法定职责履行情况、下级人民政府的行政效能，进行督查。

四是授权关系。这里的授权可以是行政法规授权，也可以是国务院行政授权。前者如《中华人民共和国道路交通安全法实施条例》第 71 条第 2 款规定，自行车载人的规定，由省级人民政府根据当地实际情况制定。后者如根据《行政区划管理条例》第 8 条，县、市、市辖区的部分行政区域界线的变更等，由国务院授权省级人民政府审批。

五是指导、协调关系。根据《地方组织法》，县级以上的地方各级人民政府根据国家区域发展战略，结合地方实际需要，可共同建立跨行政区划的区域协同发展工作机制，加强区域合作。上级人民政府对下级人民政府的区域合作工作进行指导、协调和监督。

六是交办关系。如地方各级人民政府办理上级国家行政机关交办的其他事项。这里的“上级国家行政机关”，可以是国务院。

2. 国务院机构与地方人民政府之间（“条—块”）的关系

一是权限关系。根据《中华人民共和国立法法》，国务院组成部门、具有行政管理职能的直属机构和法律规定的机构，可以根据法律和国务院的行政法规、决定、命令，在本部门的权限范围内，制定规章；而省级和设区的市级人民政府，可以根据法律、行政法规和本省、自治区、直辖市的地方性法规，制定规章。部门规章与地方政府规章之间具有同等效力，在各自的权限范围内实施。

二是监督或督查关系。政府主管部门，受本级人民政府统一领导，但有的部门有权依法或依政府授权监督下级人民政府。如根据《中华人民共和国宪法》第 91 条，审计署有权对地方各级人民政府的财政收支，进行审计监督。按照《中华人民共和国审计法》第 18 条的规定，审计机关有权对下级政府预算的执行情况和决算以及其他财政收支情况，进行审计监督。另外，自然资源部根据国务院授权代表国务院对各省、自治区、直辖市以及计划单列市人民政府土地利用和管理情况进行监督检查。①

三是双重领导关系。即政府主管部门与下级地方人民政府共同领导的双重领导关系。如公安、统计、国家安全等主管部门、单位，通常称为“双重领导部门”。其中有些以地方人民政府领导为主（公安机关等），有些以上级主管部门业务领导为主（国家安全机关等）。

四是授权或委托关系。如根据《中华人民共和国海南自由贸易港法》第7条，国务院有关部门根据海南自由贸易港建设的实际需要，及时依法授权或委托海南省人民政府行使相关管理职权。

五是协作关系。如根据《中华人民共和国水污染防治法》第13条，国务院生态环保主管部门会同国务院水行政主管部门和有关省级人民政府，确定重要江河、湖泊流域的省界水体适用的水环境质量标准，报国务院批准后施行。

六是指导、协助关系。如按《中华人民共和国突发事件应对法》的规定，上级人民政府主管部门应在各自职责范围内，指导、协助下级人民政府及其相应部门做好有关突发事件的应对工作。

3. 国务院主管部门与地方人民政府工作部门之间（“条—条”）的关系

一是权限关系。如国务院主管部门与地方人民政府工作部门共同负责某一领域的行政事务，但管辖范围和权限不同。如根据《中华人民共和国农业法》第9条，农业农村部主管全国农业和农村经济发展工作，而县级以上地方人民政府各农业农村厅（局）负责本行政区域内的种植业、畜牧业、渔业等农业和农村经济发展工作。

二是业务领导关系。有的地方人民政府的工作部门在受本级人民政府统一领导的同时，依法受国务院主管部门的业务领导。例如，1994年分税制改革以来，国税地税机构分设，对国税实行国家税务局垂直领导，对地税实行省以下垂直领导。2018年《深化党和国家机构改革方案》将省级和省级以下国税地税机构合并，具体承担所辖区域内各项税收、非税收入征管等职责。国税地税机构合并后，实行以国家税务总局为主与省（自治区、直辖市）人民政府双重领导管理体制。又如，根据《中华人民共和国审计法》第8条，省、自治区、直辖市、设区的市、自治州、县、自治县、不设区的市、市辖区的人民政府的审计机关，分别在省长、自治区主席、市长、州长、县长、区长和上一级审计机关的领导下，负责本行政区域内的审计工作。第9条规定，“地方各级审计机关对本级人民政府和上一级审计机关负责

① 参见2006年7月13日《国务院办公厅关于建立国家土地督察制度有关问题的通知》。

并报告工作,审计业务以上级审计机关领导为主”。再如,根据《中华人民共和国统计法实施条例》第32条的规定,县级以上地方统计机构受本级人民政府和上级人民政府统计机构的双重领导,在统计业务上以上级人民政府统计机构领导为主。另外,根据《中华人民共和国气象法》第5条,地方各级气象主管机构在上级气象主管机构和本级人民政府的领导下,负责本行政区域内的气象工作。按照有关规定,地方气象局实行“气象部门与地方人民政府双重领导、以气象部门为主”的管理体制,采取国家、省、地、县四级管理。

三是业务指导关系。大多数地方人民政府的工作部门在受本级人民政府统一领导的同时,依法受国务院主管部门的业务指导。如教育、卫生、科技、文化、民政等地方人民政府部门。

四是授权或委托关系。有些职权本属于国务院主管部门,为了满足管理的需要,由法律、行政法规或国务院的决定对地方人民政府相关部门进行授权或委托。如国务院有关部门根据海南自由贸易港建设的实际需要,及时依法授权或委托海南省人民政府有关部门行使相关管理职权。

(三)地方人民政府及其机构之间的关系

1. 地方人民政府与本级地方人民政府机构之间(“块—条”)的关系

一是领导关系。《地方组织法》第73条规定县级以上地方各级人民政府领导所属各工作部门的工作。

二是监督关系。根据《地方组织法》第73条的规定,县级以上地方各级人民政府有权改变或撤销所属各工作部门的不适当的命令、指示。

三是组织设置关系。根据《地方组织法》第79条,地方各级人民政府根据工作需要和优化协同高效以及精干的原则,设立必要的工作部门。

2. 地方各级人民政府之间(“块—块”)的关系

一是权限关系。如地方各级人民政府管理本行政区域内经济、文化建设和民政、公安等工作。除省级人民政府在必要时经国务院批准,可设立若干派出机关作为它的派出机关外,县、自治县人民政府在必要时,经省、自治区、直辖市人民政府批准,可以设立若干区公所,作为它的派出机关。市辖区、不设区的市人民政府,经上一级人民政府批准,可设立若干街道办事处,作为它的派出机关。

二是领导关系。地方各级人民政府,作为地方各级国家行政机关,在对本级人大及其常委会负责并报告工作的同时,对上一级国家行政机关负责并报告工作。县级以上地方各级人民政府执行上级国家行政机关的决议和命令,领导下级人民政府工作。

三是监督关系。根据《地方组织法》，县级以上地方各级人民政府有权改变或撤销下级人民政府的不适当的决定、命令；省级人民政府有权改变或撤销下一级人民政府制定的不适当的规章。

四是交办关系。根据《地方组织法》，地方各级人民政府办理上级国家行政机关交办的其他事项。这里的“上级国家行政机关”，可以是上级的地方各级人民政府。

3. 地方各级人民政府主管部门之间（“条—条”）的关系

一是权限关系。如根据《山西省开发区条例》第 5 条，省人民政府开发区主管部门负责全省开发区的统筹布局、综合协调、指导服务、考核评价等工作；设区的市、县（市、区）人民政府开发区主管部门负责本行政区域内开发区的综合协调、指导服务等工作。

二是领导关系或指导关系。根据《地方组织法》的规定，自治州、县、自治县、市、市辖区的人民政府的各工作部门受人民政府统一领导，并且受上级人民政府主管部门的领导或业务指导。

大多数地方人民政府主管部门之间是业务指导关系；有的地方人民政府主管部门在受本级人民政府统一领导的同时，依法受上级地方人民政府主管部门的业务领导。如根据《中华人民共和国统计法实施条例》第 32 条，县级以上地方人民政府统计机构受本级人民政府领导，同时，受上级人民政府统计机构的领导，在统计业务上以上级人民政府统计机构的领导为主。又如，根据《中华人民共和国气象法》第 5 条和有关规定，地方气象局实行上级地方人民政府气象主管机构与本级人民政府双重领导，以上级地方人民政府气象主管机构领导为主的管理体制；在上级地方人民政府气象主管机构和本级人民政府领导下，根据授权承担本行政区域内气象工作的政府行政管理职能，依法履行气象主管机构的各项职责。

三是监督关系。根据《政府督查工作条例》，县级以上地方人民政府督查机构组织实施本级人民政府督查工作，有权对下级人民政府所属部门就党中央、国务院重大决策部署落实情况以及上级和本级人民政府重要工作部署落实情况，法定职责履行情况以及下级人民政府的行政效能，进行督查。

四是授权或委托关系。如根据《中华人民共和国道路交通安全法实施条例》第 85 条第 2 款，高速公路、城市快速路的道路交通安全管理工作，省级公安机关交通管理部门可以指定设区的市公安机关交通管理部门或相当于同级的公安机关交通管理部门承担。此处的“指定”可以是授权也可以是委托。

4. 地方各级人民政府主管部门与下级地方人民政府之间（“条—块”）的关系

一是权限关系。如《中华人民共和国环境保护法》第10条规定，县级以上地方人民政府生态环境主管部门，对本行政区域环境保护工作实施统一监督管理。而《地方组织法》规定，县级和乡镇人民政府有权管理本行政区域内的经济、教育、科学、文化、卫生、体育等事业和财政、民政、公安、司法行政等行政工作；而政府部门主要负责各自领域某一方面的行政工作。

二是委托关系。根据深化文化市场综合行政执法改革的有关要求，对经济发达、城镇化水平较高的乡镇，县级文旅部门可委托乡镇人民政府行使部分文化市场执法权。

三是授权关系。如《中华人民共和国行政处罚法》规定：省、自治区、直辖市根据当地实际情况，可决定将基层管理迫切需要的县级人民政府部门的行政处罚权交由能够有效承接的乡镇人民政府、街道办事处行使。

四是监督关系。县级以上地方人民政府督查机构组织实施本级政府督查工作，有权对下级人民政府落实党中央、国务院重大决策部署，上级和本级人民政府重要工作部署落实情况，法定职责履行情况以及下级人民政府的行政效能，进行督查。

（四）垂直管理机构与地方人民政府（“条—块”）的关系

国务院即中央人民政府，行使领导和管理经济工作和城乡建设、教育、科学、文化、卫生、体育和计划生育、民政、公安、司法行政等工作以及国防建设事业、民族事务、对外事务等职权，并有权决定中央人民政府与省级地方人民政府的职权的具体划分。

而县级以上的地方人民政府管理本行政区域内的经济、教育、科学、文化、卫生、体育、城乡建设等事业和生态环保、自然资源、财政、民政、社保、公安、民族事务、司法行政等行政工作。

在国务院的上述职权中，除了教育、科学、文化、卫生、体育、环境和资源保护、城乡建设和财政、民政、民族事务、司法行政等行政工作，由中央与地方政府共同负责、分级管理外，有些职权主要由中央政府专属管辖或进行宏观管理，如外交、国防等涉及国家主权、安全的事项，金融、海关、外汇管理等关系国民经济命脉的事项，海洋、流域管理等跨行政区域的全国性事务，统计、证券等需要进行中央政府集中统一监管的事务等，由中央政府部门直接管理，同时依据需要设立派出机构或分支机构管理。这些分支机构或派出机构，就是“垂直管理机构”。

1. 垂直管理机构

国务院机构对其分支机构或派出机构实行垂直管理，主要由有关法律、法规规定或“三定”规定进行规定。如根据《中华人民共和国水法》第12条，国家对水资源实行流域管理与行政区域管理相结合的管理体制。①

国务院行政机构（组成部门、直属机构、组成部门管理的国家局等）在地方设立的分支机构或派出机构，主要有下列情况。

外交部设立的驻香港特别行政区特派员公署和驻澳门特别行政区特派员公署，处理外交事务。

中国人民银行在31个省（自治区、直辖市）设立省级分行，在深圳、大连、宁波、青岛、厦门设立计划单列市分行。

国家外汇管理局在各省、自治区、直辖市、计划单列市设立分局。国家外汇管理局分支机构与当地中国人民银行分支机构合署办公。

水利部流域管理机构（长江水利委员会、黄河水利委员会、淮河水利委员会、海河水利委员会、珠江水利委员会、松辽水利委员会和太湖流域管理局），按照法律法规和水利部授权，在相关流域和区域内行使水行政管理职责。

财政部在各省级地方（香港、澳门、台湾和西藏除外）和计划单列市设立监管局，如财政部北京监管局等35家。

审计署驻地方的审计特派员办事处（审计署京津冀特派员办事处等18家），根据审计署的授权，依据法律法规和审计署的规定，履行相关职责。

交通运输部设立海事局、长江航务管理局和珠江航务管理局；中国民用航空局在地区设立民航地区管理局；国家铁路局在地方设立铁路监督管理局；国家邮政局垂直管理各省（自治区、直辖市）邮政管理局。

农业农村部长江流域渔政监督管理办公室，负责我国黄河流域以南相关流域、重要水域和边境水域的渔政管理、水生生物资源养护等工作。

商务部在地方设立特派员办事处。

自然资源部根据中央授权，向地方派驻国家自然资源督察北京局、沈阳局、上海局、南京局、济南局、广州局、武汉局、成都局、西安局，承担对所辖区域的自然资源督察工作；在北海、东海、南海等海区分别设立派出机构。

国务院设立海关总署，统一管理全国海关；国家在对外开放的口岸和

① 国务院水行政主管部门负责全国水资源的统一管理和监督工作。国务院水行政主管部门在国家确定的重要江河、湖泊设立的流域管理机构，在所管辖的范围内行使法律、行政法规规定的和国务院水行政主管部门授予的水资源管理和监督职责。

海关监管业务集中的地点设立海关(广东分署、天津特派办和上海特派办以及北京海关等)。

国家税务总局向北京、沈阳、上海、广州、重庆、西安派驻特派员办事处(国家税务总局驻地方稽查局),开展跨区域税务稽查和督察内审工作。

国家能源局在华北、东北、西北、华东、华中、南方设置区域监管局;在山西、山东、甘肃、新疆、浙江、江苏、福建、河南、湖南、四川、云南、贵州等省(自治区)设立监管办公室,接受所在区域监管局业务指导。

国家林业和草原局在地方设立森林资源监督专员办事处。

国家矿山安全监察局在地方设立矿山安全监察局。

国家移民管理局在对外开放口岸设立出入境边防检查机构,实施出入境人员和交通运输工具的查验管理、口岸限定区域管理,防范查处非法入出境活动等;在沿边地区设立边境管理机构,实施进出边境管理区人员和交通运输工具检查管理、辖区治安管理、边民往来管理,防范查处非法入出境活动等;在省、市、县公安机关设立出入境管理机构,根据国家移民管理局的授权和委托,承担公民因私出国境管理、受理签发公民因私事出入境证件,实施外国人来华停留居留和永久居留的日常管理等。

国家粮食和物资储备局在有关省、自治区和直辖市设立监管机构,实行以国家粮食和物资储备局为主与省区市政府双重领导的管理体制。

国家金融监督管理总局根据履行职责的需要,在省、自治区、直辖市和计划单列市设立的派出机构监管局,在授权范围内,履行监督管理职责。

中国证券监督管理委员会在省、自治区、直辖市和计划单列市设立派出机构证监局,并在上海、深圳设立证券监管专员办事处,根据授权,履行监督管理职责。

2. 垂直管理机构与地方人民政府的关系

(1)国务院主管部门设立的垂直管理机构与地方人民政府的关系,有下列几种:

一是权限关系。根据相关法律,国务院机构行使各自领域的管理权,并依法授权其在地方的分支机构或派出机构进行管理,如根据《中华人民共和国证券法》第7条,中国证券监督管理委员会依法对全国证券市场实行集中统一监督管理,根据需要可设派出机构,按照授权履行监督管理职责。而根据《地方组织法》,县级以上的地方各级人民政府管理本行政区域内的经济、教育等事业和生态环保、自然资源、财政、民政、社保、公安等行政工作。

二是法律、政策遵守和执行的监督关系,主要体现在《地方组织法》第

84条,即县级以上地方人民政府,对设立在本行政区域内的垂直管理机构,应监督它们遵守和执行法律和政策。

三是工作协作关系。根据《地方组织法》第84条,县级以上地方人民政府,对设立在本行政区域内的垂直管理机构,应协助它们进行工作。

相关法律或行政法规也有规定,如根据《中华人民共和国银行业监督管理法》第13条,银行业监督管理机构在处置银行业金融机构风险、查处有关金融违法行为等监督管理活动中,地方政府、各级有关部门应予以配合和协助。

有的县级以上地方人民政府的部门,根据法律法规和有关规定,在省以下的市、县、市辖区、乡镇和街道等基层设置派出机构或分支机构。

根据《中华人民共和国食品安全法》第6条,县级以上地方人民政府依照该法和国务院的规定,确定本级食品安全监督管理、卫生行政部门和其他有关部门的职责。县级人民政府食品监督管理部门可在乡镇或者特定区域设立派出机构。[①] 因此,许多地方设置了市、县食品药品监督管理局的派出机构,如市食品药品监督管理局设置的区分局、县食品药品监督管理局设立的乡镇食品药品监督管理所。

按照深化市场监管综合行政执法改革的有关要求,有的地方设置了市、县市场监督管理局的派出机构,如市市场监督管理局设置的区分局,县市场监督管理局设立的乡镇市场监督管理所。

根据深化生态环境保护综合行政执法改革的有关要求,许多地方设立了市生态环境局的区生态环境分局。

(2)地方人民政府部门设立的垂直管理机构与基层人民政府之间,主要有以下关系:

一是业务指导和监督关系。按照2019年1月中办、国办印发的《关于推进基层整合审批服务执法力量的实施意见》,整合现有站所、分局执法力量和资源,组建统一的综合行政执法机构,依法相对集中行使行政处罚权,以乡镇和街道名义开展执法工作,并接受有关县级主管部门的业务指导和监督。

二是统一指挥协调关系。2019年1月中办、国办印发的《关于推进基

① 根据2013年《国务院关于地方改革完善食品药品监督管理体制的指导意见》,省、市、县级人民政府将原食品安全办、原食品药品监管部门、工商行政管理部门、质量技术监督部门的食品安全监管和药品管理职能进行整合,组建食品药品监督管理机构,对食品药品实行集中统一监管,同时承担本级政府食品安全委员会的具体工作。县级食品药品监督管理机构可在乡镇或区域设立食品药品监管派出机构。

层整合审批服务执法力量的实施意见》要求，县直部门设在乡镇和街道的机构原则上实行属地管理。按照深化市场监管综合行政执法改革的要求，组建统一的市场监管综合行政执法队伍，作为县(市、区)市场监督管理局派出在乡镇的综合行政执法队伍，负责基础性监管工作，依法行使行政处罚权，以县(市、区)市场监督管理局领导和管理为主，纳入乡镇(街道)统一指挥协调。

三是协调配合关系。按照深化农业综合行政执法改革的有关要求，乡镇农业领域综合行政执法被纳入乡镇综合行政执法管理体系，逐步建立了乡镇综合检查与县级专业执法协调配合机制。

五、政府机构的纵向运作、调整和法律规制

政府机构设置，是纵向府际关系的组织基础。推进纵向府际组织关系法治建构，不仅要正确理解和把握地方人民政府的宪法、法律定位，而且要在深化政府机构改革基础上，完善宪法和各级人民政府组织法。

(一)准确把握地方人民政府的宪法、法律定位

我国的地方各级政权实行民主集中制，地方人民政府是地方各级国家权力机关的执行机关和地方各级国家行政机关。

《中华人民共和国宪法》第 110 条对地方人民政府实行双重负责体制作了明确规定。横向维度上，地方各级人民政府对本级人大及其常委会负责并报告工作；同时，纵向维度上，对上一级国家行政机关负责并报告工作；全国地方各级人民政府都是国务院统一领导下的国家行政机关，都服从国务院。

如前所述，根据《地方组织法》和相关法律，地方人民政府及其部门之间，在纵向上存在领导、指导、监督、协作等关系。

这种地方人民政府双重负责制的意义，主要是为了实现中央的统一领导与发挥地方主动性、积极性的双重目标，达致统一与多样、秩序与活力、效率与民主的动态平衡。

根据《中华人民共和国宪法》第 110 条和《地方组织法》第 11 条的有关规定，地方各级人民代表大会与本级人民政府的横向关系，主要体现在各级人大的重大事项决定权、对本级人民政府的监督权和对本级地方人民政府领导人员的人事任免权等方面。

根据《地方组织法》第 50 条的规定，县级以上的地方各级人大常委会与本级人民政府的横向关系，主要体现在地方各级人大常委会的重大事项决定权、对本级人民政府的监督权和对本级地方人民政府领导人员的人事

任免权。

此外，根据《地方组织法》第 73 条的规定，县级以上地方各级人民政府“领导所属各工作部门”，有权改变或撤销所属各工作部门的不适当的命令、指示；编制和执行国民经济和社会发展规划纲要、计划和预算，管理本行政区域内的经济、教育、科学、文化、卫生、体育、城乡建设等事业和生态环保、自然资源、财政、民政、社保、公安、民族事务、司法行政、人口与计划生育等行政工作；履行国资管理职责。

于文豪提出，“地方政府双重负责是我国作为超大型国家的独特治理规则，它是一种既重视地方也强调中央的混合权力关系，旨在维护中央权威和统一领导的前提下，充分容许地方自主”。“地方政府双重负责不是同等或者同时负责，其内涵具有差异性：在两种‘负责’方面，应当区分负责的主次顺序”。①

作为加强党的全面领导的重要体现，《中国共产党地方委员会工作条例》规定，地方党委在本地区发挥领导核心作用，对本地区各方面工作实行全面领导；2020 年 9 月中共中央印发《中国共产党中央委员会工作条例》，强调各级人民政府，都必须自觉接受党中央领导；2022 年 3 月 11 日十三届全国人大五次会议修改《地方组织法》，明确了坚持党的领导和地方人民政府工作的指导思想和原则。

因此，综合起来看，地方各级人民政府准确把握宪法、法律定位，应将接受本级党委的领导、对本级人大及其常委会负责、对上级国家行政机关负责和坚持党中央集中统一领导结合起来，维护宪法和法律权威，坚持依法行政，努力做到职能科学、权责法定、执法严明、公开公正、智能高效、廉洁诚信、人民满意。在依法履职过程中，自觉接受党的领导，贯彻落实党中央的方针政策和上级决策部署。

（二）在深化机构改革基础上完善《中华人民共和国国务院组织法》

在新时代新征程，要按照深化国务院机构改革的要求，围绕加强和完善政府经济调节、市场监管、社会管理、公共服务、生态环境保护职能，着力推进重点领域、关键环节的机构职能优化和调整，构建起职责明确、依法行政的政府治理体系，并按照扎实推进依法行政、建设法治政府的要求，修改《中华人民共和国国务院组织法》。

现行《中华人民共和国国务院组织法》是 1982 年 12 月 10 日五届全国人大五次会议审议通过的，有些规定已经不能适应形势和任务的要求。

---

① 于文豪：《地方政府双重负责的宪法内涵》，载《中国法学》2021 年第 3 期。

1998 年国务院机构改革时，时任国务院领导就提出要修改《中华人民共和国国务院组织法》，把国务院组成部门法定化，并且于 1999 年 7 月 31 日由国务院第六次常务会议审议并原则通过了《中华人民共和国国务院组织法》修订草案。会议认为，根据党的十五届二中全会精神，需要修改组织法。组织法修订草案严格以宪法有关国务院的规定为依据，体现机构改革精神，对国务院的组成人员、职权、会议制度等进一步作了明确规定。会议决定，《中华人民共和国国务院组织法》修订草案经进一步修改后提交全国人大常委会审议。但最后没能提交全国人大常委会审议，原因主要是，当时有意见认为，宪法规定国务院可以自己决定部门职权划分，如果法定化以后，国务院要改革就要改组织法。①

但随着党和国家机构的深化改革，《中华人民共和国国务院组织法》的不足日渐显现，为此，十三届全国人大常委会立法规划将修改《中华人民共和国国务院组织法》列入其中。

修改《中华人民共和国国务院组织法》，要明确国务院机构设置原则，如适应国家政治、经济、社会发展需要，协同、优化和高效，与党中央机构统筹设置和依法设置等；增加中央人民政府即国务院派驻地方的机关的规定；进一步明确副总理与国务委员的地位、职权；规范国务院行政机构的分类和法律地位；规定国务院会议的类型、职责和权限等。在此基础上，修改《国务院行政机构设置和编制管理条例》。

此外，根据中共中央、国务院印发的《法治政府建设实施纲要（2021－2025 年）》提出的“全面实行政府权责清单制度”的要求，要适时编制国务院部门权责清单，并以宪法、法律为依据，建立国务院部门权责清单与国务院部门（单位）的职能配置、内设机构和人员编制规定（也称“三定”规定）的衔接机制。

对国务院部门的“三定”规定，官方曾将其定位为具有法律效力的规范性文件，是国务院部门履行职能的重要依据；②或将其作为行政执法的依据之一。③ 但从性质上看，“三定”规定应属党内法规，制定“三定”规定是党中央事权。

按照《中国共产党机构编制工作条例》第 18 条，经批准发布的各部门

① 参见中国人民大学宪政与行政法治研究中心编：《宪政与行政法治演讲集》，中国人民大学出版社 2007 年版，第 345 页。

② 《中央编办负责人就国务院部门“三定”工作答人民日报、新华社记者问》，载《光明日报》2008 年 7 月 18 日，第 6 版。

③ 参见 2005 年 7 月 9 日《国务院办公厅关于推行行政执法责任制的若干意见》。

各单位“三定”规定，是机构编制法定化的重要形式，具有权威性和严肃性，是各部门各单位机构职责权限、人员配备和工作运行的基本依据，各地区各部门必须严格执行。

（三）深化地方政府机构改革并贯彻执行《地方组织法》

在新时代新征程，要按照统筹优化地方机构设置和职能配置的要求，合理设置和配置各层级机构及其职能，构建简约高效的基层管理体制。

2022 年 3 月十三届全国人大五次会议审议修改《地方组织法》。这次修改《地方组织法》，除了明确坚持党的领导和地方人大、政府应遵循的指导思想外，涉及政府间纵向关系的有不少规定。

地方各级人大、县级以上地方各级人大常委会、各级人民政府要遵循“两个积极性”原则，保证宪法、法律和行政法规在本行政区域的实施。

街道办事处在本辖区内办理派出它的人民政府交办的公共服务、公共管理、公共安全等工作，依法履行综合管理、统筹协调、应急处置和行政执法等职责，反映居民的意见和要求。

乡、民族乡、镇的人民政府和市辖区、不设区的市的人民政府或街道办事处要加强对基层群众性自治组织的工作的指导、支持和帮助。

基层群众性自治组织要协助乡、民族乡、镇的人民政府和市辖区、不设区的市的人民政府或街道办事处开展工作。

地方各级人民政府要严格贯彻执行新的《地方组织法》，根据工作需要和优化协同高效以及精干的原则，统筹地方各级机构设置，构建简约高效的基层管理体制，支持地方和基层创造性开展工作；加强对下级地方人民政府的区域合作工作的指导、协调和监督。

此外，这次修改的《地方组织法》第 90 条规定，省、自治区、直辖市的人大及其常委会可以根据该法和实际情况，对执行中的问题作具体规定。

各省级人大及其常委会可通过制定或修改地方性法规，依法赋予基层地方更多自主权。

（四）依法规范政府间纵向组织关系

行政改革是一项系统工程，可从横向和纵向两个层面来考察。在以往改革中，对横向上的改革比较关注，进展较大，而对纵向上的改革则规划不够，力度有限。进一步推进行政改革，应把纵向改革提上重要日程，理顺各级政府之间、各级部门之间的关系。其中，依法规范和制度保障必不可少。

一是，依法规范中央与地方人民政府部门以及各级人民政府部门的关系。

按照《地方组织法》，地方人民政府的各工作部门受本级人民政府统一领导，并且“依照法律或者行政法规的规定”受国务院或上级人民政府主管部门的业务指导或领导。但对哪些部门实行业务领导，除了《中华人民共和国审计法》《中华人民共和国统计法实施条例》《中华人民共和国气象法》等少数法律或行政法规规定外，主要由各部门各单位的“三定”规定确定。

应在“三定”规定基础上，贯彻落实和细化《地方组织法》的规定，在修改相关领域法律或行政法规时，进一步明确地方人民政府工作部门与上级人民政府主管部门之间的纵向业务领导关系或业务指导关系，逐步实现政府部门之间业务领导或指导关系的依法规范。

二是，进一步理顺和依法规范垂直管理机构与地方人民政府关系。

中央垂直管理有特定的适用范围和条件，属于中央政府专属或跨区域的职能才有必要垂直管理；属于地方政府的职能就没有必要垂直管理，不能一出现这样或那样的问题就想到垂直管理，否则势必与地方分级管理产生矛盾冲突，难以持久。因此，应当以职能划分和管辖范围为基础来调整垂直管理。

凡是中央人民政府的专属或跨区域职能，应实行垂直管理，机构、编制、经费、人事、业务等都归中央主管部门；凡是主要面向地方人民政府的职能，不适合由中央垂直管理，而是由地方人民政府实行分级管理体制，机构、编制、经费、人事、业务等都归属地方人民政府管理，体现地方人民政府的总体责任。

例如，原工商、质监部门实行省级以下垂直管理体制，2011 年国务院决定对工商、质监省级以下垂直管理体制进行调整，改为地方人民政府分级管理体制。

又如，2013 年，国务院要求省、市、县级人民政府原则上参照国务院整合食品药品监督管理职能和机构的模式，结合本地实际，将原食品安全办、原食品药品监管部门、工商行政管理部门、质量技术监督部门的食品安全监管和药品管理职能进行整合，组建食品药品监督管理机构，对食品药品实行集中统一监管，同时承担本级人民政府食品安全委员会的具体工作。2018 年机构改革后，《中华人民共和国食品安全法》《中华人民共和国药品管理法》分别规定县级以上地方人民政府对本行政区域内的食品安全监管工作、药品监督管理工作负责，统一领导、组织、协调本行政区域内的食品安全监管、药品监督管理工作以及药品安全突发事件应对工作等，并对之作出具体规定。

对中央和地方人民政府的共有职能，原则上实行统一领导、分级管理体制，不采取实体性垂直管理的形式；但对于容易发生条块矛盾的领域，中央或省级地方人民政府部门可设立派出机构，主要从事执法监督，不承担实体性的事务，也不替代地方人民政府负责的事务。

以省以下环保机构监测监察执法为例。环保是中央和地方共管事项，但具有区域性特点。长期以来，实行以块为主的地方环保管理体制，难以落实对地方人民政府及其相关部门的监督责任、排除地方干预，也难以适应统筹解决跨区域跨流域环境问题新要求等。为此，党的十八届五中全会决定，实行省以下环保机构监测监察执法垂直管理，省级环保部门直接管理市（地）县的监测监察机构，市（地）级环保局实行以省级环保厅（局）为主的双重管理体制，县级环保局不再单设而是作为市（地）级环保局的派出机构。①

按照中共中央、国务院发布的《关于地方政府职能转变和机构改革的意见》的精神，垂直管理机构与地方人民政府要各司其责，形成合力，并建立健全衔接和配合机制。

三是，规范基层人民政府部门与乡镇（街道）的关系。

在我国，乡镇、街道办事处处在执法第一线，但以往的《中华人民共和国行政处罚法》和现行《中华人民共和国行政强制法》《中华人民共和国行政许可法》等法律没有对乡镇、街道办事处等实施处罚、强制和许可等职权作出授权；县级以上地方各级人民政府主管部门虽有一定执法权，但是管理重心偏高；特别是乡镇、街道办事处与区县部门条块分割，权责不清，管理分散，无法形成合力，基层治理的“最后一公里”问题难以解决。

为打破旧有的“条块分割”模式，就要让“条”上的职权融入“块”，使执法力量下沉到基层。为此，根据2021年修改的《中华人民共和国行政处罚法》第24条的规定，省、自治区、直辖市根据当地实际情况，可以决定将基层管理迫切需要的县级人民政府部门的行政处罚权交由能够有效承接的乡镇人民政府、街道办事处行使。

《北京市街道办事处条例》第11条第2款规定，街道办事处依法行使与居民生活密切相关且能够有效承接的行政执法权。具体行政执法事项清单由市人民政府制定并向社会公布。

2022年3月十三届全国人大五次会议审议修改的《地方组织法》，明确了街道办事处在本辖区内办理派出它的人民政府交办的公共服务、公共

---

① 2016年9月印发了《中共中央办公厅、国务院办公厅关于省以下环保机构监测监察执法垂直管理制度改革试点工作的指导意见》。

管理、公共安全等工作，依法履行综合管理、统筹协调、应急处置和行政执法等职责。这为规范基层政府与街道的关系，提供了基本遵循。

此外，除中央明确要求实行派驻体制的机构外，县直部门设在乡镇(街道)的机构原则上应实行属地管理；继续实行派驻体制的，要纳入乡镇(街道)统一指挥协调。

市、县级党委和政府要规范乡镇(街道)权责事项，并为权责事项以外委托工作提供相应支持；未经党委和政府统一部署，各职能部门不得将自身权责事项派交乡镇(街道)承担。

第四章 职权纵向划分

一、职权纵向划分的意义和方式

（一）职权纵向划分的意义

纵向府际关系的实质，是职权的划分。所谓“职权”，是指职务范围以内的权力。[①]《中华人民共和国宪法》使用“中央和地方的国家机构职权的划分”的提法。宪法学所称的“职权”，是指国家机构（包括国家行政机关）履行的职能及权限范围。

这里的“职权划分”（division of powers），与“权力分立”（separation of powers）一样，都是宪法制度中的重要内容，也是常用的一个概念。所不同的是，后者是指国家权力在横向上分为立法权、行政权和司法权；而前者是指国家权力在纵向上的配置，且是一个广义的范畴，不仅涉及行政权划分还涉及立法、司法等广义公共部门，不仅涉及联邦制国家联邦与州等联邦成员、地方的职权划分也指单一制国家的中央与地方以及各级地方的职权划分。

关于职权，首先要界定职权的范围，其次是如何进行具体的权力划分。合理界定和纵向划分政府间职权，是建立现代国家治理体系和现代财政制度的重要内容，也是政府提供基本公共服务的客观需要。

由于国家结构形式不同，职权的纵向划分在不同国家不尽相同。一般而言，在实行单一制的国家，中央政府的职权较宽泛，在国家事务中起着主导的作用；而地方政府承担事务的范围、原则和方式，因国家采用中央与地方分权、中央集权或民主集中制而有所不同。在实行联邦制的国家，联邦与州等联邦成员实行分权，联邦、州等联邦成员和地方负责各自的事务。

但无论是在单一制国家还是在联邦制国家，职权的纵向划分，作为国家权力在国家结构上的纵向配置，在宪法中均有十分重要的地位。

1. 联邦制国家职权划分的意义

美国是世界上最早的也是典型的联邦制国家。1787 年制宪会议通过《美利坚合众国宪法》，创立了美国联邦制的形态。

---

① 中国社会科学院语言研究所词典编辑室编：《现代汉语词典》（第 6 版），商务印书馆 2012 年版，第 1672 页。

汉密尔顿等解释说:“在美国的复合共和国里,人民交出的权力首先分给两种不同的政府,然后把各政府分得的那部分权力再分给几个分立的部门。因此,人民的权利就有了双重的保障。两种政府将互相控制,同时各政府又自己控制自己。”①

宪政主义和有限政府的原理开辟了这样一种可能性,即在同一个领土内可以有两套政府和两套公职人员,通过书面宪法赋予各自明确而具体的责任和权力。② 换言之,华盛顿哥伦比亚特区的联邦法律适用于任何生活在美国境内的人,而美国 50 个州的法律只适用于该州居民。

联邦制的最大特点是分权,政府职权纵向划分是联邦制的最主要内容。在联邦体制下,无论是联邦政府还是州、邦、省和共和国等组成联邦的成员,都无法实施所有权力。尽管联邦制在防止专制方面并不总能取得显著成功,但联邦制的意义,在美国学者看来还是显而易见的:联邦与州的分权有利于维护联邦成员的利益,这种多元主义的政治模式,能抑制专制的滋生;与集中的政府权力相比,联邦制不仅整体对外一致,而且在很大程度上更好地顾及地区的特点和多样性;联邦制利于鼓励各州进行试验,促进联邦成员之间的竞争和发展;联邦制还为培养公职人员进入国会和联邦政府创造了机会;联邦制使政府更贴近居民,有利于居民更好地参与政治生活。③

2. 单一制国家职权划分的意义

单一制下,职权主要集中于中央政府,这有利于国家统一、政令统一,但单一制下中央权力如果过于集中,则妨碍地方自主发挥作用。单一制国家的政府职权科学配置、适度分权和合理分工,对单一制下的各级政府产生积极有益的影响。

职权的科学配置是处理政府间关系的基础,也是现代国家政府间关系的显著特点。有学者指出,“任何一个现代民族国家在其建立与运行过程中都会面临国家权力纵向划分的问题。如果中央或全国性政府的权力过大,它就会滥用权力,不仅催生腐败而且破坏地方的积极性;而如果全国性政府权力太弱,则地方政府就会采取机会主义,不愿同中央政府合作,久之

---

① [美]汉密尔顿、杰伊、麦迪逊:《联邦党人文集》,程逢如等译,商务印书馆 1980 年版,第 265 - 266 页。

② Cal Jillson, *American Government: Political Development and Institutional Change*, Taylor & Francis Group Press, 2015, p. 64.

③ [美]马格莱比、莱特:《民治政府:美国政府与政治》(第 23 版 · 中国版),吴爱明、夏宏图编译,中国人民大学出版社 2014 年版,第 26 - 28 页。

则会坐大并产生分离倾向。这一方面会降低国家的经济绩效,另一方面还可能破坏政治稳定,使国家自身的存在受到威胁”。[①]

(二)职权纵向划分的方式

职权纵向划分在不同结构形式的国家情形不同。

1. 联邦与各联邦成员、地方的职权划分方式

在联邦制下,职权纵向划分既有联邦与联邦成员的分权,也有联邦成员与地方的权限划分。

(1)联邦与各联邦成员的职权划分。

联邦、各联邦成员之间的权力,主要是立法权,一般由联邦宪法划分。大致有几种情况。

一是,联邦宪法列举联邦权力,对联邦宪法未列举的剩余权力概括保留给各州。如《美利坚合众国宪法》第 1 条第 8 款逐项列举了联邦的权力,1791 年《美利坚合众国宪法》修正案第 10 条规定,“本宪法未授予合众国,也未禁止各州行使的权力,由各州或人民保留”,即采取联邦权力列举式授权、对剩余权力概括保留给各州的方式划分联邦与各州的权限。1900 年《澳大利亚联邦宪法》与美国宪法一样,列举了联邦的权力(第 51 条、第 52 条),将剩余权力留给各州(第 107 条等);有些权力由联邦和州共有。[②]

二是,联邦宪法分别列举联邦的专属权力和联邦与职邦成员的共有权力,对联邦宪法未列举的剩余权力概括保留给联邦成员。如 1993 年《俄罗斯联邦宪法》第 3 章“联邦结构”规定了联邦与联邦主体的权限划分,大致分为联邦专属权力、联邦与联邦成员共有权力以及联邦主体剩余权力等。根据第 71 条,属于俄罗斯联邦管辖的事项共 18 项。第 72 条规定了属于俄罗斯联邦与联邦主体共同管辖的事项共 14 项。根据第 73 条,对俄罗斯联邦和俄罗斯联邦各主体共同管辖的对象,俄罗斯联邦各主体拥有俄罗斯联邦管辖范围和俄罗斯联邦职权范围以外的全部国家权力。

三是,联邦宪法分别列举联邦与州等联邦成员的权力,具体包括立法权和其他权力,对宪法没有授予联邦的剩余权力,由各州等联邦成员行使。如 1949 年《德意志联邦共和国基本法》有关条款,具体规定了联邦与州的权限划分,包括立法权的划分[如联邦专属立法(第 73 条)、竞合立法(第 74 条)]以及行政权(第 8 章联邦法律执行和联邦行政管理)、司法权(第

① 魏治勋:《中央与地方关系的悖论与制度性重构》,载《北京行政学院学报》2011 年第 4 期。

② 孙谦、韩大元主编:《〈世界各国宪法〉分解资料丛书 · 立法机构与立法制度》,中国检察出版社 2013 年版,第 465 - 466 页;孙谦、韩大元主编:《〈世界各国宪法〉分解资料丛书 · 地方制度》,中国检察出版社 2013 年版,第 483 页。

92 条等）和财权（第 106 条等）的划分；如果基本法没有其他规定或特许，国家权力的行使和国家职能的履行，是各州的职责（第 30 条），即剩余权力归各州行使。

四是，联邦宪法分别列举联邦和联邦成员的权力，联邦宪法未列举的大部分剩余权力留给联邦。如 1867 年《加拿大宪法》规定了联邦的专属权力（第 91 条）和各省的专属权力（第 92 条、第 92 条之一、第 93 条等），大部分剩余权力（“为加拿大的和平、秩序和良好政府制定法律”的权力）留给联邦；各省在“纯粹是地方或私人性质”的事项方面拥有剩余权力。

（2）各联邦成员与地方的职权划分。

各联邦成员与地方的职权划分，一般由普通法律规定；有的联邦制国家的州宪法对地方的职责、权限作了原则性的规定。

如德国许多州的宪法中就有关于县或乡镇自治的内容。根据《石勒苏益格－荷尔斯泰因州宪法》第 46 条，只要法律未作特殊规定，乡镇或联合乡镇有权并在其职能范围内，负责独立完成其领域内的所有公共任务；乡镇和联合乡镇依据法律或基于法律理由通过的法规，负责完成特定的公共任务。①

但联邦制国家州宪法一般不具体规定地方政府的职权。如根据澳大利亚《新南威尔士州宪法》第 51 条，地方政府机构的组成方式及其权力、职责和职能的性质和范围，应由立法机关确定或依照立法机关的法律确定。

2. 中央与地方的职权划分方式

单一制下职权纵向划分，主要是中央与地方职权的划分，一般通过两种方式：一是通过宪法划分；二是通过基本法律授权地方政府划分。

通过在宪法上划分中央与地方职权，又有两种方式：一是列举性的具体规定；二是原则性的概括规定。

通过在宪法上具体列举中央与地方职权的方式，如 1947 年《意大利共和国宪法》除了在第 5 条明确规定意大利实行地方自治外，并在第 2 篇第 5 章“大区、省和市镇”第 117 条关于国家与大区立法权的划分的规定中，明确在符合宪法并在欧盟法律和国际义务限度范围内，立法权由国家和大区分别行使，并规定了国家拥有专属立法权的事项、竞争性立法事项。②

大多数单一制国家的宪法对地方政府的职权只作原则性的概括规定。1947 年《日本国宪法》第 8 章确认了地方自治原则，并规定“地方公共团体

① 《德国州宪全译》，祝捷、向雪宁、江易、姚聪慧译，人民出版社 2017 年版，第 436 页。

② 参见孙谦、韩大元主编：《〈世界各国宪法〉分解资料丛书 · 地方制度》，中国检察出版社 2013 年版，第 281－282 页。

有管理财产、处理事务以及执行行政的权能，得在法律范围内制定条例”。[①] 1948 年《大韩民国宪法》第 8 章设专章确立地方自治，并规定“地方自治团体处理有关居民福利的事务，管理财产，在法令的范围内制定有关自治的规定”，“地方自治团体设议会，地方议会的组织、权限、议员选举和地方自治长官的选任方法及其他关于地方自治团体组织和运作的事项由法律规定”。[②] 根据 1945 年《印度尼西亚共和国宪法》第 18 条之一，中央政府与省政府、县政府、市政府的关系以及省政府与县政府或市政府的关系，由法律在尊重各地区特殊性和多样性的基础上规定。中央政府与地方政府在财政、公共服务、自然资源和其他资源开发方面的关系，由法律规定，并以公正、及时的方式实施。[③]

单一制下地方政府主要通过宪法或法律划分而取得职权，如《意大利共和国宪法》第 118 条规定，为了保证其执行的统一性，除了授予给省、特大城市、大区和国家的行政职能之外，在辅助性、区别性和适当性原则基础上，行政职能也授予市。市、省和特大城市，在其各自的职权范围内，是享有国家和地区法律所授予的行政职能和其他职能的适格主体。[④]

另外，可以由中央制定某项法律，规定授予地方政府的职权。如英国《地方政府法》，日本《地方自治法》，我国《地方组织法》、《中华人民共和国立法法》、《中华人民共和国民族区域自治法》、《中华人民共和国香港特别行政区基本法》和《中华人民共和国澳门特别行政区基本法》等。

二、典型联邦制国家职权纵向划分及争议处理

（一）典型联邦制国家职权纵向划分

在联邦制国家，联邦与各州、邦、省、共和国等联邦成员的分权，由联邦宪法规定；联邦成员与地方职权的划分，由联邦成员宪法原则规定，相关法律具体规定。现以美国、德国、俄罗斯为例加以说明。

1. 美国府际职权纵向划分

在美国，“联邦—州—地方政府之间的关系和矛盾的历史与美国宪法

---

① 孙谦、韩大元主编：《〈世界各国宪法〉分解资料丛书 · 地方制度》，中国检察出版社 2013 年版，第 107 页。

② 孙谦、韩大元主编：《〈世界各国宪法〉分解资料丛书 · 地方制度》，中国检察出版社 2013 年版，第 40 页。

③ 参见孙谦、韩大元主编：《〈世界各国宪法〉分解资料丛书 · 地方制度》，中国检察出版社 2013 年版，第 184 页。

④ 参见孙谦、韩大元主编：《〈世界各国宪法〉分解资料丛书 · 地方制度》，中国检察出版社 2013 年版，第 283 页。

的历史一样悠久”。[1]（见图4.1）1787年《美利坚合众国宪法》授予联邦政府两种基本权力：“授予权力”（delegated powers）与“默示权力”（implied powers）（或译“隐含权力”）。第1条第8款授予联邦的权力共有18项。其中宪法授予联邦的权力，或称明示权力（enumerated powers），如征收直接税等、举债、管理与各国和各州商业、铸币、设置最高法院的下级法院、宣战、募集和维持陆军和海军、设置邮局等权力共17项；根据1913年《美利坚合众国宪法》修正案第16条，联邦有权规定和征收所得税。在美国对内事务中，最主要的是征税权、拨款权和管理州际商业的权力。联邦政府权力的拓展大多基于这些权力。第1条第8款授予联邦的权力中，最重要的是管理州际商业的权力（interstate commerce power）。1824年联邦最高法院在“吉本斯诉奥格登案”（Gibbons v. Ogden）的判决中，对国会管理州际商业的权力，作了从宽解释，将“航运”纳入商业范畴。[2] 直至今日，管理州际商业的权力，囊括了几乎所有的商业活动，不仅涵盖商品的流动，也包含诸如无线电信号、电力、通信、互联网、保险交易等领域；尽管近几十年来，联邦最高法院对涉及州际商业权的案件有时采取审慎的态度。

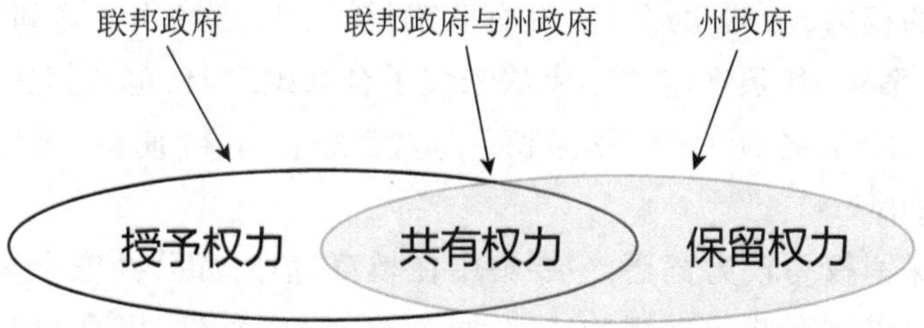

图4.1　美国联邦政府与州的权力分配

资料来源：1787年《美利坚合众国宪法》和1791年《美利坚合众国宪法》修正案第10条。

1787年《美利坚合众国宪法》第1条第8款第18项，是关于制定为行使上述各项权力和行使该宪法赋予合众国政府、其各部门或其官员的一切其他权力所必要和适当的法律的权力，也即“默示权力”。（见表4.1）这项“必要和适当条款”通常被称为“弹性条款”。“默示权力”是在联邦宪法列举的权力中没有具体提到的国会的权力，但它们对行使列举的权力是合理和必要的。国会可以根据宪法中的默示权力条款行使宪法没有列举授予

---

① ［美］理查德·宾厄姆等：《美国地方政府的管理：实践中的公共行政》，九州译，北京大学出版社1997年版，第152页。

② “吉本斯诉奥格登案”涉及在一个州内经营的轮船公司是否属于州际商业并受国会规制的约束的问题。首席大法官马歇尔认为，宪法中有关州际商业条款中的商业不完全是一州的内部事务，国会有权规范州际商务；纽约州法必须服从国会法律。

的权力。实践中,国会依据该条款为其一系列的行为提供了合理的依据。①

表 4.1　美国联邦的权力、州的权力和共有权力

联邦的权力	州的权力	联邦与州的共有权力
· 提议和批准宪法修正案 · 宣战 · 维持和部署军事力量 · 制定外交政策、国际条约和贸易协定 · 印制货币 · 管理州际商业 · 维持邮局和服务	· 州立法机构或制宪会议提议和批准宪法修正案 · 公职人员选举、创制和公民投票 · 建立地方政府 · 规范州内商业 · 发放许可证和土地使用 · 制定法律促进公共安全、健康和道德(警察权力)	· 向公民和企业征税 · 向银行和公司设置许可 · 修建和维护道路 · 贷款和管理公共债务 · 管理刑事司法机构 · 监管美国本土博彩业(赌场)企业

资料来源:James Q. Wilson, John J. DiIulio, Jr., Meena Bose, Matthew Levendusky, *American Government: Institutions and Policies*, 16th ed., Cengage Learning, 2019, p. 58。

1787 年《美利坚合众国宪法》第 1 条第 9 款列举了禁止联邦政府行使的权力。其中,包括禁止通过公民权利剥夺法案和溯及既往法律。同时,联邦还不得禁止人身保护令的执行。

对州的权力,虽然联邦宪法没有明确授予,但 1791 年《美利坚合众国宪法》修正案第 10 条规定,“本宪法未授予合众国政府,也未禁止各州政府行使的权力,由各州或人民保留”,这就是各州行使的“保留权力”(reserved powers)。

这些保留权力较为宽泛,主要集中在教育、消防和公共安全等方面,州政府据此可以制定并通过相关法律改善公民卫生条件、提高福利、保障安全等。约瑟夫·齐默尔曼(Joseph E. Zimmerman)将各州的“保留权力”分为三类:警察权力、向公民提供服务以及创建和监控地方政府。②

联邦和州共同拥有的权力,称为“共有权力”(concurrent powers)。对州政府来说,最重要的是征收和使用税收的权力,此外,还有借款、征用财产、设立法院以及执法的权力等。

---

① 1819 年“麦卡洛克诉马里兰州案”(McCulloch v. Maryland)中,联邦最高法院首次对宪法授予国会的默示权力作了从宽解释。该案中,国会制定了一项全国银行制度,但该制度在一些州很不受欢迎。马里兰州依据该制度向巴尔的摩分行征税时,遭到拒绝。该案涉及的最主要问题是,国会是否有权建立一个全国性的银行体系。联邦政府认为,虽然宪法没有明确授予国会这项权力,但国会拥有此项默示权力;州政府则坚持认为此项全国银行制度违宪。首席大法官马歇尔否认了马里兰州的说法,并对此项全国性银行制度予以维护,从而开创了联邦最高法院从宽解释国会默示权力的先河。

② Joseph E. Zimmerman, *Contemporary American Federalism: The Growth of National Power*, Praeger Press, 1992, p. 35.

1787 年《美利坚合众国宪法》第 1 条第 10 款列举了禁止州政府行使的权力，如州政府不得缔结任何条约、与任何国家结盟或组织邦联；不得通过公民权利剥夺法案和溯及既往法律。同时，未经国会许可，各州无权对进出口货物征税。此外，州未经国会许可，不得在和平时期保持军队或战舰，除非实际遭到入侵，亦不得交战。①

在公民权利方面，多条宪法修正案对州政府权力进行了限制。②

除了 1787 年《美利坚合众国宪法》第 4 条第 1 款对州际关系设立了一州对他州的法令、案卷和司法程序应给予充分信任和尊重等条款外，对联邦与州的府际关系，第 4 条第 4 款规定，合众国保障各州实行共和政体；③同时要求，联邦政府保护各州免遭外来侵略，并可应州议会或州长（州议会不能召集时）请求平息内乱。

从宪法规定和理论上讲，不同的政府机构在不同领域内行使各自的权力，联邦在广泛的国家事务上行使管辖权，州政府则负责区域性事务；然而实际情况中，联邦体制下的权力划分并非如此泾渭分明，不同机构的权力会相互交织。由于联邦最高法院对 1787 年《美利坚合众国宪法》第 1 条第 8 款的灵活解释，联邦实际上得以在非常广泛的领域内行使权力。《美利坚合众国宪法》还在第 6 条（最高条款）中确定，联邦“依本宪法所制定之合众国法律以及一切条约，皆为全国之最高法律”。

但保罗 · 多梅尔（Paul R. Dommel）认为，在美国，实际上存在两个纵向的体系，除了上述通过联邦宪法条款和法院对明确的宪法条款以及根据这些宪法条款制定的州的法律的解释进行运作的宪法或法律体系外，还有第二个体系即府际关系，这是地方管理人员日常生活中多半感觉到的决策网络。政府间的关系采取多种形式，包括财政援助、报告要求、技术援助、审查和调查、咨询以及对各项工作的一般监督和批准。④

---

① 州政府很少直接卷入涉外事务。1966 年马萨诸塞州通过法案禁止一切政府机构购买任何与缅甸有贸易往来的个人或公司的商品或服务，某外贸协会对该法案是否违宪提出疑问，理由是它涉嫌侵犯联邦涉外事务管辖权，其对缅甸实施经济制裁也违反了联邦法律。联邦最高法院一致认定并宣布马萨诸塞州该法案违宪。

② 如《美利坚合众国宪法》修正案第 13 条、第 14 条、第 15 条、第 19 条、第 24 条和第 26 条。特别是修正案第 14 条确立的正当程序条款和平等保护条款，为限制州政府权力发挥很大作用。

③ 对“共和政体”条款，联邦最高法院一向比较低调，并声称这些属于政治问题而非司法问题，应由国会或总统裁决。在 1912 年“美国西海岸电话电报公司诉俄勒冈州案”（West Coast AT & T v. Oregon）中，联邦最高法院对该州宪法允许民众可经创制复决程序直接立法的条款是否违反该州共和政体的实行，不予置评。

④ ［美］理查德 · 宾厄姆等：《美国地方政府的管理：实践中的公共行政》，九州译，北京大学出版社 1997 年版，第 152 – 153 页。

在美国,权限纵向划分,还有一个州与地方关系的问题。但是,“由于美国制宪者一门心思去划分州和联邦政府的权力,他们并没有努力为州以下的政府实体勾画蓝图,甚至没有在宪法中简单提及对地方政府的授权”。①

美国各州宪法详细规定了本州的立法、行政、司法体制以及公民的权利自由,有的还规定了县、市镇等地方政府的结构等内容。

美国地方政府的作用,通过地方政府的以下四个主要职能体现出来:提供基础服务;规制土地使用和促进经济发展;执行政策;为创新提供试验地。

由于县主要是作为州的政治分治区和治理区,而市镇与县的地位相比,具有更大自治权,因此,州宪法一般规定,对市镇等自治法人,州立法机关不得根据特别法律而应根据一般法律规定;在许多州,市镇通过各类城市宪章获得自治权。

如根据《俄克拉荷马州宪法》第 18 条,在本州内现有的每一市镇,在法律另有规定之前,应享有现有的一切权利和权力,并始终享有宪法赋予的其他权利和权力。在与本州宪法和法律保持一致并受其约束的前提下,任何人口超过 2000 人的城市都可以为自己的政府制定宪章,经选民投票同意并报州长批准后,成为该城市的组织法。

与此相应,如《俄克拉荷马城宪章》规定:俄克拉荷马城拥有《俄克拉荷马州宪法》、该州法律或该宪章赋予的一切权力;有权制定和执行为保护该市内的健康、安全、福利、生命或财产所有必要的条例;有权界定、预防、迅速减少和消除滋扰,并为城市及其居民的安全维护和执行良好的治理和秩序;市政府有权就任何事项制定和执行所有规章;但不得制定任何与《俄克拉荷马州宪法》、全州利益和俄克拉荷马州一般法律或该宪章相抵触的法令。

2. 德国府际职权纵向划分

(1)联邦与州的职权划分。

由于德国是一个联邦制国家,联邦政府和 16 个州有独立的管辖区域。位于柏林的联邦政府负责外交政策、欧洲政策、国防、司法、就业、社会事务、税收和健康;联邦各州负责国内安全、学校、高等教育、行政管理和地方政府。联邦职责主要限于立法,其中联邦各州通过在参议院的各自代表影响联邦的立法。各州不仅执行联邦法律也执行州的法律。

---

① [美]布莱恩 · E. 亚当斯:《美国联邦制下的地方政府自治》,王娟娟、荣霞译,载《南京大学学报(哲学 · 人文科学 · 社会科学版)》2012 年第 2 期。

《德意志联邦共和国基本法》有关条款具体规定了联邦与州的权限划分，包括立法权、行政权、司法权和财权等方面。

一是立法权的划分。根据《德意志联邦共和国基本法》第 70 条，如果基本法没有授予联邦立法权，各州享有立法权。联邦与各州之间权限的划分应依据基本法关于专属立法和竞合立法的规定。

根据《德意志联邦共和国基本法》第 73 条第 1 款，联邦专属立法的事项有十几项。[①] 第 71 条规定："在联邦专属立法范围内，各州只有在某项联邦法律明确授权的情况下才有立法权。"

竞合立法的事项，即联邦与州都可以立法的事项。根据《德意志联邦共和国基本法》第 74 条，竞合立法的事项有 30 多项。[②] 第 72 条规定了行使竞合立法权的基本条件，如在竞合立法范围内，只有在联邦未使用立法权制定法律时，各州才拥有立法权；在为保持整个联邦的相同的生活条件和维护司法或经济的统一性而需要由联邦为国家利益进行规制时，联邦有权就规定范围内的事项，制定联邦立法；如果联邦立法已不具有上述规定之必要，州可依联邦法律之规定颁布州法律等。[③]

二是行政权的划分。根据《德意志联邦共和国基本法》第 8 章"联邦法律执行和联邦行政管理"的规定，联邦本身的管理工作主要是外交、国防、财政、水路、公路和航运、铁路、航空、邮政和电信、货币管理和纸币发行、海关等。除外交、国防、财政、邮政和电信等联邦事务的全部或大部分专属联邦行政机关管辖外，其他大多数联邦事务可以依联邦基本法或联邦法律，或经联邦参议院批准，委托各州执行。因此，各州的行政管理任务比较繁重。

---

① 包括"外交及国防（包括平民保护），联邦国籍，迁徙自由、护照、登记和证件、移民和引渡，通货、货币和铸币、度量衡和时间标准的确定，关税、通商区域的统一、通商与航海协定、货物自由流通、外国贸易支付"等。参见孙谦、韩大元主编：《〈世界各国宪法〉分解资料丛书·立法机构与立法制度》，中国检察出版社 2013 年版，第 105 页。

② 主要有"民法、刑法、法院组织和程序（执行羁押的法律除外）、律师制度"等。参见孙谦、韩大元主编：《〈世界各国宪法〉分解资料丛书·立法机构与立法制度》，中国检察出版社 2013 年版，第 106－107 页。

③ 《德意志联邦共和国基本法》第 75 条曾规定，在符合该法第 72 条的前提下，关于下列事项，联邦对于各州立法有颁布通则之权：有关州、乡镇和其他公法社团中任职人员的法律地位；高等教育一般基本原则；出版的一般法律关系；狩猎事宜、自然景观的保护与乡村及风景名胜的保存；土地分配、区域规划与水土保持；户口登记与身份证明事项；保护德国文化资产免于外流等。但通则仅于例外情形得作细节或直接规定。各州应于联邦颁布通则后，在其所规定的期限内颁布必需的州法律。一般认为，此类立法属于德国联邦专属立法事项、联邦与州竞合立法事项以外的第三类立法事项即联邦框架立法事项。但《德意志联邦共和国基本法》第 75 条被废止。

各州要对整个州内的行政管理负责，一般认为，在德国，州的真正权力在于行政管理。具体地说，州的行政管理任务包括以下三部分：

其一，执行州法规定的任务。主要包括文化、教育、警察、乡镇管理和地区规划。如根据德国《下萨克森州宪法》第 56 条，州通过州政府及其下属机构行使行政管理权；州行政管理的总体结构和行政管理职责的空间划分，由州法规定。

其二，受联邦委托执行联邦法律。根据《德意志联邦共和国基本法》第 89 条，联邦可依某一州的申请将该州领域内的联邦水路委托给该州管理。如果水路流经两个或两个以上州的领土，联邦可将管理权委托给相关各州指定的某一州管理。①

其三，作为自己的事务执行联邦法律。根据《德意志联邦共和国基本法》第 83 条，除非基本法另有规定或许可，各州应将联邦的法律作为自己的事务予以执行。如联邦制定环境保护法、工商业管理法、建筑规划法等，各州将此作为自己的行政管理任务予以执行。根据第 84 条，各州将联邦的法律作为自己的事务执行时，应对必要的行政机关的设立和行政程序作出规定。如联邦法律另有规定，各州可以作出克减的规定。②

三是财权的划分。实行联邦制的关键之一，在于各州在多大程度上享有财权，为此，《德意志联邦共和国基本法》第 109 条规定，“联邦和州在财务管理方面是自主的和相互独立的”。联邦和各州在执行各自任务时，应分别负担各自的费用开支；州执行联邦委托任务时，联邦应负担完成任务的费用；联邦还向州和地方提供重大投资项目的财政支持。

除基本法另有规定或允许外，国家权力的行使和国家职能的履行由各州负责；因此，联邦各州负责执行联邦立法。各州有权在基本法不完全赋予联邦的所有领域进行立法。联邦和州的权力有时在司法、社会福利、民法、刑法、劳动法和经济法等领域重叠。各州在文化、教育、大学、地方政府事务和警察方面拥有专属立法权。③

(2)州与地方的职权划分。

德国行政职能分为国家行政职能（包括联邦和州政府）和地方政府行

---

① 孙谦、韩大元主编：《〈世界各国宪法〉分解资料丛书・行政机关》，中国检察出版社 2013 年版，第 147 页。

② 孙谦、韩大元主编：《〈世界各国宪法〉分解资料丛书・行政机关》，中国检察出版社 2013 年版，第 144 页。

③ 2019 年联邦议院通过一项新法律创造了所谓的“数字协议学校”，赋予联邦政府向地方政府提供直接财政援助的权力，促进学校的数字基础设施，在一定程度上削弱了州的专属文化权。

政职能,但大多数国家行政职能由州政府负责执行。因此,德国纵向府际权限划分,除了联邦与州的分权外,还有州与地方的职权划分。

地方行政职能由县和乡镇执行。简单地说,地方政府的职权总体可分三种类型:执行联邦法律和州法律;执行联邦法律和州法律要求履行的地方计划和活动;执行地方政府自主决定的地方计划和活动。根据《德意志联邦共和国基本法》,联邦法律不得委托乡镇和联合乡镇执行任何任务。根据《萨尔州宪法》第117条第2款、第3款,只要法律未规定把公共职责分配给公共利益的其他部门,乡镇要完成地方团体的所有公共职责,以促进其居民的利益;乡镇在法律范围内自行规定其事务。①

德国州政府与地方政府职能,大致分为一般行政管理、教育、公共健康、社会福利、住房和城镇规划、环境和公共卫生、文体和娱乐、交通运输、经济性事务等9个方面。②

根据《德意志联邦共和国基本法》和相关法律,可将德国地方政府的职能,具体划分如下。

县和县级市的强制性权力(根据联邦和州立法)有:修建和维护二级公路、公共客运、车辆登记、驾驶执照;地方政府层面的空间规划、建筑事务(建筑许可证、建筑检查);消防、灾害控制服务、救援服务;自然和景观保护,自然公园维护;社会福利和青年福利;医院的建设和维护;中学和技术学院的建造和维护;家庭垃圾收集和处置;食品监督、动物保护;外国人待遇(入境、居留、监视等)。

县和县级市的可选择权力(根据地方自治原则)有:支持文化活动;建设步行区和自行车道;支持学生交流;建设和维护公共图书馆;促进经济活动和旅游业;管理成人教育学院。

乡镇的自主权力有:其一,人事权。选择、聘用、提升和解雇工作人员。其二,组织权。包括乡镇自己组织行政。其三,规划权。通过制订城市发展计划(土地使用和建筑计划)组织和塑造乡镇土地。其四,立法权。包括通过乡镇制定附则的权利。其五,财政权。管理其收入和支出。其六,税收权。确定地方税税率(养狗税、娱乐税、土地税、第二居住地税等)。

乡镇的可选择权力(根据地方自治原则)有:鼓励地方经济活动;住房奖励,社会福利基础设施建设;公共交通基础设施的建设和维护;文化事务和体育设施;能源供应设施的管理;与其他国家地方政府结对安排。

---

① 《德国州宪全译》,祝捷、向雪宁、江易、姚聪慧译,人民出版社2017年版,第363页。

② Council of Europe, *Structure and Operation of Local and Regional Democracy*, *Germany Situation in* 1998, Council of Europe Publishing, 1999, p. 26 – 28.

乡镇的强制性权力(根据联邦和州立法)有:一般安全;卫生保健和兽医事务;城市规划、建设事务以及地方政府路网和绿化区的维护;小学的建设和维护;水道、污水处理的维护和管理;社会福利和青年福利;休闲娱乐区建设;城市发展和再生。

联邦或州下放给城市和中等城镇的权力有:出生、死亡、婚姻和同性伴侣关系的登记,身份证的签发;选举的进行;非德国人的人口普查和登记手续;车辆登记、城市交通管理;食品质量、酒店、餐厅和公共场所的监督。

城市和中等城镇的强制性权力(根据联邦和州立法)有:一般安全;卫生保健和兽医事务;城市规划、建设事务以及地方政府路网和绿化区的维护;小学的建设和维护;水道、污水处理的维护和管理;社会福利和青年福利;休闲娱乐区建设;城市发展和再生。①

有的州宪法列举了乡镇政府的职权,如根据《德国巴伐利亚州宪法》第 83 条,乡镇的职权范围包括:乡镇财政管理和城镇管理;地方交通特别是道路工程和道路建设;为居民供水、供气、供电;保障供给的机构;地方计划、住宅建设和监管;警务、消防;地方文化服务;职业教育和成人教育;监护事务和福利服务;地方健康事务;婚姻和母亲咨询及婴儿照管;学校卫生和青少年身体锻炼;公共游泳池、殡仪馆以及维护地方历史性古籍和建筑。②

3. 俄罗斯府际职权纵向划分

1993 年《俄罗斯联邦宪法》第 3 章"联邦结构"规定了联邦与联邦主体的权限划分,大致分为联邦专属权力、联邦与联邦主体共有权力以及联邦主体剩余权力等。

第 71 条规定了属于俄罗斯联邦管辖的事项。③ 第 72 条规定了属于俄罗斯联邦与联邦主体共同管辖的事项。④ 根据第 73 条,对俄罗斯联邦和俄罗斯联邦各主体共同管辖的对象,俄罗斯联邦各主体拥有俄罗斯联邦管辖范围和俄罗斯联邦职权范围以外的全部国家权力。按照第 78 条,在不违

---

① European Institute of Public Administration – European Center for the Regions, *Division of Powers between the European Union, the Member States and Regional and Local Authorities*, © European Union, 2012, p. 317 – 319.

② 《德国州宪全译》,祝捷、向雪宁、江易、姚聪慧译,人民出版社 2017 年版,第 83 页。

③ 包括:通过和修改俄罗斯联邦宪法和联邦法律、对其遵守情况实行监督;俄罗斯联邦的联邦结构和领土;调整和维护人和公民的权利与自由;俄罗斯联邦国籍;调整和维护少数民族的权利等 18 项。

④ 包括:确保俄罗斯联邦各共和国宪法和法律及边疆区、州、联邦直辖市、自治州、自治区的规章、法律和其他规范性法律文件符合俄罗斯联邦宪法和联邦法律;维护人和公民的权利与自由;维护少数民族的权利等 14 项。

背俄罗斯联邦宪法和联邦法律的情况下,俄罗斯联邦各主体权力机关,根据其与俄罗斯联邦执行权力机关达成的协议,还行使联邦执行权力机关转交的部分职权。根据第12条,俄罗斯联邦承认并保障地方自治。地方自治在其权限范围内是独立的。地方自治机关不列入国家权力机关系统。

但俄罗斯联邦与地方自治机关具有多方面联系:(1)联邦通过制定有关地方自治问题的法律,对地方自治原则和地方自治机关的权限和活动进行规范;(2)联邦总统设立俄罗斯联邦地方自治委员会等总统直属会议咨询性机构,审议和办理有关地方自治事项,组织制定或实施有关地方自治问题的决定或规划;(3)总统向8个联邦区派驻全权代表并设置全权代表机关,监督联邦主体遵守联邦宪法和联邦法律,包括宪法关于地方自治的规定和地方自治有关法律的情况;全权代表有权参加本联邦区内联邦主体国家机关、地方自治机关的工作;(4)联邦执行机关,特别是负责国防、安全、内务、外交、预防紧急情况和消除自然灾害后果的部、主管部门,可在各联邦主体建立自己的区域性机关,并任命相应公职人员;(5)俄罗斯联邦的地方自治,受司法权保护。

(二)联邦制国家府际权限争议处理

联邦与各州等联邦成员、地方政府,在行使各自职权中不可避免会发生冲突。联邦与联邦成员和地方政府权限发生争议时,主要采取司法途径解决。通过司法途径解决权限争议:一种是通过普通法院;另一种是通过宪法法院。

在不少西方国家和受西方影响的国家,主要由普通法院来裁决联邦与联邦成员或地方政府的权限争议。

美国联邦最高法院审查的案件中,不少涉及联邦与州、地方权限争议的宪法问题。1819年美国联邦最高法院审理的"麦卡洛克诉马里兰州案"确立了两项重要原则:一是联邦法律优于州法;二是联邦政府除了明示权力以外,还有隐含权力。1824年联邦最高法院在"吉本斯诉奥格登案"的判决中,对国会管理州际商业的权力,作了从宽解释。

在美国,由州对联邦法律提出质疑、寻求联邦最高法院审查其有关条款并宣告违宪,这是美国各州对抗不受欢迎的联邦法律而行使的国会法律废止权(nullification)的主要方式,也称"正式的国会法律废止权"。[①] 典型的案例,如1997年"普林茨诉美国案"(Printz v. U. S.)。该案中,美国联

① Cal Jillson, *American Government: Political Development and Institutional Change*, Taylor & Francis Group Press, 2015, p. 61.

邦最高法院裁定《枪支暴力防治法》的一项过渡性规定违宪，该联邦法律要求州和地方官员对潜在枪支买家进行背景调查。

通过司法机关解决权限争议也是一些联邦制国家宪法规定的一项内容。如根据《墨西哥合众国政治宪法》第103条，联邦法院可审理“有损或限制国家主权或联邦特区权限范围的联邦机构的一般规范或行为以及基于侵犯联邦机构权限范围的国家或联邦特区机构的一般规范或行为”。根据第105条的规定，最高法院审理“涉及联邦与区或特区之间、联邦与市之间产生的宪法性争议，并审理州与其所属的市之间有关其行为或一般规定的合宪性的争议”。[①] 1957年《马来西亚联邦宪法》第128条规定，联邦法院有权审理因涉及国会、各州立法机关的立法权限而对国会和州立法机关所制定法律的效力质疑的案件以及联邦与各州之间的任何争议，并排除其他法院的管辖。[②]

许多设立宪法法院的联邦制国家的宪法规定了宪法法院对纵向府际权限争议的管辖权。

根据《奥地利联邦宪法》第119条之一和第114条，在向监督机关提出的申诉程序中，市镇享有一方当事人的地位，有权向行政法院对监督机关提出指控；对行政法院的裁决不服的，还可向宪法法院提出指控。

在德国，除了联邦宪法法院对联邦和各州权利义务发生的分歧，特别是在执行联邦法律和联邦在执行联邦监督时发生的分歧以及联邦与州之间发生其他公法争议且无其他诉讼手段时有管辖权外，德国各州的宪法法院，管辖本州包括州与地方的权限争议的宪法案件。如根据《萨尔州宪法》第123条、《萨克森－安哈特州宪法》第75条，乡镇和联合乡镇如认为州法侵犯其自治权利，可向州宪法法院提出宪法申诉。

根据1993年《俄罗斯联邦宪法》第125条的规定，俄罗斯联邦宪法法院审理涉及联邦国家权力机关与各联邦主体国家权力机关之间权限争议的案件。

依据1996年《南非共和国宪法》的规定，只有宪法法院才能裁定全国或省级国家机构之间就宪法地位、职权或职能所产生的争议。

在美国，各州对抗联邦法律，还可诉诸“非正式的国会法律废止权”。非正式的国会法律废止权，大多数针对州和公众不愿意遵守的特定的联邦

---

① 孙谦、韩大元主编：《〈世界各国宪法〉分解资料丛书·司法机构与司法制度》，中国检察出版社2013年版，第234－235页。

② 参见孙谦、韩大元主编：《〈世界各国宪法〉分解资料丛书·司法机构与司法制度》，中国检察出版社2013年版，第13页。

立法。州立法机构可通过相反的法律或拒绝执行联邦命令。如果州政府不直接或谨慎地质疑联邦权力，则联邦可撤销该立法或至少限制执行。[①]

三、典型单一制国家职权纵向划分及争议处理

在单一制国家，中央与地方的职权划分，从立法上看，大多由中央以普通法律规定，宪法只规定中央与地方的职权划分的原则，不具体规定中央与地方的职权或权限范围；但是，也有一些国家的宪法对中央与地方职权作了明确划分。

王世杰、钱端升曾指出，“凡属联邦国家，其中央政府与各邦政府的事权，全由宪法划定，所以各邦政府的事权，有宪法为保障；其在单一国家，无论分权至如何程度，其地方团体的事权，总系经由中央政府以普通的法律或命令规定，所以地方团体的事权，初无宪法的保障”。[②] 但随着时间的推移，情况发生了变化。

（一）由宪法规定中央与地方的职权划分

由宪法规定中央与地方的职权划分，比较突出的国家，主要有欧洲的意大利、西班牙和非洲的刚果（金）、肯尼亚等。

1. 意大利府际职权纵向划分

1947 年《意大利共和国宪法》除了在第 5 条明确规定意大利实行地方自治外，并在第 2 篇第 5 章“大区、省和市镇”第 117 条第 1 款关于国家与大区立法权划分的规定中，明确在符合宪法并在欧盟法律和国际义务限度范围内，立法权由国家和大区分别行使。根据该条第 2 款，国家在外交和国际关系、国家与欧盟关系、欧盟以外国家公民庇护权和法律地位、移民、共和国与宗教团体的关系、国防与武装力量、国家安全等 17 个方面的事项上拥有专属立法权。[③] 按照该条第 3 款，国家和大区的共同立法事项，包括各大区的国际关系及同欧盟的关系、对外贸易、劳动保护与安全、教育（有关学校教育机构的自治以及职业教育除外）等 20 个方面的事项，并明确在共同立法事项领域内，除了国家立法确立的基本原则以外，大区有立法权。

该条第 4 款专门规定，国家立法未予明确涵盖的内容，都属于大区的立法权范围。

---

① Cal Jillson, *American Government: Political Development and Institutional Change*, Taylor & Francis Group Press, 2015, p. 61.

② 王世杰、钱端升：《比较宪法》，中国政法大学出版社 1997 年版，第 316－317 页。

③ 参见孙谦、韩大元主编：《〈世界各国宪法〉分解资料丛书·地方制度》，中国检察出版社 2013 年版，第 281 页。

以上规定的特点是:对国家专属立法事项和国家与大区共同立法事项,宪法分别列举式规定;对国家立法未予明确涵盖的剩余事项,对大区概括式保留。

该条第5款还规定,各大区及特兰托和波尔察诺两个自治省,在其职权范围内,参与欧盟立法的预备决策过程;并规定它们根据国家法律贯彻和执行国际条约及欧盟决定,当其不履行时,由国家法律规定替代性权力的行使方式。

根据该条第6款,在国家专属立法范围内,除了授权给大区外,制定规章的权力属于国家;在其他领域制定规章的权力属于大区;市、省和特大城市有权在其组织规范及职能行使方面制定规章。①

2. 西班牙府际职权纵向划分

西班牙行政区划分为自治区、省和市镇。

根据《西班牙王国宪法》第149条,国家对国籍、移民、外国人的地位和庇护权、国际关系、国防和武装力量、司法管理等30多项事项具有专属管辖权,在促进文化发展方面与自治区合作。宪法未明确授予国家的职权可由自治区根据其章程行使,自治区章程未规定的职权由国家行使。

根据《西班牙王国宪法》第148条,自治区对组织自治机构、城镇规划、住房建设、自治区内公共工程、铁路和公路、水利工程、环保、自治区文物、博物馆、图书馆和音乐厅等20多项事项具有管辖权,并规定自治区可通过制定章程逐步扩大权力。②

3. 刚果(金)府际职权纵向划分

有的国家也采取宪法列举的方式,如2006年《刚果民主共和国宪法》,除了规定行政权、立法权的组织和行使,明确行政权与立法权的关系外,还专设一节对中央与各省政府之间的职权配置,包括中央专属事项、中央与各省共同事项和各省的专属事项,作了明确规定。

根据该宪法第202条的规定,在不影响宪法其他条款的情况下,外交,对外贸易管理,国籍、外国人地位和对外国人的管理,引渡、移民、签发护照和签证,外部安全,国防,国家治安,国家公共职能,共和国公共财政等35项事项以及第36项的立法事项,属于中央权力机构的专有权限。其中,第36项还专门对涉及中央专属立法事项作了列举,包括有关商业法典、刑法

---

① 参见孙谦、韩大元主编:《〈世界各国宪法〉分解资料丛书·地方制度》,中国检察出版社2013年版,第282页。

② 参见孙谦、韩大元主编:《〈世界各国宪法〉分解资料丛书·地方制度》,中国检察出版社2013年版,第271-272页。

典和监狱制度、司法组织和职权法典及司法法典、关于自由职业、劳动等15项立法事项。

按照第203条的规定，在不影响宪法其他条款的情况下，促进和保护宪法规定的人权和基本自由的机制的实施、公民权利和习惯权利、统计和人口普查、国内安全、法院和法庭、拘留所和惩教设施以及监狱的管理、文化体育生活等25项权限，属于中央和各省的共享职权。

根据第204条的规定，在不影响宪法其他条款的情况下，包括全省发展规划、省际合作、省级和地方公共职能、民事财产规范的适用、省级财政、省级公共债务等29项事项，属于各省的专属权限。①

比较《意大利共和国宪法》、《西班牙王国宪法》与《刚果民主共和国宪法》，不同的地方有：一是，前两者主要是对中央与大区或自治区之间立法权的划分，对有关行政机关的职权及配置由行政组织法规定，而后者主要是对中央与各省政府之间行政权的划分；②二是，前者虽有实行地方自治的原则要求，但没有关于地方政府专属职权的规定，而后两者除了将中央与自治区或省的职权划分为中央政府专属事项外，还单独对各自治区或省的专属事项作了列举规定；《刚果民主共和国宪法》还规定了中央与各省共享事项。

（二）由法律规定中央与地方的职权划分

大多数单一制国家的宪法，对地方政府的职权只作原则性的概括规定。

如葡萄牙全国分为镇、市和大区三级，设有里斯本等18个大区，另有亚速尔群岛和马德拉群岛2个自治区。1976年《葡萄牙共和国宪法》第6条规定，葡萄牙是单一制国家，其组织方式和职能应尊重自治岛屿的自治制度、辅助性原则、地方政府的自治与公共行政的民主分权。根据该宪法第237条，地方自治机关的职权与组织及其代表机关的权限，由法律根据行政分权的原则规定。

1947年《日本国宪法》第94条规定，地方公共团体的权能是“管理财产、处理事务以及执行行政”。1999年7月日本国会通过关于推进地方分权而完善相关法律等的法律——《地方分权一揽子法》，对《日本地方自治法》进行大幅修改，明确了中央政府与地方自治体的事权分工；废除了机关

① 参见孙谦、韩大元主编：《〈世界各国宪法〉分解资料丛书·地方制度》，中国检察出版社2013年版，第298－301页。

② 根据《意大利共和国宪法》第97条的规定，国家行政机关依照法律规定组织，以确保行政的效率和公正性；行政机关的职权范围、职责和责任，由行政机关的组织条例规定。

委任事务制度；[①]同时，重新界定因此出现的事务划分以及中央对地方的干预等问题。

简单地说，对中央与地方的职权的具体划分，一般是通过普通法律规定的。现以法国、英国和日本为例，分别简要加以说明。

1. 法国府际职权纵向划分

法国是一个长期实行中央集权的国家，但法国自 20 世纪 80 年代以来进行了权力下放和权力分散的改革。法国中央与大区、省和市镇政府的职权，大致可以分为一般行政管理服务、教育、公众健康、社会福利、住宅和城镇规划、环境和公共卫生、文化娱乐体育、交通运输、经济性事务等 9 个方面。[②]

根据 1983 年法国《市镇、省、大区和国家权限划分法》和其他相关的法律（包括新的法律），可将法国中央与地方政府职能，作出如下划分。

法国中央政府负责制定和执行国家政策，对与国家主权有关的国防、外交、司法和安全等事务负有专属责任；议会有权通过法律，政府制定一般性法规。

大区负责区域交通，包括大区交通计划、民用机场、港口；省交通，包括学校交通、城际交通、客运、公路、商业和渔业港口、民用机场、港口和铁路；教育，尤其是高中；职业培训；文化，包括文化遗产和纪念碑、博物馆、档案馆、艺术职业培训和学习；大区规划；经济发展；环境以及科学发展。

省负责省内交通，包括学校交通、城际交通、客运、公路、商业和渔业港口、民用机场、港口和铁路；教育，特别是普通中学（学院）；音乐、舞蹈和戏剧领域的职业培训；包容和社会福利（负责所有社会援助）；公共卫生，包括卫生保护、疫苗接种；对与各区域合作进行规划，包括援助方案；经济发展（与大区的经济发展相辅相成）；环境，尤其是废物和水资源保护计划；农村发展和农业援助；旅游业和商业发展。

市镇政府作为权力下放机构，在以下领域拥有权限：市政交通，包括学校交通、游艇港口、民用机场、非自治港口；文化，包括教学学校、档案馆、博物馆、图书馆；公共卫生（疫苗接种）；经济发展（与该区域的经济发展相辅

① 机关委任事务制度，是指地方自治首长作为中央政府部门的派出机关，管理和执行法律规定由中央政府各部门管辖的事务。这一制度曾被认为是日本中央集权型行政体系的核心部分，但该制度不但没有明确事权责任归属，而且将地方自治体当成中央政府的下级机构，因而受到批评。

② Conseil de l'Europe, *Structure et Fonctionnement de la Démocratie Locale et Régionale*, *France Situation en 1997*, Conseil de l'Europe Publication, 1998, p. 23 – 25.

相成）;环境特别是水和废物;住房。

此外,市长作为国家代表,具有以下领域的权能:登记;选举问题;社会福利（与各省的行动相辅相成）;教育,包括小学和学前班;当地道路;城市规划;保护公共秩序。[1]

需要指出的是,法国的三个层级的地方公共团体（大区、省和市镇）,没有被授予立法权,而是通过执行某些领域的规定和预算来行使职能。

2. 英国府际职权纵向划分

英国中央与地方政府的职权,大致可以分为一般行政管理服务、教育、社会福利、公众健康、住宅和城镇规划、交通、环境和公共卫生、文化娱乐和体育、公用设施和经济发展等10个方面。

根据《英国地方政府法》、1998年关于权力下放的法律和其他相关法律,在英国脱欧前,可将英国中央与权力下放机关（地区政府）、地方政府的职能,大致划分如下。

英国中央政府的保留权力（适用于英国各地的中央权力）有:宪法;外交事务;国防和国家安全;国际发展;宏观经济和财政事项;移民、庇护和国籍;国际贸易和金融市场;竞争;英国议会选举;运输（如航空服务和国际航运监管）;金融服务和养老金;国家最低工资;广播和电信;知识产权;海滨和海床。

英国中央政府保留的权力还包括:（1）苏格兰:就业法;跨境铁路;能源;社会保障（部分）;遗传学、代孕、药物和胚胎学;公务员制度;机会平等（部分）;邮政服务。（2）威尔士:就业法;跨境铁路;能源;社会保障;堕胎、遗传学、代孕、药物和胚胎学;公务员制度;机会平等（部分）;邮政服务;司法和警务;慈善法。（3）北爱尔兰:枪支和爆炸物;核能。

在地区一级,英国在以下领域下放了权力（英国的每一个下放地区）:农业、林业和渔业;教育、培训和技能;环境和规划;卫生和社会服务;住房;法律和秩序;地方政府;体育、文化和遗产;旅游业;经济发展;交通;消防和救援服务;水和洪水防御。

英国还下放了以下领域的权力给权力下放地区:（1）苏格兰:司法和警务;慈善法;酒后驾车限制;印花税;陆上石油和天然气开采许可;部分所得税（能够设定税率和起征点）;机会平等（与苏格兰公共机构有关）;航空客运税;堕胎;垃圾填埋税;社会保障的某些领域;消费者倡导和建议;苏格

---

① European Institute of Public Administration – European Center for the Regions, *Division of Powers between the European Union, the Member States and Regional and Local Authorities*, © European Union, 2012, p. 278 – 279.

兰议会和地方选举;道路标志和限速;铁路警务。(2)威尔士:威尔士语;部分所得税;印花税;垃圾填埋税;道路标志和限速;机会平等(与威尔士公共机构有关);陆上石油和天然气开采许可;威尔士议会和地方选举。(3)北爱尔兰:司法和警务;慈善法;能源;就业法;社会保障、儿童抚养、养老金;公务员制度;机会平等;时间;长途航空客运。

在英格兰的两级地方,郡议会负责教育、交通、规划、消防和公共安全、社会关怀、图书馆、废物管理和贸易标准。区议会负责垃圾收集、回收、议会税收、住房和规划申请。英格兰、威尔士和苏格兰的单一机构(单一议会)负责地方服务。在伦敦和大都会地区,消防、警察和公共交通等服务是通过"联合机构"(在伦敦由大伦敦管理局)提供的。大伦敦管理局与伦敦各区(议会)在交通、刑事司法、健康、技能、就业支持等领域共同承担责任。

在苏格兰,单一议会在以下领域拥有监管权限和/或提供服务:当地公共住房;交通和道路;社会工作;小学教育;某些社会服务;休闲、公园和娱乐;文化、图书馆和博物馆;废物管理;环境保护;健康和公共安全;许可证;消费者保护;社区规划和赋权;经济发展和复兴;选举登记;选举。

在威尔士,单一议会在以下领域提供地方服务:教育;住房;社会服务;公路和运输;废物管理;休闲和文化服务;消费者保护;环境卫生和服务;规划;经济发展;应急计划。

在北爱尔兰,单一议会在以下领域提供地方服务:废物收集和处置、回收和管理;地方规划职能;提供公共设施;地面维护;街道清洁;墓地;公共便利设施;食品安全;健康和安全;环境保护;环境改善;房地产管理、建筑设计和维护;新建筑的建筑控制检查和监管;狗的控制;许可,如娱乐许可;垃圾执法;体育、休闲服务和娱乐设施;公园、开放空间和游乐场;社区中心;艺术、遗产和文化设施;出生、死亡和婚姻登记。[①]

3. 日本府际职权纵向划分

日本地方政府的行政事务,在废除"机关委托事务"后,被调整为"自治事务"和"法定委托事务"两类。[②]

---

① European Institute of Public Administration – European Center for the Regions, *Division of Powers between the European Union, the Member States and Regional and Local Authorities*, © European Union, 2012, p. 957 – 964.

② 法定委托事务,是指地方自治体根据法律和政令的规定处理的事务中,本应由中央政府负责,且中央政府认为有必要确保地方自治体有效予以处理而通过法律或政令加以规定的事务,如护照颁发、国道管理、中央指定统计相关事务;自治事务,是指除法定委托事务以外由地方自治体自主实施的其他所有事务。

根据《日本地方自治法》，都道府县作为包括市町村在内的跨区域地方自治体，负责处理跨区域事务、与市町村相关的联络和协调事务及协助市町村的事务；而市町村作为基本的地方自治体，负责处理都道府县事权以外的所有事务。

在日本，进行事权划分时采用尽可能优先市町村，其次是都道府县，最后将地方自治体无力承担的事务划归中央政府的原则，这与欧洲国家采用的"辅助性原则"类似。

根据修改后的《日本地方自治法》，地方自治体承担自主地、全面地落实地区行政工作的广泛职责，而中央政府则负责下列事务：国际社会中关于一国存立的事务；适合由全国统一决策的与国民的各项活动相关的事务；必须在全国范围或从全国角度实施的政策举措和项目等。

都道府县负责的事务包括：跨区域事务，如都道府县道路、港湾、山水治理、保健所、职业培训、警察；面向市町村的联络协调事务，如有关合理地组织和运营市町村的建议、劝告和指导；协助市町村的事务，如高中、博物馆和医院。

市町村负责的事务包括：有关居民生活的基础事务，如户籍、居民登记、地址标识；有关确保居民安全、健康的事务，如消防、垃圾处理、上下水道；有关居民福利的事务，如生活保护（城市区域）、护理保险、国民健康保险；有关城市建设的事务，如城市规划、市町村道路、公园；有关公共设施的建设、管理的事务，如公民馆、市民会馆、保育所、小学、初中、图书馆。

此外，都道府县及市町村还负责其他众多的事务，可以说，覆盖了除中央政府承担的外交、防卫、货币及司法等事务以外的所有内政领域。①

（三）单一制国家府际权限争议处理

在单一制国家，地方的权限是中央通过宪法或法律授予的；中央还可以通过行使监督权，防止地方的权限与中央发生争议。但许多单一制国家实行地方自治，有的单一制国家的宪法或宪法性法律规定由普通法院、宪法法院或专门机关裁决涉及中央侵犯地方自治权的争议。

根据《欧洲地方自治宪章》第 11 条关于"地方政府有权诉诸司法补救措施，以确保自由行使权力，并尊重宪法或国内立法所确立的地方自治原则"的规定，许多欧洲签约国宪法规定了地方自治的司法保障和权限争议解决。《波兰共和国宪法》第 165 条规定，地方自治政府的自治性质受法院

① 参见日本国自治体国际化协会编：《日本的地方自治》（2019 年改订中文本），日本国自治体国际化协会（CLAIR）2020 年版，第 14－15 页。

保护;第 166 条规定,行政法院解决地方自治政府与中央政府部门之间的权限争议。①

设立宪法法院的欧洲国家,则通过宪法法院裁决中央与地方的权限争议,如《意大利共和国宪法》第 127 条规定,如大区认为某一共和国法律以及有法律效力的某一法令侵犯其自治权,可于该法律或者法令公布之日起 60 日内向宪法法院提起合宪性审查。②《北马其顿共和国宪法》第 110 条规定,共和国宪法法院决定共和国机构和地方自治政府单位之间的权限冲突。③

根据 1948 年《大韩民国宪法》第 111 条和 1988 年《大韩民国宪法法院法》第 2 条,宪法法院管辖包括国家机构与地方政府之间的权限纠纷的案件,宪法法院就权力纠纷的裁决对所有国家机关和地方政府具有约束力。④

关于专门的处理权限争议的机构,如根据 2003 年修改的《日本地方自治法》第 250 条的有关规定,日本政府在总务省设立了国家地方争讼处理委员会。该委员会根据《日本地方自治法》,对地方公共团体长官就国家对普通地方公共团体干预中要求改正、拒绝许可及其他处分等不服提出的申请进行审查,如认为国家干预是违法的,可对国家行政机关采取必要的劝告等措施。⑤

四、我国国家机构职权的纵向划分

1949 年《中国人民政治协商会议共同纲领》第 16 条规定:“中央人民政府与地方人民政府间职权的划分,应按照各项事务的性质,由中央人民政府委员会以法令加以规定,使之既利于国家统一,又利于因地制宜。”

1954 年《中华人民共和国宪法》在第 2 章“国家机构”中,分别规定了全国人大及其常委会、国务院和地方各级人大和人民委员会等的职权及民族自治地方的自治机关的自治权。1975 年《中华人民共和国宪法》和 1978 年《中华人民共和国宪法》也作了类似规定。

---

① 参见孙谦、韩大元主编:《〈世界各国宪法〉分解资料丛书 · 地方制度》,中国检察出版社 2013 年版,第 213 页。

② 参见孙谦、韩大元主编:《〈世界各国宪法〉分解资料丛书 · 地方制度》,中国检察出版社 2013 年版,第 287 页。

③ 参见孙谦、韩大元主编:《〈世界各国宪法〉分解资料丛书 · 宪法实施的保障》,中国检察出版社 2013 年版,第 109 页。

④ 参见孙谦、韩大元主编:《〈世界各国宪法〉分解资料丛书 · 宪法实施的保障》,中国检察出版社 2013 年版,第 12 - 13 页。

⑤ 参见万鹏飞、白智立主编:《日本地方政府法选编》,北京大学出版社 2009 年版,第 115 - 118 页。

张友渔提出，在中国，在中央政府领导下既有一般的地方行政区域，又有特殊的民族区域自治地方。中国这一国家结构形式的特点使中国的地方分权也具有自己的特点。①

1982 年《中华人民共和国宪法》，在“总纲”第 3 条第 4 款规定：“中央和地方的国家机构职权的划分，遵循在中央的统一领导下，充分发挥地方的主动性、积极性的原则。”并在第 3 章国家机构中，分别规定了全国人大及其常委会、国务院和地方各级人大和人民政府等的职权以及民族自治地方的自治机关的自治权。

1982 年“修改宪法时，曾考虑过采用列举式的办法，如像美国宪法那样，把划分内容规定得详细一些。后来有些委员提出，中央和地方的职权如何划分，这是一个大问题，在这方面我们还没有经验，还要经过很长一段时间的实践，所以，规定得原则些为好。宪法修改委员会最后采纳了这个意见”。②

除了总纲外，1982 年《中华人民共和国宪法》和宪法相关法规定了中央与地方国家权力机关、行政机关的职权，主要分为立法权、行政权等。

（一）中央与地方立法权划分

《中华人民共和国宪法》和《中华人民共和国立法法》确立了我国统一而又分层次的立法体制和中央与地方立法权划分的基本格局。

1. 国家立法权

1949 年《中华人民共和国中央人民政府组织法》第 7 条规定，中央人民政府委员会制定并解释国家的法律，颁布法令，并监督其执行；规定国家的施政方针；废除或修改政务院与国家的法律、法令相抵触的决议和命令。③ 根据 1954 年《中华人民共和国宪法》，全国人民代表大会是最高国家权力机关，是行使国家立法权的唯一机关。1975 年《中华人民共和国宪法》和 1978 年《中华人民共和国宪法》也都作了类似规定。按照当时的宪法规定，我国的立法体制是一种高度集中的立法体制，立法权集中在全国人大，全国人大常委会没有国家立法权。

根据 1982 年《中华人民共和国宪法》，全国人大及其常委会行使国家立法权。全国人大有权修改宪法；监督宪法的实施；制定和修改刑事、民

---

① 《关于中国的地方分权问题——在国际宪法学协会圆桌会议上的发言》，载《张友渔文选》（下卷），法律出版社 1997 年版，第 459 页。

② 蔡定剑：《宪法精解》，法律出版社 2006 年版，第 175 页。

③ 全国人大常委会法制工作委员会审定：《中华人民共和国法律法规全书》（第 1 卷），中国民主法制出版社 1996 年版，第 31 页。

事、国家机构的和其他的基本法律。全国人大常委会有权解释宪法,监督宪法的实施;制定和修改除应当由全国人大制定的法律以外的其他法律;在全国人大闭会期间,对全国人大制定的法律进行部分补充和修改,但不得同该法律的基本原则相抵触;解释法律。国务院根据宪法和法律,制定行政法规;各部、各委员会根据法律和国务院的行政法规、决定、命令,在本部门的权限内,发布命令、指示和规章。

根据上述宪法规定,我国中央一级的立法权是:国家的权力机关即全国人大及其常委会行使国家立法权,制定法律,其中,只有全国人大有权修改宪法。

在此之下,《中华人民共和国宪法》和《中华人民共和国立法法》分别规定:国务院根据宪法和法律,制定行政法规;中央军事委员会根据宪法和法律,制定军事法规;国家监察委员会根据宪法和法律、全国人大常委会的有关规定,制定监察法规。

我国法律第一次系统规定中央专属立法权的是2000年7月1日起施行的《中华人民共和国立法法》。其第8条和第9条以列举加排除的方式首次规定了中央专属立法权的事项范围,将其正式作为一项立法制度明确下来。第8条明确了只能制定法律的事项。[①] 第9条规定:"本法第八条规定的事项尚未制定法律的,全国人民代表大会及其常务委员会有权作出决定,授权国务院可以根据实际需要,对其中的部分事项先制定行政法规,但是有关犯罪和刑罚、对公民政治权利的剥夺和限制人身自由的强制措施和处罚、司法制度等事项除外。"

我国学界的主流观点,是将《中华人民共和国立法法》第8条视为一种法律保留。法律保留中,"可授权的部分称为相对保留,不可授权的称为绝对保留"[②]。

2015年修改的《中华人民共和国立法法》对中央专属立法权作出部分调整,第8条增加一项,作为第6项:"(六)税种的设立、税率的确定和税收征收管理等税收基本制度";第6项改为第7项,修改为:"(七)对非国有财产的征收、征用";第8项改为第9项,修改为:"(九)基本经济制度以

① 2000年《中华人民共和国立法法》第8条规定:"下列事项只能制定法律:(一)国家主权的事项;(二)各级人民代表大会、人民政府、人民法院和人民检察院的产生、组织和职权;(三)民族区域自治制度、特别行政区制度、基层群众自治制度;(四)犯罪和刑罚;(五)对公民政治权利的剥夺、限制人身自由的强制措施和处罚;(六)对非国有财产的征收;(七)民事基本制度;(八)基本经济制度以及财政、税收、海关、金融和外贸的基本制度;(九)诉讼和仲裁制度;(十)必须由全国人民代表大会及其常务委员会制定法律的其他事项。"

② 应松年:《〈立法法〉关于法律保留原则的规定》,载《行政法学研究》2000年第3期。

及财政、海关、金融和外贸的基本制度”。

从第8条与第9条的关系上可以看出，第8条应为“一般意义上的法律保留”或称“相对保留”。除“等事项”这一兜底规定外，2000年《中华人民共和国立法法》第9条中明确列举的“禁止授权的保留”或称“绝对保留”，包括犯罪和刑罚、对公民政治权利的剥夺和限制人身自由的强制措施和处罚、司法制度这三类事项。

对此，全国人大常委会法工委国家法室组织编写的《中华人民共和国立法法解读》一书认为，有关全体公民基本权利和人身自由的事项，应当由最高国家权力机关决定。上述三类事项都涉及公民的基本权利和自由，比如，司法制度中国家的侦查、审判和检察工作直接体现了社会的正义和公道，与全体公民的基本权利和自由密切相关。因此，这三类事项的立法权只能专属于全国人大及其常委会，由其制定法律予以规范，而不应让渡和转授。①

除了《中华人民共和国立法法》以外，有的法律也对中央专属立法事项作了规定，如《中华人民共和国行政处罚法》规定，“限制人身自由的行政处罚，只能由法律设定”。

“法律保留”(Vorbehalt des Gesetzes)作为一项原则，最初由德国行政法学者提出。其含义是指，对于特定范围内的国家事务，行政权只有获得法律的授权才能启动，它强调的是法律相对于行政的优越地位，因此也被视为行政法的一项基本原则。但法律保留原则未在基本法中明确规定，只是在第20条第3款中被作为隐含的前提条件而预设存在。② 该款规定立法机关将受宪制秩序的约束，行政机关和司法机构将受法律和司法的约束。但国内一些学者将其扩展到宪法学领域，并试图用于中央与地方的立法权限划分。如俞祺认为，若将法律保留原则中的“法律”作狭义理解，则该原则应包括两个方面：一是横向的，即中央立法机关针对中央行政机关的保留；二是纵向的，即中央立法机关针对地方立法机关的保留。2000年《中华人民共和国立法法》第8条所规定的法律保留制度即包括横向和纵向两个维度。③

是否《中华人民共和国宪法》中明确列举的“法律”事项就是法律保留事项，或者2000年《中华人民共和国立法法》第8条规定的事项也适用于

---

① 参见全国人大常委会法制工作委员会国家法室编著：《中华人民共和国立法法解读》，中国法制出版社2015年版，第67－68页。

② [德]康拉德·黑塞：《联邦德国宪法纲要》，李辉译，商务印书馆2007年版，第157－158页。

③ 参见俞祺：《央地关系中的法律保留》，载《中国法学》2023年第2期。

中央与地方的立法权限划分？目前尚未形成一般共识和通说。如果各种法律保留都能在理论和原则上找到自身存在的根据，则这种理论对现实的解释力就会引起争议。我们应当在法律保留的历史渊源和权力结构中，找到一个合理的区间。

2. 地方立法权

1949 年 12 月《大行政区人民政府委员会组织通则》第 4 条中规定，大行政区人民政府委员会有权“拟定与地方政务有关之暂行法令条例，报政务院批准或备案”。[①]

1950 年 1 月，政务院通过的《省人民政府组织通则》第 4 条规定，省人民政府拟定与省政有关的暂行法令条例，报告主管大行政区人民政府转请中央人民政府政务院批准或备案（在不设大行政区人民政府的地区，由省人民政府径报中央人民政府政务院）。

1950 年 1 月，政务院通过的《市人民政府组织通则》第 4 条规定，市人民政府拟定与市政有关的暂行法令条例，报上级人民政府批准施行。

1950 年 1 月，政务院通过的《县人民政府组织通则》第 4 条规定，县人民政府拟定与县政有关的单行法规，送请省人民政府批准或备案。

根据 1954 年《中华人民共和国宪法》第 60 条，地方各级人民代表大会依照法律规定的权限通过和发布决议，但没有赋予地方人大立法权，唯一的例外情况是，“自治区、自治州、自治县的自治机关可以依照当地民族的政治、经济和文化的特点，制定自治条例和单行条例，报请全国人民代表大会常务委员会批准”。地方各级人民委员会，依照法律规定的权限发布决议和命令。

1979 年 7 月，五届全国人大二次会议通过的《地方组织法》，对我国立法体制进行了重要改革，赋予省、自治区、直辖市人大及其常委会制定地方性法规的权力。1982 年《中华人民共和国宪法》及其有关修正案、《地方组织法》的多次修改以及 2000 年制定、之后多次修正的《中华人民共和国立法法》，进一步确立了普通地方立法权、民族自治地方立法权；《中华人民共和国香港特别行政区基本法》和《中华人民共和国澳门特别行政区基本法》赋予特别行政区立法权。

在我国社会主义法律体系中，地方性法规既有实施功能，体现了执行性；又有地域特点和创制功能，具有自主性，有的还有探索性、先行性。

---

① 北京大学法律系宪法教研室、资料室编：《宪法资料选编》（第 1 辑），北京大学出版社 1982 年版，第 36 页。

按照地方立法权的性质，可将省级地方性法规的权限范围概括为依职权进行的地方立法与依授权进行的地方立法两大类。

（1）依职权进行的地方立法。根据《中华人民共和国宪法》和《中华人民共和国立法法》，这类地方立法又可以分为普通地方立法和特殊地方立法。

第一，普通地方立法，即根据《中华人民共和国宪法》和《中华人民共和国立法法》，省、自治区、直辖市的人大及其常委会，根据本行政区域的具体情况和实际需要，在不同宪法、法律、行政法规相抵触的前提下，可以制定地方性法规。

依职权进行的普通地方立法有以下三种：

一是执行的地方性法规。为执行法律、行政法规的规定，需要根据本行政区域的实际情况作具体规定而制定。即在全国人大及其常委会制定法律、国务院制定行政法规的情况下，省级人大及其常委会为保证该法律、行政法规在本行政区域内的遵守和执行，需要制定实施条例、规定和办法等。如1984年5月11日六届全国人大常委会第五次会议通过《中华人民共和国水污染防治法》，各省级人大常委会相继制定了水污染防治的实施条例或办法。1997年10月25日河北省八届人大常委会第二十九次会议审议通过《河北省水污染防治条例》。

二是自主的地方性法规。对属于地方性事务而制定的地方性法规，国家一般不对该事项专门立法。如2022年5月25日北京市十五届人大常委会第三十九次会议审议通过的《北京中轴线文化遗产保护条例》。

三是先行的地方性法规。除《中华人民共和国立法法》规定的中央专属立法事项外，其他事项国家尚未制定法律或行政法规的，省、自治区、直辖市和设区的市、自治州根据本地方的具体情况和实际需要，可以先制定地方性法规。在国家制定的法律或者行政法规生效后，地方性法规同法律或行政法规相抵触的规定无效，制定机关应当及时予以修改或者废止。如2021年10月22日温州市十三届人大常委会第四十二次会议通过、2021年11月25日浙江省十三届人大常委会第三十二次会议批准的《温州市“两个健康”先行区建设促进条例》。

除省级人大常委会以外，2015年修正后的《中华人民共和国立法法》第72条第2款规定了设区的市人大及其常委会行使地方立法权的范围，即城乡建设与管理、环境保护、历史文化保护等方面的事项；2023年修正后的《中华人民共和国立法法》，将设区的市人大及其常委会行使地方立法权的范围修改为“城乡建设与管理、生态文明建设、历史文化保护、基层治理等方面的事项”。

第二,特殊地方立法,即除上述依职权进行的普通地方立法外,还有两种地区,享有比一般地方更大的立法权限。

一是,民族自治地方制定自治条例和单行条例。《中华人民共和国宪法》、《中华人民共和国民族区域自治法》和《中华人民共和国立法法》相关条款都规定,民族自治地方的人民代表大会有权依照当地民族的政治、经济和文化的特点,制定自治条例和单行条例。自治区、自治州、自治县的自治条例和单行条例,需报上一级人大常委会批准后生效。《中华人民共和国立法法》还规定:“自治条例和单行条例可以依照当地民族的特点,对法律和行政法规的规定作出变通规定,但不得违背法律或者行政法规的基本原则,不得对宪法和民族区域自治法的规定以及其他有关法律、行政法规专门就民族自治地方所作的规定作出变通规定。”

二是,特别行政区立法。根据《中华人民共和国香港特别行政区基本法》和《中华人民共和国澳门特别行政区基本法》的规定,香港和澳门两个特别行政区的立法会有权制定法律,报全国人大常委会备案。①

(2)依授权进行的地方立法。主要有下列几种情况:

一是,制定经济特区法规。1981 年 11 月 26 日,五届全国人大常委会第二十一次会议通过决议,授权广东省、福建省人大及其常委会,根据有关的法律、法令、政策规定的原则,按照各该省经济特区的具体情况和实际需要,制定经济特区的各项单行经济法规,并报全国人大常委会和国务院备案。②

1988 年、1992 年、1994 年和 1996 年,全国人大或常委会先后分别授权海南省、深圳市、厦门市和汕头市、珠海市人大及其常委会根据经济特区的具体情况和实际需要,遵循宪法的规定以及法律和行政法规的基本原则,制定法规,在各自的经济特区实施,并报全国人大常委会、国务院和所在省的人大常委会备案(见表 4.2)。

2000 年《中华人民共和国立法法》第 65 条以及以后的规定,对此均予以确认。

---

① 中央对特别行政区具有全面的管治权,除了中央立法权、行政权以及对特别行政区法律备案审查外,全国人大常委会还有权决定在特别行政区实施的全国性法律,可以对已列入两个特别行政区基本法附件三的法律予以增减;确定特别行政区全国人大代表的名额和产生办法、批准行政长官产生办法的修改;解释两个基本法。此外,特别行政区终审法院的法官和院长的任命和免职、特别行政区立法会的产生办法的修改,须报全国人大常委会备案。基本法的修改权属于全国人大。

② 全国人大常委会法制工作委员会审定:《中华人民共和国法律法规全书》(第 1 卷),中国民主法制出版社 1996 年版,第 364 页。

表 4.2　深圳、厦门、汕头和珠海四个经济特区的两个立法权

内容	经济特区立法权	设区的市立法权
权力来源	全国人大或全国人大常委会的授权决定	《中华人民共和国立法法》赋予设区的市立法权
性质	授权立法	职权立法
遵循原则	遵循宪法的规定，法律、行政法规的基本原则	不抵触原则，即不同宪法、法律、行政法规和本省地方性法规相抵触
生效程序	市人大及其常委会通过	市人大及其常委会通过，广东省、福建省人大常委会批准
适用范围	经济特区（如《××经济特区××条例》）	本市行政区域（如《××市××条例》）
适用规则	优先适用（经济特区法规对法律、法规作变通规定的，在经济特区范围内优先适用）	上位法优于下位法（与法律、法规相抵触的，适用法律、法规的规定）

二是，制定浦东新区法规。2021 年 6 月 10 日十三届全国人大常委会第二十九次会议通过决定，授权上海市人大及其常委会根据浦东改革创新实践需要，遵循宪法规定以及法律和行政基本原则，制定浦东新区法规，在浦东新区实施。[①] 2023 年修正的《中华人民共和国立法法》第 84 条对此予以确认。

三是，制定海南自由贸易港法规。2021 年 6 月 10 日十三届全国人大常委会第二十九次会议通过的《中华人民共和国海南自由贸易港法》第 10 条，明确海南省人大及其常委会可以根据该法，结合海南自由贸易港建设的具体情况和实际需要，遵循宪法规定和法律、行政法规的基本原则，就贸易、投资及相关管理活动制定法规，在海南自由贸易港范围内实施。2023 年修正的《中华人民共和国立法法》第 84 条对此予以确认。

四是，根据 2015 年修正的《中华人民共和国立法法》第 13 条的规定，全国人大及其常委会可以根据改革发展的需要，决定就行政管理等领域的特定事项授权在一定期限内在部分地方暂时调整或暂时停止适用法律的

---

① 2021 年 4 月 23 日《中共中央、国务院关于支持浦东新区高水平改革开放打造社会主义现代化建设引领区的意见》提出，比照经济特区法规，授权上海市人大及其常委会立足浦东改革创新实践需要，遵循宪法规定以及法律和行政法规基本原则，制定法规，可以对法律、行政法规、部门规章等作变通规定，在浦东实施。

部分规定。这是相关法律首次规定地方改革试点及其授权决定。

2023 年修正的《中华人民共和国立法法》,明确全国人大及其常委会可以根据改革发展的需要,决定就特定事项授权在规定期限和范围内暂时调整或暂时停止适用法律的部分规定。暂时调整或暂时停止适用法律的部分规定的事项,实践证明可行的,由全国人大及其常委会及时修改有关法律;修改法律的条件尚不成熟的,可延长授权的期限,或恢复施行有关法律规定。此外,增加规定,国务院可根据改革发展的需要,决定就行政管理等领域的特定事项,在规定期限和规定范围内暂时调整或暂时停止适用行政法规的部分规定。

五是,法律、行政法规单独规定、具体授权省、自治区、直辖市的人大或其常委会对某些事项作出规定。如根据 1996 年《中华人民共和国行政处罚法》第 13 条,地方政府规章设定罚款的限额,由省、自治区、直辖市人大常委会规定。许多省级人大常委会据此制定了有关地方性法规,如 1996 年 8 月 31 日浙江省八届人大常委会第二十九次会议通过的《浙江省人民代表大会常务委员会关于政府规章设定罚款限额的规定》。

(二)行政权纵向划分

1. 中央与普通地方、民族自治地方之间行政权划分

我国行政事务纷繁复杂,《中华人民共和国宪法》没有具体列举行政事务的中央或地方归属,而是原则规定国务院和地方政府的职权。

一般情况是,由法律对国务院或其部门与县级以上地方人民政府或其部门负责的某些行政职权作原则划分。对政府之间的职权划分,如根据 2008 年《中华人民共和国企业国有资产法》第 4 条,国务院确定的关系国民经济命脉和国家安全的大型国家出资企业、重要基础设施和重要自然资源等领域的国家出资企业,由国务院代表国家履行出资人职责。其他的国家出资企业,由地方人民政府代表国家履行出资人职责。对政府部门之间的职权划分,如 2019 年《中华人民共和国外商投资法》第 7 条明确了国务院商务主管部门、投资主管部门和县级以上地方人民政府有关部门的外商投资促进、保护和管理体制。

《中华人民共和国立法法》还对省级和设区的市、自治州政府制定地方政府规章作了规定:“省、自治区、直辖市和设区的市、自治州的人民政府,可以根据法律、行政法规和本省、自治区、直辖市的地方性法规,制定规章。地方政府规章可以就下列事项作出规定:(一)为执行法律、行政法规、地方性法规的规定需要制定规章的事项;(二)属于本行政区域的具体行政管理事项。”

国务院根据《中华人民共和国宪法》关于国务院有权"规定中央和省、自治区、直辖市的国家行政机关的职权的具体划分"的规定,通过行政法规或行政规范性文件,对国务院与各省级国家行政机关有关经济、教育、科学、文化、卫生、体育、财政、民政、公安等职权,作具体的划分。通过行政法规具体划分的,如2021年《排污许可管理条例》第3条明确了国务院生态环境主管部门负责全国排污许可的统一监管和设区的市级以上地方政府生态环境主管部门负责本行政区域排污许可的监管的体制;通过行政规范性文件划分的,如根据2016年12月12日印发的《国务院关于发布政府核准的投资项目目录(2016年本)的通知》,不同电站按重要程度,分别由国务院、国务院投资主管部门、省级政府或地方政府核准。[①]

法律规定或国务院具体划分中央与各省级国家行政机关具体职权时,考虑的因素主要有以下几个:

一是事务的性质。从宪法的视角划分,由于我国的国家结构形式是单一制而不是联邦制,行政权力涉及的范围大致分为中央负责、中央直接管辖的事务和中央统一领导、中央与地方政府共同负责、分级管理的事务以及主要面向地方政府的事务这三大类。

具体而言,外交、国防、海关、国家安全等涉及国家主权、安全、发展利益的事项,金融、国家税务、外汇管理等关系国民经济命脉的事项,由中央政府部门或机构专属管辖,同时,有的根据需要可以设立派驻机构或分支机构实行垂直管理。对教育、科学、文化、卫生、体育、社会保障、环境和资源保护、城乡建设事业和财政、民政、民族事务、司法行政等行政工作等,则实行中央统一领导、中央与地方分级管理。

二是受益范围。凡事务兴办的受益者涉及全国或数省、自治区、直辖市者,由国务院或国务院有关部门负责;凡事务的受益者仅涉及某一行政区域的,则归该行政区域内的地方政府负责。这一类事务的职权划分主要以事务兴办的空间为依据,如区域发展战略、大型铁路或公路干线、大电网等的兴建或管理、长江或黄河或其他大江大河的规划和综合整治、有关跨

① 根据该目录,水电站,在跨界河流、跨省(区、市)河流上建设的单站总装机容量50万千瓦及以上项目由国务院投资主管部门核准,其中单站总装机容量300万千瓦及以上或者涉及移民1万人及以上的项目由国务院核准,其余项目由地方政府核准;抽水蓄能电站,由省级政府按照国家制定的相关规划核准;火电站(含自备电站),由省级政府核准,其中燃煤燃气火电项目应在国家依据总量控制制定的建设规划内核准;热电站(含自备电站),由地方政府核准,其中抽凝式燃煤热电项目由省级政府在国家依据总量控制制定的建设规划内核准;风电站,由地方政府在国家依据总量控制制定的建设规划及年度开发指导规模内核准;核电站,由国务院核准。

区域环境污染纠纷的协调解决、国家重点流域(区域、海域)污染防治工作的统筹协调等,归属中央部门负责。① 为了便于管理,中央有关部门可以设立派驻地方的机构负责上述事务。

三是行政机关领导或管理事务的重要性。如果某一事务对经济和社会发展全局有重大影响,需要由中央管理,则考虑国务院及有关部门管理,其余由某一级地方或由各级地方管理。如根据2021年《中华人民共和国湿地保护法》第14条,国家对湿地实行分级管理。国家重要湿地名录及范围、省级重要湿地名录及范围、一般湿地的名录及范围,分别由国务院林草主管部门会同国务院有关部门、省级人民政府或其授权的部门和县级以上地方人民政府或其授权的部门发布。其中,省级人民政府或其授权的部门发布省级重要湿地名录及范围后,要报国务院林草主管部门备案。

四是行政机关领导或管理事务的能力。一些涉及国计民生的重要经济事业和重要行政事务,包括涉及投资项目的领导或管理,具有较高的财力、物力或人力要求的,归国务院或有关部门负责;如项目举办或管理所需人、财、物,地方能够筹措和集中,且有更好经济效益,则归属地方。

2. 不同层级地方之间行政权划分

地方与地方之间的行政权划分,主要是在县级以上地方人民政府之间及其与乡、镇人民政府之间进行。

1949年《大行政区人民政府委员会组织通则》、1950年《省人民政府组织通则》、《市人民政府组织通则》和《县人民政府组织通则》,曾对地方各级人民政府的职权分别进行列举性规定。1954年《中华人民共和国地方各级人民代表大会和地方各级人民委员会组织法》以后不再分别规定。

现行《地方组织法》,除对县级以上的地方各级人大及其常委会与乡、民族乡、镇的人大行使的职权作了分别规定外,对县级以上的地方各级人民政府与乡、民族乡、镇人民政府的职权分别作了规定。

少数法律规定了各级地方政府的职权划分。如根据《中华人民共和国森林法》第22条的规定,单位之间发生的林木、林地所有权和使用权争议,由县级以上人民政府依法处理;个人之间、个人与单位之间发生的林木所有权和林地使用权争议,由乡镇人民政府或县级以上人民政府依法处理。

现行《中华人民共和国立法法》明确设区的市、自治州的地方政府规章,限于城乡建设与管理、生态文明建设、历史文化保护、基层治理等方面

① 以水利工程为例,根据《政府核准的投资项目目录(2016年本)》,涉及跨界河流、跨省(区、市)水资源配置调整的重大水利项目由国务院投资主管部门核准,其中库容10亿立方米及以上或者涉及移民1万人及以上的水库项目由国务院核准。

的事项，范围比省级地方政府规章要窄。

3. 中央与特别行政区之间行政权划分

《中华人民共和国香港特别行政区基本法》和《中华人民共和国澳门特别行政区基本法》以大量篇幅规范中央与香港特别行政区、澳门特别行政区的行政权的划分，大致分为中央政府职权、特别行政区政府职权和中央政府与特别行政区政府共同职权（责任）三方面。

中央政府的主要行政职权如下：

一是，负责管理与特别行政区有关的外交事务。中国政府恢复对香港和澳门行使主权后，中央人民政府根据基本法的规定负责管理与香港特别行政区、澳门特别行政区有关的外交事务。为了便于外交部处理与特别行政区有关的外交事务，基本法规定外交部在香港特别行政区、澳门特别行政区设立机构处理外交事务。

二是，负责管理特别行政区的防务。香港驻军、澳门驻军不干预特别行政区的地方事务。特别行政区政府在必要时，可向中央人民政府请求驻军协助维持社会治安和救助灾害。

三是，中央人民政府依照基本法有关规定任免香港特别行政区行政长官、政府主要官员（各司司长及副司长、各局局长、廉政专员、审计署署长、警务处处长、入境事务处处长、海关关长）和澳门特别行政区行政长官、政府主要官员（各司司长、廉政专员、审计长、警察部门主要负责人和海关主要负责人）、检察长。

四是，中央人民政府根据情况和香港特别行政区、澳门特别行政区的需要，并在征询特别行政区政府的意见后，对中国缔结的国际协议是否适用于特别行政区作出决定。

五是，各省、自治区、直辖市进入香港特别行政区、澳门特别行政区定居的人数由中央人民政府主管部门征求特别行政区政府的意见后确定。

六是，在全国人大常委会决定宣布战争状态或因特别行政区内发生特别行政区政府不能控制的危及国家统一或安全的动乱而决定特别行政区进入紧急状态时，中央人民政府可发布命令将有关全国性法律在特别行政区实施。

七是，外国在特别行政区设立领事机构或其他官方、半官方机构，须经中央人民政府批准。

八是，外国军用船只进入特别行政区须经中央人民政府特别许可。

九是，行政长官须将财政预算、决算报中央人民政府备案。

十是，特别行政区根据需要在外国设立官方或半官方的经济和贸易机构，须报中央人民政府备案。

根据基本法的概括规定，特别行政区享有行政管理权，依照基本法有关规定自行处理特别行政区的行政事务。基本法相关条文规定特别行政区政府行使“管理各项行政事务”的权力。基本法还在其他条款中具体规定了行政管理权的主要内容。

相比中国内地的省、自治区和直辖市，中国的特别行政区在行政管理方面享有高度自治权。

一是，特别行政区政府制定并执行政策、参与立法工作、负责编制并提出财政预算、决算等。香港特别行政区行政长官、澳门特别行政区行政长官有权提名并报请中央人民政府任命特别行政区政府主要官员并建议中央人民政府免除其职务；依照法定程序任免公职人员。

二是，特别行政区保持财政独立。财政收入全部用于自身需要或全部由特别行政区自行支配，不上缴中央人民政府；中央人民政府不在特别行政区征税；特别行政区实行独立的税收制度；特别行政区自行立法规定税种、税率、税收宽免和其他税务事项。

三是，特别行政区政府自行制定货币金融政策，货币发行权属于特别行政区政府；特别行政区不实行外汇管制政策，外汇储备由特别行政区政府依法管理和支配；特别行政区政府保障资金的流动和进出自由。

四是，特别行政区保持自由港地位，除法律另有规定外，不征收关税；特别行政区实行自由贸易政策，保障货物、无形财产和资本的流动自由；香港特别行政区、澳门特别行政区为单独的关税地区；特别行政区根据当时的产地规则，可对产品签发产地来源证。

五是，特别行政区自行制定工商业发展、劳工、航运、教育、医疗卫生、科学技术、文化、新闻出版、体育等政策。

六是，特别行政区自行制定有关社会福利的发展和改进的政策等。①

中央与特别行政区在一些事项上负有共同职权（责任），如根据基本法，中央各部门，各省、自治区、直辖市如需在特别行政区设立机构，须征得特别行政区政府同意并经中央人民政府批准等。

根据《中华人民共和国香港特别行政区维护国家安全法》，维护国家安全是中央人民政府和香港特别行政区的共同责任（中央人民政府对香港特别行政区有关的国家安全事务负有根本责任；香港特别行政区负有维护

① 特别行政区除了享有立法权和行政管理权外，还有独立的司法权和终审权、依法处理有关的对外事务的权力。根据基本法，特别行政区还可享有全国人大、全国人大常委会或中央人民政府授予的其他权力。

国家安全的宪制责任，应当履行维护国家安全的职责)。[①]

五、纵向职权的科学配置和依法规范

科学配置纵向职权，特别是合理划分中央与地方的职权，是理顺纵向关系的前提和基础。纵向职权的配置科学、分工合理，对充分发挥中央与地方各自的作用，提高治理整体效能，具有重要意义。

(一)健全纵向职权划分的法律机制

1982 年《中华人民共和国宪法》第 3 条第 1 款确立了国家机构实行民主集中制的原则；第 3 条第 4 款规定："中央和地方的国家机构职权的划分，遵循在中央的统一领导下，充分发挥地方的主动性、积极性的原则。"

有学者对"中央的统一领导"涉及的问题和现状进行分析，认为"中央的统一领导"与"充分发挥地方的主动性、积极性"构成一对矛盾，全面认识我国的央地关系以及准确理解"地方的主动性、积极性"本身，都不能忽视中央的统一领导，并对"中央的统一领导"的历史发展、组织基础、事权范围和执行机制进行深入研究。[②] 还有学者对《中华人民共和国宪法》第 3 条第 4 款的"主动性"和"积极性"的历史发展、规范现状、制度实践和改革趋势进行了综合考察。[③]

彭真同志在 1982 年 4 月 22 日五届全国人大常委会第二十三次会议上所作的《关于中华人民共和国宪法修改草案的说明》中指出："草案根据发挥中央和地方两个积极性的原则，规定中央和地方适当分权，在中央的统一领导下，加强了地方的职权，肯定了省、自治区、直辖市人大和它的常委会有权制定和颁布地方性法规。我们国家很大，一个省就有几千万以至上亿人，相当一个大、中国家，各地政治、经济、文化发展很不平衡，这样规定，有利于各地因时因地制宜，发挥主动性、积极性，加速整个国家的建设。"[④]

中央和地方的国家机构职权划分的上述"两个积极性"原则，符合我国央地关系的实际和发展需要，是具有约束力的宪法原则，应当得到切实

---

① 该法还规定，中央人民政府在香港特别行政区设立维护国家安全公署，依法履行维护国家安全职责，行使相关权力；香港特别行政区设立维护国家安全委员会，负责香港特别行政区维护国家安全事务，承担维护国家安全的主要责任，并接受中央人民政府的监督和问责；香港特别行政区政府警务处设立维护国家安全的部门，配备执法力量。

② 王建学：《中央的统一领导：现状与问题》，载《中国法律评论》2018 年第 1 期。

③ 郑毅：《论中央与地方关系中的"积极性"与"主动性"原则——基于我国〈宪法〉第 3 条第 4 款的考察》，载《政治与法律》2019 年第 3 期。

④ 彭真：《论新时期的社会主义民主与法制建设》，中央文献出版社 1989 年版，第 113 页。

落实。但实践中,《中华人民共和国宪法》和宪法相关法的规定,也存在值得进一步完善的空间,如《中华人民共和国宪法》关于“两个积极性”的规定过于原则、可操作性不强;该由全国人大及其常委会专属立法的事项不够全面;中央与地方立法权限划分不同程度存在不清晰不规范等问题;应由中央政府管辖的宏观事务有的不够集中;中央和省级的国家行政机关的职权的划分不够具体;中央政府用以履行职权的财源的管理有待进一步完善等。

我国主要在立法层面原则划分了中央与地方的权限和地方立法权的大致类型和范围,对试验性立法的统一规定不够,实践中主要采取“一事一授权”的方法。对于地方政府的职权,主要规定了执行性和管理性等方面,缺乏地方政府探索职能的内容。同时,中央与地方政府的事务按照“统一领导、分级管理”的体制,从上到下进行分解和细化。一般而言,上级政府有的职责,下级政府也有;省级政府有的职责,省级以下政府也有。政府及其部门之间,管辖区域有大小、权限范围有差别,但管理职能区分少,有的领域存在上下职能错位、责任不清、权责脱节的情况。

以生态环保为例,根据《中华人民共和国环境保护法》第 10 条,国务院生态环境主管部门,对全国环境保护工作实施统一监督管理;县级以上地方人民政府生态环境主管部门,对本行政区域环境保护工作实施统一监督管理。这种管理体制符合我国的实际和管理需要,但在生态环境规划、生态环境监测执法、生态环境事务管理、环境污染防治和其他事项方面,法律本身对国务院有关部门和省级地方事权如何划分,以及省级与省级以下地方政府如何分工协调,规定得较原则,行政法规和部门规章也体现不够。

这些问题的存在,对健全中央与地方职权划分的法律机制提出了要求。

有的学者根据国内外做法,将政府间职能大致分为中央政府专有职能、地方政府专有职能和中央地方共有职能。[①] 这种表述有待商榷。从宪法学的角度来划分,我国的国家结构形式是单一制,而不是联邦制,我国的地方不是联邦制国家的州、邦、省、共和国等联邦成员,不存在剩余权力或专有权力的问题;我国各级地方的职能或权力,源于中央根据宪法或法律的规定或授予,不是地方本身固有的;我国各级政府之间是领导和被领导的关系。

实际上,纵向府际职能,可以大致分为中央的专有职能、中央与地方共

---

① 沈荣华:《纵向行政体制改革:重点领域和思路选择》,载《行政管理改革》2010 年第 5 期。

有职能以及主要面向地方或基层、量大面广、由地方或基层实施更加有效的职能三大类。其中,后面两种地方政府的职能中,中央与地方共有职能中属于地方政府的部分和主要面向地方或基层的职能,不具有排他性,不能称为“专有职能”。

贯彻中央和地方的国家机构职权划分的基本原则,需要通过补充、完善和细化中央立法权、把握地方立法的边界、完善地方立法制度、落实《中华人民共和国宪法》第 89 条第 4 项由国务院“规定中央和省、自治区、直辖市的国家行政机关的职权的具体划分”等,健全纵向府际职权划分的法律机制。

(二)补充、完善和细化中央立法权

为了维护国家的整体利益和法治统一,各国多规定国会或联邦议会行使国家立法权,同时将有些事项的立法权限保留由州等联邦成员行使或授权地方。

《德意志联邦共和国基本法》对联邦和州最重要的权限分配,出现在立法领域。该法专设第 7 章对联邦立法事项作了具体规定,联邦立法事项分为专属立法事项、竞合立法事项和框架立法事项;2006 年修改该法以后,联邦立法事项分为专属立法事项和竞合立法事项两类。对此,有学者认为,“基本法对联邦立法的规定,与其说是授权联邦立法,毋宁说是划定联邦立法的边界”。①

有的单一制国家的宪法对议会立法事项也作了具体列举,如《葡萄牙共和国宪法》第 164 条规定了专属立法事项共 21 项;第 165 条规定了相对保留的立法事项,除非授权政府立法,否则共和国议会对人民的地位和法律行为能力等 24 项事项,拥有立法的专属责任。同时,第 227 条规定,自治区具有制定法规的权力,可在本地区范围内就不属于行使主权权力机构专属管辖、有关地区的政治和行政的法律规定的事项,制定法规;经共和国议会授权,可就议会相对保留的立法事项进行立法以及进行其他立法(共 22 项)。第 241 条规定,地方政府在本宪法和上级地方政府颁布的法律、法规规定或在监督机关监督的范围内,拥有自行制定规章的权力。

《中华人民共和国宪法》确立了我国“一元多体”的立法体制。《中华人民共和国立法法》规定了只能制定法律的 11 个方面的相对保留事项,并规定了有关犯罪和刑罚、对公民政治权利的剥夺和限制人身自由的强制措施和处罚、司法制度等绝对保留事项。从《中华人民共和国宪法》和《中华

① 《德国州宪全译》,祝捷、向雪宁、江易、姚聪慧译,人民出版社 2017 年版,第 10 页。

人民共和国立法法》的规定来看，需要在修改《中华人民共和国宪法》和《中华人民共和国立法法》时，对有关规定进行修改，明确立法权力边界。

1. 修改《中华人民共和国立法法》规定的中央专属事项

其一，要补充关于中央专属立法权的内容，如将国家安全事项列入主权事项。

其二，要完善、细化有关中央专属立法的事项。在《中华人民共和国宪法》的有关条款中，不少涉及中央立法权的规定，如"由法律规定""以法律规定""依照法律""在法律规定范围内"等，可以作为完善、细化中央专属立法的事项的最高依据；有关法律的条款，如《中华人民共和国行政强制法》关于"行政强制措施"和"行政强制执行"由法律设定的规定（第 10 条和第 13 条）、《中华人民共和国行政处罚法》关于"限制人身自由的行政处罚，只能由法律设定"的规定（第 10 条）以及《中华人民共和国民法典》关于社会主义基本经济制度的规定（第 206 条）等，也是完善、细化中央专属立法的事项的重要依据。此外，还要体现中央党内法规和规范性文件的有关规定，如党的十八届三中全会决定提出的"适度加强中央事权和支出责任，国防、外交、国家安全、关系全国统一市场规则和管理等作为中央事权"等。

具体来说，完善、细化有关中央专属立法的事项，包括以下方面：有关国家领土、国防、外交、国籍、中国公民出入境和外国人入出境制度等涉及国家主权方面的事项；普遍确立公民权利和义务以及涉及公民基本权利和义务的事项；刑事法律制度，公民政治权利和生命权、人身自由权利的限制和剥夺；国家机构组织制度，各级人大及其常委会、人民政府、监察机关、人民法院和人民检察院的职权和相互关系；公务员、法官、检察官、监察官制度，诉讼和执行制度，律师、公证、仲裁基本制度；基本民事法律，包括民事主体、物权、债权、民事侵权、海商、婚姻、继承、商标、专利、著作权，会计和票据制度，劳动和社会保险的基本制度等；国家的基本经济制度，包括公有制为主体、多种所有制经济共同发展，按劳分配为主体、多种分配方式并存，社会主义市场经济体制等内容，企业的组织形式，财政、税收、预决算制度，海关、边境检疫制度，金融、货币、外汇、证券、外贸制度，邮政、电信、铁路、民航、航天、核能等基本管理制度，全国统一大市场的经济活动准则等；其他应当由全国人大及其常委会立法的事项。

其三，进一步明确法律绝对保留的事项范围。应在《中华人民共和国立法法》规定的基础上，将国家主权方面的事项，各级人民代表大会、人民政府、人民法院和人民检察院的产生、组织和职权，以及民族区域自治制度、特别行政区制度、基层群众自治制度等，也列入法律绝对保留的事项范围。

2. 修改《中华人民共和国立法法》关于部门规章的规定

根据2015年《中华人民共和国立法法》第80条，国务院部门规章的制定机关是国务院各部、委员会、中国人民银行、审计署和具有行政管理职能的直属机构。然而在实践中，制定国务院部门规章的，还包括单行法律或行政法规授权的主体，如原中国银行保险监督管理委员会和原中国证券监督管理委员会等国务院直属事业单位，根据《中华人民共和国银行业监督管理法》《中华人民共和国保险法》《中华人民共和国证券法》等有关规定，制定规章；国务院直属特设机构国资委，根据2019年《企业国有资产监督管理暂行条例》第13条，制定企业国有资产监管规章。但这两类规章制定主体，是游离于《中华人民共和国立法法》规定之外的，因此，笔者提出应将国务院直属事业单位和国务院直属特设机构纳入《中华人民共和国立法法》的范围，明确其根据法律授权，可以制定部门规章。[①] 2023年3月，十四届全国人大一次会议修改《中华人民共和国立法法》时，根据以往做法和有关规定，在部门规章制定主体的有关规定中增加规定“法律规定的机构”。

3. 关于监察法规

根据《中华人民共和国宪法》第3条第3款，国家监察委员会与国务院一样，由全国人大产生，对全国人大负责。实践中，国务院根据宪法和法律制定行政法规、中央军委根据《中华人民共和国立法法》制定军事法规，而且，2019年10月26日十三届全国人大常委会第十四次会议审议通过《关于国家监察委员会制定监察法规的决定》，2021年9月20日国家监察委员会公布施行《中华人民共和国监察法实施条例》，特别是2023年修改《中华人民共和国立法法》确立了监察法规的地位。这些都为修改《中华人民共和国监察法》乃至《中华人民共和国宪法》的相关内容提供了条件。应适时修改《中华人民共和国宪法》的有关规定，赋予国家监察机关制定监察法规的权力；在修改《中华人民共和国立法法》基础上，在对《中华人民共和国监察法》修改时，明确“国家监察委员会根据宪法和法律，制定监察法规”。

此外，应当在《中华人民共和国宪法》和《中华人民共和国监察法》规定的基础上，制定各级监察委员会组织法，明确国家监察委员会制定监察

---

① 任进：《规范部门规章的制定权限和主体》，载《法制日报》2016年6月8日，第5版。

法规的权力，确认纪检监察体制改革和机构改革成果，实现监察机关职能、组织法定化。

(三)把握地方立法权的界限

根据《中华人民共和国宪法》和《中华人民共和国立法法》，地方立法主体要在宪法和法律框架内依法立法，体现地方特色，并具有针对性，做到“不抵触、有特色、可操作”。

1. 地方性法规与宪法、法律、行政法规的界限

处理地方性法规与宪法、法律、行政法规的关系，要注意把握几个界限。

一是，制定地方性法规，要保证宪法、法律、行政法规的有关规定在本行政区域内的遵守和执行。执行的地方性法规，实践中通常有两种情况：(1)国家某项法律明文规定地方人大常委会可以制定该法律的实施条例或者办法。目前，这类明文规定的授权范围仅限于省、自治区、直辖市的人大及其常委会。如《地方组织法》第90条规定，“省、自治区、直辖市的人民代表大会及其常务委员会可以根据本法和实际情况，对执行中的问题作具体规定”。制定这类地方性法规应严格以“执行”《地方组织法》为限，不得越权设定法律没有规定的事项。(2)某项法律虽未明文规定，但地方人大常委会根据当地具体情况和实际需要制定了实施细则或者办法。如2013年《河南省实施〈中华人民共和国义务教育法〉办法》。

二是，不得同宪法、法律、行政法规相抵触。所谓“相抵触”，是指地方性法规全部或者部分违反或者超越宪法、法律、行政法规，与其基本原则或者具体规定相违背的情形。遵循“不抵触”原则，要求地方性法规不得僭越全国人大及其常委会的专属立法权，不得超越国务院制定行政法规的事项范围，不得同宪法、法律、行政法规的规定相违背。[①] 但这里的“不抵触”，并不意味着要与“宪法、法律、行政法规保持一致”。

三是，根据本行政区域的具体情况和实际需要。根据《地方组织法》和《中华人民共和国立法法》的这一明确要求，地方立法机关要从实际出发，避免对上位法的照抄照搬，使地方性法规的规定体现地方特色，有针对性、适用性和可操作性。

四是，根据《中华人民共和国立法法》的规定，地方性法规可以就属于地方性事务的事项作出规定。换言之，省级和设区的市级的人大及其常委会可以就地方性事务制定地方性法规。如根据《中华人民共和国行政强制法》第10条，尚未制定法律、行政法规，且属于地方性事务的，地方性法规

① 国家监委有权制定监察法规以后，地方性法规也不得同国家监委制定的监察法规相抵触。

可以设定查封、扣押的行政强制措施。

对《中华人民共和国立法法》的权威解读认为，所谓“地方性事务”，应是指与全国性事务相对应、具有地方特色的事务。“一般来说，不需要或在可预见时期内不需要由全国制定法律、行政法规来作出统一规定。”①

我国是统一的多民族国家，实行单一制的国家结构形式，不存在排他的地方专有事权。一般认为，属于地方的事权范围，由主要面向地方的事权、中央与地方共同事权中属于地方负责的部分组成。因此，对《中华人民共和国立法法》中所指的“地方性事务”，可作宽泛的理解：只要法律、行政法规没有明确规定属于中央事权以及中央与地方共同事权中属于中央负责的部分的事项，都属于这类地方立法的范畴。

2. 自治条例和单行条例与宪法、法律、行政法规的界限

自治条例和单行条例不是一般意义上的地方性法规，两者在制定主体、遵循原则、条件、程序等方面不尽一致。民族自治地方制定自治条例和单行条例的范围，大致有两种情形：一是国家尚未制定法律、行政法规的，民族自治地方可以根据当地民族的政治、经济和文化的特点，制定自治条例和单行条例；二是国家已有法律、行政法规的规定，民族自治地方可以依照当地民族的特点制定有关变通规定。

自治条例和单行条例对国家法律、行政法规作出变通，必须依法进行。除了不得违背法律、行政法规的基本原则外，下列规定不能变通：一是《中华人民共和国宪法》的规定。宪法是国家的根本法，也是民族区域自治制度的根本保障，对宪法的规定不能变通。二是《中华人民共和国民族区域自治法》的规定。《中华人民共和国民族区域自治法》是规范民族区域自治的基本法律，变通将使民族自治地方丧失实行自治的法律依据。三是其他法律、行政法规中有关民族区域自治问题的专门规定。

3. 地方性法规、地方政府规章与部门规章的界限

地方性法规与部门规章，在制定主体、条件、程序、适用范围上有所不同。

地方政府规章与部门规章之间具有同等效力，在各自的权限范围内施行。

在制定地方性法规或地方政府规章过程中，如涉及与部门规章规定可能不一致，地方人大常委会或人民政府在法规、规章起草或审议前，可主动与中央有关部门协商处理。

如地方性法规与部门规章之间对同一事项的规定不一致、不能确定如

---

① 乔晓阳主编：《〈中华人民共和国立法法〉导读与释义》，中国民主法制出版社2015年版，第249页。

何适用时，根据《中华人民共和国立法法》《法规规章备案条例》的规定，由司法部提出处理意见，报国务院处理；国务院提出意见，国务院认为应适用地方性法规的，应决定在该地方适用地方性法规的规定；认为应适用部门规章的，应提请全国人大常委会裁决。

如地方政府规章与部门规章之间对同一事项的规定不一致时，根据《中华人民共和国立法法》《法规规章备案条例》，由司法部进行协调；经协调不能取得一致意见的，由司法部提出处理意见报国务院裁决，并通知制定机关。

4. 依授权的地方立法与宪法、法律、行政法规的界限

依授权的地方立法与依职权的地方立法相比，主要是在权力来源、性质、遵循原则、生效程序等方面不尽相同（见表4.2）。

对经济特区法规，有几点要求：一是根据经济特区的具体情况和实际需要；二是必须遵循宪法的规定；三是必须遵循法律、行政法规的基本原则；四是在经济特区范围内实施。另外，经济特区法规应当是经济方面的法规，不涉及政治制度、司法制度等。

依法律、行政法规具体授权的地方立法，要严格遵守法律、行政法规的有关规定，不得越权。

属于特别授权的地方立法如浦东新区法规、海南自由贸易港法规，要根据改革创新实践需要或结合具体情况和实际需要；同时，要遵循宪法规定及法律和行政法规的基本原则，并在规定范围内实施。

5. 设区的市级立法与宪法、法律、行政法规和省级地方性法规的界限

设区的市级立法，包括设区的市和自治州制定地方性法规和地方政府规章。

设区的市级地方性法规与宪法、法律、行政法规的界限，同省级地方性法规与宪法、法律、行政法规的界限是类似的，都是根据本行政区域的具体情况和实际需要，不同宪法、法律、行政法规相抵触；但前者还不得同本省、自治区的地方性法规相抵触。

设区的市级立法与省级立法，在范围上也有所不同。除法律另有规定外，设区的市级立法限于城乡建设与管理、生态文明建设、历史文化保护和基层治理等方面的事项。①

---

① 《第十二届全国人民代表大会法律委员会关于〈中华人民共和国立法法修正案（草案）〉审议结果的报告》对此作了专门的说明，认为“在中国特色社会主义法律体系已经形成的情况下，对较大的市的立法权限进行界定是必要的”。载《中华人民共和国全国人民代表大会常务委员会公报》2015年第2号。

设区的市、自治州是省级行政区域的组成部分。赋予设区的市级人大及其常委会以立法权，既要使其可以根据城市的特点制定规范，也要避免重复立法，维护国家法制统一。为此，设区的市级人大及其常委会，应立足地方特色，注重解决当地面临的实际问题，特别是不能通过全国、全省统一立法解决的地方性事务立法。

乔晓阳指出："对于设区的市立法而言，不论是为了执行法律、行政法规的规定立法，还是就地方性事务或先行先试进行立法，都要遵守城乡建设与管理、环境保护、历史文化保护等方面的限定。上述范围实际上是很宽泛的，是能够适应地方实际需要的，足够地方立法发挥作用。"①

对设区的市的地方性法规，由省级人大常委会进行合法性审查，认为其同宪法、法律、行政法规和本省级地方性法规不抵触的，应在 4 个月内予以批准；发现其同本省、自治区的地方政府规章相抵触的，应作出处理决定。

（四）完善地方立法制度

《中华人民共和国宪法》、《地方组织法》和《中华人民共和国立法法》确立了统一的、分层次的立法体制。根据《中华人民共和国立法法》的规定，地方性法规大致可以分为执行性、自主性和先行性三大类；《中华人民共和国立法法》确立了全国人大及其常委会决定暂时调整或暂时停止适用法律部分规定的制度。另外，《中华人民共和国立法法》规定，经济特区法规根据授权对法律、行政法规、地方性法规作变通规定的，在本经济特区适用经济特区法规的规定。这些规定，在支持深化改革、确保重大改革于法有据方面发挥了重要作用。但现有的立法体制还需要完善。

一是，2015 年《中华人民共和国立法法》关于可对法律、行政法规作变通规定的地方性法规，在一般行政区划内，只限于经济特区法规，且要根据授权。其他的地方性法规制定主体，则没有对法律、行政法规作出变通规定的权限。而且，2015 年《中华人民共和国立法法》在授权内容、范围上一般针对个别的特定事项，且有"一事一授权""临时性"等特点。这就使浦东新区等类性质的地方的探索试验、创新改革的空间受到一定局限，难以突破。②

---

① 乔晓阳：《地方立法要守住维护法制统一的底线》，载《法治与社会》2015 年第 11 期。

② 2021 年 4 月 23 日《中共中央、国务院关于支持浦东新区高水平改革开放打造社会主义现代化建设引领区的意见》提出，"比照经济特区法规，授权上海市人民代表大会及其常务委员会立足浦东改革创新实践需要，遵循宪法规定以及法律和行政法规基本原则，制定法规，可以对法律、行政法规、部门规章等作变通规定，在浦东实施。对暂无法律法规或明确规定的领域，支持浦东先行制定相关管理措施，按程序报备实施，探索形成的好经验好做法适时以法规规章等形式固化下来"。

为此,2023年修正的《中华人民共和国立法法》,明确上海市人大及其常委会根据全国人大常委会的授权决定,有权制定浦东新区法规;海南省人大及其常委会根据法律规定,有权海南自贸港法规。

有学者对全国人大常委会授权决定提出建议,如王建学认为,应运用比例原则,更好地解释《中华人民共和国立法法》第16条,明确其中的内容、时间和空间三方面限制的各自标准及其相互关联。[①]

依此修改,需要综合考虑各方面因素,在原有执行性、自主性、先行性的地方立法基础上,增设"授权性地方性法规"类型;以适应创新实践和探索发展的需要。

二是,根据新情况新需要,对设区的市级对"地方性法规"的立法事项范围进行扩充;同时,对设区的市级制定地方政府规章的事项范围作相应修改。

三是,要依据对《地方组织法》和《中华人民共和国立法法》的修改,贯彻落实国家区域协调发展战略。明确省、自治区、直辖市和设区的市、自治州的人大及其常委会根据区域协调发展的需要,协同制定地方性法规,在本行政区域或者有关区域内实施;省、自治区、直辖市和设区的市、自治州要建立区域协同立法工作机制。

(五)行政职权的纵向划分和调整

落实深化党和国家机构改革的要求,很重要一个方面,是要明确中央与省级地方人民政府以及地方人民政府之间在经济调节、市场监管、社会管理、公共服务和生态环保等行政方面的职权分工。

1. 中央与地方政府之间的职权划分和调整

对什么是"行政权力",学者理解主要有两种。一是从国家行政机关执行法律、法规的角度,将行政权力理解为行政机关的执行权,认为行政权力是国家行政机关执行国家法律、法规、政策的权力。二是从国家行政权力是国家权力的一部分来理解,认为行政权力是国家的管理权。

实际上,行政权力具有上述双重属性。行政权力涉及的主要内容,一是政府执行法律的事项;二是政府为公共行政的目的而需要管理和服务的事项。

我国行政权力不同于实行"三权分立"的西方国家,行政机关的行政权虽有相对独立性,但要受制于人民代表大会的立法权、重大事项决定权和监督权。

---

① 王建学:《授权地方改革试点决定应遵循比例原则》,载《法学》2017年第5期。

我国实行中国共产党的领导，党的全面领导特别是对国家事务、社会经济文化事务的领导与行政权力之间存在密切关系。一般情况是，涉及国民经济和社会发展规划、重大方针政策、工作总体部署以及关系国计民生的重要问题，由党中央或地方党委集体讨论决定；经常性工作由政府及其部门按照职责权限进行决策和管理。

根据《中华人民共和国宪法》《地方组织法》，我国中央与地方政府的职权，除外交、国防建设等专属于中央政府外，经济工作、城乡建设、编制和执行本级国民经济和社会发展计划、编制和执行本级预算、财政、资源环保、教育、科学、文化、卫生、体育、民政、国有资产管理、社保、公安、司法行政等事务由国务院与县级以上地方人民政府共同领导或管理、分级负责。

考虑到我国人口和民族众多、幅员辽阔、发展不平衡的国情和经济社会发展的阶段性要求，需要更多发挥中央在保障公民基本权利、提供基本公共服务方面的作用，因此，应保持比西方国家相对多一些的中央与地方共同事权。

但从现阶段或长远来看，针对中央与地方共同事权过多且不规范的情况，必须逐步减少并规范中央与地方共同事权，并根据基本公共服务的性质、受益范围、重要性等，分解细化各级政府承担的事权范围。

中央政府与地方政府之间的职权调整，涉及权力、职能和利益分配等复杂问题。如果抽象地谈中央政府与地方政府之间的权力划分，往往各执一端；如果不涉及职能调整，权力、职能不分，则不可能实现职能权限的科学化、规范化。

一项职能归哪一级政府承担，与该项职能履行相关的权力也应归属哪级政府。不能脱离职能来划分职权，否则可能造成有职无权、有权无职。

从受益范围看，中央政府与地方政府之间职权的范围，大体可分为四大类。一是应归中央政府承办的事务，即全体国民共同受益而且必须在全国范围统筹安排的事务；二是主要面向地方政府的事务；三是跨行政区域的事务；四是地方承办、由中央承担支出责任的地方性事务。

另外，还可以根据事务的性质、范围、管理的效率和经济性、公正性等因素，划分中央与地方职权。

党的十八届三中全会通过的《中共中央关于全面深化改革若干重大问题的决定》提出，“适度加强中央事权和支出责任，国防、外交、国家安全、关系全国统一市场规则和管理等作为中央事权；部分社会保障、跨区域重大项目建设维护等作为中央和地方共同事权，逐步理顺事权关系；区域性公共服务作为地方事权。中央和地方按照事权划分相应承担和分担支出责任”。这是改革开放以来党的文件中首次对中央和地方事权的概括式列举。

王建学认为,我国“宪法中的地方政府事权在类型上包括地方自主事权与中央委托事权,在推进各级政府事权规范化和法律化的过程中须甄别两类事权”。① 这主要是从宪法规定上看的,实际情况要更复杂。

需要指出的是,在中央政府、各级地方政府之间的事权划分中,各领域事权不是按层次分别划归不同层级的政府及其部门,而更多是不同层级的政府及其部门在同一领域各自承担不同的角色。

从地方政府事权看,由于地方政府由各个部门组成,推进中央政府与地方政府之间事权的划分,首先,要按领域具体厘清属于地方政府各部门的事权。

换言之,为了合理划分中央与地方政府间的职权,除了要明确和调整各级政府的行政管理、经济管理等权限外,还要按各自的不同领域细分中央与地方政府之间的事权(见表4.3)。

表4.3 中国医疗卫生领域中央与地方财政事权和支出责任划分

事权事项		主要内容
1. 中央财政事权		
公共卫生	重大公共卫生服务(全国性或跨区域的重大传染病防控等)	包括纳入国家免疫规划的常规免疫及国家确定的群体性预防接种和重点人群应急接种所需疫苗和注射器购置,艾滋病、结核病、血吸虫病、包虫病防控,精神心理疾病综合管理,重大慢性病防控管理模式和适宜技术探索等。
能力建设	中央所属医疗卫生机构改革和发展建设	落实国家规定的对中央所属医疗卫生机构改革和发展建设的补助政策,包括符合区域卫生规划的中央所属公立医院、专业公共卫生机构和计划生育服务机构等。
	中央卫生健康管理事务	包括中央职能部门承担的战略规划、综合监管、宣传引导、健康促进、基本药物和短缺药品监测、重大健康危害因素和重大疾病监测、妇幼卫生监测等。
	中央医疗保障能力建设	包括中央职能部门及其所属机构承担的战略规划、综合监管、宣传引导、经办服务能力提升、信息化建设、人才队伍建设等。

① 王建学:《论地方政府事权的法理基础与宪法结构》,载《中国法学》2017年第4期。

续表

事权事项		主要内容
2. 中央与地方共同财政事权		
公共卫生	基本公共卫生服务	包括居民健康档案管理、健康教育、预防接种、0～6岁儿童健康管理、孕产妇健康管理、老年人健康管理、高血压和糖尿病等慢性病患者健康管理、严重精神障碍患者管理、肺结核患者健康管理、中医药健康管理、传染病及突发公共卫生事件报告和处理、卫生计生监督协管12项内容，以及健康素养促进、妇幼卫生、老年健康服务、医养结合、卫生应急、提供避孕药具、孕前优生健康检查、计划生育事业费等部分原重大公共卫生服务和计划生育项目。
医疗保障	城乡居民基本医疗保险补助	包括各级财政对城乡居民基本医疗保险的缴费补助。
	医疗救助	包括城乡医疗救助和疾病应急救助。
计划生育	计划生育扶助保障	包括农村部分计划生育家庭奖励扶助、计划生育家庭特别扶助、计划生育"少生快富"补助。
能力建设	国家根据战略规划统一组织实施的卫健能力提升项目	包括国家根据战略规划统一组织实施的卫生健康人才队伍建设、重点学科发展等项目。
	中医药事业传承与发展	包括中医药临床优势培育、中医药传承与创新、中医药传统知识保护与挖掘、中医药"治未病"技术规范与推广等。
3. 地方财政事权		
能力建设	地方所属医疗卫生机构改革和发展建设	落实国家规定的对地方所属医疗卫生机构改革和发展建设的补助政策，包括符合区域卫生规划的地方所属公立医院、基层医疗卫生机构、专业公共卫生机构和计划生育服务机构等。
	地方自主实施的卫生健康能力提升项目	包括地方自主实施的卫生健康人才队伍建设、重点学科发展等项目。
	地方卫生健康管理事务	包括地方职能部门承担的战略规划、综合监管、宣传引导、健康促进、基本药物和短缺药品监测、重大健康危害因素和重大疾病监测、妇幼卫生监测等。
	地方医疗保障能力建设	包括地方职能部门及其所属机构承担的战略规划、综合监管、宣传引导、经办服务能力提升、信息化建设、人才队伍建设等。

资料来源：《医疗卫生领域中央与地方财政事权和支出责任划分改革方案》。

属于中央的事权范围,由中央专属事权、中央与地方共同事权中属于中央负责的部分组成。属于地方的事权范围,由主要面向地方的事权、中央与地方共同事权中属于地方负责的部分组成。

在推进基本公共服务领域中央与地方共同事权划分改革以及医疗卫生、国防、科技、教育、交通运输、生态环境、公共文化、自然资源、应急救援、邮政等分领域的中央与地方共同事权划分改革后,还要进一步推进发展改革、财政、民政、农业农村、工业与信息化、商务、公安、司法行政等领域的中央与地方共同事权划分改革,推动中央和地方事权划分框架的基本形成。

地方政府各部门分领域事权划分以后,再系统集成为本级地方政府的自主职权。这里的"本级地方政府的自主职权",主要是省级地方政府的事权。

其次,对属于中央与地方政府的职权中需调整的部分,要明确具体调整方式。

地方各级人民政府职权,主要是通过法律规定,即通过在法律上界分中央与地方职权的方式取得的。

政府职权依法划分后,为了适应经济社会发展和行政管理的需要,国家权力机关或行政机关可以依法在各层级人民政府及其部门之间进行必要的调整。

如调整中央与省级地方人民政府间职能权限,一般采用的方法有下列几种:

一是,权力下放或权力上收。

前者是指国务院及其部门将某些行政职权移交给省级行政机关,是行政职权在不同层级之间自上而下的转移;后者是指将某些行政职权收由国务院及其部门行使,是行政职权在不同层级之间自下而上的转移。

涉及修改法律或行政法规的,还要履行法律程序。如 2013 年 6 月 29 日十二届全国人大常委会第三次会议决定将《中华人民共和国文物保护法》第 56 条第 2 款规定的"拍卖企业拍卖的文物,在拍卖前应当经省、自治区、直辖市人民政府文物行政部门审核,并报国务院文物行政部门备案;省、自治区、直辖市人民政府文物行政部门不能确定是否可以拍卖的,应当报国务院文物行政部门审核",修改为"拍卖企业拍卖的文物,在拍卖前应当经省、自治区、直辖市人民政府文物行政部门审核,并报国务院文物行政部门备案"。这是通过修改法律将审批权由国务院主管部门下放到省级人民政府部门。

二是，依法授权或委托。

如国务院及其部门不便通过权力下放普遍地将某些职权交由省级地方人民政府及其部门实施，则可对个别事项采取行政授权或行政委托的方式。

在我国，“授权”与“委托”经常混用，按《现代汉语词典》的解释，所谓“授权”，是指把权力委托给他人或机构代为执行；[①]而所谓“委托”，是指请人或机构等代办。[②] 但法律意义上的行政授权或行政委托是有区别的。

授权包括法律、法规授权和行政授权。“法律、法规授权”的主体主要是有立法权的全国人大及其常委会、国务院，这种授权方式是对行政权的设定及在中央与地方人民政府间分配。“行政授权”，是指根据行政机关的授权，由其他行政机关或社会组织，以自己的名义行使行政机关的部分权限，该行为的效果归于行政机关授权的组织。这种意义上的行政机关授权，称为“委任”[③]。

目前，我国行政授权包括国务院及其部门对地方人民政府及其部门的授权，如国务院反垄断执法机构（国家发改委、商务部、国家市场监管总局）根据工作需要，可以授权省、自治区、直辖市人民政府相应的机构，依法负责有关反垄断执法工作（《中华人民共和国反垄断法》第 13 条）。

“行政委托”，是指由其他行政机关或社会组织，根据行政机关的委托，以委托行政机关的名义行使行政机关的权限。该行为的效果归于委托的行政机关。这种意义上的行政机关委托，称为“代理”[④]。如根据 2020 年 3 月《国务院关于授权和委托用地审批权的决定》的规定，试点将永久基本农田转为建设用地和国务院批准土地征收审批事项委托部分省、自治区、直辖市人民政府批准。

---

① 中国社会科学院语言研究所词典编辑室编：《现代汉语词典》（第 6 版），商务印书馆 2012 年版，第 1202 页。

② 中国社会科学院语言研究所词典编辑室编：《现代汉语词典》（第 6 版），商务印书馆 2012 年版，第 1357 页。

③ ［日］盐野宏：《行政组织法》，杨建顺译，北京大学出版社 2008 年版，第 25 – 27 页；［韩］金东熙：《行政法Ⅱ》（第 9 版），赵峰译，中国人民大学出版社 2008 年版，第 16 – 20 页。

④ ［日］盐野宏：《行政组织法》，杨建顺译，北京大学出版社 2008 年版，第 23 – 25 页；［韩］金东熙：《行政法Ⅱ》（第 9 版），赵峰译，中国人民大学出版社 2008 年版，第 12 – 16 页。

表 4.4 中国地方政府职权的取得方式

取得权力的主要方式	含　义
事权划分	国务院规定中央和省级地方政府的职权的具体划分；各省级政府根据本地实际，具体划分地方各级政府管理权限。
下放权力	凡是适宜于地方或基层办的事情，都由地方或基层决定和实行。
授权	法律、行政法规授权和中央或上级行政机关依法授权给地方行政机关。
委托	对暂不能下放或授权的事项，中央或上级行政机关可委托下级行政机关行使。
交办	中央或上级行政机关交由地方政府办理有关事项（可以附有支出责任的委托方式）。

资料来源：《中华人民共和国宪法》、《地方组织法》和其他相关法律。

另外，办理上级人民政府交办事项，一般是指下级政府办理上级政府交予的某些事项。上级交办，一般采取行政委托的方式，但有时上级承担支出责任。

2. 地方政府之间的职权划分

根据《地方组织法》的规定，县级以上地方各级人民政府的职权，一是执行性的，如执行本级人大及其常委会的决议，以及上级国家行政机关的决定和命令，执行国民经济和社会发展规划纲要、计划、预算；二是规制性的，如规定行政措施，发布决定和命令，改变或撤销所属各工作部门的不适当的命令、指示和下级人民政府的不适当的决定、命令（省级和设区的市级人民政府有权制定规章）；三是领导性的，如领导所属各工作部门和下级人民政府的工作；四是管理性的，如管理本行政区域内的经济、教育、科学、文化、卫生、体育、城乡建设等事业和生态环境保护、自然资源、财政、民政、社会保障、公安、民族事务、司法行政人口与计划生育等行政工作；五是代理性的，如办理上级国家行政机关交办的其他事项。

乡、民族乡、镇人民政府的职权，一是执行性的，如执行本级人大的决议和上级国家行政机关的决定和命令，执行本行政区域内的经济和社会发展计划、预算；二是规制性的，如发布决定和命令；三是管理性的，如管理本行政区域内的经济、教育、科学、文化、卫生、体育事业和财政、民政、社保、公安、司法行政等行政工作；四是代理性的，如办理上级人民政府交办的其他事项等。

可见，地方各级人民政府的职能基本相同，除了县级以上地方各级人民政府有领导职能外，其他职能乡镇政府基本也有。而且，除了国家主权事项、制定行政法规及部门规章和国家规划等职权由国务院及其部门行使外，国务院及其部门的很多职能，省级地方人民政府也有，区别主要是管辖范围和权限大小。

各省级人民政府要根据本地实际情况，具体划分地方各级政府管理权限：市场监管原则上实行属地管理，由市县政府负责；省级政府主要负责维护市场统一和公平竞争以及对下级人民政府在市场监管方面的规范管理和监督指导。

由于各级地方人民政府的层次不同，不同层次地方政府的情况、特点和问题不同，因此，不同层级地方人民政府之间的管理职能的内容和范围，应当允许有一定的差异。

各省级政府具体划分地方各级政府管理权限时，要将基层政府能力作为重要考虑因素，不宜简单地"一放到底"；对于涉及本地区重大规划布局、重要资源开发配置的项目，应充分发挥省级部门在政策把握、技术力量等方面的优势。

在中央推出基本公共服务领域央地共同财政事权划分改革以及医疗卫生、科技、教育、交通运输、生态环境、公共文化、自然资源、应急救援等分领域的央地共同财政事权划分改革后，不少省级政府根据国务院有关指导意见和通知，及时推出了基本公共服务领域省级政府与县级政府的共同财政事权以及相关领域财政事权划分改革，如2019年2月18日《江苏省政府办公厅关于印发基本公共服务领域省与市县共同财政事权和支出责任划分改革方案的通知》、2019年2月25日《广东省人民政府办公厅关于印发广东省医疗卫生领域省级与市县财政事权和支出责任划分改革实施方案的通知》，推动省级和县级地方事权划分框架的初步形成。

3. 地方人民政府之间的职权调整和规范

如果调整地方人民政府之间的职能权限，一般采用下列几种方法。

一是，权力下放或权力上收。

前者是指地方人民政府及其部门将某些行政职权移交给下级行政机关，是行政职权在地方不同层级之间自上而下的转移。如根据《中华人民共和国行政处罚法》第24条，省、自治区、直辖市根据当地实际情况，可决定将基层管理迫切需要的县级人民政府部门的行政处罚权交由能够有效承接的乡镇人民政府、街道办事处行使。

后者是指将某些行政职权收由上级地方人民政府及其部门行使，是行政职权在不同层级之间自下而上的转移。如根据2016年9月印发的《中共中央办公厅、国务院办公厅关于省以下环保机构监测监察执法垂直管理制度改革试点工作的指导意见》,县级环保部门的环境保护许可等职能上交市级环保部门,在市级环保部门授权范围内承担部分环境保护许可具体工作。

二是,依法授权或委托。

如地方人民政府及其部门不便通过权力下放普遍地将某些职权交由下级地方人民政府及其部门实施,则可对个别事项采取行政授权或行政委托的方式。如根据《外国人在中国就业管理规定》第4条,由各省级人力资源和社会保障部门负责外国人在中国就业的管理,各省级人力资源和社会保障部门可以授权地市级人力资源和社会保障部门负责。这是行政授权。

而根据《中华人民共和国森林法》第57条,农村居民采伐自留山和个人承包集体林地上的林木,由县级人民政府林业主管部门或者其委托的乡镇人民政府核发采伐许可证。后者即行政委托。

另外,根据《地方组织法》,下级地方人民政府可办理上级地方人民政府交办的某些事项。上级交办,一般采取行政委托的方式。

有关的管理权限,如综合管理权、统筹协调权和应急处置权以及对涉及本区域重大决策、重大规划、重大项目的参与权和建议权,需要赋予乡镇和街道的,按法定程序和要求办理;根据本地实际情况,依法赋予乡镇(街道)行政执法权,整合现有执法力量和资源。

市、县级人民政府要规范乡镇(街道)政务服务、公共服务、公共安全等事项,将直接面向群众、乡镇(街道)能够承接的服务事项依法下放;乡镇围绕全面推进乡村振兴、巩固拓展脱贫攻坚成果等任务,应做好农业产业发展、人居环境建设及留守儿童、留守妇女、留守老人关爱服务等工作;街道做好市政市容管理、物业管理、流动人口服务管理、社会组织培育引导等工作;强化乡镇(街道)应急管理属地责任和相应职权,构建多方参与的社会动员响应体系;健全基层应急管理组织体系,细化乡镇(街道)应急预案,做好风险研判、预警、应对等工作;市、县级人民政府要加强对乡镇(街道)应急准备工作的指导,强化应急状态下对乡镇(街道)人、财、物支持。

地方人民政府要做好上级地方人民政府事权划分的清理和权力下放的承接工作,逐步统一和规范事权或赋权事项,确保分得清、放得下、接得住、管得好。

(六)依法全面建立和实施政府权责清单制度

随着法治政府建设的深入推进,现有的行政法律法规不断完善,对政府部门的职责权限的规定也逐步规范、明晰。

以2011年《国有土地上房屋征收与补偿条例》为例。该条例总结《城市房屋拆迁管理条例》的不足，将国有土地上房屋征收与补偿涉及的地方政府及部门、单位的权力和责任，作了清楚的界定（见表4.5）。

但应当说，还有很多的法律法规的规定比较原则，政府部门的行政职权的界限有待厘清。

表4.5　国有土地上房屋征收与补偿涉及的部门、单位权力和责任

部　门	职　　责
县政府	作出征收决定并及时公告； 按照征收补偿方案作出补偿决定，并在房屋征收范围内予以公告； 依法申请人民法院强制执行
房屋征收部门	组织实施本行政区域的房屋征收与补偿工作，拟定征收补偿方案； 委托房屋征收实施单位承担房屋征收的具体工作； 与被征收人订立补偿协议； 建立房层征收补偿档案
房屋征收实施单位	承担房屋征收与补偿的具体工作
市政府	作出征收决定并及时公告； 按照征收补偿方案作出补偿决定，并在房屋征收范围内予以公告； 依法申请人民法院强制执行； 对县政府房屋征收与补偿工作进行监督，受理行政区域内被征收人的行政复议申请
市、县政府部门	依照《国有土地上房屋征收与补偿条例》的规定和本级人民政府规定的职责分工，互相配合，保障房屋征收与补偿工作的顺利进行
审计机关	加强对征收补偿费用管理和使用情况的监督，并公布审计结果
监察机关	加强对参与房层征收与补偿工作的政府和有关部门或者单位及其工作人员的监察
人民法院	受理被征收人的行政诉讼，受理市、县人民政府的强制执行申请
房地产价格评估机构	评估被征收房屋的价值及产权调换房屋的价值

资料来源：2011年《国有土地上房屋征收与补偿条例》。

2015年3月中办、国办印发《关于推行地方各级政府工作部门权力清单制度的指导意见》,明确了推行地方政府工作部门权力清单制度的主要任务、基本要求和时间表。按照推行地方各级政府工作部门权力清单制度的要求,对地方政府部门行使的直接面向相对人的行政职权要进行全面梳理,按照职权法定、简政放权和透明便民高效的要求,进行清理调整,依法审核确认,优化运行流程,将有关职权和责任以清单方式列明,并公之于众,接受监督。

地方政府工作部门权力清单的建立和实施,为界定纵向府际职权提供了依据。

建立和实施权力清单制度,要符合统一、规范的要求。根据中共中央、国务院印发的《法治政府建设实施纲要(2021—2025年)》,要"调整完善地方各级政府部门权责清单,加强标准化建设,实现同一事项的规范统一"。各省级人民政府要调整完善本地区权力清单制度,省市县人民政府要明确本级保留(直接行使、委托下级行使)、授权下级行使、共同职权以及由上级决定等事项。

截至目前,我国主要建立了地方人民政府部门的权责清单。实际上,除了政府部门的职权,有些法律规定了政府、政府部门以及部门之间的职权。① 因此,应在此基础上建立各级人民政府的权责清单。

而推行各级人民政府的权责清单制度,除了要清理现有法律法规规定,还要通过对权力边界的界定,解决好权力配置问题,并理顺政府间纵向职权关系。推行各级人民政府的权责清单制度,还要与简政放权、政府职能转变、实现政府部门权责清单及"三定"规定有机衔接等结合起来。

在全面推行和实施地方人民政府部门权责清单制度后,要适时推行国务院部门权责清单制度。② 按照《法治政府建设实施纲要(2021—2025年)》的要求,开展国务院部门权责清单编制,这就会涉及政府间纵向关系问题,就要厘清各方面关系,特别是要厘清国务院与其部门、与地方人民政府的职权关系。

---

① 如《中华人民共和国环境保护法》规定了各级政府及其环保主管部门、政府其他有关部门在环保工作中的职权或责任,以及县级以上环保主管部门责令采取限制生产、停产整治等措施或经政府批准责令停业、关闭等处罚权。

② 经党中央、国务院同意,2015年12月28日国务院办公厅印发了《国务院部门权力和责任清单编制试点方案》。该方案确定在国家发展改革委、民政部、司法部、文化部、海关总署、税务总局、证监会开展试点,并明确2016年12月底前完成。未列入试点范围的部门,可参照该方案先行做好本部门权责事项梳理,为下一步开展权责清单编制工作做好准备。

(七)健全纵向职权争议的预防解决机制和协调机制

我国是一个经济社会发展不平衡的大国,随着市场经济和民主政治的发展,中央与地方之间的博弈不可避免,必须建立健全中央与地方之间权限争议的预防解决机制和冲突协调机制。

《中华人民共和国宪法》确立了中央与地方的国家机构职权及其划分的总原则;《中华人民共和国立法法》对国家立法权、省级和设区的市级立法权限作了划分,规定了中央专属立法权的事项范围以及省级、设区的市级地方立法权的行使原则或范围。

确立中央专属立法权的目的是维护法律的统一,调动国务院和地方立法的积极性。《中华人民共和国立法法》专属立法权条款的主要功能,一是规范国务院和地方的立法行为,二是保障和鼓励地方制度创新的积极性。同时,也为处理中央与地方权限争议提供了重要依据。

《中华人民共和国宪法》和宪法相关法还规定了出现或可能发生职权冲突的预防和处理方式。例如,全国人大常委会有权解释宪法和法律,有权批准自治区的自治条例和单行条例,有权撤销同宪法、法律和行政法规相抵触的地方性法规和省、自治区、直辖市的人大常委会批准的违背宪法和立法法的自治条例和单行条例。又如,地方性法规与部门规章之间对同一事项的规定不一致,不能确定如何适用时,由国务院提出意见,国务院认为应适用地方性法规的,应决定在该地方适用地方性法规的规定;认为应适用部门规章的,应提请全国人大常委会裁决;全国人大常委会有权解释基本法,如认为特别行政区立法机关制定的任何法律不符合基本法关于中央管理的事务及中央和特别行政区的关系的条款,可将有关法律发回。

地方立法具有执行性、自主性、补充性和探索性等特点。有立法权的地方人大及其常委会根据不相抵触原则和《中华人民共和国立法法》的规定,可以自我约束;遇到立法权限可能出现争议的问题,可咨询全国人大常委会法工委有关机构,其意见建议对立法权限的把握和争议预防往往起到重要的作用。

《中华人民共和国宪法》和宪法相关法规定了各级国家行政机关之间的职能权限以及事前批准、决定或事后备案、改变或撤销等制度。例如,国务院规定中央和省、自治区、直辖市的国家行政机关的职权的具体划分,有权改变或撤销不适当的地方政府规章,有权对部门规章与地方政府规章之间对同一事项的不一致的规定进行裁决。又如,设区的市、自治州的人民政府制定的规章报省级人民政府备案;县级以上的地方各级人民政府有权改变或撤销所属各工作部门的不适当的命令、指示和下级人民政府的不适当的决定、命令等。这些预防和处理机制,为政府间权限争议的解决提供了基本遵循。

我国是统一的多民族国家,各级地方都是中央人民政府管辖下的一级政权,中央与各级地方的根本利益是一致的。但由于宪法或法律关于各级国家机关的职权的规定比较原则,特别是政府间纵向职能和权限划分不够清晰,也由于纵向层级较多、政府间关系复杂,实践中可能出现政府间职权争议甚至违宪或违法的问题。

我国各级国家机关具有法定的职权,如果各级国家机关严格依法行使,一般情况下,是不会出现权限争议的。但若国家机关不严格依法行使权力,就会出现滥用或超越职权的问题,就有可能发生权限争议。

从长远看,要在坚持国家统一前提下,依法划分中央与地方的权限,并在此基础上建立健全权限争议问题的处理机制。

在目前情况下,采用国外主要采用的司法方式解决政府间权限争议的方式,存在困难和不足。因此,应建立由国家权力机关负责处理权限争议的机制,加强全国人大及其常委会对立法冲突和国家机关权限争议的监督审查。

随着中央与地方关系的法治化,比较规范的做法应当是:无论中央与地方哪一方僭越了宪法和法律规定的权限,另一方都可依据宪法和法律向最高国家权力机关请求处理。

《中华人民共和国宪法》已经明确赋予全国人大及其常委会监督宪法实施的职权。《中华人民共和国立法法》对行政法规、地方性法规和自治条例、单行条例同宪法、法律相抵触或存在合宪性、合法性问题的备案审查,作了具体规定。但宪法监督的范围应不限于下位法的备案审查,它还包括国家机关权限问题的处理、对违宪行为的裁决等其他重大事项。

2018 年十三届全国人大一次会议修改《中华人民共和国宪法》,设立全国人民代表大会宪法和法律委员会;2018 年 6 月 22 日十三届全国人大常委会第三次会议通过决定,明确了该委员会的职责。这是我国推进合宪性审查的重大举措,也为建立国家机关权限争议处理机制提供了契机。

除了要继续承担统一审议法律草案工作、保证下位法不与宪法和法律相抵触外,还要加强宪法解释、推进合宪性审查工作。

全国人大常委会对涉及中央与地方国家机关职权的法律规定需要进一步明确具体含义,涉及中央与地方以及不同层级地方之间的法律规定遇到的新情况要适时进行解释,明确适用法律依据。

要全方位推进备案审查工作，进一步加强主动审查、专项审查，加强对中央与地方权限争议的裁决。

特别是要推进涉及政府间权限划分及争议的合宪性审查工作，对相关法律草案，在法律草案的说明中，应包括涉及合宪性问题的相关意见，以维护国家法制统一、政令统一和市场统一，支持地方创造性开展工作。

第五章　府际财政关系

一、府际财政关系与财政管理体制

（一）财政关系是纵向府际关系中极重要的内容

财政是国家治理的基础和重要支柱。纵向府际财政关系，特别是中央与地方财政关系，是纵向府际关系中最基本的组成部分之一。

在现代市场经济条件下，政府主要有三大职能：配置资源、分配收入和稳定经济。政府配置资源职能，主要体现在政府提供公共产品和服务，而政府提供的公共产品，根据其受益范围可以分为全国性公共产品和区域性公共产品。公共产品的受益范围决定公共产品由哪一级政府提供，并反映其财政支出和事权的划分。政府财政具有清晰的、内在的层次性。

当今世界各国，一般都按照国家政权的级次组织相应的财政，即有一级政府就有一级财政，每个级次的财政基本上都有本级对应的管理范围。

国家政权的级次按国家结构形式设置。在单一制国家，财政可分为中央政府财政与地方政府财政，纵向府际财政关系主要表现为中央与地方政府之间以及各级地方政府之间的事权和财力划分及其相互关系；在联邦制国家，财政可分为联邦财政、联邦成员财政与地方政府财政。纵向府际财政关系主要表现为联邦、联邦成员与地方之间的事权和财力划分及其相互关系。

纵向府际关系，本质上是整体利益和局部利益的对立统一关系，而纵向府际财政关系是纵向府际关系中最重要的内容之一。事权、财力在各级政府间的分配状况，直接关系到各级政府各自利益的实现程度。因此，财政的集权、分权是纵向府际关系确立、调整的重要内容。纵向府际关系的状况，很大程度上受到财政的直接影响和制约。

（二）府际财政关系的主要内容

府际财政关系，主要包括事权划分及财政支出关系、财政收入关系、转移支付关系以及在此基础上形成的财政管理关系。

在单一制国家，最重要的是中央与地方的财政关系。而中央与地方的财政关系，主要包括财政收入关系、财政支出关系、转移支付关系和财政管理关系。[1]

1. 政府间事权和支出责任划分

政府间事权主要是政府间财政事权。政府间事权和支出责任划分，主要是指政府间财政事权划分和支出责任划分。

所谓"事权"，有两种含义：一是指处理事情的权力；二是与"职权"同义，[2]指职务范围以内的权力。

2016年8月16日发布的《国务院关于推进中央与地方财政事权和支出责任划分改革的指导意见》提出"财政事权"的概念。[3] 通俗地讲，按照政府做事花不花钱，事权可以分为"财政事权"和"非财政事权"。"财政事权"，是一级政府应承担的运用财政资金提供基本公共服务的任务和职责；"非财政事权"，是指那些更多需要动用社会资源而不是政府财力的政府事务。而"支出责任"，是指政府履行财政事权的支出义务和保障。

刘昆认为，各国政府主要根据受益范围、信息复杂程度和调动积极性等三项原则，划分中央与地方财政事权和支出责任。[4]

而从多国宪法规定看，中央或联邦政府通常承担国家主权（外交、国防、海关、国籍、移民等）、国家经济命脉（货币、外汇、邮政等）等方面的职能；地方政府主要承担基本公共服务（社会福利、环境卫生、社会救助、公共健康、市政交通等）事务；一般由中央或联邦、州或地方共同承担跨区域基础设施（河流、道路、铁路、水电站等）、教育（高等教育、中小学教育、学前教育）等事务。

许多国家宪法规定实行地方自治，地方政府职权广泛，几乎涉及本区域的所有地方事务。有的国家宪法，如《德意志联邦共和国基本法》第104条之一还原则规定了各级政府的支出责任，即联邦和各州应在基本法没有另行规定的情况下，分别承担履行各自职责所产生的开支。

---

① 文政：《中央与地方事权划分》，中国经济出版社2008年版，第18页。

② 中国社会科学院语言研究所词典编辑室编：《现代汉语词典》（第6版），商务印书馆2012年版，第1188页。

③ 2016年8月25日，财政部有关负责人就推进中央与地方财政事权和支出责任划分改革答记者问时称，政府间事权划分不仅涉及行政权划分，还涉及立法、司法等广义公共服务部门，是"大事权"的概念。中国完善社会主义市场经济制度、加快政府职能转变、推进法治化还需要一个过程，短期内全面推进事权和支出责任划分改革的条件尚不成熟。因此选择了从财政事权入手，主要理由有：一是从财政事权划分入手推进改革具备一定的基础。二是从财政事权划分入手推进改革可以从根本上破解改革发展面临的诸多紧迫难题。三是从财政事权划分入手推进改革可以为全面推进事权划分改革奠定基础和创造条件。

④ 刘昆：《我国的中央和地方财政关系》，载《中国人大》2020年第16期。

2. 财政收入划分

财政收入划分,即以税收为主体的政府收入在政府之间如何安排。财政收入,是政府为履行其职能的需要而筹集的一切货币资金的总和。对财政收入,可以按照一定标准进行分类。

如前所述,世界各国一般都按照国家政权的级次组织相应的财政收入,每个级次的财政都有本级的对应的收入范围。

各国通常按照税种属性划分各级政府收入。一般将体现国家主权的税种划为中央或联邦收入,如关税等;将税基较为稳定和地域化属性明显的税种划为地方收入,如房地产税等;将税基流动性较强、地区间分布不均衡的税种划为中央或联邦收入,如增值税、公司所得税等。主要税种通常作为中央或联邦收入或共享收入,共享时中央或联邦占比一般较高。

在联邦制国家,财政收入可分为联邦财政收入、州等联邦成员财政收入与地方财政收入。联邦制国家一般通过联邦宪法或州宪法规定联邦或州等联邦成员拥有征税权和举债权,以保证联邦或州政府在财政收入分配中的主导地位。

与政府机构相适应,美国政府财政收入由联邦财政收入、州财政收入和地方财政收入组成。联邦财政收入主要是税收,包括个人所得税、企业所得税、消费税、失业税、关税、社会保险税、医疗保险税、遗产税和赠与税等;州和地方财政收入,主要有一般性收入和其他收入。

《美利坚合众国宪法》规定了国会有权规定并征收的税种和举债权。①根据第1条第8款,国会有权规定并征收直接税、间接税、进口税和消费税,用以偿付国债并为合众国的共同防御和全民福利提供经费;但各种间接税、进口税和消费税,在合众国内应统一征收;有权以合众国的信用举债。

《德意志联邦共和国基本法》对联邦税、州税和联邦与州共有税分别作了划分。第106条第1款规定,下列税收收入应归联邦:关税,未划归各州、联邦与各州共有或未划归乡镇的消费税,运输税,资本交易税,保险税,汇票税,一次财产税和负担均等税,所得税和公司税附加以及在欧洲共同体框架内征收的税款。第2款规定,下列税收收入应归各州:物业税、遗产税、机动车辆税、未划归联邦或联邦和各州共有的交易税、啤酒税、赌场税。第3款规定,所得税、公司税和营业税收入应共同归联邦和各州所有,但不

---

① 参见[美]杰罗姆·巴伦、托马斯·迪恩斯:《美国宪法概论》,刘瑞祥等译,中国社会科学出版社1995年版,第316页。

含乡镇获得的所得税收入的部分（由各州依各乡镇居民缴纳所得税绩效予以分配）和乡镇获得的营业税收入的部分（由各州根据地方与经济需求分配）。第6款规定，不动产税与贸易税收入、地方性的消费与开支税收入归属乡镇或联合乡镇。乡镇有权于法定范围内决定不动产税与贸易税税率。

在单一制国家，财政收入可分为中央政府财政收入与地方政府财政收入。按照财权与事权相结合的原则，单一制国家一般把财源稳定、充裕和涉及宏观调控的税收及非税收入划为中央财政收入。

单一制国家一般通过宪法或法律规定中央与地方的征税权和举债权。《意大利共和国宪法》第119条规定了地方的财政自主权、预算平衡要求、地方财源和地方的自行设定征收税收权。①

在日本，由国会行使处理国家财政的权限，国会有权依据法律决定征税或变更租税、决定支出国家费用及负担国债；内阁编制年度财政预算，经国会审议通过；地方公共团体有管理财产的权能。

与政府机构相适应，日本政府财政收入分为中央收入、都道府县收入和市町村收入。其中，都道府县和市町村财政收入为地方财政收入。中央政府财政收入，主要有税收收入、国债收入和其他收入；地方政府财政收入主要有地方税、地方交付税、国库支出金和地方债。

3. 政府间转移支付制度

事权和财权划分之后，政府间的财力出现盈缺就要调节，如果地方收入不能满足履行职能的需要，就要通过政府间转移支付加以调节。

政府间转移支付，是指一个国家的各级政府彼此之间在既定的职责范围、支出责任和税收划分框架下所进行的财政资金的相互转移。在纵向府际关系中，政府间转移支付，主要是指上级政府对下级政府的各项拨款补助。

比较研究表明，转移支付通常包括一般性转移支付和专项转移支付两大类。前者由中央或联邦政府拨付，不附加条件；后者需要按规定用途使用。一般性转移支付，主要用于联邦对州等联邦成员和地方政府的补助或中央对地方的补助；专项转移支付主要用于中央或联邦委托事务，中央或联邦、州等联邦成员和地方共同事务以及需要引导和鼓励的州等联邦成员

① 该条第1款和第2款规定，市、省、大都市、大区享有收支自主权，应保持各自相应的预算平衡，并保障遵守源于欧盟规范的财政经济限制；市、省、大都市、大区应有独立的财政资源，在遵守宪法及国家财政和税收制度的协调原则的前提下，可以自行设定和征收税收，获得它们自己的收入，并有权共享涉及管辖区域的国库收入。孙谦、韩大元主编：《〈世界各国宪法〉分解资料丛书·地方制度》，中国检察出版社2013年版，第283页。

和地方事务。总体来看,各国转移支付制度和转移支付方式的选择,与本国历史、经济、政治、文化等具体国情紧密关联,既有共同遵循也有个体差异。

《德意志联邦共和国基本法》第104条之一规定,在基本法授予的联邦立法权范围内,联邦可对各州及乡镇或联合乡镇为消除对整体经济均势障碍、平衡联邦领域内不同经济力量或促进经济成长所必要的重大投资提供财政协助。

根据《意大利共和国宪法》第119条第3款、第4款和第5款的规定,国家立法应为征税能力较低的地区规定一个不受用途限制的平衡基金;上述收入应使市、省、大都市和大区能够充分承担赋予其的公共职能;国家应为特定的市、省、大都市和大区分配补充资源并采取特别措施,以促进经济发展和社会融合与团结,减少经济和社会不平衡,促进个人权利的行使,或实现履行其职能所追求的目标以外的目标。①

4. 财政体制

财政体制也即财政管理体制,是指国家在组织财政收支活动中,划分政府之间在财政管理方面的职责、权力、财政收支范围以及组织原则、管理方式和机构设置等各项法规和制度的总称,是处理府际财政关系的基本制度,其核心是明确各级政府间职权和财力的分配。

科学的财政管理体制,有利于保障财政发挥职能作用,促进府际分工协作、有序运转、有效履职,是优化资源配置、维护市场统一、促进社会公平、实现国家长治久安的制度保障。

(三)地方财政管理的原则和制度

按照国家政权层级划分,财政体制中属于地方各级政府的财政,称为地方政府财政或地方财政,是指地方政府在其职责范围内筹集、分配和使用一部分社会产品或国民收入的过程中,与其他层级政府之间、与居民之间的一种分配活动和关系。地方政府的财政管理主要是指地方财政预算的管理。

地方财政管理制度,在不同结构形式的国家不完全相同。

与美国的联邦政府、州政府和地方政府的分层相适应,美国的财政结构也由联邦财政、州财政和地方财政组成。大多数州和地方预算是按复式预算编制的。按财政预算的形式,分为一般预算和基金预算两部分。地方

---

① 孙谦、韩大元主编:《〈世界各国宪法〉分解资料丛书·地方制度》,中国检察出版社2013年版,第283-284页。

预算收入可分为两大类：自有来源收入和政府间转移收入。近几十年来，地方政府越来越依靠自有收入，政府间转移收入源于州和联邦政府。

日本政府机构分为中央、都道府县和市町村，相应的财政也分为中央财政、都道府县财政和市町村财政。地方政府基本上具有自主地运营财政的全部权力，但同时国家通过各种计划和制度，确保地方政府与中央政府财政运营之间的平衡并保证其财源。地方财政计划的正式名称为“地方团体年度收支总额的预算额”，日本《地方交付税法》第 7 条中规定，地方财政计划由内阁决定后提交国会，并向国民公布。

地方财政计划是指地方自治体通过对地方财政整体的收入（年度财政收入）与支出（年度财政支出）进行估算，预计收支情况，确认是否具有实施法令规定的事业及提供一定水平的行政服务所需的财政来源的体系。财政来源不足时，为确保地方自治体必要的财政来源，中央政府可以修改地方税财政制度及提高地方交付税率等。另外，地方自治体也可以通过地方财政计划，了解为确保与中央政府的经济、财政政策保持整合性，地方财政在全国财政运营规模中应发挥的作用，并将其作为各自治体财政运营的指南。①

关于地方财政管理的原则，没有统一的普遍适用的国际标准，但实行地方自治的国家的宪法规定具有代表性。《德意志联邦共和国基本法》第 28 条第 2 款规定，“对地方自治的保障应扩展至财政上自我负责的基础；这些基础包括乡镇根据经济能力获得税收来源的权利以及确定税率的权利”。② 此外，《奥地利联邦宪法》第 116 条第 2 款、《葡萄牙共和国宪法》第 238 条也作了明确规定。③

作为对上述宪法原则和欧洲区域一体化进程的体现，1985 年《欧洲地方自治宪章》作为区域性国际公约，在第 9 条规定了地方财政管理的一般原则：一是，地方政府有权在国家经济政策范围内，自行获得足够的并可在其权力范围内自由处置的财政资源。二是，地方政府财源应与法定事权相匹配。三是，地方政府的财政资源至少有一部分来自地方税费，且地方政

---

① 日本国自治体国际化协会编：《日本的地方自治》（2019 年改订中文本），日本国自治体国际化协会（CLAIR）2020 版，第 22 页。

② 孙谦、韩大元主编：《〈世界各国宪法〉分解资料丛书 · 地方制度》，中国检察出版社 2013 年版，第 215 页。

③ 如《奥地利联邦宪法》第 116 条第 2 款规定：“市镇是独立的经济体，有权在联邦和州法律的范围内，拥有、取得和处置各种资产，独立经营企业，并在财政宪章的框架内，独立管理预算和征收捐税。”孙谦、韩大元主编：《〈世界各国宪法〉分解资料丛书 · 地方制度》，中国检察出版社 2013 年版，第 197 页。

府有权决定税率。四是,地方政府可用资源所依据的财政制度应具有多样化和灵活性,以使其能够跟上执行任务所需费用的实际变化。五是,对财力较弱的地方政府,需要制定财政平衡程序或类似措施,但不应削弱地方政府在其职责范围内行使的酌处权。六是,上级政府应就分配资源的方式与地方政府进行协商。七是,上级拨款尽可能不指定用途,不剥夺地方政府在其管辖范围内行使裁量权的基本自由。八是,地方政府有权进入国内资本市场举债。

对《欧洲地方自治宪章》关于地方财政管理的上述原则要求,签约国通过宪法或宪法修正案和法律,不同程度地加以本土化。如 2003 年修改的《法兰西共和国宪法》第 72 条之二规定,"地方公共团体享有的财政收入,可在法定条件下自由处置;地方公共团体可全部或部分征收各种税收,法律可授权其在法定的限度内确定税基和税率";"每一类地方公共团体的税收和其他自有收入应占其收入的决定性份额(此项规则的实施由组织法规定);在中央政府和地方公共团体之间移交权力时,应移交权力行使所需的款项;如果新增或扩大权力增加了地方公共团体的支出,也应辅之以法律确定的财政收入";"法律应规定均衡的分配机制,以促进不同地方组织之间的平等"。[①] 类似的还有《波兰共和国宪法》第 167 条和第 168 条、《北马其顿共和国宪法》第 114 条以及《俄罗斯联邦宪法》第 132 条和第 133 条等。

(四)我国对地方财政的管理

我国是一个拥有多层级政府的大国,省以下地方财政体制作为国家财政体制的重要组成部分,是中央对地方财政体制的贯彻和延伸。地方财政体制不仅由中央政府原则指导和规范,而且受中央与地方体制的制约。

在 1985 年前,没有乡(镇)级财政。1985 年 10 月中共中央、国务院通过《关于建立乡(镇)财政的决定》后,我国财政的层级与政府层级相一致。财政层级由中央财政、省(自治区、直辖市)财政、市(自治州)财政、县(不设区的市、自治县)财政和乡镇财政五级组成。其中省级和省级以下财政统称为地方财政。

2002 年 12 月 26 日国务院转发通知,对完善省以下财政管理体制有关

① 孙谦、韩大元主编:《〈世界各国宪法〉分解资料丛书 · 地方制度》,中国检察出版社 2013 年版,第 219 页。

问题提出要求。[①] 2006 年 7 月 28 日财政部印发《关于进一步推进乡财县管工作的通知》，推进“乡财县管”改革；2009 年 6 月 22 日《财政部关于推进省直接管理县财政改革的意见》，全面推进“省直管县财政”改革。这些改革提高了地方财政体制运行的效率，降低了行政成本，缓解了基层财政运行的困难。

按照 2016 年 8 月 16 日《国务院关于推进中央与地方财政事权和支出责任划分改革的指导意见》的要求，省级政府要参照中央做法，结合当地实际，按照财政事权划分原则合理确定省级以下政府间财政事权，确保如期形成省级以下政府财政事权和支出责任划分的清晰框架。

根据 2018 年修正的《中华人民共和国预算法》第 3 条第 1 款的规定，设立中央、省级、设区的市级、县级和乡镇五级预算。[②] 预算包括一般公共预算、政府性基金预算、国有资本经营预算、社会保险基金预算。

《中华人民共和国预算法》第 6 条第 1 款规定：“一般公共预算是对以税收为主体的财政收入，安排用于保障和改善民生、推动经济社会发展、维护国家安全、维持国家机构正常运转等方面的收支预算。”

具体而言，地方预算由省（自治区、直辖市）、设区的市（自治州）、县（自治县、不设区的市、市辖区、旗）、乡（民族乡、镇）四级预算组成。

地方各级一般公共预算包括本级各部门的预算和税收返还、转移支付预算。

地方预算由各省、自治区、直辖市总预算组成。地方各级一般公共预算收入包括地方本级收入、上级政府对本级政府的税收返还和转移支付、下级政府的上解收入。地方各级一般公共预算支出包括地方本级支出、对上级政府的上解支出、对下级政府的税收返还和转移支付。

二、政府的财政收支和转移支付制度

从权限划分的角度来看，在单一制国家，中央政府的“事权”较宽泛，在国家公共事务中起主导作用；而在联邦制或实行地方自治的国家，联邦政府主要负责联邦事务，联邦成员主要负责州内事务，地方政府承担所有

① 《国务院批转财政部关于完善省以下财政管理体制有关问题意见的通知》要求根据乡经济状况合理确定乡财政管理体制，各地要根据乡经济状况区别对待，合理确定乡财政管理体制，妥善处理县与乡的财政分配关系，避免向乡财政转嫁支出。

② 《中华人民共和国预算法》规定，地方预算由各省、自治区、直辖市总预算组成。地方各级总预算由本级预算和汇总的下一级总预算组成。下一级只有本级预算的，下一级总预算即指下一级的本级预算。没有下一级预算的，总预算即指本级预算。

地方公共事务。

按照一国政治体制的要求、具体的政策,考虑一国的文化和历史传统因素,政府"事权"划定后,就可根据各级政府"事权"的相对大小、重要程度等,确定"财权"的划分。

单一制国家的省级或大区级以下财政体制多由中央政府直接规定,以巩固中央权威,确保政令畅通;联邦制国家由于实行财政分权,州等联邦成员和地方政府的财政关系通常由各州等联邦成员自行确定。

(一)单一制国家地方政府自有财政收入和上级转移收入

单一制国家由于一般存在中央政府和地方政府两个层次,因此,财政收入也在中央政府和地方政府两个层次上筹集、分配和使用。一般是,通过宪法和法律规定各级政府的财权,包括地方政府的财政收入和形式。

按照财权与事权相结合的原则,单一制国家一般把财源稳定、充裕和涉及宏观调控的税收及非税收入划为中央财政收入。

地方政府的财政收入,主要有地方税收、收费、上级政府拨款和服务收入;为了弥补财政需要,地方政府可以依法从国内外金融市场举债。

法国地方公共团体的主要收入来自地方税收、中央政府补助拨款和贷款。2003 年法国国民议会修改宪法前,法国地方公共团体财政收入中将近一半来自中央补贴或贷款。其中,地方政府经费开支的 1/2 以上、地方工程投资的 2/3 以上资金,要依赖中央的财政补助或贷款。地方政府只有在同意或满足中央政府规定的条件后,才能取得中央的财政资助。中央政府以此鼓励或控制地方政府的活动。2003 年法国国民议会修改宪法,纳入前述"自有收入"的"决定性"比例原则,以限制通过国家拨款取代自有收入的倾向。此后,法国三级地方公共团体的自有收入的比例逐年提高。1979 年依法成立地方财政委员会,以维护地方公共团体的财政利益,并协调它们与国家的立场。该委员会主要由时任的国民议会议员和大区、省、市镇选举的代表以及时任国家代表组成。

英国地方政府的财政来源,分不同地区,主要是地方税、非家庭税(non - domestic rates)、中央政府拨款(government grants)、贷款和各种收费等。其中,中央政府拨款所占比例较高。

英格兰地方政府支出约占英格兰公共开支的 1/5 以上。英格兰地方政府的主要收入来源是议会税(council tax)、非家庭税和中央政府拨款。议会税根据家庭财产(房产)的价值征收,是英格兰唯一的地方税,用于弥补地方政府预算支出与从中央政府拨款和其他来源金额之间的差额;非家庭税,由地方政府代表中央政府向商店、厂房、办公用房等征收,将其存入由地区平衡发展、住房和社区事务部控制的中央账户，然后由该部按人头重新分配给地方政府；中央政府拨款包括一般补助拨款和专项拨款。另外，还有贷款和投资、利息收益和资本性收入、销售收入、收费和地方政府租金。

除北爱尔兰外，英国的财政权力相对集中，中央或地区政府支付给地方政府的款项，是地方政府的主要财源。

苏格兰地方政府的三个主要收入来源是政府一般补助拨款（general revenue grant）、议会税和非家庭税。其中，政府一般补助拨款是苏格兰政府和中央政府支付给地方政府的款项。另外，还有政府专项拨款、收费等。

日本地方政府财政收入来源，主要有地方税、地方交付税、国库支出金和地方债。

都道府县及市町村可以依照地方税法的规定征收地方税。

地方交付税，由中央政府代替地方自治体征收，根据一定的合理标准进行二次分配。地方交付税的用途由地方自治体自行决定，中央政府不对交付税的用途附加条件或限制其使用范围。地方交付税分为普通交付税与特别交付税。前者用于公平地填补地方自治体财源的不足；后者用于赈灾或起因于该地区特殊事件的支出等，作为弥补普通交付税仍不能解决财源不足的手段。

国库支出金与地方交付税相同，是中央向地方自治体发放的用途固定的款项。国库支出金分国库负担金、国库补助金及国库委托金。其中具有代表性的是与义务教育相关的国库负担金；国库补助金是中央为了推进特定政策，采取鼓励措施向地方自治体发放的款项；国库委托金是指考虑到方便性、效率性，将其本应由中央负责的事务委托给地方自治体时，由中央支付的相关款项，如国会议员的选举事务经费。

《日本地方财政法》第5条规定，地方自治体必须遵循将地方债以外的收入作为其支出的财政来源这一基本原则，但该条也规定对公营企业、投资款及贷款、地方债再融资、抗灾应急项目及公共设施完善等经费，允许地方自治体发行地方债作为其财政来源。①

其他财政来源还包括地方转让税、使用费及手续费等。

（二）联邦制成员和地方政府财政收入及上级转移收入

联邦制国家由于一般存在联邦、州等联邦成员和地方政府三个层次，

---

① 在发行地方债时，原则上，都道府县应与总务大臣、市町村应与都道府县知事进行协商。以前，地方自治体在发行地方债时需要得到总务大臣或都道府县知事的审批，但是，根据日本《地方分权一揽子法》的规定，2006年4月以后，原来的许可审批制改为协商制。

因此,财政收入也在联邦、州等联邦成员和地方政府三个层次上筹集、分配和使用。一般是,通过联邦宪法、州等联邦成员宪法和地方宪章规定各级政府的财权,包括地方政府的财政收入和形式。

此外,地区差异以及各州等联邦成员和地方政府在财政和经济能力方面的差异,亦须通过联邦或州等联邦成员向地方政府拨付补助(转移支付)和建立财政均衡制度加以平衡。

在美国的州和地方政府,一般性收入包括税收、收费、联邦政府财政拨款及其他收入。

税收是州和地方政府强制征收的,是政府收入的最大来源,如销售税和毛收入税、财产税和个人所得税;收费是由那些享受公共产品或劳务的受益人支付的费用;其他收入如杂项收入、公用事业收入、酒店收入和保险信托收入等。

美国实行财政联邦主义,联邦财政拨款(grants in aid)是州和地方政府财政收入的重要来源。联邦财政拨款,作为国会拨付州和地方政府的联邦资金,主要有分类拨款(categorical grants)、整笔拨款(block grants)等。

分类拨款是联邦援助州和地方政府的主要方式,用于州和地方支出的特定用途或类别。分类拨款有两类:常见的一种是项目拨款(project grants),是为特定目的授予的联邦专项拨款,根据申请者情况决定是否授予;另一种是公式拨款(formula grants),即根据联邦立法或行政法规中规定的公式(如人口、人均收入、农村人口百分比或其他一些因素)计算拨款,因不同的分类而拨款各异。整笔拨款或多或少地自动给予各州或社区,一般不规定具体用途,各州或社区在决定如何花钱方面有广泛的酌处权。①

德国地方政府财政收入主要有地方税收、联邦政府和州政府的拨款、收费和接受捐赠及其他收入。地方税收主要是不动产税和贸易税。

《德意志联邦共和国基本法》第104条之一除明确联邦和各州应在基本法未另行规定情况下分别承担履行各自职责所产生的开支外,还规定:如果州行使联邦委托的职责,联邦政府应为由此产生的开支提供资金;州法可规定联邦应全部或部分支付这种补助;如果任何此类法律规定联邦应为支出的一半或一半以上提供资金,则应由州政府根据联邦委托执行;对

---

① George C. Edwards Ⅲ, Martin P. Wattenberg & William G. Howell, *Government in America: People, Politics and Policy* (*2016 Presidential Election Edition*, 17th ed.), Pearson Press, 2016, p. 72 – 73.

于为寻求就业的人提供基本保险领域的住宿和取暖福利，如果联邦为3/4或更多的支出提供资金，则应根据联邦委托执行该法律。

在德国，财政均衡制度主要目标之一是保证地方政府最低限度的资源水平，使它们能够在考虑财政能力的情况下执行任务；此外，个别地方政府在财政方面的差异过大，亦须加以平衡。为此，法律要求应确保各州不同财政能力的合理均衡，同时适度考虑各乡镇（联合乡镇）的财政能力和需要；并规定联邦可从自有资金中向财政薄弱的州提供补助金，满足其一般的财政需要。实践中，平衡地方政府财政资金的方式，一方面是平衡各州的税收收入，另一方面是平衡它们分配给地方政府的中央补助金；同时，多年来，联邦（连同各州）致力于支持柏林和东部各州的经济复苏。

德国许多州的宪法，也对保持财政平衡作出规定。如根据《石勒苏益格－荷尔斯泰因州宪法》第49条，为保证弱税乡镇和联合乡镇的给付能力、平衡不同的负债和支出，州在其财政给付能力范围内，提供给乡镇和联合乡镇财政用于保证地方财政设备的平衡资金；乡镇或联合乡镇通过法律或基于法律理由，通过法规负担特定的公共任务的，对此开支的满足必须加以规定。该任务给乡镇或联合乡镇带来额外负担的，必须为其创立相应的财政平衡。①

（三）中国地方政府财政收入和转移支付

中国地方政府一般公共预算收入包括地方本级收入和上级对地方转移收入。

1. 地方本级收入

地方本级收入包括各项税收收入和非税收入两大类。

目前，中国税收税种有18个，它们是增值税、消费税、企业所得税、个人所得税、资源税、城镇土地使用税、房产税、环境保护税、城市维护建设税、耕地占用税、土地增值税、船舶吨税、车辆购置税、车船税、印花税、契税、烟叶税和关税。

我国地方政府财政收入主要是地方税收，主要包括资源税、城镇土地使用税、城市维护建设税、房产税、车船税、印花税、耕地占用税、土地增值税、契税、烟叶税和环境保护税；中央与地方共享税，包括中央与地方分享

① 《德国州宪全译》，祝捷、向雪宁、江易、姚聪慧译，人民出版社2017年版，第437页。

的增值税、企业所得税和个人所得税(见表5.1)[①]。

表5.1 中国中央、地方和共享收入划分

级次/项目	收入范围
中央固定收入	进口环节增值税和消费税、关税、国内消费税、车辆购置税、船舶吨税、证券交易印花税等
地方固定收入	包括环境保护税、房产税、城镇土地使用税、城市维护建设税、土地增值税、资源税、印花税、车船税、耕地占用税、契税、烟叶税、教育费附加等
中央与地方共享收入	增值税(中央政府分享50%,地方政府分享50%),企业所得税(中央政府分享60%,地方政府分享40%),个人所得税(中央政府分享60%,地方政府分享40%)

资料来源:《国务院关于实行分税制财政管理体制的决定》和有关规定。

非税收入,主要有行政事业性收费收入、专项收入、罚没收入、国有资本经营收入、国有资源(资产)有偿使用收入和其他收入。

行政事业性收费收入,是指国家机关、事业单位等依照法律法规规定,按照国务院规定的程序批准,在实施社会公共管理以及在向公民、法人和其他组织提供特定公共服务过程中,按照规定标准向特定对象收取费用形成的收入。

专项收入,是指根据特定需要由国务院批准或经国务院授权由财政部批准,设置、征集和纳入预算管理、有专门用途的地方政府收入。包括水资源费收入、教育费附加收入、矿产资源补偿费收入等。

罚没收入,是指地方执法、司法机关依照法律、法规、规章的规定,对违法违章者实施罚款的款项、没收的赃款和赃物变价款。

国有资本经营收入,是指地方政府经营和使用国有财产取得的收入。

国有资源(资产)有偿使用收入,是指矿藏、水流、海域、无居民海岛以及法律规定属于国家所有的森林、草原等国有资源有偿使用收入,按照规定纳入一般公共预算管理的国有资产收入等。

其他收入,包括公产收入及杂项收入等。公产收入,是指国有山林等公产的产品收入、地方政府部门主管的公房和其他公产的租赁收入及变价出售收入等;杂项收入包括国际组织援助捐赠收入、对外借款归还

---

① 经国务院批准,自2016年5月1日起,在全国范围内全面推开营业税改征增值税试点,建筑业、房地产业、金融业、生活服务业等全部营业税纳税人,纳入试点范围,由缴纳营业税改为缴纳增值税。全面推开营改增试点后,原地方全额留成的营业税不复存在,国家相应将增值税中央与地方分享比例由75:25调整为50:50。

收入等。

另外,根据《中华人民共和国预算法》第 35 条,经国务院批准的省、自治区、直辖市的预算中必需的建设投资的部分资金,可以在国务院确定的限额内,通过发行地方政府债券举借债务的方式筹措。①

2. 上级政府转移支付

除了地方政府本级收入外,地方政府财政收入还有上级政府补助收入等。分税制财政体制改革后,中国逐步建立健全了较为规范的转移支付制度。根据《中华人民共和国预算法》,转移支付主要有一般性转移支付和专项转移支付。

一般性转移支付,包括均衡性转移支付,对革命老区、民族地区、边疆地区、贫困地区的财力补助和其他一般性转移支付。具体如老少边穷地区转移支付、重点生态功能区转移支付、资源枯竭城市转移支付、县级基本财力保障机制奖补资金等。主要用于均衡地区间财力配置,保障地方日常运转和加快区域协调发展。

专项转移支付,按照《中华人民共和国预算法实施条例》第 10 条的规定,是指"上级政府为了实现特定的经济和社会发展目标给予下级政府,并由下级政府按照上级政府规定的用途安排使用的预算资金"。包括文化产业发展专项资金、可再生能源发展专项资金、城市管网及污水治理补助资金、农村环境整治资金等。主要用于保障中央决策部署的有效落实,引导地方干事创业。

在一般性转移支付和专项转移支付基础上,为与财政事权和支出责任划分改革相衔接,2019 年新设共同财政事权转移支付。共同财政事权转移支付,包括城乡义务教育补助经费、学生资助补助经费、就业补助资金、困难群众救助补助资金、基本公共卫生服务补助资金、城镇保障性安居工程资金等。主要是配合财政事权和支出责任划分改革,用于履行中央承担的共同财政事权的支出责任,保障地方落实相关政策所需财力,提高地方履行共同财政事权的能力。

---

① 1994 年《中华人民共和国预算法》第 28 条规定,除法律和国务院另有规定外,地方政府不得发行地方政府债券。2009 年,国务院同意地方发债,由中央代理发行,列入省级预算管理。根据 2011 年 10 月 17 日公布的《财政部关于印发〈2011 年地方政府自行发债试点办法〉的通知》,经国务院批准,2011 年上海市、浙江省、广东省、深圳市开展地方政府自行发债试点。经国务院批准,2013 年扩大自行发债试点范围,确定 2013 年上海市、浙江省、广东省、深圳市、江苏省、山东省开展自行发债试点。2014 年,财政部发布《2014 年地方政府债券自发自还试点办法》。经国务院批准,2014 年上海市、浙江省、广东省、深圳市、江苏省、山东省、北京市、江西省、宁夏回族自治区、青岛市试点地方政府债券自发自还。

（四）政府财政支出

财政支出，是指政府为履行其职能而支付的财政资金的总和。从财政活动的动态性考察，财政支出被认为是政府把集中起来的社会资源按照一定的政治经济原则进行再分配，从而运用于满足社会公共需要的各种用途的过程。在公共财政中，财政支出也叫公共支出。

对财政支出，可按照一定标准进行分类。当今世界各国一般都按国家政权的级次进行相应的财政支出。每个级次的财政基本上都有本级的对应的支出范围。

与政府机构相对应，日本政府的财政支出分为中央支出、都道府县支出和市町村支出。其中，都道府县和市町村财政支出为地方财政支出。英国地方政府的支出多用于开办学校、建筑住房、修建公路、提供社会服务和公共工程，以及警察工作等业务。

与美国联邦、州和地方政府等层级相适应，美国政府的财政支出也由联邦政府财政支出、州财政支出和地方财政支出组成。在美国，按照人口统计局的分类，地方财政支出可分为政府间转移支出和直接支出两大类。直接支出包括直接一般性支出、公用事业支出、酒类专卖支出和保险信托支出。地方政府的主要开支，多用于公共工程、教育、社会福利、卫生、劳动和一般行政管理等方面。

在我国，根据现行中央政府与地方政府事权的范围来划分各级财政的支出范围。中央财政主要承担国家安全、外交和中央国家机关运转所需经费，调整国民经济结构、协调地区发展、实施宏观调控所必需的支出以及由中央直接管理的事业发展支出；地方财政主要承担本地区政权机关运转所需支出以及本地区经济、事业发展所需支出（见表5.2）。

表 5.2　中国地方财政预算、决算收支(2020 年)

单位:亿元

收入			支出		
项目	预算数	决算数	项目	预算数	决算数
一、税收收入	73540.00	74668.06	一、一般公共服务	18511.74	18325.89
国内增值税	28720.00	28438.10	二、外交	2.21	1.37
企业所得税	13300.00	13168.28	三、国防	231.74	238.85
个人所得税	4235.00	4627.27	四、公共安全	12295.23	12026.99
资源税	1760.00	1706.53	五、教育	34686.30	34686.30
城市维护建设税	4270.00	4443.10	六、科学技术	6626.19	5801.86
房产税	3000.00	2841.76	七、文化旅游体育与传媒	3839.89	3995.34
印花税	1225.00	1313.80	八、社会保障和就业	30928.83	31448.53
城镇土地使用税	2220.00	2058.22	九、卫生健康	17620.12	18873.41
土地增值税	6200.00	6468.51	十、节能环保	7285.41	5989.14
车船税	895.00	945.41	十一、城乡社区	26137.41	19868.66
耕地占用税	1380.00	1257.57	十二、农林水	23028.49	23445.14
契税	6000.00	7061.02	十三、交通运输	10343.91	11031.95
烟叶税	110.00	108.67	十四、资源勘探工业信息等	4546.15	5758.03
环境保护税	225.00	207.06	十五、商业服务业等	1153.80	1521.76
其他税收		22.76	十六、金融	676.07	638.34
二、非税收入	23960.00	25475.10	十七、援助其他地区	475.15	448.59
专项收入	6850.00	6927.08	十八、自然资源海洋气象等	1830.78	2071.76
行政事业性收费收入	3440.00	3419.43	十九、住房保障	5002.47	6499.50
罚没收入	2960.00	2969.06	二十、粮油物资储备	686.19	892.73
国有资本经营收入	960.00	966.06	二十一、灾害防治及应急管理	1068.20	1510.84

续表

收入			支出		
项目	预算数	决算数	项目	预算数	决算数
国有资源(资产)有偿使用收入	7250.00	8651.94	二十二、其他	1058.67	1209.97
其他收入	2500.00	2541.53	二十三、债务付息	3854.54	4273.67
地方本级收入	97500.00	100143.16	二十四、债务发行费用	21.10	24.84
中央对地方转移支付	83915.00	83217.93			
地方一般公共预算收入	181415.00	183361.09	地方一般公共预算支出	212315.00	210583.46
从预算稳定调节基金调入及使用结转结余	21100.00	17422.37			
支出大于收入的差额	9800.00	9800.00			

资料来源:中华人民共和国财政部网站。

注:1. 地方一般公共预算支出大于收入的差额 = 地方一般公共预算支出 - 收入总量(地方一般公共预算收入 + 地方财政调入资金及使用结转结余)。

2. 根据现行规定,地方财政结转结余当年不列预算支出,在以后年度实际使用时再列预算支出;国库集中支付结余按权责发生制列作当年预算支出。

三、我国政府间财政关系的发展变化

中华人民共和国成立后，中央和地方财政关系大体经历了统收统支、包干制、分税制三个阶段，地方财政关系也经历了一定的调整、改革过程。

其中，1994 年实施的分税制财政体制改革，是我国政府间财政关系领域一次最具有深远影响的制度变革。

党的十四届三中全会审议通过的《中共中央关于建立社会主义市场经济体制若干问题的决定》，提出积极推进财税体制改革，把此前的地方财政包干制改为在合理划分中央与地方事权基础上的分税制，建立中央税收和地方税收体系。

1993 年 12 月 15 日，国务院发布《国务院关于实行分税制财政管理体制的决定》，对中央和地方利益关系进行了深刻调整。

鉴于分税制改革对我国中央与地方政府间关系的影响，有学者认为我国经济改革的特点是实行了具有中国特色的“财政联邦制”。[①]

分税制也影响了省以下各级政府间的财政关系。在此背景下，比照中央对地方的分税制模式和框架，各省也逐步形成了分税制财政管理体制。

2002 年 12 月 26 日《国务院批转财政部关于完善省以下财政管理体制有关问题意见的通知》对地方财政体制中最为关键的省以下各级政府事权和支出责任划分、收入划分、省以下转移支付制度作了明确规定。

2016 年 8 月 16 日，印发了《国务院关于推进中央与地方财政事权和支出责任划分改革的指导意见》。

2022 年 5 月 29 日《国务院办公厅关于进一步推进省以下财政体制改革工作的指导意见》，部署进一步推进省以下财政体制改革的任务举措。

（一）收入划分方面

1993 年《国务院关于实行分税制财政管理体制的决定》，根据事权与财权相结合的原则，按税种划分了中央与地方的收入。[②] 此后，根据经济形势发展变化和宏观调控需要，不断调整完善相关收入划分。

---

① 李利民：《钱颖一：中国改革能走多远?》，载《经济》2004 年第 1 期；朱军：《单一制国家财政联邦制的“中央 - 地方”财政关系》，载《财经研究》2012 年第 6 期。

② 该决定将关税、海关代征消费税和增值税、消费税和中央企业所得税等维护国家权益、实施宏观调控所必需的税种划为中央税；将增值税、资源税等同经济发展直接相关的主要税种划为中央与地方共享税（增值税中央分享 75%，地方分享 25%；资源税按不同的资源品种划分，大部分资源税作为地方收入，海洋石油资源税作为中央收入）；将适合地方征管的税种如营业税、地方企业所得税、个人所得税、城镇土地使用税、城市维护建设税、房产税、耕地占用税、契税和土地增值税等划为地方税，并充实地方税税种，增加地方税收入。

2001年12月31日国务院印发《所得税收入分享改革方案》,实施所得税收入分享改革,打破了按企业隶属关系划分收入的做法,2003年企业所得税和个人所得税统一由中央与地方按60:40的比例分享;并明确中央财政因所得税分享改革增加的收入,按照公平、公正的原则,采用规范的方法进行分配,对地方主要是中西部地区实行转移支付。

党的十八大特别是党的十八届三中全会以来,结合全面推开营业税改征增值税改革,[①]对中央和地方收入划分又作了一些重大调整。

2016年4月29日国务院印发《全面推开营改增试点后调整中央与地方增值税收入划分过渡方案》。[②]

2016年12月25日十二届全国人大常委会第二十五次会议通过的《中华人民共和国环境保护税法》,规定了环境保护税的征收制度。

2017年12月22日《国务院关于环境保护税收入归属问题的通知》,将环境保护税全部作为地方收入,以促进各地保护和改善环境、增加环保投入。

2002年12月26日《国务院批转财政部关于完善省以下财政管理体制有关问题意见的通知》对合理划分省以下各级财政收入作了规定。[③]

根据2022年5月29日《国务院办公厅关于进一步推进省以下财政体制改革工作的指导意见》规定,理顺省以下政府间收入关系:一是参照税种属性划分收入;二是规范收入分享方式;三是适度增强省级调控能力。

(二)财政事权和支出责任划分方面

在社会主义市场经济体制条件下,政府的"事权"主要包括法规与政策体系、国防与外交、社会秩序和安全、社会保障体系、公共事业与基础设施、自然灾害防治与生态环保、宏观经济管理以及区际关系协调与弱势人

① 2011年11月16日,经国务院同意,财政部、国家税务总局联合印发《营业税改征增值税试点方案》,决定自2012年1月1日起在部分行业、部分地区开始营改增试点,此后又不断扩大行业和地区试点范围;自2016年5月1日起全面推开营改增试点。2017年10月30日,国务院常务会议通过《国务院关于废止〈中华人民共和国营业税暂行条例〉和修改〈中华人民共和国增值税暂行条例〉的决定》,这标志着实施60多年的营业税正式退出历史舞台。

② 该方案提出所有行业企业缴纳的增值税均纳入中央和地方共享范围,中央分享增值税的50%,地方按税收缴纳地分享增值税的50%,即把中央和地方原按75:25比例分享的增值税,统一调整为中央和地方按50:50的比例分享。

③ 该通知要求,各地要根据各级政府的财政支出责任以及收入分布结构,合理确定各级政府财政收入占全省财政收入的比重。省以下地区间人均财力差距较小的地区,要适当降低省、市级财政收入比重,保证基层财政有稳定的收入来源;省以下地区间人均财力差距较大的地区,要适当提高省、市级财政收入比重,并将因此而增加的收入用于对县、乡的转移支付,调节地区间财政收入差距。

群的保护等方面。

在分税制改革中,中央与地方财政事权和支出责任划分基本沿袭了改革前的格局,除国防、外交、重大基本建设外,主要按照隶属关系确定支出范围。

随着公共财政体制的确立和不断完善,基本养老保险、义务教育、医疗卫生等领域中央和地方财政事权和支出责任划分改革方案相继出台,采取"一事一议"的方式,划定支出责任,并主要根据各地区财政状况实行不同补助比例,东部地区多自行承担,中西部地区中央补助较多。

但同时,中央与地方财政事权和支出责任划分还不同程度存在一些问题,需要积极推进相关改革。

2002 年 12 月 26 日《国务院批转财政部关于完善省以下财政管理体制有关问题意见的通知》要求合理界定省以下各级政府的事权范围和财政支出责任。

党的十八大以来,从国家治理的高度将财政事权和支出责任划分作为全面深化改革的一项重点工作加快推进。

党的十八届三中全会通过的《中共中央关于全面深化改革若干重大问题的决定》提出,建立事权和支出责任相适应的制度。①

2014 年 6 月 30 日,中共中央政治局审议通过《深化财税体制改革总体方案》,提出合理划分政府间事权和支出责任,确定了事权和支出责任划分改革的基本原则和总体要求。

2016 年 8 月 16 日《国务院关于推进中央与地方财政事权和支出责任划分改革的指导意见》,提出推进中央与地方财政事权和支出责任划分改革的原则和方式。

中央与地方财政事权和支出责任划分,是一项重大复杂的系统工程。其中,中央与地方共同财政事权和支出责任划分,是中央与地方财政事权和支出责任划分改革的重点和难点;而且,中央与地方共同财政事权中的很大一部分属于基本公共服务领域,如教育、医疗、养老等,直接关系民生保障和改善,因此需要将基本公共服务领域中的财政事权和支出责任划分,作为财政事权和支出责任改革的重点加以规范。

2018 年 1 月 27 日,国务院办公厅印发《基本公共服务领域中央与地方共同财政事权和支出责任划分改革方案》,将义务教育、基本就业服务、

① 包括适度加强中央事权和支出责任,国防、外交、国家安全、关系全国统一市场规则和管理等作为中央事权;部分社会保障、跨区域重大项目建设维护等作为中央和地方共同事权,逐步理顺事权关系;区域性公共服务作为地方事权。

基本养老保险等涉及人民群众基本生活和发展需要、需要优先和重点保障的8大类18项基本公共服务事项，纳入中央与地方共同财政事权和支出责任划分改革范围，逐项明确中央与地方的支出责任分担方式和具体比例。此后，医疗卫生、科技、教育、交通运输、生态环境、公共文化、自然资源、应急救援、邮政等分领域改革也相继展开，初步形成了中央和地方财政事权和支出责任划分框架。

1. 中央与地方财政事权划分方面

《国务院关于推进中央与地方财政事权和支出责任划分改革的指导意见》，对推进中央与地方财政事权划分改革，提出了具体要求。

一是，适度加强中央的财政事权。加强中央在保障国家安全、维护全国统一市场、体现社会公平正义、推动区域发展等方面的事权；逐步将国防、外交、国家安全、出入境管理、国防公路、国界河湖治理、全国性重大传染病防治、全国性大通道、全国性战略性自然资源使用和保护等基本公共服务确定或上划为中央的财政事权。①

二是，保障地方履行财政事权。加强地方政府公共服务、社会管理等职责；逐步将社会治安、市政交通、农村公路、城乡社区事务等受益范围地域性强、信息较为复杂且主要与当地居民密切相关的基本公共服务确定为地方的财政事权。②

三是，规范中央与地方共同财政事权。根据客观条件变化动态调整中央与地方财政事权划分。③

四是，建立财政事权划分动态调整机制。对新增及尚未明确划分但应由政府提供的基本公共服务，划分为中央财政事权、地方财政事权或中央与地方共同财政事权。

2. 中央与地方支出责任划分

《国务院关于推进中央与地方财政事权和支出责任划分改革的指导意见

---

① 意见要求，中央的财政事权原则上由中央直接行使。中央的财政事权确需委托地方行使的，报经党中央、国务院批准后，由有关职能部门委托地方行使，并制定相应的法律法规予以明确。对中央委托地方行使的财政事权，受委托地方在委托范围内，以委托单位的名义行使职权，承担相应的法律责任，并接受委托单位的监督。

② 意见要求，赋予地方政府充分自主权，依法保障地方的财政事权履行，更好地满足地方基本公共服务需求。地方的财政事权由地方行使，中央对地方的财政事权履行提出规范性要求，并通过法律法规的形式予以明确。

③ 意见要求，逐步将义务教育、高等教育、科技研发、公共文化、基本养老保险、基本医疗和公共卫生、城乡居民基本医疗保险、就业、粮食安全、跨省（区、市）重大基础设施项目建设和环境保护与治理等体现中央战略意图、跨省（区、市）且具有地域管理信息优势的基本公共服务确定为中央与地方共同财政事权，并明确各承担主体的职责。

见》,对推进中央与地方支出责任划分改革,也提出了具体要求。

一是,中央的财政事权由中央承担支出责任。属于中央的财政事权,由中央财政安排经费,中央各职能部门和直属机构不得要求地方安排配套资金。中央的财政事权如委托地方行使,要通过中央专项转移支付安排相应经费。

二是,地方的财政事权由地方承担支出责任。属于地方的财政事权原则上由地方通过自有财力安排。对地方政府履行财政事权、落实支出责任存在的收支缺口,除部分资本性支出通过依法发行政府性债券等方式安排外,主要通过上级政府给予的一般性转移支付弥补。

三是,中央与地方共同财政事权区分情况划分支出责任。一种是,由中央与地方按比例或以中央为主承担支出责任,主要是根据基本公共服务的属性,体现国民待遇和公民权利、涉及全国统一市场和要素自由流动的财政事权。另一种是,由中央和地方按比例或中央给予适当补助方式承担支出责任,主要是根据财政事权外溢程度,针对受益范围较广、信息相对复杂的财政事权。还有一种是,中央与地方各自承担相应支出责任,主要是针对中央和地方有各自机构承担相应职责的财政事权;中央承担监督管理、出台规划、制定标准等职责,地方承担具体执行等职责的财政事权。

3. 省以下财政事权和支出责任划分

《国务院关于推进中央与地方财政事权和支出责任划分改革的指导意见》要求,将部分适宜由更高一级政府承担的基本公共服务职能上移,明确省级政府在保持区域内经济社会稳定、促进经济协调发展、推进区域内基本公共服务均等化等方面的职责;将适宜由基层政府发挥信息、管理优势的基本公共服务职能下移,强化基层政府贯彻执行国家政策和上级政府政策的责任。

根据省以下财政事权划分、财政体制及基层政府财力状况,合理确定省以下各级政府的支出责任,避免将过多支出责任交给基层政府承担。

针对省以下财政体制存在财政事权和支出责任划分不尽合理等问题,2022 年 5 月 29 日《国务院办公厅关于进一步推进省以下财政体制改革工作的指导意见》提出了清晰界定省以下财政事权和支出责任的任务。

一是合理划分省以下各级财政事权。适度强化教育、科技研发、企业职工基本养老保险、城乡居民基本医疗保险、粮食安全、跨市县重大基础设施规划建设、重点区域(流域)生态环境保护与治理、国土空间规划及用途管制、防范和督促化解地方政府债务风险等方面的省级财政事权。将直接面向基层、由基层政府提供更为便捷有效的社会治安、市政交通、城乡建设、农村公路、公共设施管理等基本公共服务确定为市县级财政事权。

二是明晰界定省以下各级财政支出责任。省级财政事权由省级政府承担支出责任,市县级财政支出责任根据其履行的财政事权确定。共同财政事权要逐步明确划分省、市、县各级支出责任,按照减轻基层负担、体现区域差别的原则,根据经济发展水平、财力状况、支出成本等,差别化确定不同区域的市县级财政支出责任。

(三)转移支付方面

分税制财政体制改革后,逐步建立健全了较为规范的转移支付制度。

2002年12月26日《国务院批转财政部关于完善省以下财政管理体制有关问题意见的通知》,要求省、市级财政采取有效措施,切实帮助解决县、乡财政困难。在明确划分省以下各级政府财政收入和财政支出的基础上,建立规范的财政转移支付制度。

2016年8月16日《国务院关于推进中央与地方财政事权和支出责任划分改革的指导意见》,提出进一步完善中央对地方转移支付制度,清理整合与财政事权划分不相匹配的中央对地方转移支付,增强财力薄弱地区尤其是老少边穷地区的财力;严格控制引导类、救济类、应急类专项转移支付,对保留的专项转移支付进行甄别,属于地方财政事权的划入一般性转移支付。

在一般性转移支付和专项转移支付基础上,为与财政事权和支出责任划分改革相衔接,2019年新设共同财政事权转移支付(暂列一般性转移支付项下)。

2022年5月29日《国务院办公厅关于进一步推进省以下财政体制改革工作的指导意见》,提出完善省以下转移支付制度的任务:一是厘清一般性转移支付、共同财政事权转移支付和专项转移支付的功能定位。二是优化转移支付结构。推动财力下沉,增强基层公共服务保障能力,推动落实中央重大决策部署。三是科学分配各类转移支付资金。按照规范的管理办法,围绕政策目标主要采用因素法或项目法分配各类转移支付资金。

四、理顺我国政府间财政关系

分税制改革以来,我国府际财政关系的改革发展取得了明显成效,特别是党的十八大以来,政府间财政关系作为全面深化改革的一项重点工作加快推进,财政收入稳步增长,中央收入比重明显提高,地方发展经济的积极性被有效调动;财政事权和支出责任划分逐步清晰,事权与支出责任相适应的制度基本建立;转移支付制度逐步完善,基本公共服务均等化加快推进；预算管理制度日益健全，科学化、规范化水平逐步提升。

但也要看到，《国务院关于推进中央与地方财政事权和支出责任划分改革的指导意见》指出的中央与地方财政事权和支出责任划分方面存在的问题，有的已经解决，有的正加快改革，有的仍然存在。

同时，随着经济社会发展和国内外形势变化，特别是与新时代发挥财政在国家治理中的基础和重要支柱作用相比，与推进国家治理体系和治理能力现代化的要求相比，中央和地方财政关系仍存在一些不相适应的方面，解决好政府间财政关系问题还需要长期不懈的努力。

（一）健全地方税、直接税体系，完善以共享税为主体的收入划分模式

比较研究表明，各国中央（联邦）与地方（联邦成员与地方）之间的税权划分，大致有分散、相对分散、适度集中、集中等类型。

从中央与地方财政收入分享方面看，我国共享收入占比较高，主要是立足于地区间差异较大的国情。从财政收入分布上看，税收收入主要集中在东部地区。实施中央和地方较大规模共享收入的做法，体现了应对地区间发展不平衡的客观需要，也促进了各地区的经济社会发展。这与传统市场经济国家的制度安排不尽相同，具有中国特色社会主义的财政收入划分特点。

按照优化税制结构、稳定宏观税负、推进依法治税的要求，要全面落实税收法定原则，逐步提高直接税比重；完善地方税体系，推进房地产税立法；完善关税制度；加快推进非税收入管理改革，建立科学规范、依法有据、公开透明的非税收入管理制度；深化国税、地税征管体制改革，完善税收征管方式，提高税收征管效能。

针对现行税种划分中存在的问题，根据我国的实际情况，结合财政体制改革，并借鉴市场经济国家多年形成的有益经验，确立我国税种划分的依据时，要考虑各级政府所承担的职能、税基流动性大小、分级财政机制独立运作以及公共产品和服务的区域性和受益范围等要素。

根据以上要素依据，并结合我国税制改革的方向，中央税体系应以关税、消费税为主体税种，并辅之以证券交易税、土地增值税等；保留适当数量的共享税，并将增值税、所得税和资源税等作为共享税；适时取消、合并部分地方税种，适当增加新的地方税种，推动形成新的较为完善的地方税体系，包括城乡维护建设税、房地产税、耕地占用税、车船税、印花税等。

税收管理权限在中央与地方之间的划分，不仅关系到财权、财力的集中与分散程度，而且也对各级政府职能的行使产生直接的影响。

根据《中华人民共和国宪法》和《中华人民共和国立法法》的规定，我

国税收立法权集中在中央，中央税及共享税的立法权、税种开征停征权、税目税率调整权、减免税权等，应由中央集中管理，以维护国家的整体利益。但我国人口众多、幅员辽阔，各地的自然条件、经济发展水平、经济活动的具体内容都存在着较大的差异。因此，在统一税政的前提下，应赋予省级适当税政管理权限，对于一般地方税税种，在中央统一立法基础上，可赋予省级人大及其常委会依法调整地方税税率、税目和减免规定等方面的权限，并允许省级政府制定实施细则或具体实施办法。

（二）完善共同财政事权体系，强化中央财政事权和支出责任

要通过改革，使财政事权和支出责任划分逐步清晰、事权与支出责任相适应的制度基本建立。

一是，要进一步明确主要领域的财政事权和责任划分。按照党的十八届三中全会确定的改革方向，已将义务教育、基本就业服务、基本养老保险等涉及群众基本生活和发展需要、需要优先和重点保障的 8 大类 18 项基本公共服务事项，纳入中央与地方共同财政事权和支出责任划分改革范围，逐项明确中央与地方的支出责任分担方式和具体比例。同时，结合政府支出分类，按照统一的原则和标准加快明确细分领域财政事权和支出责任划分。

但至今，还有不少领域的中央与地方财政事权和支出责任划分改革还未推出。今后，还要尽快推出其他领域中央与地方财政事权和支出责任划分改革。

二是，要更有效发挥共同财政事权的功能作用。推进财政事权和支出责任划分改革过程中，要进一步合理确定共同财政事权范围，确立以基本公共服务为主体的中央和地方共同财政事权框架；并以共同财政事权、转移支付作为支撑，发挥中央和地方"两个积极性"，保障相关政策的落实。

以新冠肺炎疫情防控为例。新冠肺炎疫情防控应为中央与地方共同财政事权。但根据《国务院办公厅关于印发医疗卫生领域中央与地方财政事权和支出责任划分改革方案的通知》的规定，疫苗接种属于中央财政事权，中央政府承担支出责任，而核酸检测、酒店隔离等主要由地方政府决定并使本地受益，应属地方政府财政事权并由地方政府承担支出责任；但考虑外溢性，中央或上级政府可给予适当补助。

考虑到我国的基本国情和经济社会发展的阶段性特征，需要更多地发挥中央政府在维护社会公平正义、促进共同富裕、推动区域协调发展、保障基本人权和全国性或跨区域重大传染病防控等方面的作用；需要适度加强中央财政事权，并赋予中央政府比传统市场经济国家的中央或联邦政府相

对多一些的共同事权。

三是，建立健全基本公共服务保障标准体系。进一步明确主要基本公共服务项目的支出标准以及中央与地方分担办法，建立健全中央与地方共同财政事权清单管理制度。在制定义务教育公用经费保障、城乡居民基本养老保险补助、基本公共卫生服务等统一的国家基础标准基础上，进一步引入合理增长机制，确保共同财政事权落实和财政可持续。同时，注意加强对地方标准的管理和控制，明确各地在确保国家基础标准落实到位的前提下，按程序报备后可因地制宜实施高于国家基础标准的地区标准，高出部分所需资金自行负担。

考虑到我国各地人均一般公共预算收入在区域间分布严重不平衡，要以财政事权为基础，形成共同负担机制，对具体共同财政事权事项可以分地区实行差异化区分，以满足人民日益增长的美好生活需要。

（三）进一步完善转移支付，推动财力下沉，提升基层公共服务保障能力

分税制改革以来，转移支付制度效用有效发挥，转移支付力度不断加大，总体上形成了以财政事权和支出责任划分为依据，以一般性转移支付为主体，共同财政事权转移支付和专项转移支付有效组合、协调配套、结构合理的转移支付体系；同时，初步建立了“中央切块、省级分配、资金直达、全程监控”的中央转移支付直达基层机制。

我国各地之间财政经济水平很不平衡，不但省与省之间，而且各市、各县（区）、各乡镇的不平衡程度也相当严重。因此，在设计转移支付环节时必须依照国情，按我国政权组织的纵向划分，在中央、省（直辖市、自治区）、市（州、盟、地区）、县（市、区、旗）和乡（镇、苏木）五级中，每相邻两级政府都要建立转移支付，构成一个多层次的转移支付体系。

从我国的国情来讲，转移支付的远期目标是实现基本公共服务均等化；近期目标是实现财政的纵向平衡，减小各地区间的不平衡。

要合理配置地方政府财政事权，使基本公共服务受益范围与地方政府管辖区域保持一致，更好更多地发挥地方政府特别是县级政府贴近基层、获得信息便利等优势，激励地方政府主动作为、履职尽责。

按照党的二十大“完善财政转移支付体系”的要求，应在明确划分各级政府的支出责任基础上，逐步做到属于地方政府的事务，其自有收入不能满足支出需求的，中央财政原则上通过一般性转移支付给予补助；属于中央委托的事务，中央财政通过专项转移支付足额安排资金；属于中央地方共同事务和支出责任的支出，明确各自的负担比例；增加一般性转移支付规模和比例，逐步做到一般性转移支付为主、专项转移支付为辅；加大对

中西部地区转移支付力度,推动财力下沉,提升基层公共服务保障能力。

(四)规范省以下财政体制

省以下财政体制是中央和地方财政关系的延伸,是政府间财政关系的重要组成部分。对于建立健全科学的财税体制,优化资源配置等,具有重要意义。根据国情需要,我国省以下财政体制实行统一领导、分级管理的基本原则,由省级政府在中央指导下,结合当地实际,按照财政事权划分原则合理确定。

分税制改革以来,各地参照中央做法逐步建立健全省以下财政体制,明确划分地方各级政府收入范围,注重调动基层政府发展经济的积极性;规范省以下政府间财政事权和支出责任划分,将部分适合更高一级政府承担的财政事权和支出责任上移,强化省级政府在义务教育、医疗卫生、社会保障等基本公共服务领域的支出责任,提高民生支出保障水平;建立较为规范的省以下转移支付制度,引导财力向下倾斜,着力增强县乡政府提供基本公共服务能力,促进省内地区间基本公共服务均等化。

各地在注意处理好与现行行政管理体制和其他经济管理权限关系的基础上,积极推进"省直管县"和"乡财县管"财政管理方式改革,减少财政管理层级,提高财政资金使用效率。同时,省以下财政体制还存在财政事权和支出责任划分不尽合理、收入划分不够规范、有的转移支付定位不清等问题。

按照《国务院办公厅关于进一步推进省以下财政体制改革工作的指导意见》的规定,一是要结合本地区实际,加快推进省以下各级财政事权划分改革,根据基本公共服务受益范围、信息管理复杂程度等事权属性,清晰界定省以下各级财政事权;按照政府间财政事权划分,合理确定省以下各级财政承担的支出责任;建立财政事权和支出责任划分动态调整机制。二是要理顺省以下政府间收入关系:参照税种属性划分收入,将税基流动性强、区域间分布不均、年度间收入波动较大的税收收入作为省级收入或由省级分享较高比例;将税基较为稳定、地域属性明显的税收收入作为市县级收入或由市县级分享较高比例;对金融、电力、石油、铁路、高速公路等领域税费收入,可作为省级收入,也可在相关市县间合理分配。将税收收入在省以下各级政府间进行明确划分,对主体税种实行按比例分享,结合各税种税基分布、收入规模、区域间均衡度等因素,合理确定各税种分享比例;对非税收入可采取总额分成、分类分成、增量分成等分享方式,逐步加以规范;原则上逐步统一省内同一税费收入在省与市、省与省直管县、市与所辖区、市与所辖县之间的归属和分享比例。适度增强省级调控能力,结合省级财政支出责任、区域间均衡度、中央对地方转移支付等因素，合理确定省级收入分享比例。稳步推进收入划分调整。

省以下地方应尽快建立省以下规范化的转移支付制度。一是明确一般性转移支付用于均衡区域间基本财力配置，向革命老区、民族地区、边疆地区、欠发达地区及重要功能区域倾斜，不指定具体支出用途，由下级政府统筹安排使用；共同财政事权转移支付与财政事权和支出责任划分改革相衔接，用于履行本级政府应承担的共同财政事权支出责任，下级政府要确保上级拨付的共同财政事权转移支付资金全部安排用于履行相应财政事权；专项转移支付用于办理特定事项、引导下级干事创业等，下级政府要按照上级政府规定的用途安排使用。二是优化转移支付结构，如逐步提高一般性转移支付规模、足额安排共同财政事权转移支付、合理控制专项转移支付新增项目和资金规模。三是科学分配各类转移支付资金。四是加强各类转移支付动态管理。

多年来，省直管县财政改革不断推进，在加强县级财力保障、提高财政管理效率、调动县级发展经济积极性等方面取得了明显成效，但也存在一些需要完善的方面。

进一步推进省直管县财政改革，可将区位优势不明显、经济发展潜力有限、财政较为困难的县纳入省直管范围或参照直管方式管理，加强省级对县级的财力支持；对由市级管理更有利于加强区域统筹规划、增强发展活力的县，适度强化市级的财政管理职责。

2006 年以来，各地积极推进乡财县管工作。目前，除了部分经济财政实力较强的乡镇外，全国大部分乡镇均已实行乡财县管。乡财县管在规范乡镇收支行为、防范和化解乡镇债务风险、维护农村基层政权和社会稳定等方面取得显著成效。

为继续向纵深推进乡财县管工作，要将财政收入难以覆盖支出需要、财政管理能力薄弱的乡镇纳入乡财县管范围；加强财力薄弱乡镇支出保障，防范化解乡镇财政运行风险，加大对农村公益性事业发展的支持力度；强化县级财政对乡镇预算编制、预算执行、国有资产管理等监督。

为进一步强化地方政府债务管理，要落实省级政府责任，按属地原则和管理权限压实市县主体责任，通过增收节支、变现资产等方式化解债务风险，切实降低市县偿债负担，坚决查处违法违规举债行为。

（五）健全基本公共服务保障标准，推进基本公共服务均等化和可及性

基本公共服务是由政府主导、保障全体公民生存和发展基本需要、与经济社会发展水平相适应的公共服务。

党的十八大以来，我国建立了更为完备的教育、就业、医疗卫生、住房保障、社会保障、文化体育等满足基本民生需求的基本公共服务供给制度。按照系统性、层次性和协调性的要求，国家、行业、地方、基层服务机构等各个层面，构建了基本公共服务标准体系的总体框架。但供给不足和不平衡的矛盾在一定程度上依然存在。

2018 年，中共中央办公厅、国务院办公厅印发《关于建立健全基本公共服务标准体系的指导意见》，明确了我国到“十四五”末实现近期目标以及到 2035 年实现远期目标。按照指导意见的要求，要制定中央与地方共同财政事权基本公共服务保障国家基础标准。

党的十九届四中全会指出，要“完善公共服务体系，推进基本公共服务均等化、可及性”。

基本公共服务均等化，是指全体公民都能公平可及地获得大致均等的基本公共服务，其核心是促进机会均等，重点是保障人民群众得到基本公共服务的机会；基本公共服务可及性，是指民众享受符合自己需求的公共服务的难易程度。

经国务院批复同意，2021 年 12 月国家发展改革委等部门联合印发的《“十四五”公共服务规划》提出，到 2025 年，公共服务制度体系更加完善，政府保障基本、社会多元参与、全民共建共享的公共服务供给格局基本形成。各省级政府要将基本公共服务标准体系建设作为民生保障的重点任务，严格落实国家基本公共服务标准，并结合实际出台基本公共服务地方标准。

（六）提高政府间财政关系法治化和规范化水平

首先，要加快财政体制改革，通过进一步出台相关领域中央与地方财政事权和支出责任划分改革方案，适度加强中央财政事权和支出责任；优化政府间事权和财权划分，形成稳定的各级政府事权、支出责任和与财力相适应的制度，逐步实现政府间财政事权和支出责任划分法治化、规范化。

要依法全面履行财政职能，健全财政收支预算管理：完善标准科学、规范透明、约束有力的预算制度；严格贯彻落实预算法，加强政府预算统筹协调，规范收入预算管理，严格政府债务管理，硬化预算约束。

要加快税制改革，完善直接税制度并逐步提高其比重，健全地方税体系，合理划分中央和地方收入范围，形成财力协调的中央和地方财政关系；落实税收法定原则，加快推动税收立法。

其次，要坚持财政立法与财税改革相统一、相衔接，对实践证明已经比较成熟的财税体制改革经验和行之有效的财税体制改革举措，要及时上升为财政规章或推动上升为法律法规；根据建立现代财政制度的要求，加强对财政基本法律制度、财政收支法律制度、财政管理法律制度等重点领域的立法，逐步建立健全完备的财政法律制度框架，并尽快出台“政府间财政关系法”。

最后，要健全政府财权依法运行机制：健全依法决策机制，明确财政重大决策范围和程序，强化财政决策法定程序的刚性约束；推进严格规范公正文明执法，深化财政行政执法体制改革，最大限度减少不必要的财政行政执法事项；全面推行行政执法“三项制度”在财政管理和执法中的运用；强化对财政权力运行的制约和监督，健全财政权力运行制约和监督体系，形成监督合力。

第六章　府际纵向监控

一、府际纵向监控的理据、原则和方式

无论是在联邦制国家还是在单一制国家，都不同程度地存在着对地方政府的纵向监督或控制；联邦制国家的纵向监控还涉及联邦与州等联邦成员的关系。

纵向府际关系在不同国家结构形式下有不同情形并各有其特点，而政府间纵向监控，始终是纵向府际关系中的一项重要内容。

（一）单一制国家政府间纵向监控

单一制国家政府间纵向监控，主要是中央对地方政府的监控；同时，也包括上级地方政府对下级地方政府的监控。

1. 对地方政府监控的理据

单一制国家纵向监控，在许多国家的宪法或法律中有所规定，涉及中央对地方政府监控的原则以及立法规制、行政监督或司法调节等方式。

从地方政府的性质和地位看，在单一制国家，地方政府是中央立法的产物，其职权主要来自中央的授予或特许，因而中央对地方政府职权的行使负有重要责任。

从地方政府的职能看，地方政府承担着许多涉及公民日常生活和基本权利的职能，其中有的职能如警务、教育等具有全国性质，中央必须制定统一法规、标准供各地方一体遵循。地方政府承担的具体职能中，一部分是自主性事务或法律要求执行的事务，另一部分是中央依法委托执行的事务。对自主性事务或法律要求执行的事务应加以监控，以符合法律规定的要求；对委托地方政府执行的事务，中央政府也必须监控，以防止事务执行偏离中央预期的目标。

从地方政府用以履行职能的资源看，地方之间往往存在差距，有必要由中央予以调控，以确保地方提供基本的均等公共服务。地方蕴存着大量财源，地方政府的收入和开支，在全国总收支中，占相当大的比例。对这样大的财政资源，中央政府需要监控。

此外，地方自治的发展和地方自主权的扩大，有利于促进地方发展和保障民主、人权，但也可能导致地方主义的倾向或分离主义的危险，中央或上级政府对此须有应对手段。简单地说，地方政府可以拥有自主权，但地

方政府毕竟不具备独立的主权。中央或上级政府对地方政府的监控，主要目的在于维护全国性整体利益和地方利益，并保证地方政府依法治理。

2. 对地方政府监控的原则和方式

鉴于各国不同的国情和历史文化，对地方政府的监控应遵循的原则，各国规定不尽统一。但对地方政府的监控不是可以随意和不受限制的，应当遵循一定的原则。

1993 年《世界地方自治宣言》的有关内容与下述的《欧洲地方自治宪章》的内容基本相同，表达了对地方自治和对地方政府监控的基本共识。1985 年《欧洲地方自治宪章》作为地方自治的第一个区域性国际公约，对地方政府的行政监督作了规定（第 8 条），包括以下三项原则：

一是合法性原则，即对地方政府的任何行政监督应根据宪法或法律规定的权限和程序进行。《欧洲地方自治宪章》将合法性原则引入对地方政府的监督中，确立了任何形式的监督都必须由宪法或法规规定的要求。它产生以下效果：其一，所有形式的监督都必须于法有据，因此，特别或临时程序（监督情形不受规范）是被禁止的。其二，上级政府没有一般或固有的权力，只能采用法律规定的监督方法监督地方政府。其三，监督机关必须严格遵守法律规定的时限、方式、权限，否则监督无效，而且其可能受到所监督的地方政府的质疑或引致法律诉讼。

二是合目的性原则，即对地方政府活动的任何行政监督，一般只是旨在确保其符合法律和宪法原则；对地方政府的行政监督，也可以是为地方政府执行上级机关的委托职责的需要而实行。《欧洲地方自治宪章》明确对地方政府监督的目的只是确保法律和宪法原则得到遵守的一般性规则，并确立了监督地方政府行为的合法性而非适当性的普遍取向。监督机关应监督地方政府行为的合法性，如核实地方政府是否在其权力范围内行事、是否符合实质监管标准或要求，以及在监督合法性的情况下，监督机关是否按照法律程序在适当时限内行使权力等，而不是以自己权力取代地方政府的酌处权。《欧洲地方自治宪章》并不禁止对地方政府行为的适当性进行监督，但要受严格限制，因为它被认为与地方自治的本意相矛盾。基于适当性的行政监督，应仅限于上级机关委托给地方机关的任务。

三是比例原则（也称相称性原则），即对地方政府的行政监督应以适当方式进行，以确保监督权的行使符合监督所要维护的利益。这一原则适用于任何形式的政府间纵向监督，无论是事先或事后监督，还是合法性或适当性监督；监督机关在行使监督权时，有义务采用对地方自治产生最小影响的方法，同时取得所希望的结果。

一方面,根据比例原则,监督机关可在必要的范围内进行干预,并考虑公共利益的相关性,或所称地方政府违法行为的严重性;在采用严厉措施如废除或中止地方政府的决定、计划或项目前,应首先考虑采用较轻的警告、请求、协商等措施。另一方面,地方政府如事无巨细都必须事先获得监督机关批准,也不符合比例原则。

比例原则对法院也是适用的,有关地方政府可以提出诉讼,指控监督机关在行使其监督权时未能遵守比例原则。

截至2021年12月底,《欧洲地方自治宪章》的缔约国有47个。《欧洲地方自治宪章》中关于对地方政府行政监督的原则要求,通过缔约国转化为本国法律或宪法规定而具有法律效力。如根据《葡萄牙共和国宪法》第242条,对地方自治机关的行政监督,包括审查自治机关对法律的遵守情况,应在法律规定的情形下并按法定方式施行。限制地方自治的监督措施,应按法定方式事先征询地方自治机关的意见。通过直接选举产生的地方自治机关,只有因严重违法行为或失职才能被解散。①

除欧洲以外,有的国家宪法对地方自治机关行政监督的原则,也作了规定。如根据《泰王国宪法》,对地方政府的监督,应在必要范围内,依据法律明确的、适当的和与各类地方政府相适应的规则、程序和条件进行,以维护地方利益或国家整体的利益为目的;但无论如何,不得实质性地影响建立在人民意愿基础上的自治原则,除非法律另有规定。实施前述规定的监督行为,应在不影响地方政府依据需要进行决策的能力的情况下,根据地方政府的自主选择,并考虑各类地方政府的管理效率和发展水平的适应性和差异,设立适用于对地方政府的监督标准,并建立主要由公众监督的机制。②

关于对地方政府监控采用的方式,世界各国也不尽相同,一般通过立法或宪法规范,采用行政监督、司法调节、财政监督等常用方式。

许多国家实行地方自治制度,地方政府与中央之间一般不存在上下行政隶属关系,中央对地方政府的行政监督主要基于法律的规定并使法律得到遵守。

英国长期实行地方自治,地方政府根据《英国地方政府法》和相关法律产生。虽然在英格兰、威尔士、苏格兰和北爱尔兰地区,地方政府的结

① 参见孙谦、韩大元主编:《〈世界各国宪法〉分解资料丛书·地方制度》,中国检察出版社2013年版,第248页。

② 孙谦、韩大元主编:《〈世界各国宪法〉分解资料丛书·地方制度》,中国检察出版社2013年版,第118页。

构、层级和职能不尽相同,但地方自治机构是选举产生的,基本上独立于中央政府。中央政府一般没有权力直接干涉它们的日常事务,除非在某一单行法律中作了专门规定。英国地方政府是联合王国议会通过的法律的产物,中央对地方政府可以依法进行监控,通常通过由负责地方政府事务的有关部门的大臣采用发布规则、命令、通报,批准、认可地方政府制定的地方规章、计划或命令,由外部审计员进行财务控制以及任命监察员等方式;但权力下放改革后,这些监督权多转交给了权力下放政府有关部门及其大臣。

《日本国宪法》第8章"地方自治"第92条规定:"关于地方公共团体的组织机构及运营事项,应根据地方自治的宗旨,由法律加以规定。"与地方自治相关的法律均以该条为依据制定。《日本地方自治法》第11章"中央与普通地方公共团体的关系以及普通地方自治团体间相互关系"中,明确普通地方公共团体的事务处理,如有违法、不当或危害公共利益的行为,国家行政机关可以依法采取建议或劝告、要求提交资料、要求改正、许可认可或承认、发布指示、代替履行以及与普通地方公共团体协商等方式。①

(二)联邦制国家政府间纵向监控

联邦制下,联邦与州、邦、省或共和国等联邦成员之间实行分权,联邦成员的地位由联邦宪法和联邦成员宪法规定;联邦成员之下的地方一般由联邦成员宪法或法律规定。联邦成员或地方要受联邦或联邦成员的监控。

1.联邦对州等联邦成员的监控

在联邦制国家,政治权力由联邦和联邦成员共同享有。按照联邦主义的一般原理,联邦政府与州、邦、省或共和国等联邦成员之间并无隶属关系。联邦宪法允许各联邦成员保持一定的独立性。但是,联邦成员与联邦一样都是政治实体,联邦成员拥有巨大的政治和行政权力,并与联邦一起共同执行某些行政任务。为了维护联邦制,联邦宪法往往要求联邦成员服从联邦宪法秩序。

美国是第一个联邦制国家,但宪法只是为联邦制制定了一个基本框架,联邦最高法院在维护联邦主义和州权平衡上发挥了重要作用。联邦最高法院不仅审查国会的法案或总统行政命令是否违反宪法,而且也对各州的立法、行政和司法机关的行为进行违宪审查。在美国,联邦对州和地方政府的立法控制和干预的主要方式,除了由国会负责批准项目计划、制订实施项目计划的总规则,并决定是否或在多大程度上给州和地方政府自行

---

① 万鹏飞、白智立主编:《日本地方政府法选编》,北京大学出版社2009年版,第105-106页。

决定保留余地外，更重要的方式是，国会为这些项目计划拨款，包括分类拨款（有具体用途限制）、项目拨款、整笔拨款（各州有较大灵活性）等，且拨款数额很大。①

根据《德意志联邦共和国基本法》第28条的规定，各州的宪法秩序应符合基本法所定的共和、民主及社会法治国原则。各乡镇在法定限度内自行负责处理地方团体一切事务的权利，应予保障。联邦有义务使各州宪法秩序符合基本权利及上述规定。

在立法权方面，许多实行联邦制的国家，在联邦宪法中规定联邦专有立法事项、与联邦成员共有立法事项等，还规定联邦法律的优先性。联邦成员制定的法律不得与联邦法律相抵触，否则联邦成员制定的法律无效。《俄罗斯联邦宪法》第76条第5款中规定："俄罗斯联邦各主体的法律和其他规范性文件不得与根据本条第1款、第2款所通过的联邦法律相抵触。"第6款规定："在联邦法律与俄罗斯联邦主体根据本条第4款所颁布的规范性法律文件之间相抵触时，以俄罗斯联邦主体的规范性法律文件为准。"②

在有些特定情况下，国会或联邦议会有权为州等联邦成员制定法律。主要有下列特定的情况：一是为履行联邦与其他国家缔结的条约、协定或为履行联邦作为成员的国际组织的决议；二是为保持两个或两个以上联邦成员制定的法律的一致性；三是应联邦成员立法机关要求而制定联邦法律。

在行政权方面，一般情况是，联邦行政权涵盖国会或联邦议会可以制定法律的所有事项，联邦成员行政权涵盖州等联邦成员议会可以制定法律的所有事项。同时，联邦成员行政机关还要执行在该联邦成员实施的联邦法律，但不得妨碍或损害联邦行政权的行使。

美国联邦政府还采取联邦委托的方式。国会经常向州和地方政府提出任务要求，如向贫困母亲提供服务、净化空气和水源等，且经常是在不提供联邦经费的情况下，提出委托要求。

---

① ［美］马格莱比、莱特：《民治政府：美国政府与政治》（第23版·中国版），吴爱明、夏宏图编译，中国人民大学出版社2014年版，第38－39页。

② 《俄罗斯联邦宪法》第76条第1款规定，根据俄罗斯联邦管辖对象通过在俄罗斯联邦全境具有直接效力的联邦宪法性法律和联邦法律；第2款规定，根据俄罗斯联邦和俄罗斯联邦各主体共同管辖对象颁布联邦法律和根据这些法律所通过的俄罗斯联邦各主体的法律和其他规范性文件；第4款规定，在俄罗斯联邦管辖、俄罗斯联邦和俄罗斯联邦各主体共同管辖范围外，各共和国、边疆区、联邦直辖市、自治州和自治区行使其法律调整，包括通过法律和其他规范性的法律文件。

近几十年来,美国国会使用了联邦控制和联邦干预的新方式。一是直接命令,即通过刑事、民事制裁要挟州与地方政府执行联邦法律。如 1972 年《就业机会均等法》禁止以种族、肤色、宗教、性别和民族血统为由的就业歧视。二是交叉要求,即在联邦拨款中规定一些限制条件,并将这些限制条件扩展到联邦资助的所有活动项目。如根据 1964 年《公民权利法》的规定,在联邦经费使用上,任何人不得因种族、肤色、民族血统而受到歧视,其他法律将这种保护扩大到任何人。三是转向制裁,即允许某一项目中联邦经费的使用影响州和地方政府另一个项目上的政策,如 1984 年一个法律(《最低饮酒年龄法》)规定,任何一个不能将最低饮酒年龄限制提高到 21 岁的州,其修建高速公路获得的联邦资助将减少 15%。四是完全优先和部分优先。前者指基于联邦至上和商贸条款赋予联邦政府的权力,当联邦政府活动与州和地方政府活动相冲突时,联邦政府享有优先权;后者指联邦政府制定基本政策,要求各州自行贯彻实施。①

2. 联邦成员对地方的监控

联邦制涉及联邦与州等联邦成员之间的权力划分,不涉及州等联邦成员以下的地方政府。在美国,州以下的地方和地方政府,由州设立和撤销,或经州的批准和认可而成立。联邦政府一般无权直接干预地方事务和地方政府的活动。

美国地方政府与州的关系,同州与联邦的关系不尽相同。在美国联邦制下,县、市、镇、乡和特别区等是由州议会通过立法创设或特许成立的,监督地方政府是州政府的权力。

但与许多西方单一制国家一样,美国各州实行"地方自治",市是法人团体,经州的特许成立,享有较多的自治权。同时,现代化和人口的增长也对县政府提出了更多要求,县政府提供的服务范围增大;一些州通过发展"地方自治",赋予县更大的决策权和灵活性。但地方自治并不意味着州放弃了对地方的支配和监控,地方政府相对于州仍居于从属地位。

按照《德意志联邦共和国基本法》,德国实行联邦制,同时,基本法又确立了共和、民主及社会法治国原则和地方自治原则。各州宪法确立该州是联邦德国的一个州,并承认基本法和联邦法律在本州的优位性,以维护联邦制原则和民主法治秩序。此外,各州宪法还确立乡镇自治和对乡镇的监督。

① [美]马格莱比、莱特:《民治政府:美国政府与政治》(第 23 版 · 中国版),吴爱明、夏宏图编译,中国人民大学出版社 2014 年版,第 40 - 41 页。

德国各州对乡镇和联合乡镇的监督主要是法律监督：一是监督乡镇行政管理是否合法；二是监督乡镇是否依法履行法定职责；三是监督州委托任务完成情况。如《巴登－符腾堡州宪法》第75条第1款、《德国巴伐利亚州宪法》第83条第4款、《勃兰登堡州宪法》第97条第1款、《黑森州宪法》第137条第3款和《萨克森州宪法》第89条第1款，都规定了该州对乡镇、县和联合乡镇行政管理的合法性的监督权。①

二、立法监控

（一）立法规范或控制

通过立法规范各级政府组织、职能、权限和运作，是现代国家治理的基本要求。很多国家通过宪法对各级政府作出规定，这些规定是各级政府存在和活动的基本依据，也使联邦或中央政府获得据以规范、控制和监督联邦成员或地方的手段。

在西方国家，立法控制主要表现为议会对地方政府的控制。

英国没有一部“成文宪法”，没有关于所有机构和程序包括地方政府的单一的宪法文件，英国也没有设立宪法法院。英国奉行议会主权原则，地方政府的产生、组织等都出自联合王国议会，议会确定选民的结构及地方政府的组织、权限和活动范围。地方政府的各项职责，不论是法定应办的还是自愿决定的，都由各种法律或命令，包括一般通用法律、专门法律、命令等予以确定。在授予这些职责的同时，地方政府受到控制。

在联邦制国家，联邦和联邦成员执行各自的法律，有的国家宪法还规定了联邦成员执行法律的一般规则。

在德国，联邦政府依基本法，经联邦参议院批准，可发布一般行政管理规则，这些规则是各州执行联邦法律的基本遵循。如果联邦政府在各州执行联邦法律方面发现的任何缺陷没有得到纠正，联邦参议院应根据联邦政府或有关州的申请，决定该州是否违反了法律（尽管联邦参议院的决定可能会在联邦宪法法院受到质疑）。为了执行联邦法律，经联邦参议院批准，联邦法律可授权联邦政府就特殊情况发布个别指示。除非联邦政府认为此事紧急，否则应向州最高管理机关发出此类指示的通知。

《瑞士联邦宪法》第186条规定，联邦法律要求的各州立法，经由联邦

---

① 《德国州宪全译》，祝捷、向雪宁、江易、姚聪慧译，人民出版社2017年版，第62、84、151、233、385页。

委员会批准施行。①

《日本地方自治法》于1947年出台并与宪法同时实施，是对地方自治的基本事项作出规定的最重要法律。该法对地方自治体的类型、权限、居民、议会和执行机关及财政等关乎地方自治组织机构和运行的基本事项作出具体规定，同时，也对中央与普通地方公共团体的关系作了规定。②

此外，与地方自治相关的法律还有《日本地方财政法》《日本地方公务员法》等；中央政府还制定大量法令来规范或影响地方自治体的事务。中央政府可以在不违反宪法规定的地方自治宗旨的范围内，根据国会制定的法律监督地方公共团体。

在联邦制国家，立法规范或控制也体现在联邦成员的立法中。如美国的许多州宪法规定地方政府享有自治权，可以制定自治法规，但同时明确，地方的自治法规不得与州法相抵触，因为地方是州的一部分，地方的利益与州的利益不可分离，一个地方的决定可能会影响其他地方的利益，自治权不是不受限制的权利，但州法对地方的限制不得违反州宪法。很多州的宪法禁止制定只适用于一个城市或一个地方的法律。③

（二）对联邦成员或地方立法的监督

许多国家的宪法和宪法性法律规定，联邦成员和地方拥有立法权，并规定这些立法须以不得超越权限或不抵触联邦、联邦成员或中央立法为前提，否则可能被责令修正、中止实施或撤销。

在单一制国家，主要是对地方立法的监督。根据《意大利共和国宪法》第127条，共和国政府如认为大区法律超越了大区权限范围，可在该法律公布之日起60日内向宪法法院提起合宪性审查要求。④ 在一些西方国家，中央政府设有主管地方事务的部门或有关机构。如英国法律规定，郡和区议会可以制定地方规章，但这些规章不得与有关法律相违背，且须经有关大臣批准。

在联邦制国家，对立法的监督包括对联邦成员立法和地方立法的监督。在建立宪法法院的国家，通常由宪法法院审理相关案件，宪法法院在立法监督中承担重要角色。

① 孙谦、韩大元主编：《〈世界各国宪法〉分解资料丛书·行政机关》，中国检察出版社2013年版，第197页。

② 日本国自治体国际化协会编：《日本的地方自治》（2019年改订中文本），日本国自治体国际化协会（CLAIR）2020年版，第2页。

③ 王名扬：《美国行政法》（上），中国法制出版社1995年版，第261页。

④ 参见孙谦、韩大元主编：《〈世界各国宪法〉分解资料丛书·地方制度》，中国检察出版社2013年版，第287页。

俄罗斯联邦宪法法院,根据俄罗斯联邦各主体立法和执行权力机关等的要求,审理并解决各共和国宪法、俄罗斯联邦各主体就属于俄罗斯联邦国家权力机关管辖和俄罗斯联邦国家权力机关与俄罗斯联邦各主体国家权力机关共同管辖的问题所颁布的法律和其他规范性文件是否符合俄罗斯联邦宪法的案件。

在联邦制国家,联邦或联邦成员对其下的地方立法也有监督权。如在奥地利,由联邦和州对市镇行使监督权。市镇应将其独立权限范围内发布的任何条例通知监管机关;监管机关在听取市镇汇报后,对违法的条例应下令撤销,同时将撤销原因告知市镇。

美国各州的宪法,规定县或市可以制定自治宪章或地方规章,但这些宪章或规章须经州议会、州务卿或州长批准。州议会可以决定地方政府自治权的范围,确定哪些是州范围的事务,哪些是地方自治范围的事务。尽管自治条款规定地方政府对一般事务有立法权,但当地方法规与涉及州利益的州法律发生冲突时,最后要以州法律为准。如根据《艾奥瓦州宪法》第 38 条第 1 款,地方公共团体在不与州法抵触情况下可被授予自治权(不含征税权),以决定地方或地方政府事务;但在其职权范围内制定的地方法规,不得规定属于州法的内容。

(三)中国对地方立法的监督

中国对一般地方、民族自治地方和特别行政区等三类地方立法的监督,作了明确规定。

全国人大常委会有权撤销省、自治区、直辖市国家权力机关制定的同宪法、法律和行政法规相抵触的地方性法规和决议;省、自治区、直辖市的人大及其常委会制定的地方性法规,须报全国人大常委会和国务院备案;自治区人大制定的自治条例和单行条例,须报全国人大常委会批准后生效。

此外,香港特别行政区、澳门特别行政区的立法机关制定的法律须报全国人大常委会备案,备案不影响该法律的生效;全国人大常委会在征询其所属的特别行政区基本法委员会的意见后,如认为特别行政区立法机关制定的法律不符合基本法关于中央管理的事务及中央和特别行政区的关系的条款,可将有关法律发回,但不作修改。经全国人大常委会发回的法律立即失效。

全国人大常委会加强对地方性法规、自治条例和单行条例、特别行政区法律的备案审查,有利于保证中央令行禁止,保障宪法法律实施,保护公民、组织合法权益,保障民族区域自治制度和"一国两制"方针得到全面准确实施。

在地方层面,设区的市、自治州的地方性法规须报省、自治区人大常委会批准后实施。省、自治区人大常委会对报请批准的地方性法规,应对其合法性进行审查,认为同宪法、法律、行政法规和本省、自治区的地方性法规不抵触的,应在4个月内予以批准。省、自治区的人大常委会在对报请批准的设区的市、自治州的地方性法规进行审查时,发现其同本省、自治区的人民政府的规章相抵触的,应当作出处理决定。

自治州、自治县人大制定的自治条例和单行条例,报省、自治区、直辖市的人大常委会批准后生效。

三、行政监控

(一)对联邦成员和对地方的行政监控

在联邦制国家,行政监控包括联邦对联邦成员、地方的监控以及联邦成员对地方的监控;在单一制国家,行政监控主要是中央对地方的监控。

1. 联邦制国家对联邦成员、地方的行政监控

对联邦成员、对地方的行政监控,以监控客体为标准,可以分为对联邦成员、地方政府的监控和对联邦成员、地方政府的行为的监控。

对联邦成员、地方政府的行为的监控,是联邦、联邦成员或中央监督和控制的主要方式。如对联邦成员、地方政府通过的决定、命令的监督以及对行政机关的其他行为的监控。对联邦成员行为的监督,可以依法采取发布指令、派遣官员等方式;对地方政府的行为的监督,可以依法采取现场检查、发布指令、中止或撤销有关决定以及绝对必要情况下的替代履行等方式。

在联邦德国,如果某一州未能履行基本法或其他联邦法律规定的义务,联邦政府经联邦参议院同意,可采取必要步骤,迫使该州履行其义务。为了执行这种强制措施,联邦政府或其代表应有权向所有州及其当局发出指示。联邦政府为监督确保各州依法执行联邦法律,可经各州同意向各州最高管理机关派遣专员;如果各州拒绝同意,经联邦参议会批准,联邦政府可向其下级机关派遣专员。

根据《奥地利联邦宪法》第100条第1款的规定,联邦总统根据联邦政府的动议,并征得联邦议院的同意,可以解散州议会(但不得以同一理由两次解散该州议会)。《奥地利联邦宪法》第119条之一规定,如果市镇独立权限范围内的事项包括与执行联邦法律有关的事项,则监督权及监督条例制定权属于联邦,否则属于各州;若联邦法律或州法规定解散市议会作为

监督措施，如果行使的是州的监督权则采取这项措施是州政府的权力，如果行使的是联邦的监督权则采取这项措施的权力属于州长；仅在绝对必要的情况下，才可将联邦或州替代市镇履行作为监督手段。[①]

在阿拉伯联合酋长国，联邦机构根据宪法，对酋长国政府执行联邦法律、决议、条约、协定及司法判决有权进行监督。各酋长国行政与司法主管机构应在此方面向联邦机构提供一切尽可能的协助。[②]

对联邦成员、地方政府的监控，甚至可以采取解散州或地方政府、替代地方政府履行等措施。

2. 单一制国家对地方的行政监控

在单一制国家，中央对地方行政监控是监控的重要方式。英国除了立法规制外，行政监控的主要方式主要有以下三种：一是，权力下放有关部门的大臣有权发布规则、命令、规章，责成地方政府执行。有时，大臣还可给有关地方政府发通报，要求地方政府采取或不采取某种行为。二是，批准、认可地方政府制定的地方规章、计划或命令。三是，任命监察员监督的地方政府工作，基本是在教育、儿童福利、治安和消防方面。监察员有权代表中央政府对地方政府提出建议，供地方政府考虑。

以往，中央有关部门有权宣布某个地方政府或官员没有履行委托给他们的责任。这时，大臣可把他们的某项职责改由自己亲自执行或授权给别的机构执行，费用由该地方政府或者有关人员承担。但这种对地方政府不履行责任的替代履行权，实践中很少使用。

英国权力下放后，对地方政府负有主要政策责任的政府部门是中央政府的地区平衡发展、住房和社区事务部以及苏格兰政府的社会安全与地方政府部、威尔士政府的财政与地方政府部和北爱尔兰政府的社区部。这些负责有关地方政府事务的大臣，负责地方政府有关事务和监督政策的执行。

根据 1999 年《英国地方政府法》，对英格兰地方，有关大臣有权对“在某些地方服务的提供方面存在的严重失误”进行干预。在极端情况下，大臣可以指示地方政府采取行动，包括将责任移交给另一个政府或第三方。苏格兰、威尔士和北爱尔兰负责地方政府的大臣们，也可以通过国家专项法律获得类似的权力。如果接受服务者认为受到地方政府管理不善的影

---

① 参见孙谦、韩大元主编：《〈世界各国宪法〉分解资料丛书 · 地方制度》，中国检察出版社 2013 年版，第 194、201 页。

② 参见孙谦、韩大元主编：《〈世界各国宪法〉分解资料丛书 · 地方制度》，中国检察出版社 2013 年版，第 7 页。

响，可通过英格兰和北爱尔兰地方政府监察员、威尔士公共服务监察员或苏格兰公共服务监察员寻求对有关决定的行政复议。此外，苏格兰公共生活道德标准委员会负责处理对议员的投诉。监察员可向委员会报告调查结果，该委员会可以实施制裁。

《摩洛哥王国宪法》第 143 条第 1 款规定，任何地方公共团体不得对其他地方公共团体行使监护权。①

《意大利共和国宪法》第 120 条第 2 款规定，“在国际条约和欧盟规范未得到遵守的情况下，或出现了有关公共安全和秩序的严重危险，或者当要求保护司法的统一性或经济的一体化，尤其是对涉及公民权利和社会权利的给付的基本水平的保障时，中央政府在不考虑地方政府管辖区域的情况下，替代大区、省、特大城市及市的组织。为保证此种替代性权力在遵守辅助性原则及真诚合作原则的基础上行使，法律规定相应的程序”。②

（二）联邦成员对地方的行政监控

行政监督的一般规则，如 1985 年《欧洲地方自治宪章》第 8 条“对地方政府的行政监督”的原则要求，也适用于联邦制国家中联邦成员对地方的监控。

联邦成员对地方的行政监控，以监控时间为界限，可以分为事前监督和事后监督。前者如地方政府拟采取的某项决定、计划或项目，必须事先获得州等联邦成员批准或核准；后者如州等联邦成员有权取消、推翻或中止地方政府已报批准的决定、计划或规则。

在德国，乡镇和县受州行政监督，其形式、程序和方式由州宪法或州法规定。在地方政府的任务和职能方面，监督的范围仅限于对地方政府行为的法律控制，以确保符合法律要求。

许多州的宪法规定了州的监督。如《巴登－符腾堡州宪法》第 75 条第 1 款和《萨克森州宪法》第 89 条第 1 款，都规定了该州对乡镇、县和联合乡镇行政管理的合法性的监督权。③ 这种监督由法律监督机关实施，有的由地区机关行使，有的由上级地方政府行使，有的由州审计机关行使。在一些州，对法律控制采用了特殊的体制安排，如在下萨克森州或萨克森－安哈特州，这种控制权已转移到州。

---

① 参见孙谦、韩大元主编：《〈世界各国宪法〉分解资料丛书·地方制度》，中国检察出版社 2013 年版，第 331 页。

② 参见孙谦、韩大元主编：《〈世界各国宪法〉分解资料丛书·地方制度》，中国检察出版社 2013 年版，第 284 页。

③ 《德国州宪全译》，祝捷、向雪宁、江易、姚聪慧译，人民出版社 2017 年版，第 62、385 页。

法律监督限于保证地方政府的活动、程序和目的符合法律的规定。德国监督机构实施法律监督的基本方式，与其他欧洲国家类似，包括调查情况、提出异议、发布工作指示等；最严厉的方式是任命专员替代执行地方政府的全部或部分职能或解散地方议会，但它们是只有在合法性不能以任何其他方式得到保障的情况下才能最终采取的监督方式。地方政府对监督机关行为不服的，可向行政法院或宪法法院起诉监督机关。但如果实施监督是针对完成联邦或州委托的任务，则监督具有职能监督的性质。州政府可以决定地方政府行使这些权力的方式，并控制补助资金的使用效率。

在奥地利，根据《奥地利联邦宪法》第 119 条之一的规定，州有权检查市镇的财政管理是否符合节约、效率和合目的性的原则。检查结果应呈报市长提交市镇议会，市长应在 3 个月内将根据检查结果所采取的措施通知监督机关。

在俄罗斯，根据《俄罗斯联邦宪法》的规定，地方自治机关不是国家权力机关，不属于国家权力机关体系。地方自治机关根据联邦和各联邦主体的规定，可以拥有部分国家权限，并获得行使这些权限所必需的财政资金和物资。但是，这部分权限的行使，要受国家权力机关的监督。

（三）中国的纵向行政监督

中国的府际纵向行政监督，按监督主体和对象，分为中央对地方政府的监督和上级地方政府对下级地方政府的监督。

总的来说，中国府际纵向监督，既有上级政府的层级监督，又有上级政府部门的行业指导和监督；既有来自中央政府及部门的监督，又有来自上级地方政府及其部门的监督；既有抽象的行政法规、规章、指示、命令的发布，又有审批、许可等具体行政行为。此外，中国地方政府职能较多，府际纵向监督比较广泛。

1. 中央对地方政府的行政监督

根据《中华人民共和国宪法》，国务院统一领导全国地方各级国家行政机关的工作；有权根据宪法和法律，规定行政措施，制定行政法规，发布决定和命令；根据全国人大及其常委会的授权决定，国务院有权根据实际需要制定暂行条例或暂行规定；有权改变或撤销地方各级国家行政机关的不适当的决定、命令和规章；有权批准省、自治区、直辖市的区域划分，批准自治州、县、自治县、市的建置和区域划分。

在中国，根据民主集中制原则，中央政府作为一个整体行使监督地方政府的职权。我国没有像实行地方自治的有的西方国家那样，设置一个专门部门去主管地方政府事务；而是规定，省级地方人民政府接受国务院统一领导,对国务院负责并报告工作,执行国务院的决定和命令,办理国务院交办的事项(同时,对本级人大负责并报告工作)。国务院主管部门依照法律或行政法规的规定,在业务上指导或领导省级政府的各工作部门(同时,受本级地方人民政府统一领导)。

国务院制定的行政法规在全国具有法律效力。根据现行《中华人民共和国立法法》第91条的规定,国务院各部、各委员会、中国人民银行、审计署和具有行政管理职能的直属机构以及法律规定的机构有权制定规章。"法律规定的机构",如国务院直属特设机构国资委,根据《中华人民共和国立法法》和《中华人民共和国企业国有资产法》的规定,可以制定规章。这些规章在本部门、本系统范围内施行,从纵向上具有规制地方政府部门的效力。

国务院通过行使审批权或备案权监督地方政府。如根据《地方组织法》的规定,省级政府的厅、局、委员会等工作部门的设立、增加、减少或合并,由本级政府按规定程序报请国务院批准。省级政府制定的地方政府规章,在报本级人大常委会备案的同时,须报国务院备案。根据《中华人民共和国立法法》,国务院有权改变或撤销不适当的地方政府规章。

相关法律、法规和规范性文件也有规定。如根据《中华人民共和国土地管理法》第46条,征收永久基本农田、永久基本农田以外的耕地超过35公顷的、其他土地超过70公顷的,由国务院批准。

有些单行的法律、行政法规、规章等,就国务院及有关部门对地方各级政府及工作部门的监督方式作了规定。根据《中华人民共和国土地管理法》第6条,国务院授权的机构对省、自治区、直辖市人民政府以及国务院确定的城市人民政府土地利用和土地管理情况进行督察。除了根据《中华人民共和国环境保护法》第67条规定,上级人民政府及其环境保护主管部门应加强对下级人民政府及其有关部门环境保护工作的监督或直接作出行政处罚的决定外,根据《生态环境部约谈办法》的规定,生态环境部对未依法依规履行生态环境保护职责或履行职责不到位的地方人民政府及其相关部门负责人,可进行约谈,指出相关问题、听取情况说明、开展提醒谈话、提出整改建议。

此外,《中华人民共和国香港特别行政区基本法》《中华人民共和国澳门特别行政区基本法》均规定特别行政区根据中央授权实行高度自治,"中央人民政府所属各部门"不得干预特别行政区根据基本法自行管理的事务。但特别行政区政府作为地方政府,直辖于中央人民政府,接受中央的监督,这符合"一国两制"的要求。中央港澳事务办公室(国务院港澳事务办公室）和中央人民政府驻香港特别行政区联络办公室、中央人民政府驻澳门特别行政区联络办公室，分别是中共中央办事机构和中央人民政府派驻特别行政区的代表机关，均为中央授权专责处理特别行政区事务的机构，并非上述基本法所指的一般意义上的“中央人民政府所属各部门”，有权代表中央，就涉及中央与特别行政区关系事务、基本法正确实施、政治体制正常运作和社会整体利益等重大问题，行使监督权。这不仅是履职尽责的需要，也是基本法赋予的权力。①

2. 上级地方政府对下级地方政府的监督

县级以上地方各级人民政府可以作为上级地方国家行政机关，领导下级地方人民政府的工作，改变或撤销下级地方人民政府的不适当的决定、命令。

省级政府根据法律、行政法规和本省、自治区、直辖市的地方性法规，制定规章；设区的市级政府根据法律及行政法规和本省、自治区的地方性法规，制定规章。这些地方政府规章在各自的区域范围内施行，从纵向上具有规制地方政府及其部门的效力。省级政府有权改变或撤销下一级政府制定的不适当的规章。

县级以上地方人民政府的各工作部门受人民政府统一领导，并且依照法律或行政法规的规定受上级地方人民政府主管部门的业务指导或领导。

上级地方政府通过行使审批权或备案权监督地方政府。如上级地方政府通过行使审批权或备案权监督地方政府。如根据《地方组织法》第85条的规定，县、自治县的人民政府在必要时，经省、自治区、直辖市的人民政府批准，可以设立若干区公所，作为它的派出机关；市辖区、不设区的市的人民政府，经上一级人民政府批准，可以设立若干街道办事处，作为它的派出机关。

根据《中华人民共和国土地管理法》第46条的规定，征收三类土地（永久基本农田、永久基本农田以外的耕地超过35公顷、其他土地超过70公顷）以外的土地的，由省、自治区、直辖市人民政府批准。

此外，有的法律、行政法规、地方性法规、地方政府规章等，就地方政府及有关部门对下级地方各级政府及工作部门的监督作了规定。如按照《政府督查工作条例》的规定，县级以上地方各级政府可对下级政府及其所属

① 根据2023年3月中共中央、国务院印发的《党和国家机构改革方案》，在国务院港澳事务办公室基础上，组建中央港澳事务办公室（保留国务院港澳事务办公室牌子），作为党中央办事机构，承担在贯彻“一国两制”方针、落实中央全面管治权、依法治港治澳、维护国家安全、保障民生福祉、支持港澳融入国家发展大局等方面的调查研究、统筹协调、督促落实职责。

部门贯彻落实党中央、国务院重大决策部署，上级和本级人民政府重要工作部署落实，法定职责履行以及行政效能等情况，组织开展政府督查；又如上级行政机关可根据《中华人民共和国行政许可法》对下级行政机关实施行政许可的监督检查。

有的地方政府规章也有规定。如 2004 年《浙江省行政许可监督检查办法》的有关规定。[①]

四、其他监控方式

（一）国家领导人在政府间监控中的作用

国家领导人作为国家元首或政府首脑，在府际纵向监控中发挥着重要作用。

根据《意大利共和国宪法》第 126 条的规定，对于实施了违反宪法及严重违反法律的行为的区议会及区政府主席，共和国主席可以附有理由的法令，决定解散区议会及罢免区政府主席。此外，为了国家安全的理由，也可同样解散区议会及罢免区政府主席。上述法令在听取了由参议员和众议员组成的委员会意见后被采纳，该委员会在共和国法律所规定模式内，为地区问题而组建。[②]

根据《波兰共和国宪法》第 171 条的规定，地方自治政府的行为的合法性，应受到审查；审查地方自治政府活动的机关包括总理和省长；如果地方自治政府严重违反宪法和法律，应总理的动议，众议院可以解散地方自治政府机关。[③]

按照《白俄罗斯共和国宪法》第 84 条的规定，白俄罗斯共和国总统直接地或通过自己建立的机构对地方管理机关和地方自治机关遵守法律的情况进行监督；在地方各级代表苏维埃的决议与法律相抵触的情况下，有权予以中止；在地方各级执行和指挥机关的决议与法律相抵触的情况下，有权予以撤销。[④]

---

① 该办法规定，县级以上人民政府负责本行政区域内的行政机关实施行政许可的监督工作；县级以上人民政府的法制工作机构依照有关规定，具体承担本级人民政府对行政机关实施行政许可的监督工作；县级以上人民政府的工作部门依照法定职责对下级人民政府的相关工作部门实施行政许可进行监督。

② 参见孙谦、韩大元主编：《〈世界各国宪法〉分解资料丛书 · 地方制度》，中国检察出版社 2013 年版，第 286 页。

③ 参见孙谦、韩大元主编：《〈世界各国宪法〉分解资料丛书 · 地方制度》，中国检察出版社 2013 年版，第 214 页。

④ 参见孙谦、韩大元主编：《〈世界各国宪法〉分解资料丛书 · 行政机关》，中国检察出版社 2013 年版，第 125 页。

(二)中央或州政府有关部门对地方的监控

西方国家实行地方自治,在中央、联邦或联邦成员政府中,有的设立了地方政府事务的相关部门。这些部门在确定地方政府的政策、协调及监督政策执行、协调地方政府与其他中央政府部门关系、指导地方政府改革等方面,具有重要作用。

英国在中央政府中分别设立的北爱尔兰事务部、苏格兰事务部和威尔士事务部,与在北爱尔兰、苏格兰和威尔士地区的权力下放机构关系密切,并由地区平衡发展、住房和社区事务部负责英格兰地方政府的全国性有关政策。

在英国,没有一般形式的全面、集中的行政监督,如前所述,权力下放后,对地方政府负有主要政策责任的政府部门是苏格兰、威尔士和北爱尔兰政府的有关部门。这些负责地方政府事务的大臣,负责地方政府事务和监督政策执行情况。此外,中央政府的主管部门,设置地方政府和社会关怀监察员,负责处理有关地方政府和其他机构及组织,包括对教育入学申请上诉委员会和诸如养老院及家庭关怀等提供者的投诉;中央政府有权监督对儿童的保育、教育,但对地方政府的干预是罕见的,而且只是作为最后的手段;中央政府定期视察学校以及儿童和成人社会服务部门,如作为成人照料服务监管机构的照料质量委员会和教育标准办公室。在这些控制和检查过程中,当地政府的合法性和效率都受到监督。这些管制措施的目的是减少、限制权力,但也旨在确保为社区提供高质量的服务。

法国内政与海外事务部,是负责协调和监督所有中央派驻地方官员的部门。中央政府在大区和省两级设有派驻机构,分别由大区区长和省长负责,其职责之一是监督大区议会和省议会。

美国的各州立法机关可以在不违反州宪法的情况下创设和废止地方政府;州在给予地方政府的特许状中,决定地方政府的形式、权力和组织结构、程序以及与地方政府间的关系。① 但各州一般不设主管地方政府的部门,而是设立有关地方事务的部门或建立其他组织,如政府间关系咨询委员会、社区事务部等。

(三)财政、审计监督

对地方财政的监督是对地方政府监控的重要方式。

《德意志联邦共和国基本法》第109条规定,联邦和各州在财务管理方面是自主和相互独立的。地方政府的预算和财政活动,要受制于地方宪章

① 王名扬:《美国行政法》(上册),中国法制出版社1995年版,第261页。

规定的由州机关实施的监督。一般而言，由州机关进行的财政监督是法律性质的监督，限于审查地方政府预算和财政活动的合法性。

根据《西班牙王国宪法》第 153 条的规定，由审计法院监督财政、预算事务。

法国在审计法院的监督下，在每个大区设立了一个财务控制委员会，其成员具有法官地位，但其活动大多不是诉讼而是控制和审计。财务控制委员会审计大区会计师的账目，可向审计法院提出上诉；当省长或其他授权官员声称预算没有及时通过、不平衡或不包含强制性开支的信贷时，财务控制委员会可提出建议。

在俄罗斯，地方自治机关可以拥有法律授予的部分国家权限，并获得行使这部分权限所需的物资和财政资金。这部分权限的行使，受国家监督。

（四）通过在地区或地方的国家代表或中央政府及其部门派驻机关进行监督

在有的国家，地方行政区域不仅是地方自治区域，也是国家行政区域。中央可设国家在地方的代表或政府及其部门的派驻机关进行监督。

1958 年《法兰西共和国宪法》第 72 条最后一款规定，在共和国的领土区域内，国家代表和政府代表维护国家利益、监督行政并使法律得到遵守。1982 年 3 月 2 日国民议会颁布的《关于市镇、省和大区权利和自由法》规定了中央政府派驻代表与地方领土单位的关系。其中，由省长负责行使行政监督权，特别是对地方政府行为的合法性和预算方面的监督；如果省长认为某项决定是非法的，可以要求修改该决定或向行政法院申请废除。

法国的宪法对前法国殖民地国家产生了影响。如根据《加蓬共和国宪法》第 112 乙条规定，国家代表负责监督，确保国家利益得到尊重；《摩洛哥王国宪法》第 145 条规定，大区长和州与省之总督在地方公共团体中代表中央权力，以政府的名义确保法律实施、执行条例和政府决定，进行行政监督。

《西班牙王国宪法》第 154 条规定，政府任命代表一人领导自治区地域内国家行政机构的工作，并在必要情况下负责国家行政与自治区行政的协调。根据《西班牙地方政府法》的规定，如果地方政府采取的行动或作出的决定损害国家的总体利益，中央派驻地方的政府代表可以督促省主席或市镇长改正;如果没有得到答复,可以暂停其职务执行并采取必要措施。①

《蒙古国宪法》第 60 条规定:“国家对省、首都、县、区、乡、里的领导,分别由该省、首都、县、区、乡、里的札萨克主席施行。”第 61 条规定:“札萨克主席在执行该地区呼拉尔决议的同时,作为国家政权代表,保障法规和中央政府、所属上级机关的决议在本地区的贯彻执行,向中央政府和上级札萨克主席负责。札萨克主席有权否决本省、首都、县、区、乡、里呼拉尔的决议。”②

《阿根廷国家宪法》第 128 条规定,各省省长是联邦政府的当然代理人,负责实施国家宪法和各项法律。

《保加利亚共和国宪法》第 144 条规定,中央国家机关及其各地区的分支机构,只在法律授权情况下,才对地方政府机构行为的合法性行使控制权。

(五)司法机关对纵向府际关系的调节

为确保地方政府充分和有效履行其职能,许多国家的宪法和法律还规定了司法机关对实施地方自治制度的调节。

在英国,如果法律直接规定,公民可就地方政府的许可证颁发、选择学校和儿童保护等决定向法院提出诉讼,法院可行使其固有的司法审查权进行监控。凭借这种管辖权,任何具有出庭资格的人都可以质疑地方政府越权行为或决定的有效性。理由可以是实质性的、基于程序错误或非理性,也可以违反《欧洲人权公约》作为质疑的基础。这保证了在地方政府的活动中尊重法治和人权。

根据《波兰共和国宪法》第 166 条第 3 款的规定,行政法院应解决地方自治政府与中央政府部门之间的权限争议。地方自治政府可依据《波兰共和国宪法》第 191 条第 1 款的规定,向宪法法院提起宪法诉讼。

在建立宪法法院的联邦制国家,联邦宪法法院受理联邦成员与联邦立法或权限争议案件。如在德国,联邦宪法法院裁判包括州法律是否抵触基本法、州与联邦权限争议以及联邦与州的权利义务尤其是各州执行联邦法律和联邦实施监督权等在内的案件。

根据《西班牙王国宪法》第 153 条的规定,由宪法法院负责监督自治区有法律效力的各项规定是否符合宪法;由管辖行政纠纷的司法机关负责监

---

① Council of Europe, *Structure and Operation of Local and Regional Democracy, Spain Situation in 1997*, Council of Europe Publishing, 1997, p. 52.

② 孙谦、韩大元主编:《〈世界各国宪法〉分解资料丛书·地方制度》,中国检察出版社 2013 年版,第 79 页。

督自治行政事务及条例性规定的执行；由审计法院负责监督财政、预算事务。根据该宪法，宪法法院可以受理权限争议案件、对自治区行为提起的违宪审查案件、自治区有法律效力的各项规定是否符合宪法的诉讼，审查自治区的行为、规定和决定。第 161 条第 2 款规定，中央政府可就自治区机构作出的规定和决定向宪法法院起诉，上述有争议的规定或决定可因此被中止。

（六）通过纵向人事管理进行监控

人事管理也是有些国家联邦或中央监控联邦成员或地方的有效方式。

在联邦制国家，有的联邦成员的首长由联邦任命，如根据 1950 年生效的《印度宪法》规定，各邦设总督 1 人，邦总督行使邦的行政权，由印度总统任免。①

在许多国家，地方首长或地方行政首长拥有对地方性事务的代表权或行政事务的领导权，由中央任命，除了对本地方负责外，还对中央负责。

《保加利亚共和国宪法》第 142 条和第 143 条规定，大区是贯彻执行区域政策、在地方一级实施国家管理以及保证全国和地方利益一致的区域行政单位。大区长保证贯彻国家政策，维护国家利益、法律和公共秩序，并实行行政控制，由部长会议任命。

《白俄罗斯共和国宪法》第 119 条规定，地方执行和指挥机关的领导人，由白俄罗斯共和国总统任免或由相应的地方代表苏维埃依照共和国总统规定的程序批准任免。

根据《罗马尼亚宪法》第 123 条的规定，政府应在各郡和布加勒斯特市任命 1 名高级行政专员，对在地方行政单位层面、属于部委和其他中央国家机关的公共服务活动进行指导；行政专员如认为郡议事会、某一地方议事会或市长的决定不合法，可向行政法院提出异议。

（七）中国政府间纵向监督的其他方式

1. 财政、审计监督

中国除了通过实行财政分税制对地方财政进行调控外，中央还可以依据税收、预算、审计等法律、法规，对地方政府实施监督。

全国人大及其常委会有权对地方预算、决算进行监督；县级以上地方各级人大及其常委会有权对下级预算、决算进行监督。各级政府监督下

---

① 参见孙谦、韩大元主编：《〈世界各国宪法〉分解资料丛书 · 地方制度》，中国检察出版社 2013 年版，第 132 页。

级政府的预算执行；下级政府应当定期向上一级政府报告预算执行情况。各级政府财政部门向本级政府和上一级政府财政部门报告预算执行情况。

2. 对地方党政领导人员及部门负责人的人事管理和监督问责

按照中国党政领导干部管理体制，一般情况是，由地方党委副书记担任行政首长，由地方政府部门党组（党委）书记担任部门主要负责人。

在中国，对省级地方领导人员进行人事管理监督，建立在中央对地方重要党政干部的管理上。

根据中央组织部《关于修订〈中共中央管理的干部职务名称表〉的通知》的规定，中央对地方重要党政干部采用由中共中央管理的方式。[①] 其中，由中共中央管理的地方党政领导人员包括省（自治区、直辖市）的党委书记、副书记；省长、副省长，直辖市的市长、副市长，自治区主席、副主席等；副省级城市的市委书记、市长等。

根据《中国共产党中央委员会工作条例》的规定，在党的全国代表大会闭会期间，中央委员会有权决定递补中央委员会委员；中央政治局及其常委会有权按有关规定推荐、提名、任免干部。对任免干部，可以采用中央决定或中央批准的方式。这适用于对在地方的中央候补委员和“中管干部”的管理。

中央有关部门党组（党委），按照有关规定和干部管理权限，对省级政府部门的领导干部实行双重管理。对双重管理、以中央有关部门管理为主的部门的领导干部，实行中央部门主管、省级地方党委协管；对双重管理、以地方党委管理为主的部门的领导干部，协同地方党委进行管理。实行干部双重管理的部门有省级地方人民政府工作部门中的公安、国安、统计、审计等部门的领导干部等。

有关党内法规规定了对地方党政机关“双重管理干部”选拔任用的程序。如根据《党政领导干部选拔任用工作条例》第 34 条第 4 款，双重管理干部的任免，主管方应当事先征求协管方意见，进行酝酿。征求意见一般采用书面形式进行。双方意见不一致时，正职的任免报上级党委组织部门协调，副职的任免由主管方决定。

有的还对“双重管理干部”选拔任用作了具体规定，如 2016 年 9 月印

---

① 干部职务名单制，始于 1955 年 1 月中共中央颁布的《中共中央管理的干部职务名称表》，该表囊括了当时地厅级以上所有干部，由中组部直接负责管理（这些干部被统称为“中管干部”）。1984 年，中央决定各级党委对干部的管理由原来的“下管两级”调整为“下管一级”，这样，中组部就只管省部级干部了。

发的《中共中央办公厅、国务院办公厅关于省以下环保机构监测监察执法垂直管理制度改革试点工作的指导意见》,对市县环保机构管理体制和干部任免进行了调整。①

中央组织部设干部监督局,其主要职责之一是,负责对包括地方党政机关领导干部和选拔任用干部工作实施监督。根据《中国共产党中央委员会工作条例》的规定,在党的全国代表大会闭会期间,中央委员会有权决定或追认给以中央委员会委员、候补委员撤销党内职务、留党察看或开除党籍的处分;中央政治局及其常委会有权决定对有关党的领导干部的处理处分事项。《中国共产党纪律检查委员会工作条例》规定,中央纪委常委会按照权限讨论和决定对违犯党纪的党员处分等事项。其中,对"中管干部"开除党籍,须经中央纪委常委会研究并报中共中央批准。这些也适用于对在地方的中央委员、中央候补委员和"中管干部"等的监督问责。如决定对"中管干部"开除公职,由国家监委根据《中华人民共和国公职人员政务处分法》的规定作出。

3. 上级地方对下级地方领导人员任用工作的领导和管理

《党政领导干部选拔任用工作条例》第36条规定,市(地、州、盟)、县(市、区、旗)党委和政府领导班子正职的拟任人选和推荐人选,一般应由上级党委常委会提名并提交全会无记名投票表决;全会闭会期间,由党委常委会作出决定,决定前应当征求党委委员的意见。

五、健全权力运行的纵向监控机制

随着地方自主权的逐步扩大,如果缺乏强有力的层级监督和制约,地方和基层的权力容易被滥用。尤其是在我国进入新时代新征程以后,面临的风险挑战将日渐增大。为了保证中央决策部署的贯彻落实,实现国家的政令统一、市场统一、法制统一,必须健全权力运行的纵向监督机制,完善自上而下的权力监督体系,健全和完善政府体系内部和外部的监督;同时,要从政治、行政监督为主转向综合运用政治、行政、法治、财政等监督方式,从直接监督为主转向直接监督和间接监督并重。

① 根据该意见的规定,市级环保局实行以省级环保厅(局)为主的双重管理,仍为市级政府工作部门;省级环保厅(局)党组负责提名市级环保局局长、副局长,会同市级党委组织部门进行考察,征求市级党委意见后,提交市级党委和政府按有关规定程序办理,其中局长提交市级人大任免。直辖市所属区县及省直辖县(市、区)环保局参照市级环保局实施改革。计划单列市、副省级城市环保局实行以省级环保厅(局)为主的双重管理;涉及厅级干部任免的,按照相应干部管理权限进行管理。县级环保局调整为市级环保局的派出分局,由市级环保局直接管理,领导班子成员由市级环保局任免。

(一)健全政府间纵向行政监督和法治运行

从《中华人民共和国宪法》《地方组织法》的规定看,我国地方各级国家机构享有广泛的职权,纵向的组织架构和权力运行,有自己的特点。

我国国家机构实行民主集中制原则,既强调地方人大及其常委会对本级地方人民政府的横向监督,又保证上级政府拥有统一的纵向行政领导和监督。因此,各级地方人民政府要遵循上级领导、下级服从的层层节制的规则:一方面,中央政府统一领导全国地方各级国家行政机关的工作,上级地方人民政府领导下级地方人民政府的工作,中央或上级人民政府主管部门对各级地方人民政府的各工作部门实行业务指导或领导;另一方面,各级地方人民政府的工作要接受中央或上级人民政府的统一领导或领导。而领导就意味着教育、管理、监督,因此,在我国政府间纵向关系中,行政监督仍是主要的监督方式。

要在坚持党的集中统一领导下,健全行政监督与人大监督、民主监督、司法监督、群众监督、舆论监督制度有机贯通、相互协调的体制机制,积极发挥审计监督、财会监督、统计监督、执法监督、行政复议等监督作用,形成监督合力。

还要加强对地方政府及其部门的层级监督和效能监督,重点对党中央、国务院重大决策以及上级和本级政府重要工作部署落实、法定职责履行、本级政府所属部门和下级政府的行政效能等情况,开展政府督查工作,保障政令畅通,督促提高行政效能;要强化对地方各级政府和县级以上政府部门行政规范性文件的备案审查,加强对行政执法的制约和监督;切实加强对地方行政机关的专门监督。

在纵向分权与合作体制下,中央对地方、上级对下级的权力监督体系将继续存在,但除了行政、财政和人事等监督方式外,应更多运用法治的方式。比较研究表明,许多国家对地方政府的行政监督,十分强调遵循合法性、合目的性和合理性等原则要求。这些要求是有关地方自治国际公约的核心内容,且不少体现在国内法中,许多还纳入了宪法。

法治也是我国宪法的基本原则,在我国,各级政府间的纵向监督要于法有据,监督权的行使要遵守法律并合理适当、程序规范。

加快构建职责明确、依法行政的政府治理体系,全面建设职能科学、权责法定、执法严明、公开公正、智能高效、廉洁诚信、人民满意的法治政府,也为政府间的纵向监督,提供了基本遵循。

随着依法治国的深入推进,政府间纵向监督的法治建构应当强化。为了保证政府间监督的有效实施,应当建立健全相应的体制机制,变直接的行政监督为主为行政监督与法治方式和其他监督的有机结合。一方面，要更多地通过法律并在可行的情况下在宪法中规范政府间纵向监督的原则、主管机关、制度、形式和程序。另一方面，要遵循依法监督原则，对地方政府及其活动依法进行监督，确保其符合法律规定和宪法原则。

（二）强化对地方立法的监督

我国已经形成对地方性法规、地方政府规章等的备案审查机制，包括全国人大及其常委会对地方性法规、国务院对地方性法规和地方政府规章进行备案审查；省级政府对下一级地方政府规章的备案审查等。

从实践中看，接受备案的各主体，依照宪法、法律规定的权限和程序对报送备案的相关规范性文件依法进行审查，取得重要进展，特别是全国人大常委会法制工作机构在全国人大常委会领导下，创新审查方式，开展依申请审查、依职权审查和专项审查，督促制定机关纠正与宪法、法律规定相抵触、不符合的地方性法规，根据上位法变化对地方性法规及时修改完善，对不适应现实情况的地方性法规规定决定废止或调整。

发挥国家机关在宪法、法律实施监督中的作用，强化备案审查必不可少。但据统计，从备案审查制度建立至今，有权提出备案审查要求的国务院、省级人大常委会、最高人民法院和最高人民检察院等从未向全国人大常委会书面提出审查要求，有权提出审查建议的国家机关也极少提出审查建议；对个别违法甚至违宪的法规、规范性文件，往往由全国人大常委会法制工作机构采用提出书面审查研究意见方式，督促制定机关修改完善；制定机关按照书面审查研究意见对法规和规范性文件进行修改、废止后，审查就终止了，如《内蒙古自治区民族教育条例》等，因此，往往就到不了全国人大常委会撤销地方性法规或规范性文件的程序了。

从强化立法监督的要求和效果看，围绕保证宪法、法律规定贯彻落实，应加强对下位法的立法监督，该提出审查要求的提要求，该提出审查建议的提建议，该提出审查研究意见的提意见，该撤销的撤销。对于存在违宪违法问题的，坚决予以纠正，切实增强监督实效。

（三）在政府间纵向监督中发挥党内监督的作用

中国共产党的执政是全面执政，从立法、行政、监察到司法，从中央部委到地方、基层，都在党的统一领导下。党的执政地位，决定了党内监督在党和国家各种纵向监督形式中，具有重要地位。加强党内监督，有利于用党内监督带动其他监督，为政府间纵向监督提供政治保证。

各级政府要贯彻落实党中央和上级党委关于改革发展稳定的方针政策和决策部署，并在行使权力、履行职能过程中，坚持和加强党中央的集中统一领导。党中央和上级党组织对地方各级行政机关，要发挥政治领导和监督作用。要突出党内监督主导地位，强化党组织自上而下组织监督，加强中央和上级党委（党组）对各级地方党委、党组的巡视巡察，强化纪律监督和监察监督；强化对党的方针政策、重大决策部署在本地方和部门的贯彻落实情况的监督检查。

《中共中央关于加强对"一把手"和领导班子监督的意见》提出，上级"一把手"必须抓好下级"一把手"，加强对下级领导班子的监督，开展下级"一把手"在上级党委常委会（党组）扩大会议上述责述廉、接受评议工作。这也适用于上级地方对下级地方政府领导人员的监督管理。

（四）加强对地方党政机关及其部门领导干部的人事管理

对地方党政领导人员及部门负责人进行人事管理、监督，是我国政府间纵向监督的重要方面。

落实中央决策部署，不是空喊口号，而是重在行动、令行禁止，在贯彻执行中央决策部署上不打折扣、不搞变通。这不仅是各级地方政府的职责，也是对各级领导干部的工作要求。要将对地方党政机关及其部门的监督与对地方党政机关及其部门领导干部的监督结合起来，从严管理地方领导班子和领导干部，加强对地方党政主要负责人的考核，突出对上级决策部署贯彻落实、国家法律法规执行情况的考核。

各级领导干部特别是地方各级党政领导干部必须在守纪律、讲规矩上做表率，把纪律和规矩挺在前面；要严格执行《中国共产党中央委员会工作条例》《中国共产党纪律检查委员会工作条例》《中国共产党问责条例》《中国共产党纪律处分条例》《中国共产党巡视工作条例》《中华人民共和国公务员法》《中华人民共和国公职人员政务处分法》，加大对失职渎职、违法违纪地方党政领导干部的问责；对地方党政机关领导人员违法行为严格追究责任，督促党政机关及其人员严格依法办事。[①]

（五）实现纵向监督与激励地方积极作为有机统一

从调动中央和地方"两个积极性"的角度来看，对地方政府的"纵向监

① 以秦岭北麓违章建筑案为例。秦岭是中国南北地理分界线，更是涵养八百里秦川的一道生态屏障。但一段时间以来，秦岭北麓不断出现违规、违法建设的别墅，虽然中央三令五申、地方也出台多项政策法规要求保护好秦岭生态环境，但还是有很多人盯上了秦岭的好山好水，试图将"国家公园"变为"私家花园"，大肆违规建房，严重破坏了生态环境。习近平总书记对秦岭违建别墅严重破坏生态问题和秦岭生态环保先后六次作出重要批示指示。但一些地方贯彻落实得不认真、不彻底，甚至搞上有政策下有对策，层层空转；时任（省市）两级主要领导对贯彻落实总书记批示，思想上极不重视。2018 年 7 月下旬，中央专门派出专项整治工作组入驻陕西，与当地省、市、区三级政府联合开展针对秦岭违建别墅的整治行动，相关人员受到查处。

督”与“发挥地方主动性、积极性”是对立统一的关系。一般来说，上级政府的监督权越大，地方发挥主动性、积极性的实际空间就会越小。因此，对地方的纵向监督不得过度或滥用。

健全充分发挥中央和地方两个积极性体制机制，要将加强府际纵向监督与调动地方积极性、创造性结合起来；既强化府际监督，维护国家法制统一、政令统一、市场统一，又要激发地方政府积极作为，防止不作为、少作为。坚持监督约束和激励保障并重，做到依规依纪依法严肃问责、规范问责、精准问责、慎重问责，既要防止问责不力也要防止问责泛化、简单化。

树立重实干重实绩重创新的价值取向，落实“三个区分开来”要求，建立健全担当作为的激励和保护机制，切实调动各级地方政府特别是基层政府积极性，克服形式主义、官僚主义，充分支持从实际出发担当作为、干事创业。

（六）重视纵向监督中的地方或基层作用和公民参与

我国政府间纵向监督体现了自上而下、分级实施等特点，这有利于保证国家统一意志、整体利益、地方局部利益和长远发展，但还要健全下级对上级以及公民对地方政府及其工作人员的民主监督。

如果没有下级对上级以及公民对地方政府及其工作人员的民主监督，缺乏自下而上的双向互动，可能会造成纵向监督缺失地方或基层面向和公民参与、活力不足、缺乏创新等问题。尽管在目前政治和行政运行情况下，完全依靠自下而上的下级或基层监督和公民参与实现对政府的监督，缺乏现实基础；但在监督过程中，与被监督对象协商行事、听取被监督对象的意见建议，符合依法行政程序正当的要求。同时，重视基层导向，将来自基层和公民的呼声和反映融入政府间纵向监督中，充分发挥其利益诉求的能动表达和常态运作，有利于实现政府间纵向监督的互动发展。

（七）健全特别行政区行政长官对中央负责的制度

根据两个特别行政区基本法的规定，行政长官既是特别行政区政府的首长也是特别行政区的首长，既要对特别行政区负责也要对中央负责。特别行政区行政长官依基本法规定对中央人民政府负责的主要表现是，负责执行基本法和依基本法适用于特别行政区的其他法律，执行中央人民政府就基本法规定的有关事务发出的指令，并代表特别行政区政府处理中央授权的对外事务和其他事务。

健全行政长官对中央负责的制度安排，除了完善中央就基本法规定的有关事务对行政长官发出指令的制度外，主要是要完善行政长官向中央述职制度。

述职是指“向主管部门领导或有关人员报告履行职务的情况”①。虽然基本法并无明确提及“述职”行为，但依据基本法关于行政长官依照基本法的规定“对中央人民政府负责”的规定，特别行政区行政长官每年定期向中央述职是基本法规定下的一项宪制要求。为规范行政长官述职行为，应完善行政长官向中央述职制度，明确述职的法律依据、主体、对象、时间和形式。

此外，还要完善向中央报告特别行政区有关重大事项的制度。《中华人民共和国香港特别行政区维护国家安全法》第 11 条规定，行政长官应就香港特别行政区维护国家安全事务向中央人民政府负责，并就香港特别行政区履行维护国家安全职责的情况提交年度报告；如中央人民政府提出要求，行政长官应就维护国家安全特定事项及时提交报告。这是完善有关重大事项报告制度的一个良好的开端。

---

① 中国社会科学院语言研究所词典编辑室编：《现代汉语词典》（第 6 版），商务印书馆 2012 年版，第 1210 页。

第七章　府际纵向合作

一、府际纵向合作的维度

纵向府际关系不仅存在于单向的联邦对联邦成员、联邦成员或中央对地方的监督、控制中，还存在于双向运作中的合作、协商、协调和联邦对联邦成员、联邦成员或中央对地方的指导帮助，以及联邦成员或地方对全国性事务的参与等。

（一）从纵向分权到既纵向分权又纵向合作

府际关系最初起源于联邦制下政府间关系的运作实践。

在联邦制国家，联邦宪法对联邦与州等联邦成员各自的权限作了划分，但有一些属于联邦与州等联邦成员的共同权力，两者在执行共同权力过程中，需要对方的协力合作；在联邦之内，联邦与州等联邦成员为行使其宪法规定的各自权力，不可避免地发生交叉或互相依赖的关系，也需要政府间的互相协商和合作。

在单一制国家，地方政府都承担了许多重要职能，包括自主性事务、法律要求执行的事务，以及中央政府依法委托执行的事务，还有一些属于中央与地方共同执行的事务，如教育、住房、交通、社会福利和公共卫生等。

无论是联邦制国家还是单一制国家，无论是实行联邦与联邦成员分权还是中央集权或地方分权，无论是在正式的法律意义上还是在实际运作上，联邦与州等联邦成员、地方以及中央与地方政府之间，都不是彼此对立、截然分开的“二元结构”。

1. 美国的“二元联邦主义”和“合作联邦主义”

在美国政治制度史上，联邦与州、地方政府之间的关系，在1789年至1937年这一时期，主要实行的是“二元联邦主义”（dual federalism），大部分重要的政府权力在联邦与州之间分别承担。

索提里奥斯·巴伯（Sotirios A. Barber）认为，“二元联邦主义”实质上是州权联邦主义，与马歇尔主张的国家联邦主义是不同的。[①] 而爱德华·柯文（Edward Corwin）认为，“二元联邦主义”形成联邦和州两个中心，两

① Sotirios A. Barber, *Defending Dual Federalism: A Self - defeating Act*, in James E. Fleming and Jacob T. Levy eds., Federalism and Subsidiarity, New York University Press, 2014, p. 3.

者都是具有主权的、平等的主体，双方之间是紧张而非合作的关系。①

美国与"二元联邦主义"的宪法界限保持若即若离的关系。从 20 世纪 30 年代开始的几十年间，美国存在着"合作联邦主义"（cooperative federalism）的主张，该主张认为不是所有的问题都能在集权的华盛顿得到最好的解决，联邦与各州应当更多地合作。②

"合作联邦主义"，也称"政府间合作"（intergovernmental cooperation），是关于联邦制度的一种新的模式和观点，其特色是联邦政府与州政府的和衷共济以及联邦财政拨款的增加。这种联邦拨款具有特定用途，是联邦政府按所需费用的一定比例拨付给州政府的，后者也需要承担一定比例的项目资金，如修建高速公路等。

"合作联邦主义"，也包括联邦与地方的合作。如 20 世纪 30 年代"罗斯福新政"就不限于州。有的联邦法律要求联邦政府对地方提供资助，如根据 1972 年《一般收入分配法》的规定，联邦所得税不仅要分配给州，也要分配给地方政府一部分。

以后，联邦主义又经历了不同的发展阶段。如到 20 世纪 60 年代，在约翰逊总统实施"伟大社会"计划时期，美国实行的"集权联邦主义"（centralized federalism）。③

又如，在 20 世纪 80 年代以后的几十年间，美国实行的"新联邦主义"（new federalism）。

但无论联邦制如何发展，联邦与州、地方的合作始终是联邦与州、地方关系的一个重要方面。实际上，"始于 20 世纪 30 年代的大萧条时期的合作联邦主义，一直持续到了 21 世纪"。④

美国联邦与州、地方的合作，主要通过以下方式：

---

① Edward Corwin, *The Passing of Dual Federalism*, Virginia Law Review 36(1950):4.

② 另外，由于在美国的税制结构中，州政府的主要税收是少量的企业所得税、营业税和烟酒产品的特许权税，对民众的社会福利项目的需求，州在财政上力不从心；也由于不同的州与地方之间财富差异甚为明显，而且在同一个州，不同地方之间也存在差异，而州与地方政府往往又要承担比联邦更广泛的服务。参见[美]沃尔特·E. 弗克默尔：《美国政府》，汪威译，上海社会科学院出版社 2016 年版，第 56－57 页。

③ 按照这一主义，联邦政府对于公共问题作出的定义和提供的解决方案，州和地方政府都必须采纳实施，特别是在交通、住房、工作培训等领域。由于往往由国会通过立法规定对州和地方政府的要求，以满足联邦的要求，所以，有时也称之为"规管型联邦主义"（regulated federalism）。

④ George C. Edwards Ⅲ, Martin P. Wattenberg & William G. Howell, *Government in America: People, Politics and Policy* (*2016 Presidential Election Edition*, 17th ed.), Pearson Press, 2016, p. 70.

一是分担支出。州和地方政府可从联邦获得机场建设、污水处理和其他项目的资金,但州和地方政府要承担一部分支出责任。

二是联邦指示。联邦在对州和地方的大多数的拨款中,都附有各州应当满足的要求。如国会拨款数十亿美元支持各州兴建高速公路,为获得该笔拨款,各州必须制定实施法定饮酒年限的法规。

三是共同管理。州和地方实施联邦政策法律,但有各自的管理权。如联邦劳工部每年拨款给各州数十亿美元用于实施职业培训,而各州有权管理该拨款,并在很大程度上有使用资金的裁量权。①

在美国,有些联邦法律对联邦、州与地方履行职责任务的合作作了规定。如根据《联邦应急预案》和《国土安全法》等法律,在突发事件应对方面,美国联邦应急事务管理总署(FEMA)的主要任务中涉及州与地方政府的合作的有:就州与地方政府建立应急管理机制提出建议,帮助地方政府和州政府建立突发事件应急处理机制,为州、地方、社区等提供救灾援助等。为更好执行任务,联邦应急事务管理总署在全美设立了地区办公室。

美国各州的活动范围扩大后,有些州日益倾向于依靠联邦政府提供财政援助,在许多方面也要与地方政府一道合作才能完成有关任务。因此,许多州政府设立了社区关系部,其职责是为地方政府提供范围广泛的规划和服务。

2. 政府间合作的法定化

除美国以外的其他联邦制国家,在联邦与州分权的基础上,有的通过宪法或法律规定了联邦与州的合作关系。

《德意志联邦共和国基本法》第 91 条之一规定,在联邦和州的共同任务中,在改善区域经济结构、完善农业结构和保护沿海地区方面,如果联邦的参与对整个社会很重要而且对改善生活条件(共同任务)是必要的,则联邦应参与州的责任履行。该条还明确了联邦和州各自的支出比例。

随着政府治理的发展,不仅联邦政府与州、地方政府之间建立了自上而下和自下而上的合作关系,许多单一制国家也建立了政府间纵向合作关系。如《希腊宪法》第 101 条规定,根据法律规定,国家的中央行政机构,除特别的权力外,对地方的行政机构的行为有普遍的指导、协调和合法性审

① George C. Edwards Ⅲ, Martin P. Wattenberg & William G. Howell, *Government in America: People, Politics and Policy* (*2016 Presidential Election Edition*, 17th ed.), Pearson Press, 2016, p. 70.

查权。[①] 根据《摩洛哥王国宪法》第 145 条，大区长和州与省的总督，协助地方公共团体主席尤其是大区委员会主席实施发展规划和计划；作为中央政府的代表，受中央政府各部门的领导，协调中央政府的权力下放服务活动并监督其良好运作。

（二）自上而下的政府间纵向合作

1. 中央对地方、联邦对州等联邦成员和地方的资助、指导和帮助

中央对地方、联邦对州等联邦成员和地方的资助、指导和帮助，从领域看，主要有经济、财政、科学技术等方面；从方式看，主要包括中央对地方、联邦对州等联邦成员和地方的拨款、指导、协助、技术支持、共同开发等。

英国中央政府的地区平衡发展、住房和社区事务部（原社区、住房和地方政府部），负责制定法律、法规和政策，指导英格兰地方政府的治理和组织，也负责向英格兰地方政府提供中央拨款。但与该国其他地区一样，在英国的苏格兰，国内立法没有界定辅助性原则和地方自治，而地方政府与苏格兰政府之间的有效关系主要基于善意和信任。

《瑞士联邦宪法》第 3 篇"联邦、州和市镇"中，第 1 章专章规定了"联邦和各州的关系"，并单设第 2 节对"联邦与各州合作"作了规定。[②] 第 186 条规定，由瑞士联邦委员会负责与各州之间的联系，并与各州合作。

根据《海地共和国宪法》的有关规定，海地地方公共团体包括市镇区、市镇、省和法律规定的其他地方公共团体。市镇由普选产生的委员会进行管理，中央政府根据各市镇委员会的要求派遣技术委员会协助其工作。

2. 联邦对州等联邦成员、中央或联邦成员对地方的制度保障

联邦或中央不仅主导了联邦制和地方制度的确立，而且更重要的是，它们作为政府间关系的主体，对联邦制、地方制度的实施提供了重要保障。

根据 1787 年《美利坚合众国宪法》第 4 条第 3 款、第 4 款和第 5 条的规定，合众国保障各州实行共和政体，保护各州免遭入侵；应各州请求平定内乱；未经各州同意，其边界或其在参议院的平等代表权不得被改变或被剥夺。

《瑞士联邦宪法》第 3 篇"联邦、州和市镇"第 1 章"联邦和各州的关系"中，单设"联邦的保障"作为第 4 节。第 51 条明确各州宪法应得到联邦的保障（前提是州宪法不违反联邦法律）；第 52 条规定，联邦应保护各州的

---

① 孙谦、韩大元主编：《〈世界各国宪法〉分解资料丛书 · 行政机关》，中国检察出版社 2013 年版，第 220 页。

② 参见孙谦、韩大元主编：《〈世界各国宪法〉分解资料丛书 · 地方制度》，中国检察出版社 2013 年版，第 253－254 页。

宪法秩序，当一个州的公共秩序被破坏或受到威胁，而该州无法单独或借助其他州维持其秩序时，联邦应介入；第 53 条要求联邦保护各州的存在及其区域。

在德国，不仅 1949 年《德意志联邦共和国基本法》第 28 条确立了地方自治的保障的原则，而且有的州宪法也规定了地方自治的法律基础。如《黑森州宪法》第 137 条规定，州保障乡镇与联合乡镇对自己事务的自治行政权；州通过财政支出和平衡，保障乡镇与联合乡镇履行自己的事务和委托任务所需的款项。①

法国是传统的中央集权国家，但从 20 世纪 80 年代地方分权改革以来，已经逐渐废止中央政府对各地方政府以及上级地方政府对下级地方政府的“监护”。修订后的《法兰西共和国宪法》第 72 条第 5 款规定，任何地方政府不得对其他地方政府进行监护。由于这种变化，国家对地方政府的关系由传统的“命令—服从”模式逐渐转变为“合作—帮助—指导”模式。在这种新的模式中，中央政府与各地方政府以及不同或相同层级各类地方公共团体之间相互合作，甚至就涉及共同利益的事项展开合作并组成联合体，在地方开发、城市振兴、经济发展等方面日益形成新的关系形态。

（三）自下而上的政府间纵向合作

1. 联邦成员、地方对全国性法律的执行

一些联邦制国家的宪法，明确规定州等联邦成员要执行联邦法律。按照 1949 年《德意志联邦共和国基本法》第 83 条的规定，除基本法另有规定或批准外，各州将联邦法律作为自己的事务予以执行。除了自己执行联邦法律外，德国各州还接受联邦委托执行有关任务。根据《德意志联邦共和国基本法》第 87 条之五的规定，联邦铁路运输由联邦行政机关管理；联邦法律可将铁路运输管理的职责委托给各州自行行使。《德意志联邦共和国基本法》第 89 条规定，联邦可依某一州的申请将该州领域内的联邦水路委托给该州管理；如果水路流经两个或两个以上州的领土，联邦可将管理权委托给相关各州指定的某一州管理。

根据《瑞士联邦宪法》第 46 条，各州根据宪法和法律规定实施联邦法律；联邦与各州得就各州实施联邦法律的目标进行协商，为此目的，各州可在联邦财政支持下实施各项计划；联邦允许各州根据各自特点拥有更多实施法律的自由。②

---

① 《德国州宪全译》，祝捷、向雪宁、江易、姚聪慧译，人民出版社 2017 年版，第 233 页。

② 孙谦、韩大元主编：《〈世界各国宪法〉分解资料丛书 · 地方制度》，中国检察出版社 2013 年版，第 253 页。

美国各州在联邦体系中的作用，除了组织地方政府、援助地方财政支出外，自下而上的方式主要是参加联邦组织、参与决定重大政策、提供大量服务、执行联邦援助的计划、进行政策试验、提供政治家培训园地等。①

2. 为国家改革提供地方试验

有的国家很早就有关于顶层建议、地方试验的历史，如英国地方政府改革中各种委员会提出的“咨询报告”。随着地方分权和行政改革的推进，地方试验的积极作用日益受到重视。

安德烈·鲁克斯（André Roux）指出，“地方试验创造了一种可能性和条件，在一个较小的区域或时间内，来衡量试验内容的长处和短处，而这使人们能够在将某一机制推广之前有机会去改善它，或者是在它被证明为没有效率或不妥的当时抛弃它；试验同样能够具有一种政治上的功能，它通过证明试验对象的有效性，消除了制度变化给人们带来的恐惧和不安，从而使一项改革更容易被接受”。②

地方试验得到有些国家宪法的确认。2003 年 3 月 28 日法国通过了《关于法国分权组织的宪法性法律》（2003 年第 276 号宪法性法律）。修改后的《法兰西共和国宪法》第 72 条第 4 款规定：“根据情况，当法律或条例已有规定，地方公共团体或其联合体可以依照组织法规定的条件，为特定目的并在确定期限内，试验性地减损调整其权限行使的该立法性或者条例性条款，但涉及行使公共自由或者宪法所保障权利的实质条件的除外。”这一规定意味着，市镇、省和大区等地方公共团体无论种类和层级，均普遍获得了有条件地突破国家法律和条例进行地方试验的权利。为了规范地方试验权的行使，2003 年 8 月 1 日法国国民议会专门制定了《地方试验法》（2003 年第 704 号组织法）。

（四）相互尊重、合作和协商

在德国，在联邦一级，各州通过联邦参议院参与立法。如果联邦和州一级的新立法草案影响到地方政府的权限，它将被发送给地方政府协会。

在法国国民议会立法过程中，有关立法信息在议会网站上公布的同时，会向各级地方政府提供相关信息。

《瑞士联邦宪法》第 44 条规定了联邦与州合作的原则，要求联邦和各州在履行各自职责时相互支持、共同合作；联邦和各州应互相尊重和帮助，并彼此协商予以行政和法律事务上的协助。第 47 条规定，联邦应尊重各

---

① 王名扬：《美国行政法》（上），中国法制出版社 1995 年版，第 230－232 页。

② André Roux, *Réforme de l'Etat et Expérimentation*, Colloque International de Toulon, les 1 et 2 octobre 2004.

州的自治权，允许各州充分保留各自的职能，并尊重各州组织的自治；联邦为各州提供充足的财政资源，并采取必要的财政措施，以确保各州完成其任务。①

政府纵向之间相互尊重、合作和协商，也是一些发展中国家宪法的重要内容。按照《南非共和国宪法》第40条的规定，南非共和国政府由国家、省和地方层级的政府组成，三者既相互区分又相互依赖关联。第41条规定，所有层级的政府与每一层级内的国家机构，都应尊重其他层级政府的宪法地位、制度、权力与职能，各层级政府应相互信任、真诚合作以加强友善的关系，互相帮助支持、相互通知和咨商有共同利益的事务，相互协调行动与立法、遵守达成一致的程序以及避免相互控告。②

《肯尼亚宪法》第11章“地方政府”，不仅规定了地方政府的宗旨、原则及县政府的组织、职权等，还专节明确了各级政府间的合作关系。

二、我国的政府间纵向合作

中华人民共和国成立以来特别是改革开放以来，我国构建了广泛深入的政府间纵向合作关系，如中央对地方以及上级对下级地方的指导（领导）和帮助、地方试验和政府间合作协议等。

（一）中央对地方以及上级对下级地方的指导（领导）和帮助

1. 与地方合作或对地方指导（领导）、帮助的方式

在我国，依照有关规定，对地方有许多合作或指导（领导）、帮助的方式。

一是国家权力机关之间，如地方各级人大及其常委会在本行政区域内，保证宪法、法律、行政法规和上级人大及其常委会的决议的遵守和执行；全国人大常委会有关工作机构解答地方人大常委会提出的有关法律执行问题的询问；省级地方人大常委会就制定地方性法规等问题，与全国人大有关专门委员会或全国人大常委会法制工作委员会沟通，征求意见、请求指导等。

二是国家行政机关之间，如国务院统一领导全国地方各级国家行政机关的工作；地方各级人民政府执行上级国家行政机关的决定和命令，办理上级国家行政机关的交办事项；地方人民政府各部门受本级人民政府统一

① 孙谦、韩大元主编：《〈世界各国宪法〉分解资料丛书·地方制度》，中国检察出版社2013年版，第253页。

② 孙谦、韩大元主编：《〈世界各国宪法〉分解资料丛书·行政机关》，中国检察出版社2013年版，第248页。

领导,同时依法受国务院或上级地方人民政府主管部门的业务指导或领导;地方各级人民政府协助设立在本行政区域内的垂直管理机构进行工作等。

另外,根据《中华人民共和国民族区域自治法》和《国务院实施〈中华人民共和国民族区域自治法〉若干规定》的规定,中央政府及其有关部门对民族自治地方有帮助、指导和支持的职责。

我国中央政府和地方政府都代表着人民的意志和利益,二者仅有整体与局部的区别,它们在目标追求与运行机制上不存在根本的利害冲突,可以为了共同的战略目标而相互配合、相互支持。国家利益与地方利益从根本上、长远上说是一致的,中央或上级政府能够从全局出发,对地方或下级给予指导、支持和帮助。

中央通过制定规划或意见、提出政策举措、设立(决策)议事协调机构、提供优惠政策及资金支持、推动对口支援等,引导、支持和帮助地方政府。

中央对地方的指导文件有中共中央、国务院印发的《京津冀协同发展规划纲要》《粤港澳大湾区发展规划纲要》,国务院印发的《国务院关于进一步推进西部大开发的若干意见》《国务院关于支持河南省加快建设中原经济区的指导意见》《国务院关于支持福建省加快建设海峡西岸经济区的若干意见》《国务院关于进一步促进贵州经济社会又好又快发展的若干意见》等;相关的党中央决策议事协调机构,如中央财经委员会,设立的国务院议事协调机构有国务院西部地区开发领导小组、推动长三角一体化发展领导小组、京津冀协同发展领导小组等。上级地方对下级地方的指导文件有《上海市浦东新区总体规划暨土地利用总体规划(2017—2035 年)》等;上级地方设立的议事协调机构有河北雄安新区规划建设工作领导小组等。

有的学者指出,“在现有府际关系下,中央政府对地方政府、上级政府对下级政府的财政预算、经济发展、社会规划及资源配置等具有强大的影响,地方政府常常通过争取中央或上级政府的优惠政策和特殊待遇来获得发展优势”。①

2. 国家对民族自治地方的帮助

《中华人民共和国宪法》“序言”要求,“国家尽一切努力,促进全国各民族的共同繁荣”。并在“总纲”中规定,“国家根据各少数民族的特点和需要,帮助各少数民族地区加速经济和文化的发展”。

---

① 颜德如、岳强:《中国府际关系的现状及发展趋向》,载《学习与探索》2012 年第 4 期。

《中华人民共和国民族区域自治法》进一步把上级国家机关帮助民族自治地方加快发展明确规定为一项法律义务，并设专章规定上级国家机关的职责。《国务院实施〈中华人民共和国民族区域自治法〉若干规定》则具体列举了中央政府及其有关部门对民族自治地方的职责：一是将帮助民族自治地方加快经济发展放在突出位置，规定了上级政府及其职能部门在规划、基础设施项目安排、西部开发、资源开发和生态环保、财政转移支付、金融、外贸等方面对民族自治地方给予支持，包括国家扶持民族贸易和民族特需用品生产、推进兴边富民行动、扶持人口较少民族发展、加强民族自治地方扶贫开发、鼓励对口支援等。二是规定了促进民族自治地方发展教育、科技、文化、卫生、体育和健全社会保障体系的内容，体现了对民族自治地方经济社会事业协调发展的重视。

国务院及有关部门通过政策扶持、规划指导、资金支持和推动对口支援等方式，把支持少数民族和民族地区加快发展作为一贯方针，在促进科学发展、保障和改善民生上取得明显成效。①

3. 推进区域协调发展战略和区域重大战略等

国家通过深入实施西部大开发、东北振兴、中部崛起、东部地区加快推进现代化、支持特殊地区加快发展等区域发展战略，通过推进京津冀协同发展、长江经济带发展、长三角一体化发展以及粤港澳大湾区建设，推动黄河流域生态保护和高质量发展，高标准、高质量建设雄安新区，推动成渝地区双城经济圈建设等区域重大战略以及主体功能区战略、新型城镇化战略等，促进地方经济社会发展。

现以振兴东北老工业基地战略为例。中国东北地区包括黑龙江、吉林和辽宁三省以及内蒙古东五盟构成的区域。20 世纪 90 年代以前，东北地区既是我国经济较发达的地区也是我国重要的工业基地，然而随着改革开放的深入，东北地区的经济发展速度逐渐落后于东部沿海地区。为加快东北地区发展，2003 年 10 月发布了《中共中央、国务院关于实施东北地区等老工业基地振兴战略的若干意见》。该意见实施几年来，在各方面共同努力下，东北老工业基地振兴取得阶段性成果。为进一步和深入实施振兴东北战略，国务院 2009 年 9 月 9 日《关于进一步实施东北地区等老工业基地振兴战略的若干意见》，提出 9 方面 28 项政策举措。2012 年 3 月 4 日，国务院批复《东北振兴“十二五”规划》。2014 年 8 月 8 日，国务院印发《关于

① 据有关统计，“十三五”期间，国家累计向民族八省区下达民族地区转移支付 3800 多亿元、均衡性转移支付 20000 多亿元，有力支持了民族地区改革发展。

近期支持东北振兴若干重大政策举措的意见》。

2016年《中共中央、国务院关于全面振兴东北地区等老工业基地的若干意见》是继2003年《中共中央、国务院关于实施东北地区等老工业基地振兴战略的若干意见》出台实施后，中共中央、国务院在新的历史条件和时代背景下对东北地区等老工业基地振兴战略的丰富、深化和发展。该意见提出到2020年，东北地区要在重要领域和关键环节改革上取得重大成果。该意见从着力完善体制机制、推进结构调整、鼓励创新创业、保障和改善民生等方面作出具体部署。

2016年11月1日，国务院印发《国务院关于深入推进实施新一轮东北振兴战略加快推动东北地区经济企稳向好若干重要举措的意见》。同日，国务院批复《东北振兴"十三五"规划》。2021年3月十三届全国人大四次会议审议批准的《中华人民共和国国民经济和社会发展第十四个五年规划和2035年远景目标纲要》，提出了推动东北振兴取得新突破的具体政策举措。2021年9月6日，国务院致函内蒙古自治区、辽宁省、吉林省、黑龙江省人民政府和国家发展改革委，批复了《东北全面振兴"十四五"实施方案》。

党的二十大报告提出"推动东北全面振兴取得新突破"的重要任务。

可见在我国，中央与地方合作特别是中央对地方的指导、支持和帮助，是具体、务实和一贯的。

（二）地方试验

改革开放是我国的基本国策，但中国国情复杂，利益关系多向交织。许多改革措施，可由地方试点先行，取得经验后，再向全国推广。邓小平指出："有些问题，中央在原则上决定以后，还要经过试点，取得经验，集中集体智慧，成熟一个，解决一个。"①他还说："在全国的统一方案拿出来以前，可以先从局部做起，从一个地区、一个行业做起，逐步推开。中央各部门要允许和鼓励它们进行这种试验。"②

我国改革开放过程中的创新试验很多是从地方开始的。有的是基层探索，如安徽省凤阳县小岗村的18位农户于1978年开始的"包产到户"，2014年浙江省率先在全国公布了省级政府部门权力清单等；有的是顶层设计，并授权地方试验，如设立经济特区、建立国家级综合配套改革试验

---

① 邓小平：《党和国家领导制度的改革》（1980年8月18日），载《邓小平文选》（第2卷），人民出版社1994年版，第341页。

② 邓小平：《解放思想，实事求是，团结一致向前看》（1978年12月13日），载《邓小平文选》（第2卷），人民出版社1994年版，第150页。

区、行政审批制度和“证照分离”改革等。

地方试验通常需要得到法律授权或行政授权。

关于法律授权，如为了推进行政审批制度改革、促进政府职能转变，2012 年 12 月 28 日十一届全国人大常委会第三十次会议，决定授权国务院在广东省暂时调整部分法律规定的行政审批；又如为了改革完善农村土地制度，为推进中国特色农业现代化和新型城镇化提供实践经验，2015 年 2 月 27 日十二届全国人大常委会第十三次会议，决定授权国务院在北京市大兴区等 33 个试点县(市、区)行政区域，暂时调整实施《中华人民共和国土地管理法》《中华人民共和国城市房地产管理法》关于农村土地征收、集体经营性建设用地入市、宅基地管理制度的有关规定；再如为进一步增强生育保险保障功能、提高社会保险基金共济能力、推进生育保险和基本医疗保险合并实施改革，2016 年 12 月 25 日十二届全国人大常委会第二十五次会议，决定授权国务院在河北省邯郸市等 12 个试点城市行政区域暂时调整适用《中华人民共和国社会保险法》有关规定。

关于行政授权，如 2018 年 1 月 31 日《国务院关于上海市进一步推进“证照分离”改革试点工作方案的批复》，同意在上海市浦东新区进一步推进“证照分离”改革试点。

同时，一些改革事项，可以由地方先行先试，为制定法律、行政法规提供经验、创造条件。如国家监察体制改革，就是 2016 年 12 月 25 日由十二届全国人大常委会第二十五次会议决定，在北京市、浙江省和山西省试点积累经验后，再向全国全面推开的；在此基础上，2018 年 3 月 20 日十三届全国人大一次会议审议通过了《中华人民共和国监察法》。

(三)政府间纵向合作协议

近十几年来，不仅地方政府之间建立广泛的横向政府间关系，而且中央政府部门与地方政府、地方政府部门与下级地方政府，通过签订政府间纵向合作协议，建立了较为稳定的府际合作关系。

1. 政府间纵向合作协议的主体

这里的政府间纵向合作协议，是指不具有行政隶属关系的中央政府部门与地方政府之间以及地方政府部门与下级地方政府之间，为解决跨区域合作和统筹经济社会发展而达成的各种合作文件。

从政府间纵向合作关系主体看，政府间纵向合作协议主要在中央政府部门与省级政府之间、省级政府部门与市县级政府之间签订。

中央政府部门与省级政府之间的纵向合作协议，如 2007 年 11 月 30 日，中国人民银行与上海市、江苏省和浙江省人民政府缔结《推进长江三角洲地区金融协调发展、支持区域经济一体化框架协议》，各方协议逐步完善长江三角洲地区金融协调发展推进机制，并就金融基础设施建设、金融市场融合与创新、资金跨地区流动、金融机构发展合作、外汇管理改革创新、经济金融信息共享平台构建、改善金融发展环境、建立金融风险的共同预警和防范机制、加大金融人才引进和培训力度等方面的问题，进一步制定和完善具体措施；协议还明确了建立推进金融协调发展工作联席会议制度，负责金融协调发展重大问题的组织和协调。又如教育部与上海市人民政府2005年6月20日决定，在1999年双方签订重点共建复旦大学、上海交通大学和2002年签订重点共建同济大学的协议基础上，继续重点共建复旦大学、上海交通大学、同济大学。类似的还有2016年10月27日工业和信息化部与广东省人民政府签署的《“十三五”期间推动工业和信息化发展战略合作协议》、2017年4月24日交通运输部与河北省人民政府签署的《交通运输部河北省人民政府关于加快河北省交通运输发展合作协议》、2020年12月14日住房和城乡建设部与辽宁省人民政府签署的《部省共建城市更新先导区合作框架协议》和2021年6月5日生态环境部与青海省人民政府签署的《“十四五”期间推进青海生态环境保护工作合作协议》等。

中央政府部门与特别行政区政府之间的纵向合作协议，如2021年9月1日商务部与香港特别行政区政府签署的《关于推进境外经贸合作区高质量发展合作备忘录》。根据该备忘录，双方将在内地与香港经贸合作委员会机制下，充分发挥香港参与“一带一路”建设合作专责小组作用，利用内地与香港各自优势，推动内地及香港企业与境外经贸合作区、东道国深度合作，实现互利共赢。

政府间纵向合作协议也存在于各级地方政府及其部门之间，如2019年8月15日四川省司法厅与甘孜州人民政府签订的《关于深化州厅合作推动甘孜藏区长治久安战略合作协议》、2020年12月17日内蒙古自治区住建厅与呼和浩特市人民政府签署的《共同推动呼和浩特市城市精细化建设和治理合作框架协议》和2021年12月25日甘肃省交通运输厅与兰州市人民政府签署的《“十四五”交通基础设施共建协议》等。

2. 政府间纵向合作协议的效力

政府间纵向合作协议本质上规范的是府际治理的问题。作为政府间合作协议的一种类型，政府间纵向合作协议是为适应跨区域治理和经济社会发展的需要，政府部门与下级地方政府之间，按照自愿、互补、合作原则而达成合意的文书。

政府间纵向合作协议是一种公法契约。从形式上看，政府间纵向合作协议是双方或多方协商一致的结果，内容涉及行政机关的职能，因此它不是普通的民商事合同；从法律关系看，政府间纵向合作协议的主体是行政机关，往往涉及中央与地方关系以及不同层级地方的关系，是跨区域纵向合作和治理的新形式。

在我国跨区域合作的实践中，关于政府间纵向合作协议的法律效力，有不同的意见，已缔结的政府间纵向合作协议中也大都未提及法律效力问题。

一般而言，政府间纵向合作协议只产生一种间接的外部效果，不直接对相对人设定某种权利义务，要达成对相对人的约束力，还必须有正式的行政行为，如规章、行政规范性文件或具体行政行为，但政府间纵向合作协议对缔结各方具有约束力。

政府间纵向合作协议不仅明确双方各自的职责，从而确认了政府间合作成果，同时也推动着政府间合作向纵深发展。这种政府间纵向合作协议具有合意性、规范性的特点，具有执行效力。为防止协议执行的随意性，要不断强化协议的约束力，加大政府间合作协议的执行力度。

三、联邦成员或地方对全国性事务的参与

由于各国宪法制度和实际运作情况不尽相同，州等联邦成员和地方对国家事务参与和影响的方式各有特点，基本上分为正式和非正式两种。

州等联邦成员或地方对全国性事务的参与，主要表现为下列方式。

（一）参与国会或议会立法和决定

在两院制的结构下，很多国家的宪法或宪法性法律，规定了组成两院的区域代表、数额。有的国家明确某一议院是代表区域利益的议院，从而使区域利益在国会或议会中得到体现。根据《美利坚合众国宪法》第1条第2款、第3款，美国众议院由各州人民每两年选举产生的众议员组成，参议院由每州州议会选出的两名参议员组成。美国众议院有435名众议员，参议院有100名参议员。

各州维护自身的权力，除了通过各州在国会的议员参与立法、决策外，还可以通过参与修宪、选举国会议员等施加影响。对此，有美国学者认为，虽然从宪法上看，联邦政府至高无上，但在政治上它必须考虑这样一个事实，即联邦的法律要经由来自各州和地方并对其负责的议员组成的国会批准，这

使华盛顿在法律上可以做的事情未必是它在政治上希望的那种事情。①

美国除内布拉斯加州外,各州都实行两院制。各州宪法规定了参众两院的议员名额,并规定了选举方式,一般是按选区进行选举。如《缅因州宪法》规定,州众议员151人、参议员31人至35人,由合格选民按选区分别进行选举。这些选区有的是一个县,有的是几个小县;议员来自不同地方,可以反映地方的利益诉求。

此外,大多数州和许多城市都在华盛顿设立了全职工作人员,主要任务是确定可以取得哪些联邦资金,并帮助其所在的州或城市获得资金。

在德国,各州与联邦的密切交错独具特色,使州政府可以有多种可能性参与联邦政治。联邦参议院作为一个国家权力机关,是由各州在联邦中的代表组成的。根据《德意志联邦共和国基本法》第50条,各州通过联邦参议院参与联邦的立法、行政管理及与欧盟有关的事务。联邦参议院共有69席。根据《德意志联邦共和国基本法》第51条,联邦参议院由各州政府任命的成员组成(可由各州政府的其他人员予以代表);每州在联邦参议院至少有3席,200万以上人口的州有4席,600万以上的州有5席,700万以上的州有6席;各州按其在参议院的议席指派参议员人数,每州只能作为一个单位且只能由该州参议员或其代表行使表决权。② 换言之,各州政府通过它们在联邦参议院中的代表直接参与联邦立法,人口较多的州在联邦参议院中的代表人数多于人口较少的州。那些在联邦层面属于在野党的政党,或未能进入联邦议院的政党,可以通过参与州政府的执政对联邦政治施加影响。以至于德国学者认为,"各州通过在联邦参议院的广泛参与,在一定程度上抵销了联邦的立法优先权"。③

在俄罗斯,俄罗斯联邦议会是俄罗斯联邦立法代议机关,由联邦委员会和国家杜马组成。俄罗斯联邦每个主体有2名代表参加联邦委员会,国家权力代表机关和国家权力执行机关各1人。

1986年英国《议会选区法》等宪法性法律,分别规定了英格兰、威尔士、苏格兰、北爱尔兰在联合王国下院的占比或数额。截至2022年12月底,它们在议会下院650个议席中,分别占有533名、40名、59名和18名

---

① James Q. Wilson & John J. DiIulio, Jr. , *American Government: The Essentials*, Cengage Learning, 2008, p. 61.

② 根据德国各个州的人口,每个州在联邦参议院都有至少3名的议席,这一点与美国参议院不论人口每州2名不同。另外,联邦参议院没有任何选举期,从宪法的角度来看,它是一个"永恒的机关"。

③ [德]彼得·欣特雷德主编:《德国概况》,同济大学德意志联邦共和国研究所译,社会福利出版社2008年中文版,第65页。

席位。

西班牙国会由众参两院组成。根据《西班牙王国宪法》第 69 条,参议院是地区代表院。根据组织法的规定,每省由选民按普遍、自由、平等、直接、秘密的方式选出 4 名参议员。

2004 年印度尼西亚成立地方代表理事会,成员分别来自全国 34 个省级行政区,每区 4 名代表,共 136 名,与印度尼西亚国会共同组成国家最高权力机构印度尼西亚人民协商会议。根据《印度尼西亚共和国宪法》第 22 条之四,该理事会可向国会提交有关地方自治、中央与地方关系、省市划分和国家资源管理等方面的法案,以及参与涉及上述事项的讨论、提出建议,并监督上述法律的实施。

根据《法兰西共和国宪法》第 24 条,议会由国民议会和参议院组成;其中,参议员不得超过 348 名,由间接选举产生。“参议院应保证共和国各地方公共团体的代表性。”

通过上述方式,各联邦成员、地区或地方,可实现对全国性事务尤其是涉及本区域利益的全国性立法或决策的参与。

地方参与也包括对上一级地方立法或决策的政治参与,如 1980 年《圭亚那合作共和国宪法》规定,每一个地方民主机关应选举 1 名自己的议员作为上一级地方民主机关的成员。

(二)参与政府计划或行政决策等协商

根据《葡萄牙共和国宪法》第 142 条和第 145 条,地区政府首脑作为总统政治咨询机构国务委员会的成员,可就解散自治区立法机关等事项提供意见。

《菲律宾共和国宪法》第 10 章第 14 条规定,为实行分权以巩固地方自治、促进地区各单位的经济社会增长和发展,总统有权设立由各该地区的地方官员、政府直属部门首长和其他政府官员以及非政府组织代表组成的地区发展理事会或其他类似机构。①

《圭亚那合作共和国宪法》第 77 条规定,各区的发展计划要纳入国家的发展计划。为使各区能够完成自己的发展计划,中央政府向各区发放基金。②

---

① 参见孙谦、韩大元主编:《〈世界各国宪法〉分解资料丛书 · 地方制度》,中国检察出版社 2013 年版,第 36 页。

② 参见孙谦、韩大元主编:《〈世界各国宪法〉分解资料丛书 · 地方制度》,中国检察出版社 2013 年版,第 421 页。

（三）通过地方政府协会

许多国家设立了地方和地区政府协会或联合会。

这些地方政府协会聚集了来自不同政治背景的地方政府代表，并赋予地方政府全面的发言权。它们分别与中央、联邦或州等联邦成员的议会或政府进行协商，提供咨询，在中央、联邦或州等联邦成员的立法、行政决策过程中及在充当双方关系的协调者和意见沟通者方面，能产生重要影响。

在美国，对联邦一级施加影响的，主要是代表其他各级政府利益的团体，如全国州长协会、全国州议会会议、全国城市联盟、美国市长会议和全国县协会。

建立地方政府协会的要求在《欧洲地方自治宪章》中得到了体现，其第 10 条规定："地方政府加入旨在保护和促进其共同利益的协会的权利，应在每个国家得到承认。"

根据《奥地利联邦宪法》第 115 条第 3 款，奥地利市镇协会代表市镇政府，奥地利城市协会代表奥地利城市政府。

在英国，地方政府协会有英国地方政府协会、苏格兰地方政府协会、威尔士地方政府协会和北爱尔兰地方政府协会。其中，英国地方政府协会代表英格兰和威尔士的所有地方政府。威尔士地方政府也通过威尔士地方政府协会进行管理，在处理威尔士事务方面保留完全的自主权。英国的上述四个地方政府协会，在一系列问题尤其是关于英国政府"保留权力"（特别是福利）的问题上进行合作。除了一系列临时和非正式的交流，这四个协会的英国论坛每季度举行会议。

德国代表各级地方政府利益的全国性协会是德国大城市联合会、代表城市和乡镇的城市与乡镇联合会和县联合会，几乎所有地方政府都是这些协会的自愿成员。地方政府与联邦和州之间的协商程序通过上述三个地方政府全国性协会进行。联邦议院根据《联邦议院议事规则》第 69 条第 5 款，通过地方政府全国性协会咨询地方政府；联邦政府部门根据《联邦政府议事规则》第 47 条的规定，将可能影响地方政府的立法文本草案提交地方政府协会。在州一级，各州协商的法律框架各不相同，有些将其纳入州宪法，而另一些则将其限制在法律和议事规则中。地方政府协会是联邦一级的组织，在各州设立地区分支机构。法国大区协会、法国联省大会和法国市长协会，代表各自级别的政府与中央和欧盟协商。另外，还有俄罗斯的地方政府联合会、小城市联合会、城市联合会，意大利的国家—大区会议、大区和自治省会议以及国家—城市和地方自治会议等。

（四）通过其他方式

除了通过地方政府联合会外，还可以通过某些咨询机构影响有关地区或地方问题的决策。如英国设联合部级委员会，由来自中央政府有关部门和权力下放机构的大臣组成，负责中央政府和权力下放机构之间的协调。权力下放机构可通过会议、提供咨询、信息交流、达成谅解备忘录等方式参与其事。

根据《不丹王国宪法》第22条第3款的规定，地方政府通过提供论坛的方式，让公众讨论地方区域内有影响的事务，在全国区域治理时确保将地方利益考虑在内。

在美国，一些非政府组织或压力集团从事游说活动，可对国会立法或决策产生影响，并进而影响到州的立法或决策。

例如，1980年在加利福尼亚州成立的“母亲反对酒驾协会”（MADD）是美国的一个非营利组织，在全美有600多个分会、300多万名会员。经过多年对包括来自各州的国会议员的游说活动，该协会促成国会1984年通过《最低饮酒年龄法》，其规定，如某一州未将最低饮酒年龄提高到21岁，则联邦可扣留拨付该州的高速公路建设资金。不久，全美各州的法定最低饮酒年龄均规定为21岁。

一些国家将地方对国家政策的参与确认为地方自治的重要内容。在日本，地方公共团体对国家政务的参与权，可以表现为以下形式：国政须经地方公共团体同意；国政须经地方公共团体协议；国政须听取地方公共团体的意见；国政可由地方公共团体提出法律异议。①

四、我国地方对国家事务的参与

《中华人民共和国宪法》、《中华人民共和国立法法》、《中华人民共和国全国人民代表大会组织法》、《中华人民共和国全国人民代表大会议事规则》、《中华人民共和国全国人民代表大会常务委员会议事规则》和其他相关法律、行政法规，规定了地方对国家事务的参与途径。

（一）参与全国人民代表大会行使职权

各省、自治区、直辖市、特别行政区等选举单位选出的代表组成代表团，代表人民的利益和意志，依照宪法和法律赋予全国人大的各项职权，参加行使最高国家权力，反映本地方的建议和意见，依法提出议案、罢免案、质询案等；各代表团成员依法采用投票表决或其他方式进行选举和通过议

① 王建学：《作为基本权利的地方自治》，厦门大学出版社2010年版，第111页。

案,参与全国人大的立法、人事任免或重大事项的决定。

2021 年 12 月 24 日十三届全国人大常委会第三十二次会议表决通过全国人大常委会关于提请审议地方各级人民代表大会和地方各级人民政府组织法修正草案的议案。2022 年 1 月,根据全国人大常委会统一部署,各省级人大常委会组织有关全国人大代表提前研读讨论拟修改的《中华人民共和国地方各级人民代表大会和地方各级人民政府组织法(修正草案)》,为参加全国人大会议、依法审议法律案做好充分准备,并将征求到的意见建议报送全国人大常委会法制工作委员会。

类似地,根据 2022 年 12 月 30 日十三届全国人大常委会第三十八次会议关于将《中华人民共和国立法法(修正草案)》提请 2023 年 3 月召开的十四届全国人大一次会议审议的决定,按照全国人大常委会的统一部署,各省级人大常委会组织有关全国人大代表提前集中研读讨论《中华人民共和国立法法(修正草案)》,为参加全国人大会议、依法审议法律案做好充分准备。

(二)参与全国人大常委会的工作

全国人大常委会举行会议时,各省级人大常委会可以派主任或副主任 1 人列席会议。

如省级人大常委会认为行政法规、地方性法规、自治条例和单行条例同宪法或法律相抵触或存在合宪性、合法性问题的,可以向全国人大常委会书面提出进行审查的要求;其他地方国家机关认为行政法规、地方性法规、自治条例和单行条例同宪法或法律相抵触的,可以向全国人大常委会书面提出进行审查的建议。

全国人大常委会和省、自治区、直辖市人大常委会根据需要,可委托下一级人大常委会对有关法律、法规在本行政区域内的实施情况进行检查。

另外,全国人大常委会、全国人大民族委员会等专门委员会中,有一些来自地方的组成人员;全国人大常委会设立的香港基本法委员会或澳门基本法委员会中,有一些来自香港或澳门的人士。这些组成人员可反映地方的意见和诉求。

(三)参与国务院及其部门的工作

地方各级人民政府特别是省级人民政府,不仅参与各类国家规划,还参与国务院及其部门有关工作。如根据《行政法规制定程序条例》第 20 条,国务院法制机构应将行政法规送审稿或行政法规送审稿涉及的主要问题发送地方人民政府等各方面征求意见。地方人民政府等应在规定期限内反馈书面意见。如地方各级人民政府认为部门规章同法律、行政法规相抵触，可以向国务院书面提出审查的建议，由国务院法制机构研究处理。

根据《国务院工作规则》，国务院各部门起草法律草案、行政法规草案、部门规章、规范性文件以及提请国务院研究决定的重大事项的公文，涉及地方的，应当事先征求意见。《国务院实施〈中华人民共和国民族区域自治法〉若干规定》要求国务院及其职能部门在制订经济和社会发展中长期规划时，应听取自治区及其工作部门的意见。根据《行政区划管理条例》第 14 条，县级以上人民政府民政部门在承办民族自治地方的行政区划变更的工作时，应当同民族自治地方的自治机关和有关民族的代表充分协商。

(四)沟通和报告有关信息

对有些上级人民政府才有权决定的事项，地方人民政府可以依法报告有关信息供上级决策参考。根据《中华人民共和国突发事件应对法》第 37 条，"国务院建立全国统一的突发事件信息系统。县级以上地方各级人民政府应当建立或者确定本地区统一的突发事件信息系统，汇集、储存、分析、传输有关突发事件的信息，并与上级人民政府及其有关部门、下级人民政府及其有关部门、专业机构和监测网点的突发事件信息系统实现互联互通，加强跨部门、跨地区的信息交流与情报合作"。第 40 条规定，县级以上地方各级人民政府应及时汇总分析突发事件隐患和预警信息，认为可能发生重大或特别重大突发事件的，应立即向上级人民政府报告。

(五)其他途径

中央政治局有一些来自直辖市和部分重要的省(自治区)的省委(自治区党委)书记担任委员。

中共中央、全国人大常委会、国务院、中办、国办等常将有关重要的党内法规或党内规范性文件、法律、行政法规草案下发各地，征求意见。

还有一个重要的方面是，通过中国共产党各级组织的上下信息沟通，地方可以多方面地参与中央对全国性事务的决策。

五、提高地方参与国家事务的深度和广度

(一)地方参与全国性事务的民主价值

一般认为，民主应该包括人民主权、政治平等、公民参与和多数人统治等内涵。民主决策的参与程度，往往体现一国民主发展的水平，并推动政府间关系的良性运行。

政治参与是民主政治的重要标志之一。居民不仅有权参与地方治理而且必须参与国家管理，地方参与全国事务能使地方更好地融入国家治理

体系。

密尔(John Stuart Mill)在《代议制政府》中认为:地方代表权的目的本身就是使那些具有和一般同胞的利益不同的共同利益的人们可以自行安排共同的利益。①《世界地方自治宣言》也指出,地方政府在其他层级政府涉及地方事务的决策中,应具有合理和有效的参与权。

地方参与全国性事务能更好体现地方与中央之间的良性互动,促进不同地方的平衡发展。扩大地方的政治参与,让各级地方充分表达各自的利益诉求,通过协商,沟通意见,有利于全国性政策更能体现各方的利益,推进全过程人民民主,对于促进地方之间的竞争和发展也有重要作用。

政府间纵向关系的调适实质上是一个利益博弈的过程。政府之间的资金分配、职能配置,需要各级政府及其部门的民主协商和对决策的共同参与,特别是地方对全国性事务的参与。

在我国,中央与地方从根本上说利益是一致的。中央从全国一盘棋出发,统筹考虑和妥善处理府际关系,有利于确保法制统一、政治统一和市场统一;各级地方人民政府都要维护中央的统一领导,服从上级人民政府,但地方也要有一定的利益表达渠道。

在我国,地方对中央重大决策的参与尚嫌不足。应在已有法定的和非法定的方式基础上,按照健全民主制度、丰富民主形式的要求,进一步加强地方对涉及地方的中央决策的参与。

(二)加强地方对全国人大及其常委会有关事务的参与

西方国家在联邦、联邦成员或中央层面,基本上采用两院制。

我国有自己的国情,“我们实行的就是全国人民代表大会一院制,这最符合中国实际。如果政策正确,方向正确,这种体制益处很大,很有助于国家的兴旺发达,避免很多牵扯”。②

在1982年宪法起草过程中,一些宪法修改委员会秘书处成员提出“两院制”的制度设计,建议名称上采用“地方院”和“社会院”的提法,但后来的工作进程表明,“两院制”方案没有被采纳。③

我国人大代表不仅反映地方的意见建议,代表本地方利益,而且更重要的是代表全国人民的根本利益。我国是一个大国,让地方更多地参与全国性的立法、选举、监督和重大事项决定等,不仅有利于更好反映民意、符

---

① 参见[英]密尔:《代议制政府》,汪瑄译,商务印书馆1982年版,第211页。

② 邓小平:《会见香港特别行政区基本法起草委员会委员时的讲话》(1987年4月16日),载《邓小平文选》(第3卷),人民出版社1993年版,第220页。

③ 参见许崇德:《中华人民共和国宪法史》,福建人民出版社2003年版,第567–570页。

合民情、体现民智，而且有利于发展民主政治。

目前，在全国人大及其常委会的各项工作中，地方对全国性立法、监督等事务具有多种参与途径。

尽管没有像西方国家那样设立两院，并由其一院主要代表地区利益，但在全国人大及其专门委员会或全国人大常委会及其工作委员会工作中，注意吸收来自地方的代表或委员的意见、建议。在全国人大及其常委会的立法中，包括地方各级人大代表或常委会委员在内的各方面人士，依法提出立法议案、建议，参加立法调研、论证，出席或列席常委会会议，不同程度地参与常委会立法工作。同时，地方保障国家立法在本行政区域的遵守和执行。但应当说，从法治化的视角看，还应进一步加强地方对全国人大及其常委会有关事务的参与。

（三）扩大地方对有关国家行政事务的参与

我国地方参与全国性事务的渠道，除了中国共产党组织系统内部的沟通和来自地方的代表以及地方各级人大及其常委会对国家立法、监督、选举等事项的法定参与形式外，主要是地方各级政府及其部门、机构与国务院及其部门、机构之间意见交流、情况反馈、信息报告、咨询建议、意见征询、调查研究及方案论证等。

根据《中华人民共和国宪法》和《地方组织法》的有关规定，国务院统一领导全国地方各级国家行政机关的工作；国务院主管部门依法在业务上指导或领导省级政府的各工作部门，并有权依法在本部门权限内发布命令、指示和规章，在全国范围内实施。地方人民政府作为政府治理体系的重要方面，通过执行法律和上级国家行政机关的决议和命令、办理上级国家行政机关交办事项等方式，参与国家治理。

随着行政体制改革的深入，应从制度化的角度，扩大地方对国家重大决策的参与。有学者认为，“一方面，地方有法定的平等的参与中央决策的机会，能正当地提出自己的要求，地方的自主性就能得到释放和满足；另一方面，最终的决定是由中央在协调平衡各方利益的基础上批准或同意的，国家的根本利益和整体利益也能得以体现，这样，宪法所规定的发挥两个积极性的原则就能得到贯彻和落实”。① 为此，可以考虑在修改《中华人民共和国国务院组织法》时，建立地方参与中央决策的机制，如地方参与议事协调机构或机制、签订政府间协议等，建立纵向合作机制。

另外，要建立地方意见建议表达的法定渠道，落实国务院各部门提请

① 朱丘祥：《中央与地方行政分权的转型特征及其法治走向》，载《政治与法律》2009 年第 11 期。

国务院研究决定的重大事项涉及地方的应事先听取地方意见的制度性要求；国务院各部门采取的涉及地方的方针政策、计划、方案和重要举措，也应事前征求地方意见。

（四）建立健全地方党委、政府对党中央重大决策的征求意见和执行情况的反馈机制

通过中国共产党组织系统和政府之间的沟通和反馈，是我国地方参与中央决策的重要方式。地方党委、政府必须始终在思想上政治上行动上同党中央保持高度一致，坚决贯彻执行党中央决策部署和上级党组织决定，坚决维护党中央权威，这是基本前提；同时，党中央作出同地方党委、政府有关的重大决定，一般应当事前征求地方意见；对党中央重大决策执行情况，地方党委、政府应及时反馈，必要时可依规定程序提出政策建议。

（五）依法推进和规范地方试验

地方试验对推进改革开放发挥了重要作用，也引起了关于地方试验合宪性和合法性问题的讨论。如张千帆通过对地方试验的研究，认为只要地方试验符合宪法确认的民主、法治与人权等基本原则，且没有损害任何全国性利益，那么在没有其他选择的情况下，即便其合法性乃至合宪性存在疑问，地方试验仍应受到宽容。①

习近平总书记指出："我们坚持加强党的领导和尊重人民首创精神相结合，坚持'摸着石头过河'和顶层设计相结合，坚持问题导向和目标导向相统一，坚持试点先行和全面推进相促进，既鼓励大胆试、大胆闯，又坚持实事求是、善作善成，确保了改革开放行稳致远。"②

改革开放40多年的实践表明，地方试验是一种行之有效的措施。按照党的十八届四中全会决定中提出的"实践条件还不成熟、需要先行先试的，要按照法定程序作出授权"及《中共中央、国务院关于新时代加快完善社会主义市场经济体制的意见》中"健全重大改革特别授权机制，对涉及调整现行法律法规的重大改革，按法定程序经全国人大或国务院统一授权后，由有条件的地方先行开展改革试验和实践创新"的要求，地方试验要取得法律、法规授权或行政授权；同时，还应健全《中华人民共和国立法法》和《地方组织法》规定的有关制度，确立地方政府在中央立法或行政授权前提下的先行先试权，使地方试验在法治轨道上推进。

---

① 张千帆：《宪法变通与地方试验》，载《法学研究》2007年第1期。

② 习近平：《改革开放四十年积累的宝贵经验》，载《习近平谈治国理政》（第3卷），外文出版社2020年版，第188－189页。

(六)提升民族自治地方对国家事务特别是民族事务的参与

当今世界,有多个国家实行不同类型的民族区域自治、半自治或联邦制。相比起来,我国的民族区域自治制度是最成功的。各少数民族不仅能够在自治地方行使当家作主的权力,而且能够平等参与国家事务并行使相关权力。

我国采用单一制国家结构形式,实行的是单一制国家结构形式下的民族区域自治。这一制度是统一与自治的有机结合,根本目的在于维护国家统一、领土完整和民族团结。国家统一是各民族人民生存的基础和发展的保障,没有国家统一,就谈不上民族区域自治。在国家统一领导下,各少数民族聚居的地方实行区域自治,设立自治机关,行使自治权。民族区域自治制度为自治地方行使自治权提供了根本制度保障。

坚持和完善民族区域自治制度,要坚持统一和自治相结合,坚持民族因素和区域因素相结合。应当看到,中央政府与民族自治地方即使存在某些差别,但中央政府和民族地方完全可以有一个良性的互动发展模式,这不仅要确保民族自治地方的自治机关对本民族内部事务的自主管理,也应确保其对国家有关民族事务的计划或决策的参与权。

因此,应在《中华人民共和国民族区域自治法》修改中,增加规定体现民族自治地方对有关国家发展规划、决策等事务以及涉及民族自治地方有关立法的参与的内容,并丰富其参与的形式。

(七)严格执行和落实特别行政区对有关国家事务的参与

一是,特别行政区作为独立的选举单位,选举产生的全国人大代表,来自特别行政区工商界、金融界、学术界、专业界、政界等,具有较广泛的代表性。他们代表特别行政区居民的利益和意志,参与组成最高国家权力机关,履行管理国家事务的职权,是体现基本法规定的“特别行政区居民中的中国公民依法参与国家事务的管理”的重要方面。根据《中华人民共和国全国人民代表大会组织法》,作为来自特别行政区的代表团,可以依法提出议案、质询案、罢免案等。

二是,特别行政区实行资本主义制度,但它们是中华人民共和国的一个组成部分,港澳居民中的中国公民是中华民族大家庭的重要成员,他们中的代表有权利、有责任也有能力参加全国人大的各项活动,包括表决各项立法、决议等;还可依照基本法规定,参与提出修改基本法的议案,就中央政府对特别行政区实行的政策提出建议和意见。

三是,中央各部门、各省、各自治区、各直辖市如需在特别行政区设立机构,须征得特别行政区政府同意并经中央政府批准;中国其他地区的人进入特别行政区定居的人数由中央人民政府主管部门征求特别行政区政府的意见后确定。

四是,特别行政区政府的代表,可作为中华人民共和国政府代表团的成员,参加由中央人民政府进行的同特别行政区直接有关的外交谈判。中华人民共和国缔结的国际协议,中央人民政府可根据特别行政区的情况和需要,在征询特别行政区政府的意见后,决定是否适用于特别行政区。

五是,行政长官、立法会的产生办法如需修改,在报全国人大常委会批准或备案前,须经立法会全体议员 2/3 多数通过,行政长官同意。

(八)扩大当地居民对有关国家事务的参与

在我国,实行人民代表大会制度更适合我国国情,更具有优越性,但人民代表大会制度并不排除居民的直接政治参与。

根据 1982 年《中华人民共和国宪法》,人民依照法律规定,通过各种途径和形式,管理国家事务,管理经济和文化事业,管理社会事务。这是我国公民政治参与的主要宪法依据。《中华人民共和国宪法》还规定年满 18 周岁的公民的选举权和被选举权以及公民的言论、出版、集会、结社等自由。公民对于任何国家机关和国家工作人员,有提出批评和建议的权利;对于任何国家机关和国家工作人员的违法失职行为,有依法向有关国家机关提出申诉、控告或检举的权利。实践中,全国人大常委会或省级人大常委会法制工作机构设立了若干基层立法联系点,就法律法规草案、年度立法计划等征求基层群众意见建议,同时,在立法过程中,将法律法规草案向社会公布征求意见等,都体现了吸收人民依法参与国家政治生活的努力。

按照发展全过程人民民主的要求,在坚持和完善人民代表大会制度的过程中,要健全民主制度、丰富民主形式,积极探索扩大公民有序的政治参与,包括参与人大立法、监督、政府行政决策和其他形式,逐步实现选举民主、协商民主和公民直接民主的制度化、规范化和程序化。

第八章　司法机关与纵向府际关系

一、司法机关的组织及法律地位

（一）司法权、司法机关及其宪法规范

1. 司法权和司法机关的性质

司法机关，作为行使司法权的国家机关，是维护公平正义的重要防线。詹姆斯·麦迪逊（James Madison）指出："我们始终可以相信，司法部门如果能够做到有条不紊、秩序井然，将最能体现宪法的意志，并最能够赢得民众的尊重和信赖。"①

在实行"三权分立"的国家，司法权是与立法权、行政权相并列的独立的权力，主要指的是审判权。如《元照英美法词典》所述："司法权是指法院和法官享有的审理和裁决案件并作出有拘束力的判决的权力，与立法权和行政权相对。"②

许多国家宪法规定，司法权由法院行使。如《南非共和国宪法》第 165 条规定，"共和国司法权赋予法院"；《土库曼斯坦宪法》第 99 条规定，"土库曼斯坦的司法权只属于各级法院"；《澳大利亚联邦宪法》第 71 条明确，"联邦司法权应赋予联邦最高法院以及由议会设立的其他联邦法院和其他被授予联邦管辖权的法院"。在这些国家，司法机关仅指法院。而在有的国家如越南、朝鲜、古巴、俄罗斯和白俄罗斯等，司法权包括审判权和检察权。

在中国，司法权作为国家权力的重要组成部分，是指"审判权、检察权，有时还包括侦查权"。③ 有学者指出，对司法权过去有不同的理解，把公安、检察院、法院统称为司法机关，现在比较有共识的观点是，司法机关包括检察机关与审判机关。④ 根据 1982 年《中华人民共和国宪法》，人民法院是国家的审判机关，人民检察院是国家的法律监督机关。

---

① ［美］沃尔特·E. 弗克默尔：《美国政府》，汪威译，上海社会科学院出版社 2016 年版，第 236 页。

② 薛波主编：《元照英美法词典》，法律出版社 2003 年版，第 750 页。

③ 中国社会科学院语言研究所词典编辑室编：《现代汉语词典》（第 6 版），商务印书馆 2012 年版，第 1227 页。

④ 蔡定剑：《宪法精解》，法律出版社 2006 年版，第 436 页。

2. 司法机关和司法制度是各国宪法的重要内容

在许多国家特别是英美法系国家,司法机关属于广义的政府的范畴。各国宪法都用专章或专节(条)对司法机关作出规定。根据1787年《美利坚合众国宪法》第3条第1款,合众国的司法权属于最高法院以及国会可不时规定和设立的下级法院。《俄罗斯联邦宪法》第118条规定,"俄罗斯联邦的司法权,只能由法院行使","俄罗斯联邦的司法体系,由俄罗斯联邦宪法和宪法性法律予以规定。禁止设立特别法庭"。[①]《新加坡共和国宪法》第8章对司法机关作了规定,明确"新加坡司法权由最高法院及依现行制定法设立的基层法院行使"。《安哥拉共和国宪法》第4章"国家政权组织"第4节"司法机关",不仅明确了司法权行使的一般原则,还对法院、公共检察官办公室以及申诉专员等必要的司法机构作了具体规定。

3. 司法权和司法机关的宪法定位

比较多国的宪法规定,在横向的分权结构中,司法权是独立于立法权、行政权的国家权力,法院是立法机关、行政机关以外的独立机关。

在纵向的分权结构中,无论是单一制国家还是联邦制国家的宪法,都将司法权或法院与地方制度或地方政府分开,单独分别作出规定。如《印度尼西亚共和国宪法》第9章"司法"专章对司法部门独立性、司法权的行使主体、最高法院、司法委员会、宪法法院等作了规定;第6章"地方政府"则规定,国家分为省,省分为市、县,实行地方自治,中央与省、市、县关系由法律规定。《瑞士联邦宪法》第5编"联邦政府机关"将"联邦法院和其他司法机关"作为单独一章,规定了联邦法院的性质、受案范围和联邦、州法院的组织等;第3编"联邦、州和市镇"将"联邦和各州的关系"作为单独一章,规定了联邦和州的职权划分、合作及市镇和联邦对州的保障。

可见,在各国的宪法中,司法机关是一个独立的体系,整体上属于国家机关的范畴。尽管国家整体与部分的关系可以分为联邦制或单一制,法院可以在中央或联邦政府所在地、联邦成员或地方设置,但并没有按地域分为"中央"和"地方"的法院,司法机关不属于地方政府体系,司法权不属于地方自治制度的范畴。

对此,凯尔森(Kelsen)指出,"法院被认为是国家的法院,而不是自治省的法院。这意味着司法已不再有相当于行政分权类型那样的分权了。只有立法和行政,而不是司法,才具有自治性质;只有立法和行政才在中央

---

① 孙谦、韩大元主编:《〈世界各国宪法〉分解资料丛书·司法机构与司法制度》,中国检察出版社2013年版,第80页。

和地方的法律共同体之间加以划分”。①

（二）一些国家的司法组织

尽管各国的政治体制、历史文化传统等因素不同，法院组织之间也存在差异，但法院在国家中都具有较高的地位。

韩大元比较了多国的宪法规定，认为许多国家“通常强调司法权与立法权、行政权的严格分立，强调法院行使审判权的独立性，国家权力相互之间的制约性十分突出。总体上讲，法院在国家政治生活中居于举足轻重的地位，其对整个公共权力的调控作用明显”。②

1. 美国的法院组织

在联邦制下，美国实行的是法院系统的双轨制：联邦法院与50个州法院组成州法院系统。联邦法院分为宪法性法院和立法性法院两个类型：前者依据《美利坚合众国宪法》第3条第1款设立，后者由国会依据《美利坚合众国宪法》第1条第8款设立。联邦法院与州法院之间互相独立，但联邦法院与州法院之间相互交叠，宪法、联邦和州的法律规定了法院系统的组织结构。③ 联邦法院系统分地区法院、上诉法院和最高法院三级。（见图8.1）

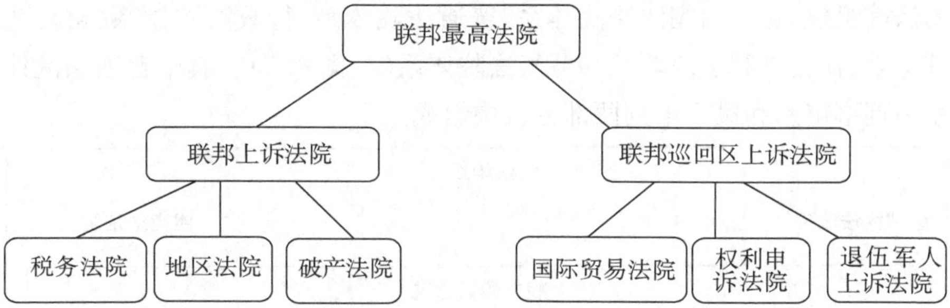

图8.1　美国的联邦法院组织

资料来源：美国联邦法院网，https://www.uscourts.gov/about－federal－courts/court－role－and－structure。

每个州至少有1个地区法院，较大的州可能设立2～4个地区法院。全美50个州共设有94个地区法院，另外，哥伦比亚特区和波多黎各等也设有地区法院。地区法院是初审管辖法院。

美国50个州划分为11个司法巡回区，此外，首都华盛顿哥伦比亚特

① ［奥］凯尔森：《法与国家的一般理论》，沈宗灵译，商务印书馆2017年版，第445页。

② 韩大元：《中国司法制度的宪法构造》，载《中国人民大学学报》2009年第6期。

③ 参见［美］沃尔特·E. 弗克默尔：《美国政府》，汪威译，上海社会科学院出版社2016年版，第242－243、240页。

区是一个巡回区;每个巡回区设立一个联邦上诉法院,共12个上诉法院(也称"巡回上诉法院")。另外还有一个特别的"联邦巡回区",其上诉法院称为"联邦巡回区上诉法院",也在哥伦比亚特区,管辖范围涉及全国,但通常审理涉及国际贸易、专利、商标、政府合同、向政府机关索赔的案件,以及对所有地区法院、权利申诉法院、国际贸易法院和退伍军人上诉法院所作判决不服的上诉案件。

联邦最高法院是唯一直接由宪法明确规定而设立的法院,也是联邦法院中的最后上诉法院。

美国各州法院系统很不统一,一般分地方法院、州上诉法院和州最高法院,但名称和结构不统一。州法院依据州宪法和法律行使权力。

2. 德国的法院组织

根据《德意志联邦共和国基本法》第92条的规定,司法权由联邦宪法法院、联邦最高法院以及各联邦法院和各州法院行使。各州司法权有相对独立性。

根据《德意志联邦共和国法院组织法》的规定,德国法院系统由不同的法院组成,它包括宪法法院体系、普通法院体系、行政法院体系、财税法院体系、社会福利法院体系和劳工法院体系(见图8.2)。其中普通法院体系由刑事审判和民事审判两部分机构组成。

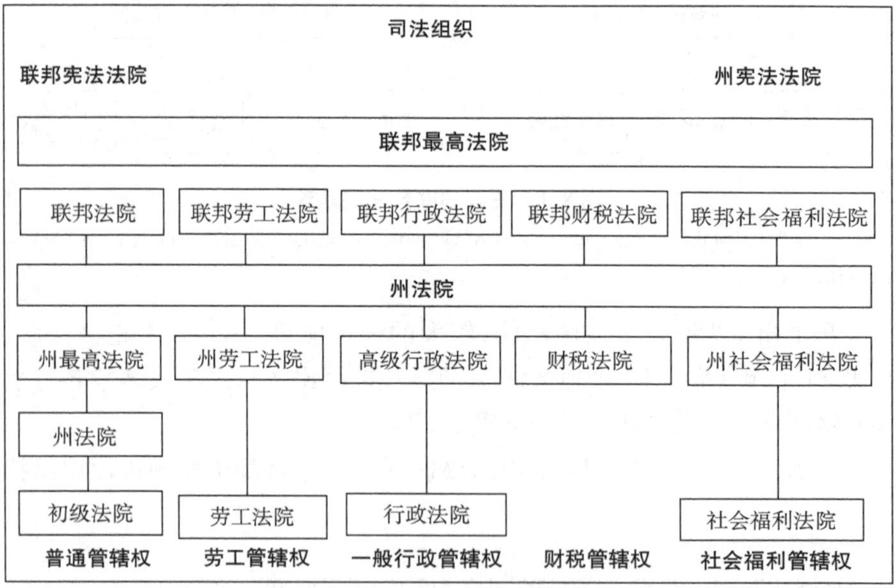

图8.2 德国的法院组织

资料来源:《德意志联邦共和国基本法》和《德意志联邦共和国法院组织法》。

普通法院体系包括地方法院、州法院、州最高法院和联邦法院四级。地方法院作为一审法院管辖轻微的刑事案件。州法院既是一审法院，又是地方法院的上诉法院。州最高法院作为初审法院负责审理反国家罪和恐怖活动的案件，并负责审理不服州法院对上诉的判决而提出的二次上诉案件。联邦法院是最高审级的法院，主要受理不服州法院或州最高法院一审判决和决定而提出的上诉和申诉。

3. 英国的法院组织

英国法院系统很复杂，它已经发展了1000多年，而不是从头开始设计的。（见图8.3）

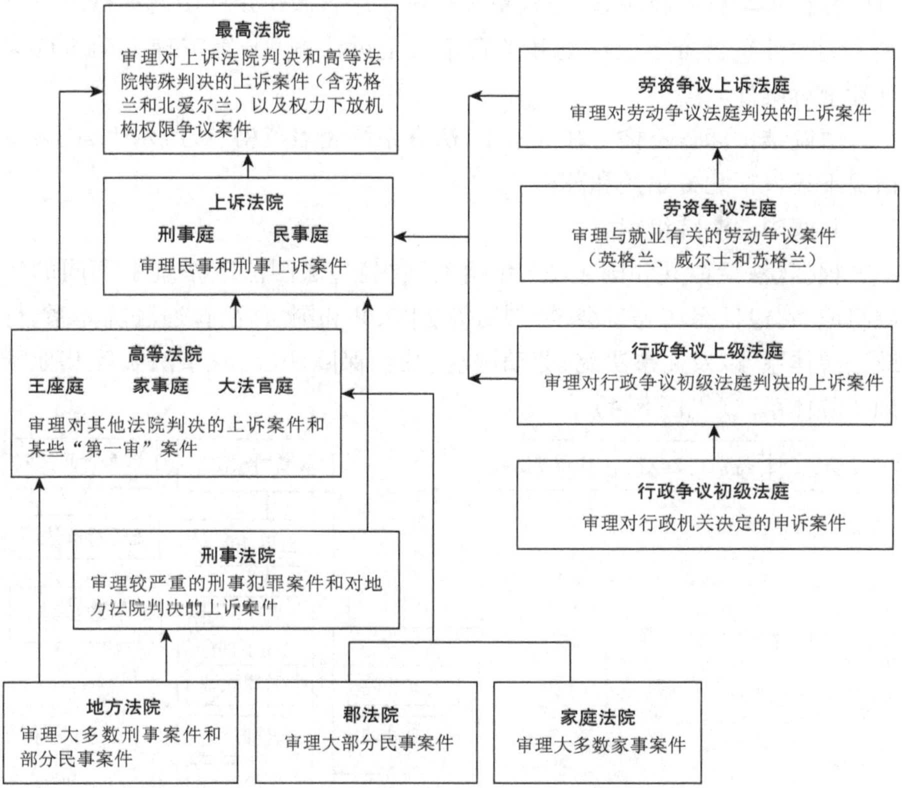

图8.3　英国的法院组织

资料来源：英国法院网，https://www.judiciary.uk。

不同类型的案件在特定法院处理。如所有刑事案件都在地方法院审理，但较严重的刑事案件提交（或送交）刑事法院；对刑事法院判决的上诉案件提交高等法院（分为王座庭、家事庭和大法官庭，三座法庭分别设行政庭和上诉庭），并可能提交上诉法院（其中，刑事庭审理对刑事法院判决的上诉案件),甚至最高法院。

民事案件有的由地方法院处理,但大多数由郡法院审理。同样,对郡法院判决的上诉由高等法院审理,并可能提交上诉法院(其中,民事庭审理对高等法院判决、劳动争议或行政争议等法庭判决和某些郡法院判决的上诉案件)。

最高法院是根据2005年《宪法改革法》成立的,并于2009年10月运行,取代了上议院上诉委员会。

除上述法院外,英国还有一些特别设立的专门法院或法庭,独立于民事和刑事法院系统之外,主要有家庭法院(审理家事案件)、行政争议初级法庭和行政争议上级法庭(分别审理公民不服行政决定而引起的行政争议和上诉案件)、劳资争议法庭和劳资争议上诉法庭(分别审理劳动争议案件和上诉案件)等。

法院结构涵盖英格兰和威尔士;法庭系统涵盖英格兰、威尔士,在某些情况下还包括北爱尔兰和苏格兰。

4. 法国的法院组织

根据《法兰西共和国宪法》和相关组织法,法国法院系统由不同的法院组成,它包括宪法委员会、特别高等法院、共和国法院、普通法院体系、行政法院体系,以及商事法院、劳动法院、社会保障法院、农事法院等其他特别法院体系。(见图8.4)

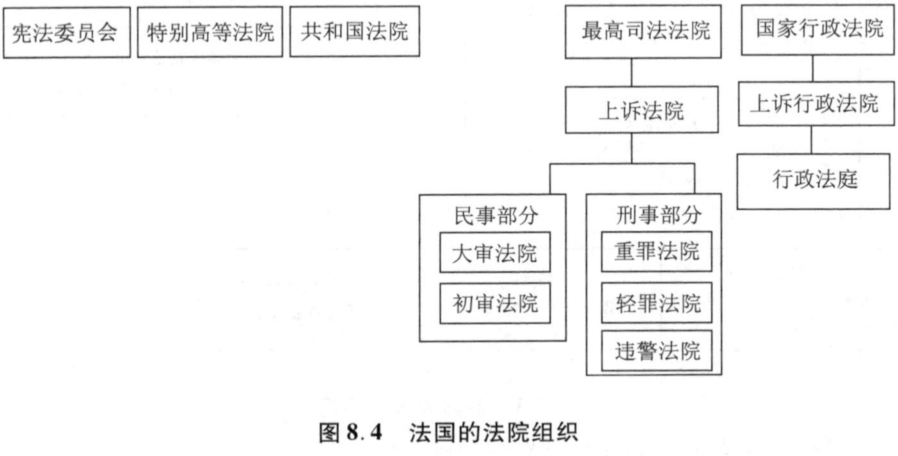

图8.4　法国的法院组织

资料来源:1958年《法兰西共和国宪法》和有关法律。

其中普通法院体系是狭义司法组织,又由刑事和民事审判两部分机构组成。

宪法委员会专门受理关于合宪性问题的案件,分为1958年《法兰西共和国宪法》最初设立的事前审查程序和2008年修宪后设立的事后的合宪性先决程序。

特别高等法院专门审理总统的叛国罪和履行职务过程中所犯的其他罪行。

共和国法院专门审理政府成员在履行职务过程中所犯的罪行。

普通法院体系的顶点是最高司法法院，其次是上诉法院，最高司法法院和上诉法院均在内部设有分别审理民事和刑事案件的法庭，下级法院又分为民事和刑事两部分，民事部分分初审法院和大审法院，刑事部分则分违警法院、轻罪法院、重罪法院等。

行政法院系统包括国家行政法院（也称最高行政法院）、5 个上诉行政法院和 33 个行政法庭。

5. 日本的法院组织

根据《日本国宪法》和《日本法院法》的规定，审判权由最高法院和下级法院行使。下级法院包括简易法院、家庭法院、地方法院和高等法院。

各级法院一律兼理民事、刑事案件，实行四级三审制。最高法院为终审法院，审理违宪和其他重大案件。高等法院负责二审，全国共设 8 所。各都、道、府、县均设地方法院 1 所（北海道设 4 所），负责一审。全国各地还设有简易法院和家庭法院，负责民事及不超过罚款刑罚的刑事诉讼。

二、我国的司法机关及司法权属性

《中华人民共和国宪法》第 3 章“国家机构”第 8 节“人民法院和人民检察院”，明确人民法院是国家的审判机关，人民检察院是国家的法律监督机关；并对法院、检察院的产生、组织、审判权和检察权的行使原则等作了规定。

除《中华人民共和国宪法》之外，《中华人民共和国人民法院组织法》和《中华人民共和国人民检察院组织法》是规定人民法院、人民检察院机构设置及其职责权限的重要法律。

《中华人民共和国人民法院组织法》和《中华人民共和国人民检察院组织法》自 1979 年颁布施行以来，前者先后于 1983 年、1986 年、2006 年、2018 年进行了修改，后者先后于 1983 年、1986 年、2018 年作了修改。

2018 年修订的《中华人民共和国人民法院组织法》和《中华人民共和国人民检察院组织法》，进一步明确了人民法院、人民检察院的性质和任务，完善了人民法院、人民检察院工作原则、机构设置和内设机构、职权、组成人员以及行使职权的方式、办案组织和保障机制等有关规定。

(一)人民法院

人民法院是国家的审判机关。人民法院依照宪法、法律和全国人大常委会的决定设置。

人民法院分为最高人民法院、地方各级人民法院和专门人民法院。最高人民法院可以设巡回法庭,审理最高人民法院依法确定的案件。地方各级人民法院分为高级人民法院、中级人民法院和基层人民法院。专门人民法院包括军事法院和海事法院、知识产权法院、金融法院等。

高级人民法院包括省、自治区、直辖市高级人民法院。中级人民法院包括省、自治区辖市的中级人民法院,在直辖市内设立的中级人民法院,自治州中级人民法院,在省、自治区内按地区设立的中级人民法院。基层人民法院包括县、自治县、不设区的市和市辖区人民法院。基层人民法院根据地区、人口和案件情况,可以设立若干人民法庭。(见图 8.5)

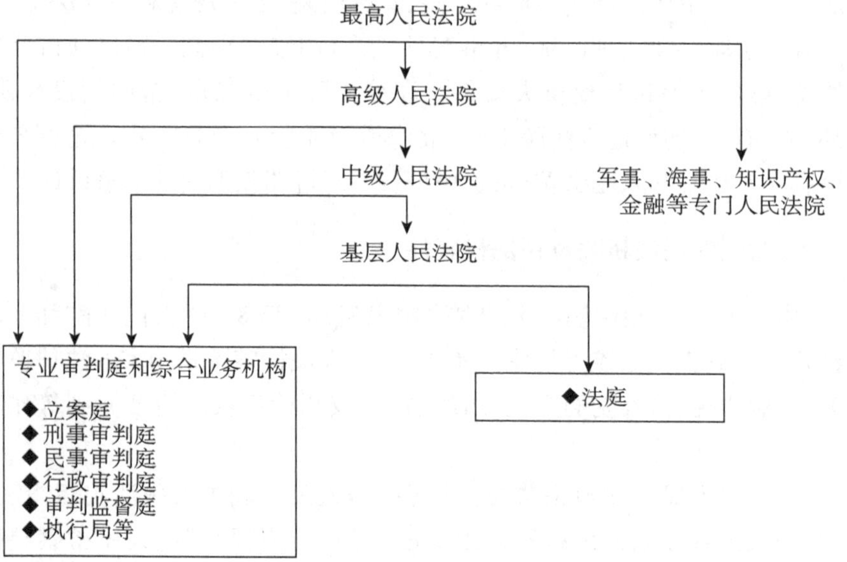

图 8.5　中国的人民法院组织

资料来源:《中华人民共和国宪法》和《中华人民共和国人民法院组织法》。

(二)人民检察院

人民检察院是国家的法律监督机关。人民检察院依照宪法、法律和全国人大常委会的决定设置。

人民检察院分为最高人民检察院、地方各级人民检察院和军事检察院等专门人民检察院。地方各级人民检察院分为省级(省、自治区、直辖市)人民检察院;设区的市级(省、自治区辖市、自治州)人民检察院,省级人民检察院分院；基层（县、自治县、不设区的市、市辖区）人民检察院。

省级和设区的市级人民检察院根据检察工作需要，经最高人民检察院和省级有关部门同意，并提请本级人大常委会批准，可以在辖区内特定区域设立人民检察院，作为派出机构。

人民检察院根据检察工作需要，可以在监狱、看守所等场所设立检察室，行使派出它的人民检察院的部分职权，也可以对上述场所进行巡回检察。（见图 8.6）

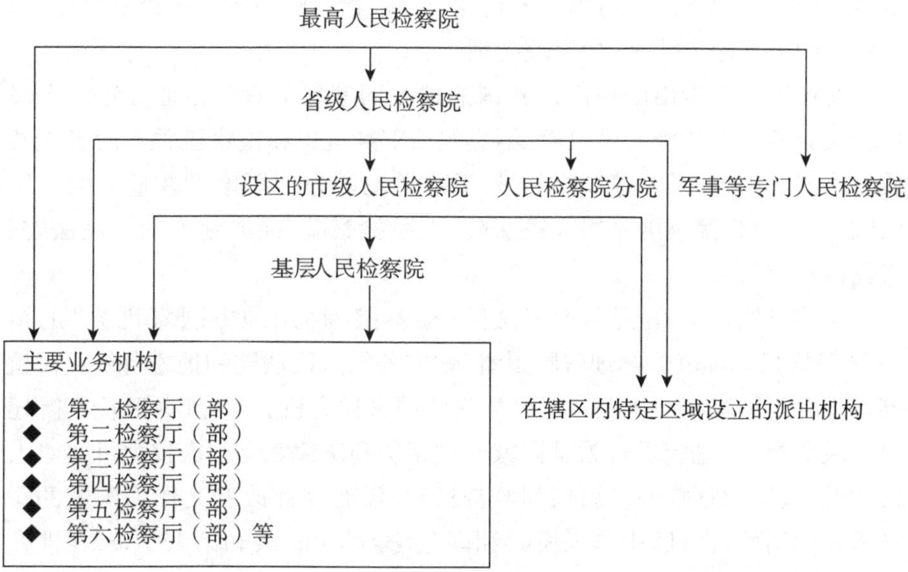

图 8.6　中国的人民检察院组织

资料来源：《中华人民共和国宪法》和《中华人民共和国人民检察院组织法》。

（三）司法权的国家属性

现行《中华人民共和国宪法》没有像对人大及其常委会、人民政府那样分别按中央与地方分类，而是将人民法院和人民检察院单列一节，并规定地方各级人民法院对产生它的国家权力机关负责；地方各级人民检察院对产生它的国家权力机关和上级人民检察院负责。民族自治地方的自治机关是自治区、自治州、自治县的人民代表大会和人民政府（不包括法院和检察院）。另外，根据作为宪法相关法的《中华人民共和国立法法》的规定，司法制度属于全国人大及其常委会的法律绝对保留事项。《地方组织法》《中华人民共和国人民法院组织法》《中华人民共和国人民检察院组织法》规定了人民法院、人民检察院人员的选举、任免程序。

这些规定表明，人民法院和人民检察院是宪法设立的国家机关，人民法院、人民检察院是“国家的”审判机关和法律监督机关，是“国家的”法院、检察院，而非“中央的”或“地方的”法院、检察院。

宪法使用了“地方各级”人民法院和“地方各级”人民检察院的提法。对法院、检察院是否属于地方的国家机构，要看对宪法规范如何理解。[①]

在我们看来，我国作为单一制国家，应当遵循法制统一原则，审判权、检察权是属于国家的、既非中央也非地方的职权，地方各级人民法院、人民检察院是代表国家行使审判权、法律监督权的国家机关。法院、检察院系统是一个自上而下的相对独立的整体，法院、检察院上下级有级别之分，但并没有中央和地方法院、检察院之别。

就像郑贤君指出的那样，“我国的地方国家机关只包括地方各级人民代表大会和地方各级人民政府，不应包括审判机关和检察机关。后者在性质上隶属于国家，是国家机关”。[②] 王建学也认为，“国家设在地方的人民法院、人民检察院是国家的人民法院、人民检察院，而非地方的人民法院、人民检察院”。[③]

尽管早期也有宪法学者将法院、检察院列为“地方国家机关”的范畴，[④]但从宪法规范的学理解释上看，地方各级人民法院和地方各级人民检察院产生于国家权力机关并对产生它的国家权力机关负责（人民检察院还对上级负责）。这应理解为是国家通过宪法和法律赋予国家权力机关对人民法院、人民检察院的组织权和监督权，并没有因此改变其作为国家的司法机关的属性，而且《中华人民共和国宪法》第133条和第138条，在涉及“地方各级人民法院”“地方各级人民检察院”与其所在的人民代表大会的关系时，并没有使用“地方的国家权力机关”的表述。就像其他设于所在地方的机构不一定都是地方政府机构一样，设在地方行政区域内的人民法院、人民检察院并非地方的国家机构。

我国人民法院、检察院体系庞大、人员众多，全部由最高国家权力机关

---

① 王贵松：《法院：国家的还是地方的》，载韩大元主编：《中国宪法事例研究》，法律出版社2005年版，第285－303页。

② 郑贤君：《联邦制和单一制下国家整体与部分之间关系之理论比较》，载《法学家》1998年第4期。

③ 王建学认为，“作为宪法设定的‘国家的审判机关’，地方各级人民法院是非地方、非中央的法律性机关，它与最高人民法院一起构成了行使审判权的整体，而不像各级国家权力机关和各级国家行政机关那样在纵向上划分各自的事权。《中华人民共和国宪法》第3条第4款规定的中央和地方国家机构职权划分的原则，即‘在中央的统一领导下，充分发挥地方的主动性、积极性’，主要是针对国家权力机关和行政机关的要求，并不适用于人民法院”。王建学：《地方各级人民法院宪法地位的规范分析》，载《法学研究》2015年第4期。

④ 蒋碧昆主编：《宪法学》（高等政法院校规划教材），中国政法大学出版社1997年版，第326页。

及其常设机关选举或任命并不现实。法律规定地方各级人民法院院长、副院长和法官，人民检察院检察长、副检察长和检察官，由同级人大及其常委会选举或任命，但他们本质上不是地方的法官、检察官，而是国家的法官、检察官，其适用的主要是体现全国人民意志的法律。

一般认为，我国是统一的多民族的、单一制国家，除特别行政区经法律授权享有独立的司法权和终审权外，民族自治地方和普通地方不具有独立的司法权。

但长期以来，在法学理论和司法实践中，不少观点将地方各级人民法院、人民检察院理解成“地方的”司法机关，司法职权的行使和人财物的管理受到地方的影响甚至干预，有的地方还存在地方本位主义和保护主义倾向。这不利于国家法律统一正确地实施。

党的十八届三中、四中全会提出推进司法体制改革，探索建立与行政区划适当分离的司法管辖制度，其理论逻辑应当是，司法权属于国家统一权力的一部分，具有国家权力属性；推动省以下地方人民法院、人民检察院人财物由省一级统一管理，其理论前提也是基于司法权的国家权力属性。因此，要从理论上、从宪法规定精神上，厘定审判权、检察权的国家权力属性，确立法院、检察院是国家而非地方的法院、检察院的宪法地位。

司法权属于国家统一的权力，但不妨碍地方人大及其常委会对司法机关行使任免、监督等权力，也不影响地方党委、党委政法委对司法机关发挥领导作用。

《中国共产党政法工作条例》明确了地方党委、党委政法委领导政法工作的主要职责。党对司法工作的领导，除了发挥地方党委、党委政法委的领导作用外，法院党组、检察院党组要发挥领导作用，依法履职，推进严格执法、公正司法，维护国家法制的统一、尊严和权威。但发挥法院党组、检察院党组的领导作用，不是由党组审批具体案件，也不是由司法机关领导不当过问或干预案件，为此，要注意加强审判管理监督与不当过问或干预案件的界限。

三、司法权的纵向配置

司法权作为一项重要的国家权力，不仅在横向上与立法权、行政权等发生密切关系，而且在纵向上也存在本系统内部的权力配置。

单一制国家的司法权主要在国家层面配置；而在联邦制国家，司法权主要在联邦法院与州法院之间进行纵向配置。

(一)域外司法权的纵向配置

在联邦制国家,司法权纵向配置对联邦制发挥重要影响。

《美利坚合众国宪法》第 3 条第 2 款规定了联邦最高法院司法管辖权的适用和管辖权的范围,包括初审管辖权和上诉管辖权,但大多数案件是由州法院和地方法院管辖的。

美国实行有限政府原则,宪法对联邦法院的管辖权限制,主要涉及联邦问题(federal question)或公民多样性(diversity of citizenship)这两个方面:前者指与美国宪法、国会法律或条约有关的问题;后者指诉讼存在于不同州的公民之间或美国公民与外国人(或政府)之间。

林恩·福德(Lynne E. Ford)、芭芭拉·巴德斯(Barbara A. Bardes)等指出:"当案件至少部分基于美国宪法、条约或联邦法律时,就会出现联邦问题,如声称依据宪法享有的言论自由等权利受到侵犯,他或她可将案件提交联邦法院。当诉讼当事人来自不同的州时,或者(较罕见的是)当诉讼涉及美国公民和政府或外国公民时,就存在公民身份的多样性。在联邦法院取得对多样性案件管辖权之前,争议金额必须至少为 75000 美元。"[①]

在联邦德国,司法权在联邦法院、各州法院和地方法院之间配置。各州司法权有相对独立性。在联邦司法体制中,司法权实际上首先是由各州法院实施的。州和地方法院负责审理本地的、不涉及联邦和他州的案件。州还设有州宪法法院,负责裁决涉及州宪法的争执案件。

德国各州也实行"三权分立",州宪法对州法院的体系、产生、组织、职权等有明确的规定。如德国《下萨克森州宪法》第 6 章"州法院",规定"司法权由法律确定的法院以人民名义行使",并对州法院的组成、法官产生、法官独立、对法官的控告、权利人法律救济以及宪法法院的职责、组成、法官产生、任期等作了规定。《萨克森 - 安哈特州宪法》分两章对"州宪法法院"和"司法"分别规定,明确了州宪法法院的职责、产生、组成等以及"由法律确定的专业法官和荣誉法官在法定法院内以人民名义进行司法判决",并对州的法院体系、法官任用、法官独立、对法官的控告及赦免等作了规定。[②]

在单一制国家,除在国家层面设置最高法院外,还在地方设立各级法院。如日本是单一制国家,审判权由最高裁判所和下级裁判所(含简易裁

---

① Lynne E. Ford, Barbara A. Bardes, Steffen W. Schmidt & Mack C. Shelley, *American Government and Politics Today*, Cengage Learning, 2018, p. 497.

② 《德国州宪全译》,祝捷、向雪宁、江易、姚聪慧译,人民出版社 2017 年版,第 273 - 274、413 - 416 页。

判所、家庭裁判所、地方裁判所）行使。但它们相对独立于中央政府和地方政府。

无论是在单一制国家还是在联邦制国家，许多国家宪法规定实行“三权分立”和地方自治，而司法权是独立的国家权力。

根据多国宪法和宪法性法律的规定，“三权分立”中的司法权存在于单一制下的国家层面，不属于中央与地方分权的范围；即使是联邦制国家，“三权分立”也只存在于联邦层面和州层面，司法权不属于地方政府的权力和地方制度的范畴。换言之，在地方层面，地方政府有行政权，有的地方有立法权，但没有司法权；设在地方的法院，并不属于地方组织体系。

例如，在联邦制国家，在各州以下的地方设有法院，但它们是各州主要根据州宪法设置的，不是地方自己决定设置的。

同样，单一制国家设在地方的法院，也是国家根据专门法律设置的，并不是地方设置的机构。例如在日本，根据《日本地方自治法》，地方政府包括地方议会及其执行机关（都、道、府、县知事和市长、町长、村长以及各种行政委员会及委员），而裁判所作为司法机关，不属于地方政府架构和地方自治制度范畴。

（二）我国司法权的内部纵向配置

我国实行人民代表大会制度，《中华人民共和国宪法》第 3 章“国家机构”和有关法律关于地方人大及其常委会与人民法院、人民检察院关系的规定是：各级人大产生同级人民法院、人民检察院（在直辖市内和地区设立的中级人民法院、人民检察院分院除外），人民法院、人民检察院对同级人大及其常委会负责，受同级人大及其常委会监督。从规定上看，司法体制属于人民代表大会制度的重要组成部分。

1. 审判权纵向配置

人民法院依法审判刑事案件、民事案件、行政案件以及法律规定的其他案件。

在审判权的纵向配置方面，主要表现在最高人民法院的职责权限及其涉及地方各级人民法院的内容上。最高人民法院有关职责权限及其涉及审判权纵向配置的主要情形有：（1）审理法律规定由其管辖的和其认为应由自己管辖的第一审案件，对高级人民法院判决和裁定的上诉、抗诉案件，按照全国人大常委会的规定提起的上诉、抗诉案件，按照审判监督程序提起的再审案件；高级人民法院报请核准的死刑案件。（2）监督地方各级人民法院和专门人民法院的审判工作。（3）可对属于审判工作中具体应用法律的问题进行解释，可发布指导性案例。另外，最高人民法院可以授予地方人民法院某些职权。如 2019 年 9 月，最高人民法院授权各省、自治区、直辖市高级人民法院、新疆生产建设兵团分院开展统一城乡人身损害赔偿标准试点工作。

在审判权的纵向配置方面，也表现在地方各级人民法院职责权限及其涉及最高人民法院和上级人民法院关系的内容上。

高级人民法院有关职责权限及其涉及审判权纵向配置的主要情形有：（1）接受最高人民法院的审判工作监督；（2）审理法律规定由其管辖的第一审案件、下级人民法院报请审理的第一审案件、最高人民法院指定管辖的第一审案件，审理对中级人民法院判决和裁定的上诉、抗诉案件，审理按照审判监督程序提起的再审案件和中级人民法院报请复核的死刑案件。

中级人民法院有关职责权限及其涉及审判权纵向配置的主要情形有：（1）接受最高人民法院和高级人民法院的审判工作监督；（2）审理法律规定由其管辖的第一审案件、基层人民法院报请审理的第一审案件、上级人民法院指定管辖的第一审案件，审理对基层人民法院判决和裁定的上诉、抗诉案件和按照审判监督程序提起的再审案件。

基层人民法院有关职责权限及其涉及审判权纵向配置的主要情形有：（1）接受最高人民法院和上级人民法院的审判工作监督；（2）审理第一审案件，法律另有规定的除外。

但审判权的纵向配置，发生在法院系统内部，是国家审判权在按地区设置的不同层级法院之间的分工。

为了防止审判权行使的行政化趋向，要按照《中华人民共和国宪法》《中华人民共和国人民法院组织法》的规定，优化司法职权配置，促进公正高效权威的司法权的实现。

2. 检察权纵向配置

人民检察院行使的主要职权是：依法对有关刑事案件行使侦查权；对刑事案件进行审查，批准或决定是否逮捕犯罪嫌疑人；对刑事案件进行审查，决定是否提起公诉，对决定提起公诉的案件支持公诉；依法提起公益诉讼；对诉讼活动实行法律监督；对判决、裁定等生效法律文书的执行工作实行法律监督；对监狱、看守所的执法活动实行法律监督等。

同样，在检察权的纵向配置方面，主要表现在最高人民检察院的有关职责权限及其涉及地方各级人民检察院的内容上。

最高人民检察院有关职责权限及其涉及检察权纵向配置的主要情形有：（1）领导地方各级人民检察院和专门人民检察院的工作。（2）认为地方各级人民检察院的决定错误的，指令人民检察院纠正或依法撤销、变更；

可对下级人民检察院管辖的案件指定管辖；可办理下级人民检察院管辖的案件；可统一调用辖区的检察人员办理案件。（3）可对属于检察工作中具体应用法律的问题进行解释，可发布指导性案例。

地方各级人民检察院有关职责权限涉及检察权纵向配置的主要情形有：（1）接受最高人民检察院和上级人民检察院的工作领导。（2）执行上级人民检察院的决定；有不同意见的，可在执行的同时向上级人民检察院报告。

同样，检察权的纵向配置，发生在检察院系统内部，是检察权在按地区设置的不同层级检察院之间的分工。

四、司法机关对纵向府际关系的调节

（一）司法机关的调节作用

在纵向府际关系中，司法机关可以发挥重要的调节作用。

秦倩、李晓新认为，在联邦制国家，司法机关在处理联邦与各州之间的关系上，首先发挥的是解决两者之间权限争议的功能；其次是制约联邦权力过于集中或各州权力过于自重，保障公民权利，解释和发展宪法中关于联邦制的规定；最后是控制社会稳定，协调联邦与各州的政治关系，最终维护联邦制政体。①

美国是一个联邦制国家，联邦最高法院不仅有权审查国会的法案或总统行政命令是否违反宪法，而且也对各州的立法、行政和司法机关的行为进行违宪审查。在1810年“弗莱切诉佩克案”（Fletcher v. Peck）中，联邦最高法院推翻了一项州法律，认为该州法不符合《美利坚合众国宪法》第1条第10款的契约自由条款，首次明确联邦最高法院有权宣告州法违宪。在1816年“马丁诉亨特的承租人案”（Martin v. Hunters' Lessee）中，联邦最高法院确认，对州最高法院作出的宪法裁决，联邦最高法院有权审查。②

此后，联邦最高法院在一系列判例中巩固了其对州法、州行为的违宪审查权。如在1954年“布朗诉教育委员会案”（Brown v. Board of Education）中，联邦最高法院宣告美国堪萨斯州托皮卡市公立学校的种族歧视政策违反宪法。③

但1995年“美国诉洛佩兹案”（The United States v. Lopez）中，美国联

---

① 秦倩、李晓新：《国家结构形式中的司法权配置问题研究》，载《政治与法律》2012年第10期。

② 参见［美］杰罗姆·巴伦、托马斯·迪恩斯：《美国宪法概论》，刘瑞祥等译，中国社会科学出版社1995年版，第12页。

③ 韩大元、莫纪宏主编：《外国宪法判例》，中国人民大学出版社2005年版，第96页。

邦最高法院以5:4的微弱多数，裁定认为国会没有权力通过联邦法律禁止携带枪支进学校；如果要规制，权力应在各州手中。[①] 这是联邦最高法院60年来首次限制国会有关州际商业权方面的立法。

美国联邦最高法院一方面坚持运用违宪审查权，在维持联邦制中承担"仲裁人"的角色；另一方面根据社会的发展变化，通过司法判决，在联邦与州的关系上，起着"协调人"的作用。美国联邦最高法院，作为联邦与州之间的平衡力量，不仅维护了联邦制，也增强了其在府际关系中的调节功能。

美国联邦最高法院的判决，对州与地方关系也产生重要影响。如"凯洛诉新伦敦市案"（Kelo v. City of New London）中，原告凯洛为被征地的居民代表，被告则是康涅狄格州新伦敦市市政当局。2005年6月，美国联邦最高法院以5:4的微弱多数，裁定确认宪法允许地方政府为"公共使用"的目的，强行征收枯萎城区私有土地用于商业开发。但该案裁定引起各方激烈争论。截至2007年12月，有40多个州通过立法限制地方政府强行征收私有土地用于商业开发。

有的联邦制国家宪法规定法院有权管辖纵向府际关系案件。如根据1957年《马来西亚联邦宪法》第128条，联邦法院有权依据规范其管辖权的法院规则，审理对各州立法机关制定法律的权限和效力进行质疑的案件，并排除其他法院的管辖。

在俄罗斯，地方自治受司法保护，地方自治机关有权向法院控告国家机关拒绝登记其章程的行为。国家权力机关若侵犯了地方自治机关的权利或地方自治机关管辖范围内居民的权利和自由，地方自治机关有权向法院提出宣告上述文件无效的要求；在司法机关作出裁决之前，地方自治机关有权中止该文件的执行。[②]

秦倩、李晓新还认为，单一制下是典型的司法权中央垄断，中央与地方法院体制的设立、司法管辖权的设置、司法行政和诉讼程序的制定与实施等各项司法权事项，都由国家制定统一的立法予以调节，国家司法权是单轨制的，具有明显的统一性；司法权不受中央和地方任何一级立法机关和行政机关的干涉。[③]

---

① Marc Landy，Sidney M. Milkis，*American Government：Balancing Democracy and Rights*，McGraw Hill，2003，p. 153，381.

② 刘向文：《俄国政府与政治》，台北，五南图书出版公司2002年版，第443页。

③ 秦倩、李晓新：《国家结构形式中的司法权配置问题研究》，载《政治与法律》2012年第10期。

实际上,无论是联邦制还是单一制,司法权配置和司法机关的设置都是通过宪法或宪法性法律统一规定的,而且裁决权限争议是法院的功能之一。

与美国联邦最高法院可以对联邦与州权限争议案件作出有约束力的裁决不同,基于议会主权原则,英国最高法院有权裁决权力下放机构是否越权,而不能裁决撤销联合王国议会制定的法律。① 典型的案例,如 2012 年 11 月 21 日英国最高法院作出裁决,确认威尔士议会通过的《(威尔士)地方政府规章法》并未超越权限。②

在墨西哥,联邦司法机关由最高法院、选举法院、联合巡回法院、单一巡回法院和地区法院组成。联邦与州或联邦特区、州或联邦特区与其所属的市之间的宪法性争议,由联邦最高法院裁决。

在设立宪法法院的国家,一般认为,宪法法院属于国家司法体系的重要组成部分。联邦与联邦成员、中央与地方之间的权限争议、自治权争议、区划设置等,是宪法法院受理案件的重要来源。

20 世纪 70 年代联邦德国各州进行过广泛的行政区划改革,大量县市合并。一些被合并的县市认为,根据《德意志联邦共和国基本法》第 28 条,全国的行政区域划分为州、县和市,县是受基本法保障的,立法机关对县市的裁并是违背基本法的。联邦宪法法院对这种狭义理解予以了否定,认为基本法所保障的乃是乡镇和县这一制度得以在国家结构中存在而不遭废除,至于个别乡镇或县的存在与否则不在基本法保障的范围之内,因此,立法机关对县市的裁并并不违反基本法。③ 但在承认了立法机关的裁量权之后,联邦宪法法院进一步指出,立法者在进行行政区划改革时,不得恣意立法,而应遵循一定的宪法原则。④

根据《俄罗斯联邦宪法》第 125 条,俄罗斯联邦宪法法院根据俄罗斯联邦总统、联邦委员会、国家杜马、联邦委员会 1/5 委员或国家杜马 1/5 议员、俄罗斯联邦政府、俄罗斯联邦最高法院、俄罗斯联邦高等仲裁法院、俄罗斯联邦各主体立法和执行权力机关的要求,解决各共和国宪法、俄罗斯联邦各主体就属于俄罗斯联邦国家权力机关管辖和俄罗斯联邦国家权力机关与俄罗斯联邦各主体国家权力机关共同管辖的问题所颁布的法律和其他规范性文件以及俄罗斯联邦国家权力机关和俄罗斯联邦各主体国家

① Philip Lynch & Paul Fairclough, *UK Government & Politics*, Hodder Education, 2013, p. 317.

② 《英国最高法院年度报告和账目(2012～2013 年)》(英文本),第 30 页。

③ 张千帆:《西方宪政体系》(下),中国政法大学出版社 2001 年版,第 199 页。

④ 法治斌、董保城:《宪法新论》,台北,元照出版有限公司 2004 年版,第 432－435 页。

权力机关之间的条约等，是否符合俄罗斯联邦宪法的案件；解决俄罗斯联邦国家权力机关和俄罗斯联邦各主体国家权力机关之间的权限争端案件等。[①]

西班牙的17个自治区有权对国家限制其自治权的法律的合宪性，提请宪法法院进行审查。如果自治区主席认为中央的决定或规定限制了自治区的自治权而与中央政府发生权限争议，可依法就该权限争议，提请宪法法院裁决。地方政府可以接受也可以拒绝中央行政部门或自治区政府的意见；如果地方政府认为中央或自治区有关行政部门的行为干预了地方依据宪法和法律规定的自治权，可向行政法院起诉。同样，地方政府有权依法对认为限制其宪法保障的自治权的国家或自治区法律，提请宪法法院进行合宪性审查。

在欧洲签署并批准《欧洲地方自治宪章》的国家，宪法或法律确立了地方自治原则，地方政府可以寻求司法补救，以维护地方自治的实施。

在联邦制国家，不仅联邦最高法院，而且联邦各州的法院，也在府际关系中承担重要角色。根据《德意志联邦共和国基本法》第93条，联邦宪法法院审理的案件中，涉及纵向府际关系的主要有：(1)对联邦法律与基本法或州法与基本法及其他联邦法律在形式上或实质上是否一致产生分歧或疑问的案件，联邦政府、州政府或联邦议会1/3议员请求裁判的；(2)对某项法律是否符合《德意志联邦共和国基本法》第72条第2款规定的并行立法权条件存在分歧，联邦参议院、州政府或州立法机关请求裁判的；(3)对联邦和州的权利和义务，特别是在各州执行联邦法律和行使联邦监督方面，存在分歧的；[②](4)对联邦与各州之间、不同州之间或一州内部涉及公法的其他争议且无其他诉讼手段的。根据该条，对乡镇或联合乡镇就基于《德意志联邦共和国基本法》第28条享有的地方自治权受到法律侵犯而提起的宪法诉讼，属于联邦宪法法院管辖的案件范围。

但是，如该法律是州法，必须是不能在州宪法法院对该法律提出质疑的案件。[③] 因此，涉及州法损害地方自治权的案件，主要属于德国各州的宪法法院的管辖范围，如按照《巴登－符腾堡州宪法》第76条、《梅克伦堡－

---

① 孙谦、韩大元主编：《〈世界各国宪法〉分解资料丛书·司法机构与司法制度》，中国检察出版社2013年版，第81页。

② 根据《德意志联邦共和国基本法》第84条第4款，如果联邦政府认为各州执行联邦法律方面有误但各州没有纠正，由联邦参议院根据联邦政府或有关州提议，决定该州是否违反了法律。对联邦参议院的决定不服的，可向联邦宪法法院提出申诉。

③ 在德国，联邦宪法法院并非唯一审理宪法诉讼的法院。事实上，各个州均设有宪法法院。州宪法法院同样可进行宪法审判，其职责在于确保州宪法的正确实施。

前波莫瑞州宪法》第53条、《图林根州宪法》第80条、《下萨克森州宪法》第54条和《石勒苏益格－荷尔斯泰因州宪法》第44条,州宪法法院对乡镇、联合体、县基于州宪法规定的地方自治权受到州法损害而提起的宪法诉讼案件,进行裁判。

（二）重视司法机关和司法行为对政府间纵向关系的影响

与上述国家不同,我国没有设立宪法法院,人民法院也没有直接监督宪法实施的职权;但人民法院、人民检察院作为国家的司法机关,代表国家行使统一的审判权、检察权,可以发挥其对公权力机关的监督制约作用和对政府间纵向关系的调节功能。

有学者认为,在诸多司法权能中,行政诉讼尤其具备维护中央权威、保证法制统一、协调地方竞争的功能。行政诉讼制度不仅意味着司法权对行政权的制约,也意味着中央权力对地方权力的监督和控制,从而建立起中央司法权对地方立法与行政的制衡,保障国家法制的统一。①

发挥司法机关对公权力机关的监督制约作用和对政府间纵向关系的调节作用,可以采取下列方式:

一是,最高人民法院、最高人民检察院对属于审判、检察工作中具体应用法律解决涉及府际关系案件的问题,作出司法解释。通过司法解释,有利于细化法律中有关规定,维护法律的统一实施。

二是,探索设立跨行政区划的法院和检察院。我国地方各级人民法院、人民检察院均按行政区划设置,司法管辖区与行政区划高度重合,相关诉讼可能出现地方干预或插手的问题而妨碍司法公平公正。党的十八届四中全会提出探索设立跨行政区划的人民法院和人民检察院,办理跨地区案件。2014年12月2日,中央全面深化改革领导小组第七次会议审议通过了《设立跨行政区划人民法院、人民检察院试点方案》。随后,成立了北京市第四中级人民法院、上海市第三中级人民法院等,负责审理跨地区重大民商事案件、行政案件、环境资源保护案件、食品药品安全案件等。设立跨行政区划的法院和检察院,可以发挥其作为国家的审判机关在促进法律适用统一和维护司法公正等方面的作用,也有助于协调政府间纵向关系。

三是,对法律、行政法规与地方性法规、自治条例、单行条例、规章和规范性文件的选择适用。法院审理行政案件,依据法律和行政法规、地方性法规、自治条例和单行条例,参照规章,并须遵循法律的效力高于行政法规、地方性法规、规章,行政法规的效力高于地方性法规、规章,地方性法规

① 王理万:《行政诉讼与中央地方关系法治化》,载《法制与社会发展》2015年第1期。

的效力高于本级和下级地方政府规章，省级地方政府规章的效力高于设区的市级地方政府规章，部门规章之间、部门规章与地方政府规章之间具有同等效力，在各自的权限范围内施行等规则。①

法院在审理行政案件中，经审查认为行政行为所依据的地方政府及其部门制定的规范性文件不合法的，不作为认定行政行为合法的依据，并向制定机关提出处理建议。② 由于法律、行政法规与地方性法规、自治条例、单行条例、规章和规范性文件的法律位阶不同，法院通过审理行政案件对不同法律文件的选择适用，发挥着特定的司法调节作用，有利于维护国家法制的统一。

四是，通过审理行政案件，加强对地方政府及其部门的监督并理顺政府间关系。法院及时审理行政案件，对行政行为的合法性和适当性依法进行审查，对主要证据不足、适用法律法规错误、违反法定程序、超越或滥用职权、明显不当的行政行为，作出撤销或部分撤销判决。对不履行法定职责的行政机关判决其在一定期限内履行。对具备法定情形的行政行为，法院判决确认违法或无效。对拒绝履行判决、裁定、调解书的行政机关，一审法院可采取强制执行措施、予以公告、提出司法建议；社会影响恶劣的，可对该行政机关直接负责的主管人员和其他直接责任人员予以拘留；情节严重构成犯罪的，依法追究刑事责任。

五是，建立对政府间越权的裁决机制。如法院审理行政争议案件，对地方政府及其部门超越上级地方政府及其部门的职责权限、管辖范围等作出的行政行为，作出撤销或部分撤销的判决；对不具有行政主体资格的政府部门内设机构等作出的行政行为，法院可判决确认无效等，这些有助于政府间权限争议的解决。

六是，人民检察院作为国家的法律监督机关，对法律的实施进行监督，有利于解决政府间纵向关系有关问题。人民检察院在履职中发现生态环境和资源保护、食品药品安全、国有财产保护、国有土地使用权出让等领域负有监督管理职责的行政机关违法行使职权或不作为，致使国家利益或社

① 最高人民法院曾于1993年3月1日作出的《关于人民法院审理行政案件对地方性法规的规定与法律和行政法规不一致的应当执行法律和行政法规的规定的复函》因与《中华人民共和国渔业法》的规定相冲突，由2017年10月1日起施行的《最高人民法院关于废止部分司法解释和司法解释性质文件（第十二批）的决定》废止。

② 1989年《中华人民共和国行政诉讼法》第53条第2款曾规定："人民法院认为地方人民政府制定、发布的规章与国务院部、委制定、发布的规章不一致的，以及国务院部、委制定、发布的规章之间不一致的，由最高人民法院送请国务院作出解释或者裁决。"2014年修改的《中华人民共和国行政诉讼法》，删除了该款。

会公共利益受到侵害的，应向行政机关提出检察建议，督促其依法履行职责；行政机关不依法履行职责的，检察院依法向法院提起诉讼。

更重要的是，要更加重视法院、检察院作为司法机关在宪法实施中的功能。尽管司法机关不是宪法规定的直接监督宪法实施的主体，但司法机关可以在宪法实施及其监督中发挥更好作用。

强调司法机关在宪法实施及其监督中更好发挥作用，不是将司法机关的作用狭隘地理解成违宪审查，也不是用宪法取代法律、法规在司法中的适用；而是要在宪法统领下履行司法机关的职能，用宪法指导对法律、法规的理解和实施。①

在制度化的途径中，也有一些可能发挥作用的方式。

第一，最高人民法院、最高人民检察院如认为行政法规、地方性法规、自治条例和单行条例同宪法或法律相抵触，或存在合宪性、合法性问题，可以向全国人大常委会书面提出进行审查的要求。

第二，地方各级人民法院、专门法院和各级人民检察院、专门检察院，如认为行政法规、地方性法规、自治条例和单行条例同宪法或法律相抵触的，可以向全国人大常委会书面提出进行审查的建议。

第三，最高人民法院、最高人民检察院可就涉及政府间关系案件的问题，向全国人大常委会提出法律解释要求或提出制定、修改有关法律的议案。

第四，最高人民法院、最高人民检察院严格执行《法规、司法解释备案审查工作办法》，自司法解释公布之日起 30 日内报送全国人大常委会备案；如存在规定情形需要修改完善，按照全国人大常委会工作机构的书面审查研究意见，对司法解释进行修改、废止。

第五，研究探索推动法院运用宪法和宪法相关法解决政府间纵向关系案件的途径和方法，更好推动宪法实施。

第六，认真贯彻党中央关于推进合宪性审查工作的指导意见，配合全国人大常委会做好合宪性审查、涉宪性审查工作，努力使司法解释符合宪法。

① 2003 年 5 月 27 日，李慧娟在一起民事案件判决书中，认为《河南省农作物种子管理条例》的某项条文和《中华人民共和国种子法》相冲突，因此“自然无效”。该案判决后，河南省人大常委会要求撤销李慧娟的法官职务，洛阳市中级人民法院随即免去了李慧娟助理审判员的职务。但在学术界的强烈关注下，2004 年李慧娟恢复了工作。“河南种子条例案”引起了关于人民法院是否有权审查地方性法规合法性的广泛讨论。

第九章　纵向府际关系的改革与法治建构

一、域外主要国家纵向府际关系的发展

（一）有关国际条约对欧洲各国纵向府际关系的发展

1.《欧洲地方自治宪章》

1985 年 10 月 15 日，在法国斯特拉斯堡的欧洲委员会（Council of Europe）的部长委员会，批准了《欧洲地方自治宪章》，并开放供欧洲委员会成员国签署。1988 年 9 月 1 日，该宪章生效，并陆续得到 47 个欧洲委员会成员国的批准。

欧洲委员会所有成员国都是该宪章的缔约国。宪章要求批准该宪章的成员国承诺保障地方政府在政治、行政和财政上的独立性。该宪章规定，地方自治原则应在国内立法中得到承认，并在可行的情况下在宪法中得到承认；地方政府应由普选产生。

该宪章是首个确立辅助性原则的区域性多边条约。它规定了有关保护地方政府边界、为地方政府的任务提供适合的行政结构和足够的资源、地方政府行使职责的条件、对地方政府活动的行政监督等方面的原则以及地方政府的财政资源和地方自治的法律保障。

在欧洲委员会框架内形成的《关于参与地方政府事务权利的附加议定书》，于 2009 年 11 月 16 日，在荷兰的乌得勒支召开的欧洲委员会第 16 届部长会议上开放，并供成员国签署。作为对《欧洲地方自治宪章》的补充，该附加议定书的目的是将任何人参与地方政府事务的权利纳入《欧洲地方自治宪章》范围。该附加议定书于 2012 年 6 月 1 日起生效。

2.《里斯本条约》

2004 年 10 月 29 日，欧盟 25 个成员国的领导人在意大利的罗马签署了旨在保证欧盟有效运作及欧洲一体化进程顺利进行的《欧盟宪法条约》。《欧盟宪法条约》由《欧盟宪法》《欧盟公民基本权利宪章》《欧盟政策》《欧盟条约基本规定》4 部分组成，其中与府际关系比较密切的是《欧盟宪法》。但 2005 年《欧盟宪法条约》在法国和荷兰的全民公决中被否决。经过协商，2007 年 12 月 13 日欧盟各国首脑在葡萄牙首都里斯本签署了《欧盟宪法条约》的简化版《里斯本条约》。

根据《里斯本条约》和有关要求，各成员国在宪法上的平等以及它们

各自在基本结构上、政治上和宪法上,包括在地区自治和地方自治方面所固有的民族特性,应当得到尊重。《里斯本条约》框架下的纵向府际关系,除了欧盟各国国内政府间纵向关系外,主要指欧盟与成员国的关系。

《里斯本条约》规定了授权原则、辅助性原则和比例原则,还包括一份《关于适用辅助性原则和比例原则的议定书》。根据辅助性原则,各成员国提高了在欧盟机构中的作用,但同时又必须确保其权力分配给更适合作出决策的主体。

(二)域外纵向府际关系改革

21 世纪以来,主要市场经济国家对纵向府际关系作出重要改革,但各国改革的背景、内容、方式和发展阶段不尽相同,现仅对法国、英国、美国、德国和日本等国的改革进行简要说明。

1. 法国的地方分权

法国长期实行中央集权,国家领土单位整齐划一。1982 年 3 月 2 日法国国民议会通过《关于市镇、省和大区权利和自由法》(1982 年第 213 号法律)以来,法国进行地方分权改革,将中央的权限向地方转移。1983 年 1 月 7 日国民议会通过《市镇、省、大区和国家权限划分法》(1983 年第 8 号法律)。

2003 年 3 月 28 日国民议会通过《关于法国分权组织的宪法性法律》(2003 年第 276 号宪法性法律),这标志着法国纵向府际关系改革的新阶段。该法涉及纵向府际关系的主要内容有:(1)确认分权单一制。修改后的《法兰西共和国宪法》第 1 条规定:"法兰西是不可分离的、非宗教的、民主的社会共和国……它的组织是分权化的。"(2)肯定"辅助性"原则。修改后的《法兰西共和国宪法》第 72 条第 2 款规定:"在其层级能得以最好实施的全部权限,由领土单位负责作出决定。"(3)《法兰西共和国宪法》第 72 条第 1 款确立了大区的宪法地位。(4)《法兰西共和国宪法》第 72 条第 5 款中明确规定:"任何一个领土单位都不得对另一领土单位实施监护。"(5)《法兰西共和国宪法》第 72 条第 3 款、第 4 款确认领土单位具有条例制定权、试验权,充实了地方自治。(6)《法兰西共和国宪法》第 72 条之二明确规定了地方自治的财政保障——财政自治与平衡原则。①

为了实施宪法的新规定,法国国民议会通过了三项组织法:《地方公民投票法》(2003 年 3 月 2 日)、《地方试验法》(2003 年 8 月 1 日)和《地方各

① 参见孙谦、韩大元主编:《〈世界各国宪法〉分解资料丛书 · 地方制度》,中国检察出版社 2013 年版,第 218 - 219 页。

级政府财政自主法》(2004 年 7 月 29 日)。其中,《地方试验法》授予地方公共团体在特定领域和时期的试验权,允许其在一般法律规定之外,行使某些国家权力;如试验获得正面评估,则将这一职权授予同一级别所有地方公共团体。

2004 年 8 月 13 日国民议会通过《地方自由和责任法》(2004 年第 809 号法律),明确了国家向地方政府及其合作机构及国家代理人的新的重要责任转移。2010 年 12 月 16 日通过《领土单位改革法》(2010 年第 1563 号法律)。与以前的改革一样,目标是简化市镇、省和大区等领土单位结构,减少领土单位层级数量,明确事权和财权。该法允许省或大区合并,并促进若干市镇间的合并。2014 年 1 月 27 日通过《领土单位公共行动现代化和大都市确认法》(2014 年第 58 号法律),确认了大都会的重要性。2015 年 1 月 16 日通过《大区边界、大区和省的选举及修改选举日程法》(2015 年第 29 号法律)。

2015 年 8 月 7 日通过的《法国新领土组织法》(2015 年第 991 号法律)除废除省和大区的一般管辖权条款外,还赋予各大区新的权力和责任,并重新界定了分配给各领土单位的权力。该法对领土组织合理化和市镇组合、确保领土单位的团结和平等、提高地方政府的透明度和问责制等进行规范,并明确市镇可向市镇社区移交任择性和强制性的权力。

2015 年 7 月 16 日,国民议会和参议院通过《领土单位改革法》,将 22 个大区减为 13 个,并自 2016 年 1 月 1 日起生效。这项改革旨在加强法国大区政府的能力,扩大大区在经济发展、旅游业、商业发展和职业培训方面的职能,并更紧密地反映在欧洲的地区的单位规模。

2020 年 3 月 23 日,法国国民议会和参议院共同通过了《紧急应对新冠肺炎疫情法》(2020 年第 290 号法律)。该法律较为全面地规定了允许政府在规定期限内限制行动自由和征用商品、服务、人员以及国家卫生紧急状态下允许政府采取的特别措施、支持受新冠肺炎疫情影响严重的法人、自然人的经济扶助规则等。

2. 英国的权力下放

英国具有地方自治的传统,但在 20 世纪的大多数时期实行中央集权。自工党 1997 年 5 月执政以来,英国对中央与地方关系进行了重要改革。

实际上,英国权力下放由来已久,可以大致分为立法权下放和行政权下放。

在立法权下放中,涉及有立法权的议会的设立。立法权下放曾存在于 1922 ~ 1972 年的北爱尔兰。联合王国议会于 1998 年通过《苏格兰法》、

《威尔士政府法》和《北爱尔兰法》。1999 年,立法权从联合王国议会下放到苏格兰、威尔士和北爱尔兰的立法机关(基本立法权或次级立法权),但联合王国议会仍保留最终权威,并可推翻或废除权力下放立法机关的立法。①

在行政权下放中,政治权力仍集中在中央政府,但考虑独特的区域利益和特点采取一些特殊的安排(如中央政府内设立苏格兰、威尔士和北爱尔兰各自的事务部,规定苏格兰、威尔士在议会下院中更高的议员占比,采用优惠方式使苏格兰、威尔士和北爱尔兰居民获得比英格兰居民更高的人均公共开支);在 1999 年前,苏格兰和威尔士的利益,通过特殊程序在联合王国政府和议会中得到体现,苏格兰和威尔士没有自己的议会。

2000 年英国议会通过了对《英国地方政府法》的修改,原先以地方议会的委员会为主导的地方议会体制发生了变化。根据修改的《英国地方政府法》的规定,地方政府应依法施行有关建立和运作地方议会"执行机关的制度安排",并使议会的某些职能成为执行机关的职责。地方议会的执行机关可采取以下几种地方治理模式中的一种:(1)市长—内阁制(执行机关由市长和内阁组成);(2)领导人—内阁制(执行机关由领导人和内阁组成);(3)市长—议会经理制(执行机关由市长和议会经理组成);(4)由主管大臣发布的规章中规定的形式。

2000 年 5 月大伦敦地区举行第一次选举,产生了伦敦市长和全伦敦议会;2004 年 6 月举行了第二次选举。2008 年、2012 年、2016 年和 2021 年大伦敦地区举行了市长和议会选举。

2006 年联合王国议会通过了新的《威尔士政府法》,履行了英国政府推进威尔士权力下放进程的承诺。主要有两项关键内容(2007 年 5 月实施):一是,威尔士议会和威尔士政府正式分离,以明确立法机关和行政机关各自的职权和作用;二是,通过被称为议会措施的一类新立法,加强威尔士议会的立法权,从而比英国议会通过的法律更快、更容易地确保威尔士的立法优先事项。② 2011 年经威尔士公民投票,威尔士议会获得权力下放事项的基本立法权。

2007 年 12 月 12 日,英国政府与地方政府协会签署了中央—地方协定,其中阐述了英国中央与地方政府之间关系的原则和程序。该协定设想重新建立中央—地方伙伴关系(最初于 1997 年建立),通过这种伙伴

---

① Philip Lynch & Paul Fairclough, *UK Government & Politics*, Hodder Education, 2013, p. 293 – 295.

② 1998 年《威尔士政府法》规定,在 1997 年 9 月权力下放公民投票后,成立威尔士国民议会。

关系定期举行高级别会议，并监测协定的执行情况。2010 年，英国下院的政治和宪政改革委员会决定进行一项调查，围绕编纂（或正式写下）中央和地方政府关系的原则和机制的可能性，探讨宪政和实际问题。2013 年 1 月，该委员会发表了《中央与地方政府关系的法律化前景》的报告。2013 年 5 月，政府对这份报告作出回应，坚持要求引入“政策举措，必要时与立法改革挂钩，而不是寻求通过一部法典建立一个更严格的宪法蓝图”。

2011 年 10 月联合王国议会通过《英国地方主义法》。该法扩大地方政府的权力，赋予社区和个人新的权力和权利。受该法影响的措施，包括增加直选市长的人数、公民投票，确保住房决策在地方作出等，其中还规定了“地方政府的一般权能”。该法对地方财政、城乡规划、社区基础设施征费等也作出规定。

2016 年联合王国议会通过《城市和地方政府权力下放法》。该法允许中央政府将权力下放到英格兰、威尔士的一些城镇、市和郡，特别是赋予其在住房、交通、规划和警务等方面的权力，在联合机构中引入直选市长制等。① 根据该法第 1 条，主管大臣每年要向议会提交权力下放的年度报告。

作为 2016 年 6 月欧盟成员国资格公投的结果，英国于 2020 年 1 月 31 日正式脱离欧盟，结束了 47 年欧盟成员国的历史。但联合王国议会通过的《脱欧法》没有征得苏格兰等权力下放机构的同意。

英国没有成文宪法，对地方自治缺乏成文宪法的规范和保障。尽管英国无保留地批准了 1985 年《欧洲地方自治宪章》，国内宪法性法律要符合宪章中的基本原则；但英国的四个地方政府管辖区是欧洲委员会成员中尚未将《欧洲地方自治宪章》转化为国内立法的管辖区，尽管曾多次尝试这样做。2020 年 5 月，苏格兰议会提出一项欧洲地方自治宪章法案，以试图在苏格兰解决这一问题。

目前，地方政府在申请司法审查时虽不能直接援引宪章中的原则，但英国法院可使用宪章作为在地方事务中解释国内立法的辅助手段。

2020 年 3 月，为应对新冠肺炎疫情的暴发，英国议会通过《新冠肺炎疫情紧急法》，赋予了各级政府依法应对疫情的必要权力。

---

① 联合王国对其中的三个组成部分（苏格兰、威尔士和北爱尔兰）颁布了权力下放法，它们都有自己的议会，但英格兰继续由英国政府管理、由英国议会立法。在 20 世纪的不同时期，提出过成立英格兰地区政府并将权力下放给它的建议。然而，2004 年在英格兰东北部举行的公民投票中，成立地区民选议会的提案被否决了。随后，将权力下放到英格兰较小的“城市地区”的想法占据了主导地位，并引发了立法授权的呼声。

3. 美国联邦制的发展

美国是典型的联邦制国家。联邦与州在各自的职权范围内行使权力、履行职责。20 世纪 30 年代以后,为应对严重经济危机,罗斯福总统推行“新政”,联邦更多地介入经济社会生活,联邦制逐步由“二元联邦主义”转变为“合作联邦主义”。之后,联邦主义又经历了不同的发展阶段。

到 20 世纪 60 年代以后,在约翰逊总统实施“伟大社会”计划时期,美国联邦制度出现了“创造性联邦主义”(creative federalism)或有时被称为“集权联邦主义”的动向,扩大了联邦计划的范围,以支持州和地方活动。①

罗斯福的“新政”和约翰逊的“伟大社会”计划,几乎涉及联邦政府的每一个政策制定领域;而其中许多领域,包括教育、就业培训、医疗保健和福利,传统上一直是州和地方政府的专属责任。

在 20 世纪 80 年代以后的几十年间,美国联邦制度通常被称为“新联邦主义”。这一主义自 20 世纪 70 ~ 80 年代初由美国共和党总统尼克松和里根等实行。依此主张,一部分联邦权力转移到州和地方政府,由其自主支配。

“新联邦主义”旨在加强各州使用从联邦政府获得的财政拨款的裁量权。尼克松总统采取了两项主要的联邦拨款方式。一是特别收入分享计划或整笔拨款:特别收入分享计划,将相关分类拨款捆绑为单一拨款;整笔拨款,一次性地付与州或地方政府,由其在拨款涵盖的广泛领域自主决定使用。二是一般收入分享计划:与分类拨款及整笔拨款不同,一般收入分享计划几乎没有附加条件,各州可以设定自己的优先事项。

但到 20 世纪 70 年代末,民主党总统吉米 · 卡特开始削减联邦转移到州和地方政府的资金。

里根于 1981 年初就任总统。里根认为,联邦和州政府做得太多,只有当它们有更少资金时才会做得更少。1981 年《经济复苏税法》和 1986 年《税收改革法》实施后,降低了个人所得税税率和企业所得税税率,联邦收入大幅减少;同时,减少了联邦向各州和地方的转移支付。结果,造成严重的财政赤字。

比尔 · 克林顿认为政府在美国生活中发挥着重要作用,但州和社区居民应能更好地解决很多问题,并试图将财政资源和支出责任重新分配给各州。1994 年之后,在福利、医疗保健、就业培训和交通等关键领域,国会和

① 按照这一主义,联邦政府对于公共问题作出的定义和提供的解决方案,州和地方政府都必须采纳实施,特别是在交通、住房、工作培训等领域。由于往往由国会通过立法规定对州和地方政府的要求,以满足联邦的要求,所以,有时也称为“规管型联邦主义”。

总统推出了数十项单独的整笔拨款计划，州获得了更大自主权。

乔治·布什任总统期间，联邦政府加快了向各州转移财政资源和支出责任的进程，特别是在教育、医疗保健、国土安全和选举改革领域。然而，由于减税产生的预算赤字，给联邦对各州的支持带来了新的压力。

自 2020 年新冠肺炎疫情暴发以来，美国国会、联邦各行政部门、各州和地方政府采取措施减缓疫情传播，包括立法、宣布紧急状态、采取不同程度的关闭公共场所、防聚集措施，并发布疫情防控指南等。

2021 年拜登政府设立政府间事务办公室，作为一个总统办事机构，负责研究、协调处理联邦与各州、地方政府的有关事务和问题。

在美国联邦制变迁中，联邦最高法院发挥着重要的调节作用。

在 1995 年“美国诉洛佩兹案”中，联邦最高法院裁定国会没有权力通过联邦法律禁止携带枪支进学校。同样，在 2000 年“美国诉莫里森案”(U. S. v. Morrison)中，联邦最高法院认为 1994 年《预防暴力侵害妇女法》不符合宪法，因为它对商业的影响不大，无法替代各州立法权。然而，在 2005 年“冈萨雷斯诉赖斯案”(Gonzales v. Raich)中，联邦最高法院根据宪法中的州际商业权条款认定，即使在允许医学上使用大麻的州内，国会有权将大麻的持有和使用确定为非法。联邦最高法院宣布，对大麻的拥有和使用的监管，属于“国会管理的州际商业权的范围”。①

奥巴马任总统期间，2010 年国会颁布实施了《患者保护与平价医疗法》。根据该法，民众可购买喜欢的医保；如果某个州拒绝建立医保交易所，该州公民可选择在联邦医保交易所中购买医保。但该法受到 26 个州检察长的反对，他们认为这是对宪法中州际商业权条款的滥用，是对各州政策领域的侵犯。

2012 年，联邦最高法院就该法强制要求民众购买医保这一规定进行裁决，认定其大部分符合法律；同时认为，该法在要求各州进一步扩大医疗补助方面走得太远；国会可以向各州提供资金以扩大医疗补助，并可以对此类补助金附加条件，但不能通过减少现有的医疗补助资金来惩罚选择不参加新医保计划的州。2015 年 8 月联邦最高法院再次作出判决，对该法中关键部分(医疗保险补贴)表示支持。

---

① 美国有 20 多个州允许在医学上使用大麻，但 1970 年《控制物质法》禁止持有、使用和销售大麻。大麻使用者认为，大麻被种植、运输和使用在允许医学上使用大麻的州内，不受宪法中的州际商业权条款约束。因此，加利福尼亚州的两名女子质疑联邦法律的合宪性，西海岸联邦巡回上诉法院判决联邦法律在加利福尼亚州不受执行。联邦政府上诉于联邦最高法院，联邦最高法院以 6∶3 的表决结果，推翻了下级法院的判决，维护了联邦法律。

2016年全国大选后,共和党控制了白宫和国会两院的多数席位,奥巴马医改法案,受到质疑。2020年6月,特朗普政府要求联邦最高法院终止医改法案。但2021年1月,拜登签署关于医疗的行政令,重启了奥巴马医改法案。

根据《美利坚合众国宪法》,制定公共政策主要是各州的责任,而各州的政策制定往往各自为政。例如,2020年开始的全球新冠肺炎疫情,给联邦、州和地方合作抗疫提出了要求,但要求各州关闭学校、居民佩戴口罩、接受检测、接种疫苗等行政命令受到来自一些州和地方政府的诉讼和强烈抵制。他们提出,公共卫生属于各州的责任,宪法和法律没有强制居民戴口罩等的规定。

美国联邦最高法院2022年6月23日在"纽约州步枪和手枪协会诉布鲁恩案"(New York State Rifle & Pistol Association v. Bruen)中宣布一项裁决,认定纽约州1913年的一项法律违反了美国宪法,该法律要求该州民众在取得许可后才能合法在公共场合隐蔽携带手枪。

2022年6月24日,美国联邦最高法院就"多布斯诉杰克逊妇女健康组织案"(Dobbs v. Jackson Women's Health Organization)作出裁决,推翻了其于1973年对"罗诉韦德案"(Roe v. Wade)的裁决,确认女性堕胎不属于联邦宪法的权利,而各州在堕胎的规范和执行方面享有裁量权。

4. 德国的纵向分权

德国统一后,对加入德意志联邦共和国的5个新州的政府间关系进行改革,主要是根据《德意志联邦共和国基本法》的规定,对新加入的5个州也实行地方自治制度,赋予地方政府一定的自治权,并对地方政府进行改革,使地方自治制度在全德得到全面实施;同时,对联邦、州与地方之间的职权进行调整,规范联邦和州的权力,扩大地方分权。

2006年《德意志联邦共和国基本法》作了重要修改,目标是通过更明确的纵向分权,限制联邦议院批准权的范围,推进财政和预算改革,并加强各州在欧洲立法中的作用。《德意志联邦共和国基本法》第74条第1款中的若干竞合立法事项被删除,转移到州立法或联邦专属立法权事项中(现有31个领域允许竞合立法)。改革带来的最重要的变化是,各州被授予在6个领域(包括高等教育入学和环境保护)内,有可以偏离联邦法律立法的权力(《德意志联邦共和国基本法》第72条第3款)。鉴于权力划分的困难和上述必要性要求,《德意志联邦共和国基本法》第75条规定的原框架立法权被废除。

2014年12月对《德意志联邦共和国基本法》的修改,明确了联邦和各州在促进科学、研究和教学方面的合作。

2017 年 7 月对《德意志联邦共和国基本法》作了较大修改，涉及政府间关系的主要内容包括：一是，明确“联邦应继续拥有联邦高速公路和其他主干道，联邦高速公路应由联邦管理；联邦可使用私法公司来履行其职责”。二是，规定“对联邦和各州行政服务的全面信息技术的收集，应由联邦法律经联邦参议院同意”。三是，明确联邦可向各州提供财政援助，用于在财政薄弱的乡镇（联合乡镇）教育基础设施领域的重大投资。四是，联邦法律应确保各州不同财力的合理均衡，同时适当考虑各乡镇（联合乡镇）的财力和需要。五是，明确联邦法律可以规定联邦和州政府在税务管理方面的合作。

2019 年 3 月修改《德意志联邦共和国基本法》第 104 条之三，规定联邦可向各州提供财政援助，用于对国家具有重要意义的投资，以及各州和乡镇（联合乡镇）与提高乡镇教育基础设施效率直接相关的特别临时开支。

2019 年 11 月修改《德意志联邦共和国基本法》第 72 条第 3 款，增加“征收不动产税”作为第 7 项，这使各州偏离联邦法律立法的权力范围扩展到 7 个领域。

为应对新冠肺炎疫情，2020 年 9 月《德意志联邦共和国基本法》得以修改，明确“为寻求就业的人提供基本保险领域的住宿和取暖福利，如果联邦为 3/4 或更多的支出提供资金，则州应根据联邦委托执行该法律”，“2020 年联邦对贸易税收入不足的一次性补偿，应有利于乡镇，并由乡镇与各自的州平等分享；补偿由州根据预期的收入损失转移给乡镇，如果某个州没有乡镇，则联邦的补偿属于该州”。

同年，联邦议院通过《增编预算法》，增加政府支出以应对新冠肺炎疫情对经济的影响。联邦议院还通过了《感染保护法》修正案，规定联邦卫生部应在国家重大传染病疫情的框架内获得授权，但不影响各州的权力。

5. 日本的地方自治推进

日本虽然实行地方自治制度，并在宪法上作了明确的规定，但长期以来，中央政府对地方的控制较严。

为了应对全球化、人口减少及少子高龄化、信息和通信技术革命等社会经济形势的变化，满足人们日趋多样化的需求，建立能让国民切身感受到充实和富裕的“富有个性并充满活力的地区社会”，深化地方分权，让“贴近居民的地方自治体来提供服务”，1995 年 5 月，日本制定了以综合地、有计划地推进地方分权为目的的《地方分权推进法》。根据该法，同年

7月成立“地方分权推进委员会”，由该委员会审议地方分权推进计划的具体方针，向内阁总理大臣提出建议。

内阁会议接受了建议，并通过制定“地方分权推进计划”决议。1999年7月国会制定《地方分权一揽子法》，该法于2000年4月施行。《地方分权一揽子法》的颁布实施，标志着日本明治以来形成的中央集权型行政体系向地方分权型行政体系的重要转变。

根据《地方分权一揽子法》，2003年10月日本国会对《日本地方自治法》进行修改；其后，对其他法律也作了修改。

一是，明确了中央政府和地方公共团体的职能分工：中央政府主要承担在国际社会中的国家事务和以实行全国性统一规定为宜的事务等；与居民日常生活相关的行政事务则主要由地方公共团体承担。

二是，为建立中央政府与地方公共团体之间对等、协作的关系，废除了机关委任事务制度，将地方公共团体的事务内容调整为“自治事务”和“法定委托事务”。同时，废止地方事务官制度。

三是，《日本地方自治法》规定了有关中央干预的基本原则、对每一新种类事务的干预的基本模式、干预的程序及对干预过程中产生的讼争的处理方式，同时，还规定依据个别法律进行的干预应在基本模式的最小限度内。

四是，通过相关法律的修订，将中央政府的权限转移到都道府县，同时将都道府县的权限下放给市町村。

五是，通过相关法律的修订，废除或放宽关于地方公共团体的人员配置、组织构成等硬性规定，尊重地方公共团体的自主组织权。

在地方分权改革中，日本对地方财政制度进行调整，如对地方交付税和国库补助金制度进行改革，扩大地方财权。根据《地方分权一揽子法》，从2006年4月起，地方债发行从原来的审批制改为协议制。①

另外，建立健全地方行政体制方面的主要措施有实行《市町村合并特例法》等，推进市、町、村自主合并等。

从2007年到2011年，日本进行了第二次地方分权改革，以构建基于生活者即居民视角的地方政府为目标，通过中央向地方转移事务、权限，放宽中央对地方在法定义务、框架方面的规制，扩大地方政府的条例制定权，以提高地方政府的自立性、自主性。分权改革重点在扩充地方财税权限、

① 日本国自治体国际化协会编：《日本的地方自治》（2019年改订中文本），日本国自治体国际化协会（CLAIR）2020年版，第47－49页。

扩充市町村的自治权和从都道府县向市町村转移权限。

从2003年到2006年，日本政府制定《关于经济财政运营和结构改革的基本方针》，确认国库支出金、地方交付税、包括转移税源在内的税源分配的“三位一体”改革方针，调整中央转移支付，扩大了地方收入。

2011年5月，日本国会通过《关于完善提高地域自主性、自立性改革的关联法律的法律》，2011年8月修改涉及向基础自治体转移权限的法律47部，以及涉及法定义务、法定框架与扩大条例制定权等的法律160部。①

2011年3月东日本大地震后，日本政府通过财政支持、减轻行政手续负担、在人员和技术方面协调配合等措施，大力支持承担重建任务的受灾的市町村，并采取了大量新举措，如根据重建特区制度采取各种制度性措施及重建拨款等。

2020年3月，为应对新冠肺炎疫情，日本参议院表决通过了《新型流感等对策特别措施法》修正案，在2013年实施的相关法案基础上增加了新冠肺炎相关内容。根据修正案，日本首相可以发布“紧急事态宣言”，各都道府县知事可以据此发布外出限制和学校停课等请求和指示。

2021年2月，日本参议院通过了相关的《新冠特别措施法》修正案，规定在“紧急事态宣言”发布前新设“防止蔓延等重点措施”阶段，各都道府县知事可发出“缩短营业时间”等命令，在一定范围内也可进入设施进行检查。

（三）域外纵向府际关系改革的特点和借鉴意义

1. 域外纵向府际关系改革的特点和面临的问题

纵向府际关系改革关乎众多层级，涉及面广、综合性强。总的来说，域外主要国家纵向府际关系的发展和改革，表现出如下特点：

第一，各国的纵向府际关系经历长期的实践和不同阶段的发展，逐步呈现出地方分权化的趋势。特别是在欧洲，随着欧洲一体化进程的推进，欧洲各国纵向府际关系呈现出强化地方自治的趋势。

许多国家在面临越来越大压力的情况下，将权力下放给本国的次级领土单位。明显的例证有：英国将权力下放到苏格兰、威尔士和北爱尔兰；西班牙将权力下放到加泰罗尼亚和巴斯克地区；即使是欧洲小国比利时，也将其大部分权力下放给了弗拉芒、瓦隆和布鲁塞尔的民族社区；在北美，加拿大将一些权力交给了魁北克省。

① 干保柱、刘笑非：《日本地方分权改革与中央地方关系调适》，载《世界经济与政治论坛》2017年第3期。

第二,在多层次的府际关系中,共同的制度安排是建立在一整套核心原则基础之上的。这些原则得到了多国政府的广泛认同,并在宪法或法律中明确阐述。

特别是,按照《欧洲地方自治宪章》的要求和《世界地方自治宣言》的宣示,一些国家通过修改宪法或制定法律,确立了纵向府际关系的基本准则,如实行辅助性原则、强调地方自有财源和地方自治的法律保障等。

据美国学者统计,目前世界上人口最多和领土面积最大的 10 个国家,大多由宪法或法律确立权力下放结构,或通过宪法的联邦结构维护了辅助性原则。[①]

市场经济国家崇尚地方自治、重视基层的分权治理体系,体现了地方民主、自由和多样性的价值取向,也满足了现实要求。

第三,在西方国家宪法或法律上,联邦与州和地方、中央与地方之间职权大多有着明确的界定;各州、自治地方与联邦或中央没有直接隶属关系,也没有服从于联邦或中央的责任,尽管在纵向府际关系的各个领域存在府际之间相互依存的内在关系。

换言之,各国的区域政府和地方政府有较强的独立性,在立法、税收、教育、安全体系上都是如此。联邦各州和地方政府的产生方式,决定着政府要最大限度地对当地选民负责。由于联邦与州、中央与地方政府实行分权,联邦或中央的权力比较分散。

当今世界正经历百年未有之大变局,国际环境日趋复杂,地缘政治风险加剧,世界经济低迷动荡,国内社会矛盾上升。为了应对分权模式和地方治理遇到的新挑战,各国寻求推进纵向府际关系新的改革,使之适应变化的政治、经济环境,提升治理能力。同时,也要看到,一直以来,特别是 2008 年国际金融危机、欧洲债务危机出现以来,有些西方市场经济国家的地区治理也面临一定挑战,如社会共识难以达成、政治决策困难、地方治理效率不高等。

实践证明,在一个多层次的政治体系中,各级政府不是相互独立的组织个体,而是需要协同合作的府际单元。各级政府之间如果不能进行有效的合作,并在许多领域进行协调,政府维持经济运转和民生保障的基本功能就可能无法实现。

新冠肺炎疫情暴发以来,不少国家适时采取应对举措,如通过修改法

---

① James E. Fleming & Jacob T. Levy, *Federalism and Subsidiarity*, New York University Press, 2014, p. 123.

律甚至宪法,赋予各级政府依法行使必要权力或采取应对措施、组建专门机构、加强对地方财政支持等方式,进行政府间合作,确保在应对疫情时采取协调一致的措施。有的国家联邦或中央要求采取强制隔离、关闭娱乐场所、居民佩戴口罩、减少出行、缩短营业时间等抗疫措施,遭到一些州或地方的反对;而当一些州或地方需要联邦或中央的防疫物资支持时,有的国家的联邦认为州或地方是独立、自治的,拒绝大力援助。

有学者指出,在美国,州是公共卫生事务的主要负责者,为了公共卫生管理的需要,各州可制定强制性的法律,如强制隔离、强制检疫、强制治疗等;而联邦主要负责公共卫生资金分配及医学研究等事项。"9·11事件"后,美国加强了公共卫生应急体系,但是由于联邦制国家纵向权力结构,权力过于分散,国家无法统一行动。当面临突发公共卫生事件时,应急体系的应对能力明显不足。①

新冠肺炎疫情的防控和经济复苏,进一步凸显了不同级别政府之间建立更具合作性关系的必要性,也提醒政治家和公众,各级政府仍然存在深刻的共同利益;从保障公共秩序、维护公民生命健康权和维持经济发展出发,加强政府间关系合作,无论是对于联邦制国家还是对于单一制国家,都是非常必要的。

2. 对我国的借鉴意义

各国纵向府际关系遵循一般规律和内在逻辑,具有一定共性,有的还体现在区域性国际公约中,反映了普遍的共识;但受历史背景、文化传统、政治体制和经济社会发展水平的影响,也有个体差异。

比较中外纵向府际关系,可以看出,即使在经济全球化遭遇逆流的今天,我国与市场经济国家所处的时代条件并不存在多大差异。各国纵向府际关系改革一定程度上回应了时代的要求,无论是加强合作、权力下放、地方分权,还是实行财政平衡,都是为了适应经济社会发展的要求而作出的理性选择。同时,也要看到,各国纵向府际关系中面临的一些问题,我国各级机关同样不同程度地面临着,其也将作为国家治理的重要课题而提上议事日程。

毛泽东同志1956年4月在中央政治局扩大会议上指出:"处理好中央和地方的关系,这对于我们这样的大国大党是一个十分重要的问题。这个问题,有些资本主义国家也是很注意的。它们的制度和我们的制度根本不

① 田芳:《国家纵向结构对公共卫生法制构建的影响:美国经验与教训》,载《兰州学刊》2021年第4期。

同,但是它们发展的经验,还是值得我们研究。"①这一论断至今仍然适用。

虽然没有一种纵向府际关系模式比其他模式更好,但每个国家都可以从其他国家的经验中学到一些东西。

比较分析域外纵向府际关系改革,至少在以下四个方面对我国有借鉴意义:

第一,科学配置政府职权,是处理纵向府际关系的核心问题。

域外许多国家调整地方制度,普遍实行"辅助性"原则。在法律规定的范围内,公共职能一般优先由最接近居民的机构实施,地方政府对任何地方性事项,有充分自主的决定权。按照深化党和国家机构改革的要求,我国要坚持在《中华人民共和国宪法》确立的"在中央的统一领导下,充分发挥地方的主动性、积极性"的原则指引下,理顺中央和地方权责关系,进一步调动地方的积极性、主动性,赋予地方更多自主权,支持地方创造性开展工作。

第二,纵向府际关系要随着情势变化进行适度的调整。

许多国家地方制度有悠久的历史,比较稳定;但在实际的政治运作中,联邦与州、中央与地方之间的权力关系并不是一成不变的。随着情势发生变化,纵向府际关系要进行适度的调整。在不少情况下,当国家面临重大内部变动或外部威胁,如严重的经济危机、恐怖袭击、重大自然灾害、重大疫情暴发等事件发生时,为统一有效地处理重大事项,纵向权力往往会更多向联邦或中央集中;当国家政治稳定、财政经济状况较好时,纵向权力就倾向于向州或地方下放。有的国家实行改革后又会出现新的问题,需要不断进行调整。

第三,府际财政关系是纵向府际关系中极重要的内容。

政府间财政关系,主要包括各级政府间的事权和支出划分、税收及其他收入的分配、政府间财政转移支付等方面。财权、财力在各级政府间的分配状况,直接关系到各级政府各自利益的实现程度。许多国家的宪法或法律,按国家政权的级次组织相应的财政,确立地方政府有权获得自有财源并在其权限范围内自由决定其财政开支,强调地方政府财政资源与其承担的任务相匹配。

按照建立现代财税体制的要求,我国要优化政府间事权和财权划分,建立权责清晰、财力协调、区域均衡的纵向政府间财政关系,形成稳定的各级政府事权、支出责任和财力相适应的制度。

---

① 《毛泽东著作选读》(下册),人民出版社 1986 年版,第 730 页。

第四,纵向府际关系法治化是推进国家治理体系现代化的必然选择。

市场经济本质上是法治经济。纵向府际关系的法治建构,是建立科学、合理、稳定的府际关系的保障。只有将府际关系建立在制度化、法治化的基础上,现代化的法治国家才能建成,府际关系才能保持一种均衡和稳定的状态。

实行法治,是多国宪法或法律确立的重要原则,许多国家的宪法或法律明确联邦与州或中央和地方政府的相互关系,并有原则或明确的职权划分。以法国为例。按照《法兰西共和国宪法》的规定和《欧洲地方自治宪章》的要求,法国中央与大区、省和市镇的职权,不仅通过宪法和宪法性法律作了划分,而且在行政管理的各个领域也有具体的法律规定。如法国的《交通法典》《劳动法典》《社会福利和家庭政策法典》《教育法典》《体育法典》《公共卫生法典》《社会安全法典》《环境法典》《能源与气候法典》《农村与渔业法典》《移民和庇护法典》《旅游法典》等法律均对法国中央与大区、省和市镇的职权,作了规定。①

我国与西方国家政治与行政体制不同,但它们重视法治的经验值得借鉴。按照全面推进依法治国的要求,我国要在坚持《中华人民共和国宪法》确立的基本原则基础上,依法科学界定政府间权力边界,实现政府间职权的合理配置和规范运行。

中外府际关系的发展史也表明,探索纵向府际关系改革,要立足本国国情,积累自己的经验。从各国府际关系的历史过程看,一些传统市场经济国家的纵向府际关系经历了数百年的内生演进和逐步发展,才达成比较成熟的基本共识、原则和规则。

政治现代化要取得成功,必须遵循基本价值理念和共识,但也要符合基本国情,顺应历史发展方向,不宜照搬他国模式。毕竟,市场经济国家纵向府际关系是在西方境域下国家和社会间持续演绎和进化的结果。在一个社会有效的制度安排在另一个社会未必有效。即使在欧洲国家,对参加的地方自治国际公约,也不是完全不保留的。

因此,应立足基本国情,借鉴他国具有普遍适用价值的理念和方法,在不触动政治体制和权力中心的前提下,采取边际性完善和渐进性改进的对策,积极稳妥地推进纵向政府关系的改革。

《中共中央关于坚持和完善中国特色社会主义制度、推进国家治理体

---

① European Institute of Public Administration – European Center for the Regions, *Division of Powers between the European Union, the Member States and Regional and Local Authorities*, © European Union, 2012, p. 275 – 311.

系和治理能力现代化若干重大问题的决定》指出,"完善和发展我国国家制度和治理体系,必须坚持从国情出发、从实际出发,既把握长期形成的历史传承,又把握党和人民在我国国家制度建设和国家治理方面走过的道路、积累的经验、形成的原则,不能照抄照搬他国制度模式,既不走封闭僵化的老路,也不走改旗易帜的邪路,坚定不移走中国特色社会主义道路"。

推进纵向府际关系改革,作为推进国家治理体系和治理能力现代化的重要内容,要贯彻落实中央精神,既遵循府际关系发展的一般规律,又符合我国经济社会发展阶段、历史文化等基本国情;既体现科学社会主义基本原理,又具有鲜明的中国特色、民族特色和时代特色。

二、新时代我国纵向府际关系的改革和特点

新中国成立以来特别是改革开放以来,党和国家高度重视纵向府际关系问题,积极推进改革。纵向府际关系的领导体制、职权、组织、财政等关系不断优化、逐步规范。

党的十八大以来,随着全面深化改革与依法治国的协调推进,改革和调整纵向府际关系被提上了重要议程。

(一)新时代纵向府际关系深化改革

1. 维护中央权威和集中统一领导

中国共产党历经一百多年的革命、建设、改革,已从领导人民为夺取全国政权而奋斗的党,成为领导人民掌握全国政权并长期执政的党。中国共产党作为执政党,是推动纵向府际关系改革发展的根本政治保证。

党的十八大以来,小康社会全面建设,改革全面深化,依法治国全面推进,管党治党全面从严。这要求加强党中央集中统一领导,维护中央政治权威。在政府间纵向关系方面,体现在地方各级组织与中央在政治上保持高度一致,积极贯彻中央的决策部署。

党的十八届三中全会通过的《中共中央关于全面深化改革若干重大问题的决定》,将"正确处理中央和地方、全局和局部"等关系、"坚决维护中央权威,保证政令畅通,坚定不移实现中央改革决策部署"等作为重要任务。

2019 年 1 月 31 日《中共中央关于加强党的政治建设的意见》,进一步明确党中央的集中统一领导地位。要求"贯彻落实宪法规定,制定和修改有关法律法规要明确规定党领导相关工作的法律地位。将坚持党的全面领导的要求载入人大、政府、法院、检察院的组织法"。

党的十九届四中全会通过的《中共中央关于坚持和完善中国特色社会

主义制度、推进国家治理体系和治理能力现代化若干重大问题的决定》，提出“完善坚定维护党中央权威和集中统一领导的各项制度”。

2020 年 9 月中共中央印发《中国共产党中央委员会工作条例》，强调各级人大、政府、政协、监察机关、审判机关、检察机关等，都必须自觉接受党中央领导。

2022 年 3 月 11 日十三届全国人大五次会议修改的《地方组织法》，明确了坚持党的领导和地方人大、地方政府工作的指导思想和原则。

按照党的二十大报告中“完善党中央决策议事协调机构，加强党中央对重大工作的集中统一领导”的要求和党的二十届二中全会精神，2023 年 3 月中共中央、国务院印发《党和国家机构改革方案》，提出组建中央金融委员会、中央科技委员会等决策议事协调机构，并要求统筹推进中国人民银行分支机构改革，深化地方金融监管体制改革。

2. 切实转变政府职能和推动简政放权

改革政府间纵向关系，很重要一项任务，是要厘清各级政府职能与市场、社会的边界。为此，要深化行政体制改革，切实转变各级政府职能。

从改革开放到党的十八大召开前，我国对行政体制进行过 6 次大的改革。

党的十八届二中全会审议通过的《国务院机构改革和职能转变方案》经十二届全国人大一次会议审议批准。国务院机构职能转变，涉及纵向府际关系的，一是充分发挥市场在资源配置中的决定性作用，减少行政审批事项；二是充分发挥中央和地方“两个积极性”，下放投资审批事项和生产经营活动审批等事项。

党的十八届三中全会通过《中共中央关于全面深化改革若干重大问题的决定》，提出加快转变政府职能、全面正确履行政府职能等任务，并要求加强中央政府宏观调控职责和能力，加强地方政府公共服务、市场监管、社会管理、环境保护等职责。

加快转变政府职能，主要体现在进一步简政放权上。

国务院把简政放权作为政府的重要工作任务，在以往改革基础上，持续推进行政体制改革、转变政府职能。首先，向市场放权。贯彻执行《中华人民共和国行政许可法》的规定，凡市场机制能有效调节的经济活动，一律取消审批。其次，注重行政体系内部中央向地方放权，充分调动地方的积极性和主动性，克服中央政府部门在一些领域管得过多过细、既管不了也管不好等问题。

党的十九届三中全会审议通过的《关于深化党和国家机构改革的决

定》提出深入推进简政放权、减少微观管理事务和具体审批事项等任务。①

深化党和国家机构改革，是对党和国家组织结构的一次系统性、整体性重构。按照中共中央、国务院的要求，各级地方政府把推进行政体制改革、转变政府职能作为重要工作任务，做好国务院或上级政府取消和下放行政审批事项的承接工作。对市场监管原则上实行属地管理，由市县政府负责；省级政府主要负责维护市场统一和公平竞争以及对下级政府在市场监管方面的规范管理和监督指导。

3. 统筹推进各级政府机构改革

各级政府机构经历过 6 次大的改革后，机构设置逐步优化完善。但同时，行政机构仍存在一些不适应要求的地方，如有的机构设置不够合理，一些领域机构重叠、人浮于事问题依然存在。

党的十九大报告提出要深化机构和行政体制改革，统筹考虑各类机构设置；赋予省级及以下政府更多自主权等。

“省级及以下政府”的表述，意味着纵向府际关系的细化和分层化。

党的十九届三中全会审议通过的《中共中央关于深化党和国家机构改革的决定》，提出合理配置宏观管理部门职能、深入推进简政放权、完善市场监管和执法体制、改革自然资源和生态环境管理体制等要求。

同时，在合理设置地方机构方面，围绕统筹优化地方机构设置和职能配置，构建从中央到地方运行顺畅、充满活力、令行禁止的工作体系，提出科学设置中央和地方事权、理顺中央和地方职责关系、更好发挥“两个积极性”等总体要求，明确确保集中统一领导、赋予省级及以下机构更多自主权、构建简约高效的基层管理体制、规范垂直管理体制和地方分级管理体制等任务。

党的十九届四中全会通过的《中共中央关于坚持和完善中国特色社会主义制度、推进国家治理体系和治理能力现代化若干重大问题的决定》，作出完善国家行政体制、优化政府职责体系、优化政府组织结构、健全充分发挥中央和地方“两个积极性”体制机制等部署。

2023 年 3 月中共中央、国务院印发的《党和国家机构改革方案》对国务院机构改革作了具体部署，对地方层面的机构改革也提出相关要求。

4. 调整政府间财政事权关系并完善税收制度

党的十八大以来，针对分税制改革后存在的央地财权与事权不匹配问

① 截至 2020 年 9 月，党的十八大以来，国务院分 16 批共取消或下放行政审批事项 1094 项；3 次修订《政府核准的投资项目目录》，中央层面核准的投资项目数量累计减少 90% 左右；非行政许可审批彻底终结；减少项目投资和企业设立前置核准或审批，清理规范投资项目报建审批事项；推行“证照分离”改革；全面实行行政许可事项清单管理等。

题，中央将事权和支出责任划分作为全面深化改革的一项重点工作提出并加快推进。

党的十八届三中全会审议通过的《中共中央关于全面深化改革若干重大问题的决定》，涉及纵向府际关系特别是财政关系的内容，主要有以下几个方面：一是，提出适度加强中央事权和支出责任，同时保持现有中央和地方财力格局总体稳定，结合税制改革，考虑税种属性，进一步理顺中央和地方收入划分。二是，提出将国防、外交、国安、关系全国统一市场规则和管理等作为中央事权；部分社保、跨区域重大项目建设维护等作为央地共同事权，逐步理顺事权关系；区域性公共服务作为地方事权。三是，明确中央和地方按照事权划分相应承担和分担支出责任。

2014 年 6 月 30 日，中共中央政治局审议通过《深化财税体制改革总体方案》，提出合理划分政府间事权和支出责任，确定了财政事权和支出责任划分改革的基本原则和总体要求。

2016 年 8 月 16 日《国务院关于推进中央与地方财政事权和支出责任划分改革的指导意见》明确了推进中央与地方财政事权和支出责任划分改革的原则和方式；2018 年 1 月 27 日，国务院办公厅印发《基本公共服务领域中央与地方共同财政事权和支出责任划分改革方案》，将义务教育、基本就业服务、基本养老保险等涉及人民群众基本生活和发展需要、需要优先和重点保障的 8 大类 18 项基本公共服务事项，纳入事权和支出责任划分改革范围，逐项明确中央与地方的支出责任分担方式和具体比例。

2017 年 10 月 30 日，国务院常务会议通过《国务院关于废止〈中华人民共和国营业税暂行条例〉和修改〈中华人民共和国增值税暂行条例〉的决定》。

党的十九届三中全会审议通过的《中共中央关于深化党和国家机构改革的决定》，要求科学设置中央和地方事权，理顺中央和地方职责关系，更好发挥中央和地方“两个积极性”，中央加强宏观事务管理，地方在保证党中央令行禁止前提下管理好本地区事务，并提出赋予省级及以下机构更多自主权。

继《基本公共服务领域中央与地方共同财政事权和支出责任划分改革方案》后，国务院办公厅及相关部门又先后推出医疗卫生、科技、教育、交通运输、生态环境、公共文化、自然资源、应急救援、邮政等分领域的中央与地方共同财政事权和支出责任划分改革方案，初步形成了中央和地方财政事权和支出责任划分框架（如交通运输领域，见表 9.1）。

表 9.1　中国交通运输领域中央与地方财政事权划分

事权	方式	事权内容
中央事权	公路	(1)国道。中央承担国道(包括国家高速公路和普通国道)的宏观管理、专项规划、政策制定、监督评价、路网运行监测和协调,国家高速公路中由中央负责部分的建设和管理,普通国道中由中央负责部分的建设、管理和养护等职责。中央承担国家高速公路建设资本金中相应支出,承担普通国道建设、养护和管理中由中央负责事项的相应支出。(2)界河桥梁。中央承担专项规划、政策决定、监督评价职责,建设、养护、管理、运营等具体执行事项由中央委托地方实施。(3)边境口岸汽车出入境运输管理。
	水路	(1)长江干线航道。(2)西江航运干线。(3)国境、国际通航河流航道。(4)中央管理水域水上安全监管和应急救助打捞。
	铁路	(1)宏观管理。(2)由中央决策的铁路公益性运输。(3)其他事项。
	民航	(1)空中交通管理。(2)民航安全管理。(3)专项任务机队建设和运营。(4)重大和紧急航空运输。
	邮政	(1)邮政普遍服务和特殊服务主干网络。(2)邮件和快件进出境设施。(3)其他事项。
	能力建设	公路、水路、铁路、民航、邮政、综合交通领域中央履职能力建设。
中央与地方共同事权	公路	(1)国家级口岸公路。中央承担专项规划、政策决定、监督评价职责,建设、养护、管理、运营等具体执行事项由地方实施。(2)国家区域性公路应急装备物资储备。中央承担专项规划、政策决定、监督评价职责,具体执行事项由地方实施。
	水路	(1)京杭运河及其他内河高等级航道。中央承担专项规划、政策决定、监督评价职责,建设、养护、管理、运营等具体执行事项由地方实施。(2)沿海港口公共基础设施。中央承担沿海港口的专项规划、政策决定、监督评价职责,沿海港口公共基础设施的建设、养护、管理、运营等具体执行事项由地方实施。(3)重大海上溢油应急处置和海(水)上搜救。中央承担政策决定、监督评价等职责,具体执行事项由中央与地方共同实施。发挥地方政府组织能力强、贴近基层、获取信息便利的优势,强化地方政府在重大海上溢油应急处置和海(水)上搜救方面的相关职责。(4)水运绿色发展。中央承担专项规划、政策决定、监督评价职责,具体执行事项由地方实施。
	铁路	中央(含中央企业)与地方共同承担干线铁路的组织实施职责。
	民航	中央与地方共同承担运输机场相关职责。其中,中央承担运输机场布局、建设规划、政策决定和相关审批工作等职责,国务院明确规定由民航局直接管理的北京首都国际机场、北京大兴国际机场、天津机场、西藏区内机场、洛阳机场的建设、维护、运营等具体执行事项由中央(含中央企业)负责实施;地方根据全国运输机场布局

续表

事权	方式	事权内容
中央与地方共同事权		和建设规划，制定本行政区域内的运输机场建设规划，并负责建设、运营、机场公安等具体事项的执行实施。
	邮政	(1)邮政业安全管理和安全监管。中央承担专项规划、政策决定、监督评价职责，具体执行事项由中央(含中央企业)与地方共同实施。(2)其他邮政公共服务。中央承担专项规划、政策决定、监督评价职责，具体执行事项由中央(含中央企业)与地方共同实施。
	综合交通	(1)运输结构调整、全国性综合运输枢纽与集疏运体系。中央承担专项规划、政策决定、监督评价职责，建设、养护、管理、运营等具体执行事项由中央(含中央企业)与地方共同实施。(2)综合交通应急保障。中央与地方共同承担国家应急性交通运输公共服务、军民融合和国防交通动员能力建设与管理、国家特殊重点物资运输保障等职责。(3)综合交通行业管理信息化。中央承担专项规划、政策决定、监督评价职责，建设、维护、管理、运营等具体执行事项由地方实施。
地方事权	公路	(1)国道。地方承担国道(包括国家高速公路和普通国道)的建设、养护、管理、运营、应急处置的相应职责和具体组织实施。地方负责筹集国家高速公路建设中除中央财政出资以外的其余资金，承担普通国道建设、养护、管理、运营中除中央支出以外的其余支出。(2)省道、农村公路、道路运输站场。地方承担专项规划、政策决定、监督评价职责，并承担建设、养护、管理、运营等具体事项的执行实施。(3)道路运输管理。地方承担专项规划、政策决定、监督评价职责，并承担具体事项的执行实施。
	水路	(1)其他内河航道、内河港口公共锚地、陆岛交通码头。(2)客运码头安全检测设施、农村水上客渡运管理。(3)地方管理水域的水上安全监管和搜寻救助。
	铁路	(1)城际铁路、市域(郊)铁路、支线铁路、铁路专用线。建设、养护、管理、运营等具体执行事项由地方实施或由地方委托中央企业实施。(2)由地方决策的铁路公益性运输。(3)其他事项。
	民航	地方承担通用机场相关职责。
	邮政	地方承担邮政普遍服务、特殊服务和快递服务末端基础设施，邮政业环境污染治理等相关职责，负责规划、建设、维护、运营等具体事项的执行实施。
	综合交通	地方承担一般性综合运输枢纽相关职责。
	能力建设	公路、水路、铁路、民航、邮政、综合交通领域地方履职能力建设。

资料来源：2019年6月26日国务院办公厅印发的《交通运输领域中央与地方财政事权和支出责任划分改革方案》。

2022年5月29日国务院办公厅印发《国务院办公厅关于进一步推进省以下财政体制改革工作的指导意见》。

5. 推动建立健全简约高效的基层管理体制

基层是政府间纵向关系的根基，基层治理是国家治理的基石，基层管理体制直接关系地方治理的水平。党的十九届三中全会通过《中共中央关于深化党和国家机构改革的决定》，对构建简约高效的基层管理体制作出部署。2018 年中共中央印发《关于地方机构改革有关问题的指导意见》，要求着眼于服务方便人民群众、符合基层事务特点，构建简约高效的基层管理体制。2019 年 1 月中办、国办印发的《关于推进基层整合审批服务执法力量的实施意见》，提出推进基层整合审批服务执法力量的重点举措。2021 年 4 月 28 日中共中央、国务院印发《中共中央、国务院关于加强基层治理体系和治理能力现代化建设的意见》。

十三届全国人大五次会议审议通过的修改后的《地方组织法》，明确规定了街道办事处的职责以及乡镇政府和市辖区、不设区的市的政府或街道办事处与基层群众性自治组织的工作关系。

6. 完善立法权配置

立法权划分是纵向府际关系涉及的重要问题。

2015 年 3 月 15 日十二届全国人大三次会议修改《中华人民共和国立法法》，增加规定设区的市级人大及其常委会可以制定地方性法规，将“较大的市”的立法权扩大到所有设区的市级；并明确设区的市行使地方立法权的范围，限于“城乡建设与管理、环境保护、历史文化保护等方面的事项”。

2018 年 3 月 11 日十三届全国人大一次会议通过《中华人民共和国宪法修正案》，将设区的市级立法权在宪法中加以确认。

2019 年 10 月 26 日十三届全国人大常委会第十四次会议审议通过《关于国家监察委员会制定监察法规的决定》，明确国家监察委员会制定监察法规的权力，并规定了监察法规的事项范围、制定程序和监督办法等。

2021 年 6 月 10 日十三届全国人大常委会第二十九次会议通过决定，授权上海市人大及其常委会可以依法制定浦东新区法规，在浦东新区实施。同日，十三届全国人大常委会第二十九次会议通过的《中华人民共和国海南自由贸易港法》第 10 条，规定海南省人大及其常委会可以依法制定海南自由贸易港法规，在海南自由贸易港范围内实施。

2023 年 3 月十四届全国人大一次会议对《中华人民共和国立法法》进行修正，完善了全国人大及其常委会专属立法权规定，将只能制定法律事项中的“仲裁制度”修改为“仲裁基本制度”；将设区的市级人大及其常委会可以制定地方性法规的事项范围，扩大到“城乡建设与管理、生态文明建设、历史文化保护、基层治理等方面的事项”;增加规定省级和设区的市级人大及其常委会可以协同制定地方性法规。

7. 统筹区域协调发展

行政区划是纵向府际关系的地域基础,是国家结构的级次单位。党的十八届三中全会通过《中共中央关于全面深化改革若干重大问题的决定》,提出优化行政区划设置,有条件的地方探索推进省直管县(市)体制改革。

为了推进经济发展,国家设立各类经济区划时,考虑与行政区划衔接协调,同时,发挥经济区的特殊功能。党的十八大提出加快实施自由贸易区战略,党的十八届三中、五中全会进一步要求以周边为基础加快实施自由贸易区战略,形成面向全球的高标准自由贸易区网络。国务院2013年8月,正式批准设立中国(上海)自由贸易试验区;2014年12月,国务院批准在天津、广东、福建设立自贸区。2015年12月国务院印发《国务院关于加快实施自由贸易区战略的若干意见》。2016年8月,党中央、国务院决定在辽宁省、浙江省、河南省、湖北省、重庆市、四川省、陕西省设立自贸区;2018年10月,批准在海南设立自贸区;2019年8月,批准在山东、江苏、广西、河北、云南、黑龙江设立自贸区;2020年9月,批准在北京、湖南、安徽设立自贸区。2017年3月28日中共中央、国务院印发通知,决定设立河北雄安新区。2020年6月,中共中央、国务院印发了《海南自由贸易港建设总体方案》。2016年3月十二届全国人大四次会议批准的《中华人民共和国国民经济和社会发展第十三个五年规划纲要》,提出以深入实施西部开发、东北振兴、中部崛起和东部率先的区域发展总体战略为基础,以“一带一路”建设、京津冀协同发展、长江经济带发展为引领,形成沿海沿江沿线经济带为主的纵向横向经济轴带。

党的十九届五中全会通过的《中共中央关于制定国民经济和社会发展第十四个五年规划和二〇三五年远景目标的建议》和十三届全国人大四次会议批准的《中华人民共和国国民经济和社会发展第十四个五年规划和2035年远景目标纲要》,提出深入实施区域重大战略、区域协调发展战略、主体功能区战略,并对加快推动京津冀协同发展、全面推动长江经济带发展、积极稳妥推进粤港澳大湾区建设、提升长三角一体化发展水平、扎实推进黄河流域生态保护和高质量发展以及深入推进西部大开发、东北全面振兴、中部地区崛起、东部率先发展、支持特殊类型地区加快发展和健全区域协调发展体制机制等作出部署。

2022年3月11日十三届全国人大五次会议审议通过的修改后的《地

方组织法》，对省级和设区的市级人大开展协同立法以及县级以上的地方各级人民政府共同建立跨行政区划的区域协同发展工作机制，作出规定。

上述区域重大战略、区域协调发展战略等所涉经济区，承载推动经济发展和改革创新的任务，与政府间纵向关系密不可分。中央通过加强领导和管理，不断推动政府间关系的创新和发展。

8. 推进行政执法体制改革

多年来，各级政府和部门推进依法行政取得长足进展，但仍存在多头多层执法、权责不一、力量分散等问题，这成为制约严格规范公正文明执法的体制性障碍。

《法治政府建设实施纲要（2015—2020 年）》提出，改革行政执法体制，重点在食品药品安全、工商质检、文化旅游、资源环境、农林水利、交通运输、城乡建设、海洋渔业等领域内推行综合执法，支持有条件的领域推行跨部门综合执法。

党的十九届三中全会审议通过的《关于深化党和国家机构改革的决定》，将深化行政执法体制改革作为深化机构改革的重要任务。《深化党和国家机构改革方案》提出整合组建市场监管、生态环境保护、文化市场、交通运输、农业等综合执法队伍等要求。

按中央关于深化党和国家机构改革的有关要求和部署，中办、国办 2018 年 11 ~ 12 月先后印发关于深化文化市场、农业、市场监管、交通运输、生态环境保护等 5 个领域综合行政执法改革的指导意见。

2019 年 1 月中办、国办印发的《关于推进基层整合审批服务执法力量的实施意见》，提出推进行政执法权限和力量向基层延伸和下沉，强化乡镇和街道的统一指挥和统筹协调职责；整合现有站所、分局执法力量和资源，组建统一的综合行政执法机构，按照有关法律规定相对集中行使行政处罚权，以乡镇和街道名义开展执法工作，并接受有关县级主管部门的业务指导和监督；按照依法下放、宜放则放原则，将点多面广、基层管理迫切需要且能有效承接的审批服务执法等权限赋予乡镇和街道，由省级政府统一制定赋权清单，依法明确乡镇和街道执法主体地位。根据上述要求，不少省级地方政府向街道办事处和乡镇政府下放部分行政执法职权并实行综合执法。①

2021 年修改的《中华人民共和国行政处罚法》第 24 条规定，省、自治

① 如根据《北京市人民政府关于向街道办事处和乡镇人民政府下放部分行政执法职权并实行综合执法的决定》，原由城管等执法部门行使的 431 项行政处罚权，下放到街道办事处和乡镇政府，并由其依法行使与之相关的行政检查权，实行综合执法。

区、直辖市根据当地实际情况,可决定将基层管理迫切需要的县级人民政府部门的行政处罚权交由能够有效承接的乡镇人民政府、街道办事处行使。

9. 统筹新冠肺炎疫情防控和经济社会发展

2020 年新冠肺炎疫情发生后,中共中央成立中央应对新型冠状病毒感染肺炎疫情工作领导小组,在中央政治局常委会领导下开展工作,并向湖北等疫情严重地区派出指导组,推动有关地方全面加强防控一线工作;县级以上地方设立由党政主要负责同志挂帅,由本级党委、政府主要负责人、相关部门负责人、当地驻军和武警部队有关负责人组成的疫情防控工作领导小组或指挥部,统一领导、协调各方开展应对工作。

根据宪法关于中央和地方职权划分的原则,传染病疫情防控属于中央和地方共同负责、分级管理的公共卫生事项。国务院成立国务院应对新型冠状病毒感染肺炎疫情联防联控机制,按照中央决策部署和疫情应对处置方案,依法依规指导推进疫情应急性超常规防控和常态化防控各项工作;各地方政府根据相关部署,相继启动重大突发公共卫生事件响应机制,指导落实疫情防控各项工作要求。

10. 健全和完善特别行政区制度

特别行政区是我国享有高度自治权的特别地方区域。《中华人民共和国香港特别行政区基本法》和《中华人民共和国澳门特别行政区基本法》专章对中央与特别行政区的关系作了规定。中央与特别行政区的关系,是我国纵向府际关系中的特殊组成部分。

近年来,全国人大及其常委会切实履行法定职责,贯彻"一国两制"、港(澳)人治港(澳)、高度自治的方针,依法维护国家主权、安全、发展利益。

一是,完善行政长官选举和立法会产生办法。根据《中华人民共和国香港特别行政区基本法》第 45 条和第 68 条的规定,香港特别行政区行政长官和立法会议员的产生办法根据香港特别行政区的实际情况和循序渐进的原则而规定,最终达至由普选产生的目标。2014 年 8 月 31 日,十二届全国人大常委会第十次会议通过《全国人民代表大会常务委员会关于香港特别行政区行政长官普选问题和 2016 年立法会产生办法的决定》,规定从 2017 年开始,香港特别行政区行政长官选举可实行由普选产生的办法。①

① 2015 年 6 月 18 日,2017 年香港特别行政区行政长官产生办法决议案经立法会两日审议后,获 8 票赞成、28 票反对、0 票弃权,未能获 2/3 议员通过。由于行政长官普选的具体办法未能经法定程序获得通过,行政长官的选举继续适用上一任行政长官的产生办法。

二是,建立健全香港特别行政区维护国家安全的法律制度和执行机制。2020年5月十三届全国人大三次会议通过《关于建立健全香港特别行政区维护国家安全的法律制度和执行机制的决定》。2020年6月十三届全国人大常委会第二十次会议审议通过《中华人民共和国香港特别行政区维护国家安全法》,并决定将其列入《中华人民共和国香港特别行政区基本法》附件三,由香港特别行政区在当地公布实施。

三是,完善香港特别行政区选举制度。2021年3月十三届全国人大四次会议通过《全国人民代表大会关于完善香港特别行政区选举制度的决定》。

2021年3月30日,十三届全国人大常委会第二十七次会议通过新的《中华人民共和国香港特别行政区基本法附件一香港特别行政区行政长官的产生办法》《中华人民共和国香港特别行政区基本法附件二香港特别行政区立法会的产生办法和表决程序》。修订后的附件一和附件二,对香港特别行政区实行的新的民主选举制度作出明确具体的规定。

(二)新时代纵向府际关系改革的主要特点

回顾党的十八大以来的发展历程,纵向府际关系改革呈现出如下特点。

1. 坚持增强中央政治权威与下放行政管理权统一部署

中国特色社会主义进入新时代,面临国内改革发展稳定任务艰巨繁重、国际环境复杂性和不确定性增大、风险挑战频仍等新形势,必须坚定维护党中央权威和集中统一领导,保证全党团结统一和行动一致,保证中央决策部署得到迅速有效的贯彻执行。

加强中央的政治权威,包括坚持和完善党领导经济社会发展的体制机制,主要是增强党中央对于党和国家的大政方针、重大部署的集中统一领导,保证各级地方对中央决策部署的有效贯彻。

应当指出,加强中央的政治权威,并不等于行政管理权的集中。马克思主义认为,国家具有政治统治和社会管理的双重职能。这两种职能是辩证统一的关系,权力的集分应体现国家具有的双重职能,做到"统分结合"。

随着市场经济体制的建立和完善,要发挥市场配置资源的决定性作用和更好发挥政府作用,中央不可能完全依靠统一的指令性计划和进行微观管理。于是,就要赋予地方政府更多的自主权,充分发挥地方更贴近实际、更接近居民、更便利获取信息等优势,调动地方的积极性、主动性,因地制宜进行地方事务管理。

对于具体的经济社会事务管理事项，中央推动“放管服”改革。一方面，减少中央或上级政府及部门具体审批事项，最大限度减少政府对市场资源的直接配置，最大限度减少政府对市场活动的直接干预，提高资源配置效率和公平性，激发各类市场主体活力。另一方面，在行政体系内部，中央或上级政府向地方放权，减少微观事务管理，把直接面向基层、量大面广、由地方实施更为便捷有效的经济社会管理事项下放给地方，增强地方治理能力。

2. 坚持政府机构改革与其他机构改革统筹推进

与实行“三权分立”的国家的行政机关不同，我国的行政机关不是相对独立的管理系统。深化各级组织职能配置和机构设置，要统筹推进，对党和国家行政机关的组织、职能和体制进行系统性设计、整体性重构。

为避免政出多门、责任不明、推诿扯皮，防止机构重叠、职能重复、工作重合，要坚持一类事项原则上由一个部门统筹、一件事情原则上由一个部门负责，并加强相关机构配合联动。习近平总书记指出：“要加强党政机构职能统筹，发挥好党的职能部门统一归口协调管理职能，统筹本领域重大工作。”①

同时，除中央有明确规定外，允许地方因地制宜设置机构和配置职能，将其并入同上级机关对口的机构，在规定限额内确定机构数量、名称等。这有利于确保党的工作机关和国家行政机构的设置更加科学、职能更加优化、权责更加协同。为整合优化力量和资源，发挥综合效益，要统筹设置党的有关工作机关与职能相近、联系紧密的政府部门，实行合并设立或合署办公。

3. 坚持财政事权和支出责任合理划分

党的十八大以来，在加快政府职能转变、明确政府和市场作用边界的基础上，按照财力与事权相匹配的要求，围绕解决政府财政事权和支出责任划分、完善地方税体系等问题，进一步理顺各级政府间财政分配关系，深化财税体制改革，推进省以下财政事权和支出责任划分，逐步建立健全了较为规范的转移支付制度。

中央与地方财政事权和支出责任划分改革是建立科学规范府际关系的核心内容，是完善国家治理结构的一项基础性、系统性工程。一方面，建立事权和支出责任相适应的制度，推进中央与地方财政事权和支出责任划

① 习近平：《继续完善党和国家机构职能体系》，载《习近平谈治国理政》（第3卷），外文出版社2020年版，第107页。

分改革，适度加强了中央事权和支出责任，进一步理顺了央地收入划分，完善了转移支付制度，一般性转移支付更加规范，透明度日益提高；特殊转移支付机制资金直达市县基层逐步建立，省以下财力分配机制逐步健全。另一方面，改革和完善税费制度，全面落实税收法定原则；结合全面推开“营改增”改革，增设环境保护税，并深化了国税、地税征管体制改革。

4. 坚持基层探索与顶层设计相互结合

为深化政府间关系各项改革，在工作部署、组织实施上有机衔接，坚持基层探索和顶层设计相结合、问题导向和目标导向相统一、试点先行和全面推进相促进。坚持在中央统一部署下启动影响政府间关系的各项改革，着力增强改革的系统性、协同性；中央适时出台指导性文件（见表9.2），并加强对改革的督促指导。

坚持具体问题具体分析，弄清楚问题的性质或类型：哪些是纵向府际关系中的体制机制弊端造成的，哪些是法规制度不执行或落实不到位造成的，哪些是条件不具备一时半会儿难以解决的。

同时，尊重地方和基层的首创精神，鼓励地方和基层积极探索；条件成熟的全面推开；条件暂不具备的，授权地方先行试点，及时总结经验，渐次推进。

5. 坚持深化改革和法治保障共同促进

法律具有规范、引导、教育和保障等多项功能。经济社会发展的不同阶段，需要立法发挥作用的着力点也有所不同。立法工作及时总结实践经验，把实践证明是成熟、可行的做法以法律规范的形式固定下来。同时，法律对实践具有引导作用，通过调整社会关系、设定价值目标去引领实践，推动纵向府际关系改革发展。

改革的主基调是“变”，变革妨碍政府间关系发展的体制是我国国家治理体系的自我完善；法治的根本点是“定”，一旦确定下来，各级机关都要遵守。

坚持依法推进机构调整、职能转变和体制创新，在法治指引和规范下实施纵向府际关系改革。对立法或修法条件成熟的，按法定权限及时制定、修改行政法规或提请全国人大常委会修改法律。既发挥法治的引领、规范和保障作用，做到重大改革于法有据，又通过纵向府际关系改革加强和完善法治。

表 9.2　党的十八大以来涉及政府间纵向关系改革的文件（2013～2022 年）

会议或机构	通过或印发时间	文件名称
党的十八届三中全会	2013－11－12	《中共中央关于全面深化改革若干重大问题的决定》［"优化行政区划设置，有条件的地方探索推进省直接管理县（市）体制改革"；"建立事权和支出责任相适应的制度"］
党的十八届四中全会	2014－10－23	《中共中央关于全面推进依法治国若干重大问题的决定》（"实践条件还不成熟、需要先行先试的，要按照法定程序作出授权"；"推进各级政府事权规范化、法律化，完善不同层级政府特别是中央和地方政府事权法律制度"）
党的十八届五中全会	2015－10－29	《中共中央关于制定国民经济和社会发展第十三个五年规划的建议》（"建立事权和支出责任相适应的制度，适度加强中央事权和支出责任"；"调动各方面积极性，考虑税种属性，进一步理顺中央和地方收入划分"；"建立规范的地方政府举债融资体制"）
党的十九次全国代表大会	2017－10－18	党的十九大报告（"建立权责清晰、财力协调、区域均衡的中央和地方财政关系"；"赋予省级及以下政府更多自主权"）
党的十九届三中全会	2018－02－28	《中共中央关于深化党和国家机构改革的决定》（"科学设置中央和地方事权，理顺中央和地方职责关系，更好发挥中央和地方两个积极性"；"赋予省级及以下机构更多自主权"；"构建简约高效的基层管理体制"；"规范垂直管理体制和地方分级管理体制。理顺和明确权责关系，属于中央事权、由中央负责的事项，中央设立垂直机构实行规范管理，健全垂直管理机构和地方协作配合机制。属于中央和地方协同管理、需要地方负责的事项，实行分级管理，中央加强指导、协调、监督"）
十三届全国人大一次会议	2018－03－11	《中华人民共和国宪法修正案》（"设区的市的人民代表大会和它们的常务委员会，在不同宪法、法律、行政法规和本省、自治区的地方性法规相抵触的前提下，可以依照法律规定制定地方性法规，报本省、自治区人民代表大会常务委员会批准后施行"）

续表

会议或机构	通过或印发时间	文件名称
党的十九届四中全会	2019－10－31	《中共中央关于坚持和完善中国特色社会主义制度、推进国家治理体系和治理能力现代化若干重大问题的决定》（“优化行政区划设置”；“实行扁平化管理”；“健全充分发挥中央和地方两个积极性体制机制。理顺中央和地方权责关系”；“赋予地方更多自主权，支持地方创造性开展工作”；“优化政府间事权和财权划分，建立权责清晰、财力协调、区域均衡的中央和地方财政关系，形成稳定的各级政府事权、支出责任和财力相适应的制度”）
十二届全国人大四次会议	2016－03－16	《中华人民共和国国民经济和社会发展第十三个五年规划纲要》（“建立事权和支出责任相适应的制度，适度加强中央事权和支出责任”；“结合税制改革，考虑税种属性，进一步理顺中央和地方收入划分”；“完善中央对地方转移支付制度，规范一般性转移支付制度”；“健全省以下财力分配机制”；“完善地方税体系，推进房地产税立法”；“完善中央与地方金融管理体制”）
国务院	2016－08－16	《国务院关于推进中央与地方财政事权和支出责任划分改革的指导意见》
国务院办公厅	2018－01－27	《基本公共服务领域中央与地方共同财政事权和支出责任划分改革方案》
国务院办公厅	2018－07－19	《医疗卫生领域中央与地方财政事权和支出责任划分改革方案》
国务院办公厅	2019－05－22	《科技领域中央与地方财政事权和支出责任划分改革方案》
国务院办公厅	2019－05－24	《教育领域中央与地方财政事权和支出责任划分改革方案》
国务院办公厅	2019－06－26	《交通运输领域中央与地方财政事权和支出责任划分改革方案》
国务院办公厅	2020－05－31	《生态环境领域中央与地方财政事权和支出责任划分改革方案》
国务院办公厅	2020－06－04	《公共文化领域中央与地方财政事权和支出责任划分改革方案》
国务院办公厅	2020－06－30	《自然资源领域中央与地方财政事权和支出责任划分改革方案》

续表

会议或机构	通过或印发时间	文件名称
国务院办公厅	2020－07－04	《应急救援领域中央与地方财政事权和支出责任划分改革方案》
中共中央、国务院	2020－05－11	《中共中央、国务院关于新时代加快完善社会主义市场经济体制的意见》（"适当加强中央在知识产权保护、养老保险、跨区域生态环境保护等方面事权，减少并规范中央和地方共同事权"；"健全地方税体系，调整完善地方税税制，培育壮大地方税税源，稳步扩大地方税管理权"；"依法依规界定中央和地方金融监管权责分工，强化地方政府属地金融监管职责和风险处置责任"；"健全重大改革特别授权机制，对涉及调整现行法律法规的重大改革，按法定程序经全国人大或国务院统一授权后，由有条件的地方先行开展改革试验和实践创新"）
党的十九届五中全会	2020－10－29	《中共中央关于制定国民经济和社会发展第十四个五年规划和二〇三五年远景目标的建议》（"明确中央和地方政府事权与支出责任，健全省以下财政体制"；"健全地方税、直接税体系，优化税制结构"；"完善转移支付制度"；"优化行政区划设置"）
十三届全国人大四次会议	2021－03－11	《中华人民共和国国民经济和社会发展第十四个五年规划和2035年远景目标纲要》（"建立权责清晰、财力协调、区域均衡的中央和地方财政关系"；"健全省以下财政体制"；"完善财政转移支付制度，优化转移支付结构，规范转移支付项目"；"推进房地产税立法，健全地方税体系，逐步扩大地方税政管理权"）
国务院	2021－03－07	《国务院关于进一步深化预算管理制度改革的意见》（"进一步优化转移支付体系，完善转移支付资金分配方法，健全转移支付定期评估和动态调整、退出机制"；"健全地方政府依法适度举债机制"，"防范化解地方政府隐性债务风险"）
中共中央、国务院	2021－04－28	《中共中央、国务院关于加强基层治理体系和治理能力现代化建设的意见》［"增强乡镇（街道）行政执行能力"；"增强乡镇（街道）为民服务能力"；"增强乡镇（街道）议事协商能力"；"增强乡镇（街道）应急管理能力"；"增强乡镇（街道）平安建设能力"］

续表

会议或机构	通过或印发时间	文件名称
中共中央、国务院	2022－03－25	《中共中央、国务院关于加快建设全国统一大市场的意见》（“加快建立全国统一的市场制度规则，打破地方保护和市场分割”）
国务院办公厅	2022－05－29	《国务院办公厅关于进一步推进省以下财政体制改革工作的指导意见》（“清晰界定省以下财政事权和支出责任”，“合理划分省以下各级财政事权”，“明晰界定省以下各级财政支出责任”；“理顺省以下政府间收入关系”，“参照税种属性划分收入”，“规范收入分享方式”，“适度增强省级调控能力”；“完善省以下转移支付制度”，“厘清各类转移支付功能定位”，“优化转移支付结构”，“科学分配各类转移支付资金”；“建立健全省以下财政体制调整机制”，“建立财政事权和支出责任划分动态调整机制”，“稳步推进收入划分调整”，“加强各类转移支付动态管理”；“规范省以下财政管理”）
党的二十次全国代表大会	2022－10－16	党的二十大报告（“深化简政放权、放管结合、优化服务改革”；“完善财政转移支付体系”；“优化政府职责体系和组织结构，推进机构、职能、权限、程序、责任法定化”）

资料来源：根据2013～2022年中共中央、国务院文件整理。

三、纵向府际关系的深化改革

我国是一个地域大国、人口大国和综合国力强国，推进纵向府际关系改革在新时代新征程具有紧迫性，但这又是一项长期战略任务。因此，应当重视纵向府际关系改革的顶层设计和总体规划。

林尚立提出：“像中国这样大型的国家以单一制的国家结构形式推行市场经济和现代化发展，世界上没有第二个国家。这就要求中国的发展必须具有更高、更长远的战略意识来考虑府际关系的重构和优化，以使中国的单一制国家结构既能创造有效的市场经济发展，也能创造有效的社会建设。”①

重视纵向府际关系改革的顶层设计和总体规划，就是以战略视野、全局观念、创新思维对改革的各方面、各层次、各要素进行统筹考虑，制定近期和远期规划，进一步明确我国纵向府际关系改革的整体思路、基本方向、

① 林尚立：《重构府际关系与国家治理》，载《探索与争鸣》2011年第1期。

关键领域、重点任务、先后顺序等，全面系统而又积极稳妥地推进改革。

(一)坚持宪法确立的“两个积极性”原则

1. 处理纵向府际关系的根本遵循

中华人民共和国成立70多年来，党和国家对处理好纵向府际关系特别是中央与地方关系高度重视。

1956年毛泽东同志提出“中央和地方两个积极性”的著名论断，发挥“两个积极性”成为我国处理中央与地方关系的基本遵循。

党的十一届三中全会以来，我们始终坚持发挥“两个积极性”的原则要求，并在经济体制、党和国家机构改革以及其他改革中加以体现。

1982年《中华人民共和国宪法》第3条第4款确立了“中央和地方的国家机构职权的划分，遵循在中央的统一领导下，充分发挥地方的主动性、积极性的原则”，这标志着“两个积极性”从政治决策转变为宪法原则，并逐步走向制度化。

党的十八大以来，党和国家在处理纵向府际关系中充分调动中央和地方“两个积极性”，并赋予其新的制度内涵。

党的十八届三中全会提出“建立事权和支出责任相适应的制度”；党的十八届四中全会明确要“推进各级政府事权规范化、法律化，完善不同层级政府特别是中央和地方政府事权法律制度”；党的十九大强调要“建立权责清晰、财力协调、区域均衡的中央和地方财政关系”；党的十九届三中全会明确提出“理顺中央和地方职责关系”；党的十九届四中全会进一步提出“构建从中央到地方权责清晰、运行顺畅、充满活力的工作体系”，“健全充分发挥中央和地方两个积极性体制机制”；党的二十大明确要求“深化简政放权、放管结合、优化服务改革”。这一系列新思路、新战略、新举措的提出，使中央与地方职能分工逐步清晰，政府间纵向关系日益规范。

作为国家治理的重要基础和核心要素之一，纵向府际关系处理，事关国家统一、政治稳定、经济社会发展。

中国特色社会主义进入新时代，更好发挥“两个积极性”，是切实解决发展不平衡不充分问题的迫切需要，是有效应对国内外风险挑战的客观要求，也是推进国家治理体系和治理能力现代化的重大课题。正确认识和妥善处理“统—分”“放—管”“条—块”“条—条”“块—块”“事—财”“权—责”等关系，需要不断深入思考、勇于探索实践，遵循宪法确立基本原则，实现中央统一领导与地方主动性、积极性的有机结合和良性互动。

2. 发挥“两个积极性”的基本要求

更好地坚持发挥“两个积极性”原则的基本要求是，既要有体现全国利益的统一性，又要有统一领导下兼顾局部利益的灵活性；既要维护中央统一领导，又要赋予地方更多自主权。

健全充分发挥“两个积极性”体制机制，要坚持以下原则要求：

第一，要坚定维护中央权威和统一领导。“事在四方，要在中央”。我国是统一的多民族国家，实行单一制的国家结构形式；在发挥中央和地方“两个积极性”的过程中，中央统一领导是核心和主导。

有学者认为，“党的十八大以来，中央政治权威的提升既是改革逻辑的内在要求，也是中央与地方关系的显著特征”。①

坚持中央统一领导，首要的是坚持党中央集中统一领导。为了统一全党全国各族人民的意志和行动，增强国家凝聚力和政治执行力，要健全党中央对深化改革、依法治国、经济、农业农村、纪检监察、组织、宣传思想文化、国家安全、政法、统战、民族宗教、教育、科技、网信、外交、金融、审计等重大工作的领导体制，完善党中央决策议事协调机构，加强党中央对重大工作的集中统一领导；要完善推动中央重大决策落实机制，坚决杜绝有令不行、有禁不止、弄虚作假、阳奉阴违等问题；要严格执行重大事项请示报告制度，对2022年3月11日十三届全国人大五次会议审议通过的修改后的《地方组织法》第69条第3款规定的“地方各级人民政府实行重大事项请示报告制度”，要认真贯彻执行。

第二，要坚持统筹兼顾、协调各方。坚持中央在纵向府际关系的政治决策、立法和重大事项决定上的专属权，适度加强中央政府承担基本公共服务的职责和能力；加强中央宏观事务管理，维护国家制度统一、政令统一、市场统一。地方要按照中央的统一部署行权施策，切实强化全局观念、大局意识，反对地方保护主义、部门利益主义，防止地方利益、部门利益凌驾于大局利益之上，纠正为了地区利益而不顾整体利益和损害其他地区利益的错误倾向。

第三，要尊重地方和基层首创精神。要赋予省级及以下地方更多自主权，充分调动和发挥地方和基层的积极性、主动性，支持地方创造性开展工作。

尊重地方和基层首创精神与坚持中央统一领导具有内在一致性。中央统一领导主要是强调顶层设计，注重大政方针、基本原则、发展方向等宏观层面；地方和基层首创精神主要是强调地方的具体操作办法、实施措施

---

① 韩奇：《市场化转型中的中央权威再造——基于中国中央—地方关系的考察》，载《科学社会主义》2021年第1期。

和执行过程。两者相互支撑、并行不悖。只有坚持中央统一领导，才能保证国家制度统一、政令统一和市场统一，促进经济政治有序运行和协调发展。同时，充分调动地方的能动性和创造性，鼓励地方在坚持全国统一法律、政策、原则的前提下，从自身条件和实际出发进行改革、探索，为全国性的改革提供经验、示范和借鉴。这有利于全国在更高层面和核心领域形成新的统一，逐步形成既规范有序又充满活力的良性互动机制。

第四，要优化政府间事权和财权划分，逐步建立权责清晰、财力协调、区域均衡的中央和地方财政关系。为此，要建立事权和支出责任相适应的制度，推进中央与地方财政事权和支出责任划分改革。

3. 实现立法和纵向府际关系改革决策相衔接

全面推进依法治国与全面深化改革形成驱动中国经济社会改革发展的“双轮”。深化纵向府际关系改革需要法治保障，法治也需要在改革发展中不断完善。

一是，要正确推进纵向府际关系改革，坚持改革是社会主义制度的自我完善和自我发展的定位。

习近平总书记在中国政法大学考察时指出：“我们有我们的历史文化，有我们的体制机制，有我们的国情，我们的国家治理有其他国家不可比拟的特殊性和复杂性，也有我们自己长期积累的经验和优势……对世界上的优秀法治文明成果，要积极吸收借鉴，也要加以甄别，有选择地吸收和转化，不能囫囵吞枣、照搬照抄。”①

理顺纵向府际关系，推进各级政府事权规范化、法律化，既要放眼世界更要立足国情，既要做好当下也要着眼未来；坚持一般惯例与特殊国情结合、与时俱进与一脉相承衔接、近期改革与远景规划统一、重点突破与全面推进协调，充分考虑各项事权的内在属性和外部性、管理信息复杂程度等因素，完善不同层级政府特别是中央和地方政府事权法律制度。

纵向府际关系领域的改革政治性、政策性强，必须坚持基本原则、把握正确方向、重视理论指导，不能把改革变成“对标”域外地方制度、“追捧”西方治理模式；同时，要避免“试图将中国经验的销子插入西方理论的洞口”，②而导致分析工具缺乏实际解释力。

二是，要有序推进纵向府际关系改革。该中央统一部署的纵向府际关系改革，地方或政府部门不要“抢跑”，该尽早推进的不要拖延，该试点的

---

① 《习近平在中国政法大学考察》，载《人民日报》2017 年 5 月 4 日，第 1 版。

② ［美］托尼·赛奇、邵明阳：《盲人摸象：中国地方政府分析》，载《经济社会体制比较》2006 年第 4 期。

不要仓促推开，该深入研究后再推进的不要急于求成；要认真执行中央要求，不要对政府间纵向关系改革的要求缺乏清楚认知，就盲目推进。

三是，要协调推进纵向府际关系改革。注重纵向府际关系改革的关联性和耦合性，把握全局；善于把自觉维护中央大政方针的统一性、严肃性和因地制宜、充分发挥地方主动性结合起来。

四是，要依法推进纵向府际关系改革。该得到法律授权的不要超前推进；凡属重大改革都要于法有据，在整个纵向府际关系改革过程中要高度重视运用法治思维和法治方式，加强对相关立法工作的协调。

实现立法和改革决策相衔接，要确保在纵向府际关系改革总体框架内推进立法工作，使法治建设不偏离正确方向、改革不偏离法治轨道。

（二）合理划分政府职权

贯彻《中华人民共和国宪法》确立的“两个积极性”原则，要科学厘清政府与市场边界，围绕使市场在资源配置中起决定性作用和更好发挥政府作用，处理好政府与市场、政府与社会的关系，加快政府职能转变。

使市场在资源配置中起决定性作用，就要建立和维护统一市场，促进要素自由流动，完善价格主要由市场决定等各项制度。

更好发挥政府作用，要求政府投入要重点支持市场不能有效配置资源的领域，切实将政府职责和作用聚焦于保持宏观经济稳定，完善经济调节，加强和优化公共服务，保障公平竞争，加强市场监管，维护市场秩序，推动可持续发展，促进共同富裕，弥补市场失灵。

在科学厘清政府与市场边界基础上，理顺行政体系内部纵向职权关系。职权纵向划分是政府间关系有效运转的基础和支撑，是理顺纵向府际关系的逻辑起点和前置条件。只有做到职权明确划分，才能相应界定各级政府的支出责任，确定财力与事权相匹配的程度，满足各级政府履行事权的财力需求。

然而，“一些领域中央和地方机构职能上下一般粗，权责划分不尽合理”。[①] 针对实践中，有些政府事权纵向划分不清晰、事权划分不合理、中央事权明显不足等问题，应在完善中央决策、地方执行的机制基础上，按照中央统一领导、充分发挥地方主动性及积极性的原则，明确中央和地方对宏观管理、经济调节、市场监管、社会管理、公共服务和生态环保等职能分工。

具体来讲，我国纵向府际关系改革，有以下几个着力点：[②]

① 参见《中共中央关于深化党和国家机构改革的决定》。

② 参见楼继伟：《推进各级政府事权规范化法律化》，载《人民日报》2014年12月1日，第7版。

一是，适度加强中央事权，强化中央政府制度设定职责和宏观事务的管理权，提升能力建设水平。我国是统一的多民族国家，国家法律、行政法规、部门规章和规划、政策等的制定，属于中央专属事权；涉及国家主权、经济总量控制、重大国计民生、区域协调发展、维护生态环境安全等领域的事务，必须完整集中到中央，以加强国家统一管理，确保国家制度统一、政令统一、市场统一。要强化中央政府宏观管理职责和能力，增强中央宏观事务管理前瞻性、科学性、协同性，强化宏观管理措施的权威性和有效性。中央政府要着力谋全局、抓大事、管宏观，既要立足当前更要注重顶层设计和长远规划。

二是，减少并规范中央与地方共同事权；强化中央在国防、外交、国家安全、关系全国统一市场等领域的管理权；在此基础上，进一步将某些外溢性强的基本公共服务，如国防公路、大江大河大湖等流域管理、全国性战略资源、重大公共卫生服务（全国性或跨区域重大传染病疫情防控）等，确定或上划为中央事权；适当加强中央在知识产权保护、养老保险、跨区域生态环保等方面的事权；依法依规界定中央和地方金融监管权责分工，建立以中央金融管理部门地方派出机构为主的地方金融监管体制，地方政府设立的金融监管机构专司监管职责；以实现基本公共服务均等化为目标，把基本公共服务兜底类事权上收为中央事权。

三是，强化省级政府统筹推进区域内基本公共服务均等化职责。我国幅员辽阔、情况复杂、各省级地方发展不平衡。省级政府作为地方行政建制的最高层级，在“中央—省级—省级以下地方”的政府职权纵向链条中，处于中枢地位，具有承上启下的作用。各省、自治区和直辖市要在中央统一领导下，在国家统一的宪法体制框架内，贯彻落实中央决策部署，打破“中梗阻”；要充分发挥主动性、积极性，有针对性地加强省级经济调节和区域管理，统筹、协调并理顺条块关系；要树立全局意识，破除本位主义和地方保护主义，维护好市场统一和公平竞争。

省级政府要结合本省以下实际，合理划分各领域省以下各级政府的事权；对直接面向基层、量大面广、由下级政府管理更方便有效的经济社会事项，一律下放到下级政府和基层管理；要推进省以下财政体制改革，解决“放权不放钱”问题，抓好中央转移支付资金直达基层，使省级以下政府财源与事权相匹配。

四是，强化市县政府职责。市县政府直接面向基层，直接服务社会公众，必须强化执行职责。要增强市县政府执行国家法律、行政法规和上级政策的责任感，严格依法行政，打通“最后一公里”。

以环境污染防治为例，跨国界水体污染防治应确认为中央事权；放射性污染防治，影响较大的重点区域大气污染防治，长江、黄河等重点流域以及重点海域、影响较大的重点区域水污染防治等事项，应确认为中央与地方共同事权；适当加强中央在长江、黄河等跨区域生态环境保护和治理方面的事权；土壤污染防治、农业农村污染防治、固体废物污染防治、化学品污染防治、地下水污染防治以及其他地方性大气和水污染防治，应确认为地方事权，但由中央财政通过转移支付给予支持；噪声、光、恶臭、电磁辐射污染防治等事项，应确认为地方事权。各省级政府，结合省以下实际，合理划分环境污染防治领域省以下事权。

（三）赋予省级及以下地方更多自主权

党的二十大报告强调"深化简政放权、放管结合、优化服务改革"，这意味着省级及以下地方将被赋予更多自主权。[①]

赋予省级及以下地方更多自主权，支持地方创造性开展工作，是健全充分发挥"两个积极性"体制机制的一项重要制度安排，既是经验总结也是现实需要。

改革开放以来，我国中央和地方关系经历了由放权让利、"分灶吃饭"、分税制、合理划分中央与地方财政事权和支出责任等阶段，比较好地调动了中央和地方"两个积极性"。

坚持中央统一领导、坚持"全国一盘棋"，调动各方面积极性，是我国国家制度和国家治理体系的显著优势的重要体现。

我国幅员辽阔、人口众多，各地自然资源禀赋差别大、发展起点不同，经济社会发展不平衡，各种情况复杂。在坚决维护中央权威和统一领导，保证中央令行禁止，确保中央决策部署落到实处的前提下，赋予地方更多自主权，让地方从实际出发创造性开展工作，也是考虑了以下的现实情况：

一是，中央政府部门履行宏观事务管理和制定规划、政策职责，出台的面向全国的政策要照顾到各地区的差别，往往具有宏观性和原则性，需要由各个地方结合具体情况和实际需要，进行具体化和细化，加以贯彻落实。

二是，中央和地方有关信息不对称，一些事项特别是地方性事务，由最贴近信息源头的地方党委和政府来决策有利于提升治理效能。反之，如果中央政府部门管得过多过细，由于纵向链条长，可能会增大信息损耗，甚至

① 此前，党的十九大报告提出"赋予省级及以下政府更多自主权"；党的十九届三中全会提出"赋予省级及以下机构更多自主权"，"增强地方治理能力，把直接面向基层、量大面广、由地方实施更为便捷有效的经济社会管理事项下放给地方"；党的十九届四中全会进一步要求"赋予地方更多自主权，支持地方创造性开展工作"。

会产生决策失误或迟滞。

三是，对外溢性比较强的全国重大公共事务，需要在中央层面进行顶层设计和统一管理；但是对一些直接面向基层、面广量大的区域性经济社会管理事项，其外溢影响并不明显，可以下放给地方。

四是，某些领域的工作具有试验性和探索性，一时尚不能在全国实施，需要由中央划出底线、作出授权；地方在授权框架下先行先试、创造经验，为在全国推开创造条件。

赋予省级及以下地方更多自主权，就是要把直接面向基层、量大面广、由地方实施更为便捷有效、地方切实需要也能够有效承接的事项下放给地方，特别是行政许可、公共服务、市场监管、综合行政执法、社会治理等具体事项要逐级下放，增强地方治理能力。

以传染病及突发公共卫生事件报告和处理为例。根据《中华人民共和国传染病防治法》第 19 条，国务院卫生行政部门和省级人民政府根据传染病发生、流行趋势的预测，及时发出传染病预警，根据情况予以公布；第 38 条规定，传染病暴发、流行时，国务院卫生行政部门负责向社会公布传染病疫情信息，并可以授权省级地方人民政府卫生行政部门向社会公布本行政区域的传染病疫情信息。2018 年 7 月 19 日国务院办公厅印发的《医疗卫生领域中央与地方财政事权和支出责任划分改革方案》，将“传染病及突发公共卫生事件报告和处理”，列为“中央与地方共同财政事项”。

但鉴于有些传染病发病突然、传染快等特点，应强化疫情防控属地责任和快速应对。按照“认真评估传染病防治法的修改完善”的要求，应当修改《中华人民共和国传染病防治法》；除国务院卫生行政部门、省级政府公布传染病预警和国务院、省级卫生行政部门公布传染病疫情信息外，还要依法赋予县级以上地方各级政府及卫生行政部门传染病预警公布权和传染病疫情信息公布权。同时，整合卫生行政部门、疾控机构和医疗机构职责，将疫情防控关口前移，赋予疾控机构、医疗机构提出预警和其他防控对策建议的职责。

（四）建立权责清晰、财力协调、区域均衡的中央和地方财政关系

1994 年实施的分税制改革，统一了税制，明确了中央和地方收入划分，奠定了中央财力权威，推动了基本公共服务均等化。但受客观条件约束，对事权和支出责任未作出相应的划分。为此，《中共中央关于坚持和完善中国特色社会主义制度、推进国家治理体系和治理能力现代化若干重大问题的决定》，提出“建立权责清晰、财力协调、区域均衡的中央和地方财政关系”的目标。

建立权责清晰、财力协调、区域均衡的中央和地方财政关系的主要任务，一是，要做到权责清晰，合理划分各领域中央和省级地方、各级地方事权和支出责任。二是，要实现财力协调，形成与承担职责相适应的财政体制。对各层级政府事权和支出责任详列清单，清晰具体划分各级政府的事权及其相应的支出责任。三是，要促进区域均衡，稳步提升区域间基本公共服务均等化水平。①

四、纵向府际关系的法治建构

（一）纵向府际关系法治化的意义

纵向府际关系的法治建构，是市场经济发展的必然要求，也是政治文明建设的题中应有之义。纵向府际关系的法治建构，是建立科学、合理、稳定的中央与地方关系的重要保障。

许多国家的纵向府际关系主要通过宪法或法律规范。《世界地方自治宣言》提出："地方政府的基本职能及改变这些职能的程序应由宪法或法律规定。"

全面推进依法治国，在纵向府际关系中的任务是，"推进各级政府事权规范化、法律化，完善不同层级政府特别是中央和地方政府事权法律制度"。②

1. 推进国家治理体系现代化的必然选择

中华人民共和国成立以来，在长期实践中，我国中央与地方政府间事权关系不断调整，这对完成各个时期的任务、推进社会主义革命和建设发挥了十分重要的作用。但这种调整往往采取政治选择而非依法规范的方式，政府间事权关系难以避免"一统就死、一放就乱"的循环。

改革开放以来，我国虽然在《中华人民共和国宪法》和各级组织法层面，对政府事权作了原则划分，但过于笼统。

实践中，由《中华人民共和国宪法》规定"国务院规定中央和省、自治区、直辖市国家行政机关职权的具体职权"还未得到落实；多依据效力较低的规范性文件而非较高权威和效力的法律规范处理府际关系，这导致事权划分的可预期性、稳定性、刚性不足。

市场经济的本质是法治经济。各国现代化的进程表明，纵向府际关系只有建立在制度化、法治化的基础上，才能成就现代化的法治国家。

---

① 楼阳生：《健全充分发挥中央和地方两个积极性体制机制》，载《人民日报》2019 年 12 月 5 日，第 9 版。

② 参见《中共中央关于全面推进依法治国若干重大问题的决定》。

按照党的二十大提出的“在法治轨道上全面建设社会主义现代化国家”的要求，建立科学规范的纵向府际关系，要科学界定公共权力的边界，并实现权力的合理配置和规范运行。

公共权力纵向配置就是要明确政府职权的合理划分，它不仅包括国务院和地方各级行政机关这一狭义的政府之间的职权划分，还涉及立法、司法、政党组织等广义公共服务部门，属于“大政府”的范畴。

从行政性放权逐步走向制度化分权，是历史发展的必然选择。要通过完善立法、明确事权，推进各级政府事权规范化、法律化，加快形成分工合理、权责一致、运转高效、法律保障的国家权力纵向配置体系与运行机制，实现国家治理体系和治理能力现代化。

2. 建立科学、合理、稳定的纵向府际关系的保障

纵向府际关系的调整伴随我国改革开放的每一过程，如何科学合理地划分政府职权，需要不断探索和完善。

党和国家历来十分重视处理好纵向府际关系包括中央与地方关系。特别是改革开放以来，坚持解放思想、实事求是，极大激发了地方和基层的积极性和创造性；但这种调整更多是行政性的放权，而不是制度化的权力划分，有的是缺乏改革整体谋划的权宜之策，带有某些应时性；一些权力下放、调动地方积极性的举措没有落实到位。

以改革开放以来政府间纵向关系的调整为例。1987 年党的十三大报告提出“凡是适宜于下面办的事情，都应由下面决定和执行，这是一个总的原则。在中央和地方的关系上，要在保证全国政令统一的前提下，逐步划清中央和地方的职责，做到地方的事情地方管，中央的责任是提出大政方针和进行监督”。这个总原则和要求，应一以贯之贯彻落实。

有学者从理论上分析以宪法为基础的政治性分权和以法律制度为基础的行政性分权，认为制度化分权是采用稳定的、规范的制度实现行政权力的分割、行使和监督，保障中央、地方在具有较强刚性的制度环境中行使权力并接受监督。①

实践证明，法治体系是国家治理体系的骨干工程。纵向府际关系的法治化，是正确处理政府间关系的重要目标，也是建立科学、合理、稳定的政府间关系的保障。

---

① 鲁敏：《从行政性放权到制度化分权：中央与地方权力关系改革趋势分析》，载《理论导刊》2015 年第 2 期。

3. 全面推进依法治国的内在要求

依法治国的重点是依法治权，扎实推进依法行政、全面建设法治政府是全面推进依法治国、建设法治国家的重要环节。法治政府的最基本特征就是各级政府自觉维护宪法法律的权威，职权法定，严格依法办事，防止权力滥用。

中华人民共和国成立以来，我国几次纵向府际关系大的调整，都是通过政策来实现的，可以说，政策选择、行政思维一定程度上取代着法律的功能。随着依法治国的全面推进，应建立相应的法律机制逐步落实宪法的有关原则，通过《中华人民共和国宪法》或宪法相关法明确中央与地方的立法权、行政权划分，逐步实现政府间纵向关系的法治化、规范化。

实现纵向府际关系法治化，就是要以宪法或宪法相关法的形式将中央与各级地方各自的职权范围、组织结构和运作方式等明确下来，形成法定的纵向府际关系。在此基础上形成中央和各级地方之间长期稳定的互动、合作机制。

2004 年 3 月 22 日国务院印发的《全面推进依法行政实施纲要》，曾将“中央政府和地方政府之间、政府各部门之间的职能和权限比较明确”，列为基本实现建设法治政府的目标之一，并要求“合理划分和依法规范各级行政机关的职能和权限”。该实施纲要确立的建设法治政府的内涵非常丰富，其中纵向府际关系的法治建构是衡量法治政府的基本标准之一。

推进各级政府事权规范化、法律化，完善不同层级政府特别是中央和地方政府事权法律制度，才能让行政权力在法律和制度的框架内运行，才能实现法治政府建设的目标。

4. 建立现代财政制度的重要支撑

财政是国家治理的重要基础，财税体制改革是全面深化改革的重点之一，而建立事权与支出责任相适应的制度是深化财税体制改革、建立现代财政制度的重中之重。

事权划分是现代财政制度有效运转的重要支撑，是理顺府际财政关系的前提条件。只有明确各级政府的事权，才能相应确定本级政府的支出责任，并合理选择转移支付方式，确定财力与事权相匹配的程度，满足各级政府履行职权的财力需求，实施相应的预算管理。要完成党中央、国务院提出的深化财税体制改革的任务，实现建立现代财政制度的目标，必须积极稳妥推进各级政府职权的规范化、法律化。

（二）纵向府际关系法治化的基本进路

纵向府际关系法治化，是一个庞大的制度体系。换言之，纵向府际关系法治化，不仅包含处理纵向关系的基本原则、地域结构、机构、事权划分、监督、合作等诸多要素，也涉及政治、财政、司法和改革等复杂关系。实现我国纵向府际关系法治化，无疑是一项艰巨复杂的任务。

根据“全面推进依法治国”的总目标，推进纵向府际关系法治化，可以遵循循序渐进的基本进路。

1. 整合和充实政府间纵向关系总体原则

在我国，主要规范纵向府际关系的总体原则的是《中华人民共和国宪法》第 3 条第 4 款关于“中央和地方的国家机构职权的划分，遵循在中央的统一领导下，充分发挥地方的主动性、积极性的原则”的规定。

该款涉及“中央的统一领导”与“充分发挥地方的主动性、积极性”两个方面，即通常说的“两个积极性”原则。

无论是坚持“中央的统一领导”，还是“充分发挥地方的主动性、积极性”，主要涉及三个核心要素：中央和地方的国家机构按照民主集中制原则产生；各级国家权力机关和国家行政机关等具有法定的职权；行使这些职权的方式以及履行这些职责所需的资源。而这需要通过对纵向府际关系的原则进行宪法解析并加以整合，在此基础上加以完善。

民主集中制，不仅是国家机构的组织活动原则，也是党的组织活动原则。对“中央的统一领导”，要遵循基本的法学解析规则，要与宪法发展与时俱进。

党的十八届四中全会将“善于运用民主集中制原则维护中央权威、维护全党全国团结统一”作为全面推进依法治国的基本原则的重要内容。

2018 年《中华人民共和国宪法修正案》在第 1 条中增加规定：“中国共产党领导是中国特色社会主义最本质的特征”。此前，在序言中，“中国共产党领导”有 5 处表述；此外，“……各政党和各社会团体、各企业事业组织，都必须以宪法为根本的活动准则，并且负有维护宪法尊严、保证宪法实施的职责”中，“各政党”也包括了执政的中国共产党。此次修改宪法，在总纲中表述“中国共产党领导”，是在原有基础上的强化、深化和拓展，充分体现了中国共产党领导的根本性、全面性和时代性，也对《中华人民共和国宪法》第 3 条第 4 款产生了重要影响。

此处的“中央的统一领导”，除了表现为国务院即中央人民政府统一领导全国各级国家行政机关、全国人大及其常委会行使国家立法权、中央军委领导全国武装力量等内涵外；在修宪后，还强化了中共中央的集中统一领导。

中国共产党作为执政党，拥有《中华人民共和国宪法》和《中国共产党章程》规定的领导权和执政权。中共中央对包括纵向关系在内的涉及党和国家事业发展的重大问题和事项，实行集中统一领导：（1）涉及纵向关系的重大方针政策问题，只有党中央有权作出决定和解释；（2）凡立法涉及纵向关系重大体制和重大政策调整的，必须报党中央讨论决定；（3）中央全面依法治国委员会、中央全面深化改革委员会等决策议事协调机构，在党中央领导下，负责纵向关系中涉及的重大工作的顶层设计、统筹协调、整体推进和督促落实。

党中央在宪法和法律的范围内活动，并保证国家的立法、行政等机关积极主动地、独立负责地、协调一致地工作；涉及纵向关系的重大立法、选举或任免、监督等事项，由最高国家权力机关全国人大及其常设机关全国人大常委会依法进行；涉及政府间纵向关系的经常性工作和具体行政职权划分由国务院及其部门按照《中华人民共和国宪法》和《中华人民共和国国务院组织法》规定的职责权限进行决策和管理。

同时，“中央的统一领导”，不限于中央和地方的国家机构职权的划分，还体现在正确处理中央和地方的国家机构的其他关系，包括中共中央统揽国家治理，实行政治领导、经济领导、组织领导和其他领导。因此，需要对《中华人民共和国宪法》第 3 条第 4 款作出解释或修改。

除了通过宪法整合并修改纵向关系总体原则，更重要的是，要完善和充实宪法中涉及纵向关系特别是职权划分的总体原则的规定。1949 年《中国人民政治协商会议共同纲领》规定：“中央人民政府与地方人民政府间职权的划分，应按照各项事务的性质，由中央人民政府委员会以法令加以规定，使之既利于国家统一，又利于因地制宜。”这一规定应当继承发扬。

所谓中央和地方国家机构职权的划分，首先是从宪法层面上规定中央与地方国家机构事务的管理原则或明确各自拥有的职权范围。

纵向关系的比较研究表明，许多国家是将纵向关系，包括政府权限划分的原则，作为重大问题在宪法中予以规范的。

在联邦制国家，一般由联邦宪法规定联邦与联邦成员的分权原则，除《美利坚合众国宪法》修正案第 10 条规定将宪法未授予联邦的权力保留给各州以外，其他联邦制国家，如《瑞士联邦宪法》第 3 编“联邦、州和市镇”第 1 章“联邦和各州的关系”第 1 节“联邦和各州的任务”，规定联邦应履行宪法规定的任务，各州在权限范围内履行规定的任务；联邦只承担各州不能履行或需要由联邦统一规定的任务。

也有不少单一制国家规定了纵向关系，如根据《印度尼西亚共和国宪法》第 18 条之一规定，中央政府与省政府、县政府、市政府以及省政府与县政府或市政府的关系，由法律在尊重各地区特殊性和多样性的基础上规定。[①]

纵向府际关系首先要符合宪法规范的原则和国家政权组织的制度安排。1982 年修改《中华人民共和国宪法》时，鉴于"中央和地方的职权如何划分是一个大问题，在这方面我们还没有经验，还要经过很长一段时间的实践"，[②]所以，规定得比较原则，没有从宪法的高度对职权划分作出明确、清晰的界定。经过 40 多年的实践探索和经验总结，现在，应当到了可以考虑对该条规定进行修改和完善的时候了。

为了更好发挥宪法在治国理政中的重要作用，可以在《中华人民共和国宪法》文本上，原则界定纵向关系特别是中央与地方的关系，在宪法层面确立纵向关系的基本原则，解决纵向关系的法源问题。其中，中央事权可以不在《中华人民共和国宪法》中规定或规定得原则一些：除适量简单列举国防、外交、国家安全等事务为中央专有事权外，《中华人民共和国宪法》对其他中央事权可只作原则性保留的规定。同时，明确地方事权行使应以不损害国家制度统一、市场统一、政治稳定和其他地区利益为原则。

另外，《中华人民共和国香港特别行政区基本法》和《中华人民共和国澳门特别行政区基本法》是我国重要的宪法相关法。特别行政区制度本来应该是由《中华人民共和国宪法》规定的基本政治制度，但 1982 年修改《中华人民共和国宪法》时，"一国两制"方针虽已提出，但宪法还来不及对未来的特别行政区制度作出规定，只是在第 31 条规定国家在必要时得设立特别行政区，而将特别行政区内实行的制度留待基本法作出规定。现在，两个基本法制定了 30 多年，它们与《中华人民共和国宪法》共同构成处理中央与特别行政区纵向府际关系的宪制基础。因此，将来修改宪法时，可以考虑将"一国两制"方针和特别行政区制度纳入其中，明确香港特别行政区和澳门特别行政区是"中华人民共和国一个享有高度自治权的地方行政区域，直辖于中央人民政府"；"全国人大授权特别行政区依照基本法的规定实行高度自治，享有行政管理权、立法权、独立的司法权和终审权"。

2. 不断健全和完善纵向关系相关法律法规

《中华人民共和国宪法》对纵向府际关系的核心要素作了原则性的规定，进一步的规定只能留给国家立法机关。考察评估《中华人民共和国宪法》第 3 条第 4 款的实施情况，不仅要看这些核心要素是否载入了相关法

---

① 参见孙谦、韩大元主编：《〈世界各国宪法〉分解资料丛书 · 地方制度》，中国检察出版社 2013 年版，第 184 页。

② 蔡定剑：《宪法精解》，法律出版社 2006 年版，第 175 页。

律，还要看相关法律是否充分体现了这一原则，是否在纵向关系“有法可依”上有所作为。

目前我国已初步形成了以宪法有关规定、《中华人民共和国立法法》、《地方组织法》为主体的一般性纵向关系法律法规，以及以《中华人民共和国民族区域自治法》、港澳基本法为代表的特殊性纵向关系法律法规，同时面临健全和完善纵向关系相关法律法规的问题。

朱丘祥认为，“中央向地方下放了相当多的经济、文化及社会管理方面的事务性权力；然而，中央下放权力基本上是以党中央和国务院政策的形式实行的，以法律的形式规范分权的比重还非常低”。① 秦前红提出，中央与地方分权及地方自治问题是典型的宪法问题，应在现有宪法框架内，运用法治手段、民主手段以及努力实现信息沟通途径的畅通来加以解决。② 张艳认为，中央与地方关系是当前中国法治建设的重要命题。传统的、单一的行政途径不仅不能有效解决我国中央与地方的关系，反而使中央与地方关系的发展陷入了困境。走出这一法治困境的关键在于实现中央与地方关系的法治化。为了推进我国中央与地方关系的法治化，应当以坚持法律保留原则为重心，不断完善相应的权限划分机制、权力监督机制等。③

纵向府际关系必须以法律为基本规范方式，发挥宪法、法律固根本、稳预期、利长远的作用，保证纵向府际关系的相对稳定性和连续性，同时，明确建立与事权相匹配的财政制度。

从立法引领、推动纵向府际关系改革的视角，健全和完善相关法律法规的规定，当出现以下情况时，可考虑启动相关法律法规的制定或修改：

第一，党中央作出的改革决策提出相关要求时，应及时制定或修改纵向府际关系相关法律、法规的规定。如党的十八届四中全会审议通过《中共中央关于全面推进依法治国若干重大问题的决定》提出，明确地方立法权限和范围，依法赋予设区的市地方立法权。为此，2015 年 3 月 15 日十二届全国人大三次会议修改《中华人民共和国立法法》，明确设区的市级人大及其常委会，有权对城乡建设与管理、环境保护、历史文化保护等方面的事项，制定地方性法规。

第二，经济社会发展和全面深化改革提出制定或修改相关法律、法规

① 朱丘祥：《中央与地方行政分权的转型特征及其法治走向》，载《政治与法律》2009 年第 11 期。

② 参见秦前红：《简评宪法文本关于中央与地方关系的制度安排》，载《河南省政法管理干部学院学报》2007 年第 6 期。

③ 参见张艳：《我国中央与地方关系的法治困境与出路》，载《内蒙古大学学报（哲学社会科学版）》2008 年第 4 期。

要求时,法律、法规要及时制定、修改。如此前,为适应国家机构改革和地方经济社会发展的需要,1979 年 7 月 1 日五届全国人大二次会议通过的《地方组织法》,已经过 5 次修改;第 6 次修改于 2022 年 3 月 11 日经十三届全国人大五次会议通过,涉及纵向府际关系的主要内容包括:一是明确坚持党的领导和地方人大、地方政府工作的指导思想和原则;二是完善地方人大及其常委会的职权;三是完善地方政府职权和工作制度;四是明确街道办事处的职责和基层政府与基层群众性自治组织的关系。

第三,有些纵向府际关系改革决策需要法律确认、保障的,法律要及时予以确认。如国务院下放的行政审批事项,有的是法律设定的,经国务院提请,对相关法律进行了修改。如 2015 年 12 月十二届全国人大常委会第十八次会议对《中华人民共和国高等教育法》的修改,将 1998 年《中华人民共和国高等教育法》第 29 条中"设立高等学校由国务院教育行政部门审批,其中设立实施专科教育的高等学校,经国务院授权,也可以由省、自治区、直辖市人民政府审批;设立其他高等教育机构,由国务院授权的有关部门或者省、自治区、直辖市人民政府审批。对不符合规定条件审批设立的高等学校和其他高等教育机构,国务院教育行政部门有权予以撤销"的规定,修改为"设立实施本科及以上教育的高等学校,由国务院教育行政部门审批;设立实施专科教育的高等学校,由省、自治区、直辖市人民政府审批,报国务院教育行政部门备案;设立其他高等教育机构,由省、自治区、直辖市人民政府教育行政部门审批。审批设立高等学校和其他高等教育机构应当遵守国家有关规定"。

第四,对纵向府际关系改革条件不成熟而改革实践又迫切需要的,要以按照法定程序作出特别授权的方式进行先行先试。全国人大常委会顺应改革发展的需要,就行政管理等领域的特定事项多次授权国务院,在一定期限内在部分地方暂时调整或暂时停止适用法律的部分规定以及进行地方试点工作。如 2019 年 10 月 26 日十三届全国人大常委会第十四次会议通过《关于授权国务院在自由贸易试验区暂时调整适用有关法律规定的决定》,授权国务院在自由贸易试验区暂时调整适用有关法律规定,目的是"进一步优化营商环境,激发市场活力和社会创造力,加快政府职能转变"。即为"证照分离"改革试点顺利实施,提供法律依据。

党的十八届四中全会对推进中央与地方责权纵向配置法治化提出明确要求,要"推进各级政府事权规范化、法律化,完善不同层级政府特别是中央和地方政府事权法律制度"。中共中央印发的《法治中国建设规划(2020—2025 年)》提出,到 2035 年,法治国家、法治政府、法治社会基本建成,中国特色社会主义法治体系基本形成,国家治理体系和治理能力现代化基本实现。

纵向府际关系是国家治理体系的重要内容。在我国,逐步实现制度化分权,要逐步强化法律、法规在纵向府际关系中的规范和保障作用,建立中央与地方关系的稳定预期。要实现上述目标,有两种思路:一是分散立法思路。完善有关法律制度,明确相应的纵向职权归属。以宪法确立的职权划分原则为指导,在出台各领域财政事权和支出责任划分基础上,通过立改废等多种形式,在各相关单行法律或行政法规中具体规定该领域事务的职权的具体划分。二是集中立法思路。类似《俄罗斯联邦地方自治组织一般原则法》的立法模式,统一出台全面规范中央与地方关系的宪法相关法。

根据党的十八届四中全会审议通过的《中共中央关于全面推进依法治国若干重大问题的决定》的要求,2016 年《国务院关于推进中央与地方财政事权和支出责任划分改革的指导意见》提出,在 2019 ~ 2020 年,"及时总结改革成果,梳理需要上升为法律法规的内容,适时制修订相关法律、行政法规,研究起草政府间财政关系法,推动形成保障财政事权和支出责任划分科学合理的法律体系"。

但迄今为止,"政府间财政关系法"尚未列入全国人大常委会立法规划,期待在十四届全国人大常委会立法规划中能够列入。在此之前,可以采取先完善各领域有关立法的办法;在出台"政府间财政关系法"基础上,逐步积累经验,再出台一部综合性的"政府间纵向关系法"。

此外,国务院要落实《中华人民共和国宪法》第 89 条第 4 项中"规定中央和省、自治区、直辖市的国家行政机关的职权的具体划分"的职责,在国务院各部门全面系统划分各自领域事权的基础上,通过制定或修订行政法规特别是关于各领域主干法律的实施条例或实施办法加以确认;全国人大及其常委会制定、修改相关法律,要确认相关领域中央与地方事权划分改革的有关内容。

各省级和设区的市级人大及其常委会和地方政府要及时推动将地方各级政府间的事权划分相关制度以地方性法规、地方政府规章的形式规定,加强法治化、规范化建设,确保行政权力在法律和制度的框架内运行。

通过上述努力,争取到 2035 年前,能够形成以宪法有关规定和相关党内法规为指导,以"政府间纵向关系法"为主体,以《中华人民共和国立法法》、《地方组织法》、《中华人民共和国民族区域自治法》和两个特别行政区基本法等法律规定为基础,以"政府间财政关系法"为支撑,包括宪法有关规定、法律、行政法规、地方性法规和规章在内的政府间纵向关系的法律规范基本框架。

3. 全面实施纵向关系的法律规范

《中华人民共和国宪法》序言要求的"维护宪法尊严、保证宪法实施",在纵向府际关系中的表现,就是《中华人民共和国宪法》和宪法相关法中的纵向府际关系规范得到全面、良好、充分的贯彻落实,解决纵向府际关系"有法必依"的问题。

纵向府际关系中的问题,除了立法不健全不完善外,一些政府职权执行不规范,也是一个重要方面。

我国政府间纵向关系中,"有些领域事权划分比较明晰,但执行中有时变形走样,例如,经济总量平衡、全国市场统一等宏观调控权集中在中央,但实践中部分地方政府基于地方利益变通落实中央政策的情况难以绝迹,影响了宏观调控效果"。又如,"按照税收法定、税制统一原则,除个别中央授权事项外,税收立法权、税政管理权集中在中央,但一些地方在未取得授权情况下,越权制定减免税政策,或通过财政返还等方式变相实行税收优惠,干扰地区间要素自由流动和资源有效配置,不利于维护全国统一市场"。①

例如,2014 年 11 月 27 日国务院印发《关于清理规范税收等优惠政策的通知》,要求统一税收政策制定权限、规范非税等收入管理、全面清理规范税收等优惠政策,凡违法违规或影响公平竞争的政策,都要纳入清理规范的范围。但该通知下发执行时,遇到一些困难和阻力,为此,2015 年 5 月国务院印发《关于税收等优惠政策相关事项的通知》,就 2014 年国务院《关于清理规范税收等优惠政策的通知》中涉及的相关事项作出安排。该通知主要内容:一是重申国家统一制定的税收等优惠政策要逐项落实到位。二是各地区各部门已经出台的优惠政策,有规定期限的按规定期限执行;没有规定期限又确需调整的由地方政府和相关部门按照把握节奏、确保稳妥的原则设立过渡期,在过渡期内继续执行。三是各地与企业已签订合同中的优惠政策,继续有效;对已兑现的部分,不溯及既往。四是各地区、各部门今后制定出台的新的优惠政策,除法律、行政法规已有规定事项外,涉及税收或中央批准设立的非税收入的,应报国务院批准后执行;其他由地方政府和相关部门批准后执行。其中安排支出一般不得与企业缴纳的税收或非税收入挂钩。同时,明确上述《国务院关于清理规范税收等优惠政策的通知》规定的专项清理工作待今后另行部署后再进行。

---

① 楼继伟:《推进各级政府事权规范化法律化》,载《人民日报》2014 年 12 月 1 日,第 7 版。

对此，各级地方政府要树立全局意识，破除本位主义和地方保护主义，维护好市场统一，强化执行职责，守土有责、守土尽责，严格依法行政，认真贯彻中央决策部署。

4. 加强对纵向府际关系法律规范实施的监督

加强对纵向府际关系法律规范实施的监督，备案审查是重要着力点。

早在1981年11月26日全国人大常委会《关于授权广东省、福建省人民代表大会及其常务委员会制定所属经济特区的各项单行经济法规的决议》中，就规定各项单行经济法规，要报全国人大常委会和国务院备案。

1982年《中华人民共和国宪法》规定地方性法规报全国人大常委会备案，自治州、自治县的自治条例、单行条例在报省级人大常委会批准后生效，并报全国人大常委会备案。根据2000年《中华人民共和国立法法》，如认为行政法规、地方性法规、自治条例和单行条例同宪法或法律相抵触，五类特定机关可以向全国人大常委会书面提出进行审查的要求；其他国家机关和社会团体、企业事业组织以及公民，可向全国人大常委会书面提出进行审查的建议。此即一般认为的"被动审查"。

2004年全国人大常委会法制工作委员会设立法规备案审查室，同时，陆续制定完善关于备案审查的工作办法，使备案审查工作有章可循。2015年修改的《中华人民共和国立法法》增加规定，有关的专门委员会和常委会工作机构可对报送备案的规范性文件进行"主动审查"；全国人大有关的专门委员会和常委会工作机构按规定要求，将审查、研究情况向提出审查建议的国家机关、社会团体、企业事业组织以及公民反馈，并可以向社会公开。

党的十八大以来，全国人大常委会法制工作委员会在全国人大常委会领导下，与全国人大有关机构密切配合，遵循宪法和法律规定，进一步加大对报备地方性法规、特别行政区法律等的审查工作力度，加强备案审查制度建设，备案审查工作取得以下新进展：一是，把所有涉及纵向府际关系的规范性文件纳入审查范围。包括报全国人大常委会备案的行政法规，报全国人大常委会备案的省级人大及其常委会制定的地方性法规，由省级人大常委会报全国人大常委会备案的设区的市级人大及其常委会制定的地方性法规，由省级人大常委会报全国人大常委会备案的自治州、自治县的人大制定的自治条例和单行条例等。二是，在备案审查基础上，逐步推进合宪性审查工作。

党的十八大以后，全国人大常委会法制工作委员会成立了宪法室，为全国人大常委会的备案审查和全国人大宪法和法律委员会的合宪性审查等提供服务保障。按照加强宪法实施和监督、推进合宪性审查工作等要求，2018 年 6 月 22 日十三届全国人大常委会第三次会议通过《全国人民代表大会常务委员会关于全国人民代表大会宪法和法律委员会职责问题的决定》，明确宪法和法律委员会在继续承担统一审议法律草案等工作的基础上，增加推动宪法实施、开展宪法解释、推进合宪性审查、加强宪法监督、配合宪法宣传等工作职责。

备案审查是法律实施监督的基础性工作，而合宪性审查是强化宪法监督、维护宪法权威的重要方式。合宪性审查与备案审查大致有以下区别：

一是主要标准不同。前者审查法律、法规和其他规范性文件是否违背宪法规定、宪法原则或宪法精神；后者主要审查法规、司法解释和其他规范性文件是否违背法律规定、与党中央的重大决策部署是否相符或与国家的重大改革方向是否一致以及是否存在明显不适当；对备案审查中涉宪性、合宪性问题，要以宪法为依据。

二是主体不同。前者为全国人大及其常委会。其中，对法规及其他有关规范性文件中涉及宪法的问题，由全国人民代表大会宪法和法律委员会、全国人大常委会法制工作委员会主动进行合宪性审查研究，提出书面审查研究意见，并及时反馈制定机关。[①] 后者主要但不限于全国人大常委会。

三是方式不同。前者分事先审查和事后审查方式。后者采取依职权审查、依申请审查、移送审查、专项审查等方式进行，主要是事后审查。

但二者目标是一致的，都是为了保证中央令行禁止，保障宪法法律实施，维护宪法法律尊严，维护国家法制统一，保护公民合法权益。

当然，备案审查与合宪性审查也存在一些关联点，如备案审查中涉及宪法问题，就是涉宪性、合宪性审查。

自 2017 年以来，全国人大常委会法制工作委员会每年向全国人大常委会作备案审查工作情况的报告，其中披露了一些典型案例。

对地方性法规的备案审查，如根据 2016 年浙江省 1 位公民提出的审查建议，全国人大常委会法制工作委员会对有关地方性法规在法律规定之外增设"扣留非机动车并托运回原籍"的行政强制的问题进行审查研究并提出意见，相关地方性法规已于 2017 年 6 月修改。

对地方性法规的涉宪性、合宪性审查，如甘肃省和内蒙古自治区的相关地方性法规规定，因调查交通事故案件需要，公安机关交通管理部门可

---

① 参见《法规、司法解释备案审查工作办法》。

以查阅或复制交通事故当事人通讯记录；有关单位应及时、如实、无偿提供，不得伪造、隐匿、转移、销毁。在这两个地方，发生交通事故后，警方调取司机通讯记录的情形时有发生。根据《中华人民共和国道路交通安全法实施条例》的规定，驾驶机动车不得有拨打接听手持电话、观看电视等妨碍安全驾驶的行为。查阅通讯记录，为交警调查提供了便利。

全国人大常委会法制工作委员会经审查认为："该规定不符合保护公民通信自由和通信秘密的原则和精神；对公民通信自由和通信秘密保护的例外只能是在特定情形下由法律作出规定，有关地方性法规所作的规定已超越立法权限。"①

根据《中华人民共和国宪法》第 40 条的规定，除因国家安全或者追查刑事犯罪的需要，由公安机关（含国家安全机关）或检察机关依法对通信进行检查外，任何组织或个人不得以任何理由侵犯公民的通信自由和通信秘密。显然，省级地方人大常委会不在此列。同时，交通事故案件，一般是行政违法案件而非刑事犯罪案件。

2019 年 2 月，全国人大常委会法制工作委员会作出"涉及公民通信自由及通信秘密，缺乏法律依据"的结论，向两地人大常委会发出审查意见督促纠正。有关规定已经修改。

又如，2021 年国务院有关主管部门对有的民族自治地方民族教育条例等法规提出合宪性审查建议，认为条例中的有关规定存在合宪性问题，不利于促进民族交往交流交融。全国人大常委会法制工作委员会经审查认为，"宪法和有关法律已对推广普及国家通用语言文字作出明确规定，包括民族地区在内的全国各地区应当全面推行国家通用语言文字教育教学，有关法规中的相关内容应予纠正。经沟通，制定机关已废止有关法规"。②

按照党的二十大"完善和加强备案审查制度"的要求，要加强备案审查制度体系建设。一是，把所有规范性文件，特别是行政法规、地方性法规、自治条例、单行条例等纳入备案审查范围，实行有件必备、有备必审、有错必究。二是，有关机关发现规范性文件可能存在合法性、合宪性问题的，应及时报告全国人大常委会或依法提请审查。三是，强化制度刚性运行。

① 沈春耀：《全国人民代表大会常务委员会法制工作委员会关于 2019 年备案审查工作情况的报告》（2019 年 12 月 25 日在第十三届全国人民代表大会常务委员会第十五次会议上），载《中华人民共和国全国人民代表大会常务委员会公报》2020 年第 1 号。

② 沈春耀：《全国人民代表大会常务委员会法制工作委员会关于 2021 年备案审查工作情况的报告》（2021 年 12 月 21 日在第十三届全国人民代表大会常务委员会第三十二次会议上），载《中华人民共和国全国人民代表大会常务委员会公报》2022 年第 1 号。

目前,对问题法规的处理主要由全国人大常委会法制工作委员会进行沟通、书面询问或提出书面审查研究意见,督促或约谈制定机关。

不断增强审查权威,对问题法规未及时予以修改、废止的,全国人大专门委员会、全国人大常委会法制工作委员会可依法向委员长会议提出予以撤销的议案、建议,由委员长会议决定提请全国人大常委会会议审议,由全国人大常委会行使对问题法规的撤销权。

同样,健全有关法律草案的合宪性审查制度和备案审查工作中的合宪性、涉宪性问题的审查制度,对纵向府际关系法律规范的实施和监督,具有重要意义。

2020 年,中共中央印发关于推进合宪性审查工作的指导性文件,对推进合宪性审查工作作出具体部署。

按照党的二十大报告提出的"加强宪法实施和监督"的要求,应建立健全相关制度,落实中央的指导意见。

2023 年 3 月十四届全国人大一次会议修改《中华人民共和国立法法》,在加强宪法实施和监督工作方面,明确了法律草案的说明、统一审议等环节和备案审查工作中的合宪性审查要求。

一是,对法律案中涉及的合宪性问题,全国人大宪法和法律委员会应在修改情况的汇报或审议结果报告中予以说明;法律草案的说明应包括涉及合宪性问题的相关意见。

二是,国务院、中央军委、国家监委、最高人民法院、最高人民检察院和各省级人大常委会认为行政法规、地方性法规、自治条例和单行条例同宪法或法律相抵触,或存在合宪性、合法性问题的,可以向全国人大常委会书面提出进行审查的要求;其他国家机关和社团、企事业组织及公民认为行政法规、地方性法规、自治条例和单行条例同宪法或法律相抵触的,可向全国人大常委会书面提出进行审查的建议。

按照党的二十大"加强宪法实施和监督"的要求和《中华人民共和国宪法》《中华人民共和国立法法》的规定精神,有关方面拟出台的法规规章、重要政策和重大措施,凡涉及宪法有关规定如何理解、如何实施、如何适用的,都应事先经过全国人大常委会合宪性审查,确保同宪法规定、宪法精神相符合。

总之,经过改革开放 40 多年的探索,我国建立并不断健全了纵向府际关系的体制机制。通过法治方式,让实践证明行之有效的政策和制度更加成熟更加定型,宪法确立的"两个积极性"作用的充分、持久、稳定发挥日益显现。

同时，也应当指出，我国宪法不仅要规范国家基本制度，解决纵向府际关系的国家建构问题，更重要的是要肩负起以中国式现代化全面推进中华民族伟大复兴的历史使命，纵向府际关系的处理要以怎样更好地实现现代化国家的目标为根本出发点和落脚点。

纵向府际关系改革和法治建构是一个动态调整、不断完善的过程。进入新时代新征程，要将依法治国、依法执政、依法行政贯穿发挥“两个积极性”全过程，推进各级组织、职权规范化、法治化，以完备的法律规范体系、高效的法治实施体系、严密的法治监督体系、有力的法治保障体系、完善的党内法规体系，确保纵向府际重大关系、重大制度、工作体系于事周延、于法有据、落实有力，而这必将助推国家治理体系和治理能力现代化的目标如期实现。

主要参考文献

一、著作

中共中央马克思恩格斯列宁斯大林著作编译局编译:《列宁全集》(第24卷),人民出版社2017年版。

中共中央马克思恩格斯列宁斯大林著作编译局编译:《列宁全集》(第46卷),人民出版社2017年版。

《毛泽东著作选读》(下册),人民出版社1986年版。

《周恩来选集》(下卷),人民出版社1984年版。

《周恩来统一战线文选》,人民出版社1984年版。

冷溶、汪作玲主编:《邓小平年谱(1975—1997年)》(上),中央文献出版社2004年版。

《邓小平文选》(第3卷),人民出版社1993年版。

《邓小平文选》(第2卷),人民出版社1994年版。

彭真:《论新时期的社会主义民主与法制建设》,中央文献出版社1989年版。

《江泽民文选》(第1卷),人民出版社2006年版。

《习近平谈治国理政》(第3卷),外文出版社2020年版。

黄彦编:《孙文选集》(中册),广东人民出版社2006年版。

广东省社会科学院历史研究室、中国社会科学院近代史研究所中华民国史研究室、中山大学历史系孙中山研究室合编:《孙中山全集》(第1卷),中华书局1981年版。

《张友渔文选》(下卷),法律出版社1997年版。

中共中央党史研究室:《中国共产党历史》(第2卷)(上册),中共党史出版社2011年版。

《中国共产党简史》,人民出版社、中共党史出版社2021年版。

王世杰、钱端升:《比较宪法》,中国政法大学出版社1997年版。

中国大百科全书总编辑委员会《政治学》编辑委员会等编:《中国大百科全书·政治学》,中国大百科全书出版社1992年版。

《宪法学》(马克思主义理论研究和建设工程重点教材),高等教育出版社、人民出版社2020年版。

乔晓阳主编:《〈中华人民共和国立法法〉导读与释义》,中国民主法制出版社2015年版。

陈嘉陵主编:《各国地方政府比较研究》,武汉出版社1991年版。

刁田丁主编:《中国地方国家机构概要》,法律出版社1989年版。

许崇德:《中华人民共和国宪法史》,福建人民出版社2003年版。

王名扬:《美国行政法》(上册),中国法制出版社1995年版。

李道揆:《美国政府与美国政治》,中国社会科学出版社1990年版。

刘向文:《俄国政府与政治》,台北,五南图书出版公司2002年版。

许崇德主编:《各国地方制度》,中国检察出版社1993年版。

许崇德主编:《宪法学》(第5版)(21世纪法学系列教材),中国人民大学出版社2014年版。

许崇德主编:《中国宪法》(修订本),中国人民大学出版社1996年版。

何华辉:《比较宪法学》,武汉大学出版社1988年版。

胡锦光、韩大元:《中国宪法》(第4版),法律出版社2018年版。

韩大元、莫纪宏主编:《外国宪法判例》,中国人民大学出版社2005年版。

林尚立:《国内政府间关系》,浙江人民出版社1998年版。

张千帆:《宪法学导论:原理与应用》,法律出版社2004年版。

蔡定剑:《宪法精解》,法律出版社2006年版。

文政:《中央与地方事权划分》,中国经济出版社2008年版。

[德]柯武刚、史漫飞:《制度经济学》,韩朝华译,商务印书馆2000年版。

郑永年:《中国的"行为联邦制":中央—地方关系的变革与动力》,邱道隆译,东方出版社2013年版。

周振鹤主编:《中国行政区划通史·总论、先秦卷》,复旦大学出版社2009年版。

孙谦、韩大元主编:《〈世界各国宪法〉分解资料丛书·行政机关》,中国检察出版社2013年版。

孙谦、韩大元主编:《〈世界各国宪法〉分解资料丛书·立法机构与立法制度》,中国检察出版社2013年版。

孙谦、韩大元主编:《〈世界各国宪法〉分解资料丛书·司法机构与司法制度》,中国检察出版社2013年版。

孙谦、韩大元主编:《〈世界各国宪法〉分解资料丛书·地方制度》,中国检察出版社2013年版。

孙谦、韩大元主编:《〈世界各国宪法〉分解资料丛书·宪法实施的保障》,中国检察出版社 2013 年版。

《德国州宪全译》,祝捷、向雪宁、江易、姚聪慧译,人民出版社 2017 年版。

北京大学法律系宪法教研室、资料室编:《宪法资料选编》(第 1 辑),北京大学出版社 1982 年版。

北京大学法律系宪法教研室、资料室编:《宪法资料选编》(第 2 辑),北京大学出版社 1982 年版。

辛向阳:《大国诸侯:中国中央与地方关系之结》,中国社会出版社 1995 年版。

薄贵利:《中央与地方关系研究》,吉林大学出版社 1991 年版。

董翔飞:《地方自治与政府》,台北,五南图书出版公司 1982 年版。

童之伟:《国家结构形式论》(第 2 版),北京大学出版社 2015 年版。

孙隆基:《中国文化的深层结构》,中信出版社 2015 年版。

谢庆奎等:《中国政府体制分析》,中国广播电视出版社 1995 年版。

谢庆奎、杨宏山:《府际关系的理论与实践》,天津教育出版社 2007 年版。

吕育诚:《地方政府管理:结构与功能的分析》,台北,元照出版有限公司 2006 年版。

张千帆:《国家主权与地方自治》,中国民主法制出版社 2012 年版。

赵永茂、孙同文、江大树主编:《府际关系》,台北,元照出版有限公司 2001 年版。

王绍光、胡鞍钢:《中国国家能力报告》,辽宁人民出版社 1993 年版。

王建学:《作为基本权利的地方自治》,厦门大学出版社 2010 年版。

王振民:《中央与特别行政区关系:一种法治结构的解析》,三联书店(香港)有限公司 2014 年版。

郭殊:《中央与地方关系的司法调控研究》,北京师范大学出版社 2010 年版。

张志红:《当代中国政府间纵向关系研究》,天津人民出版社 2005 年版。

[美]汉密尔顿、杰伊、麦迪逊:《联邦党人文集》,程逢如等译,商务印书馆 1980 年版。

[法]孟德斯鸠:《论法的精神》(上册),张雁深译,商务印书馆 1959 年版。

[法]托克维尔:《论美国的民主》(上卷),董果良译,商务印书馆 1997 年版。

杨宏山:《府际关系论》,中国社会科学出版社 2005 年版。

[英]密尔:《代议制政府》,汪瑄译,商务印书馆 1982 年版。

[瑞士]J. 布莱泽:《地方分权——比较的视角》,肖艳辉、袁朝晖译,中国方正出版社 2009 年版。

Conseil de l'Europe, *Structure et Fonctionnement de la Démocratie Locale et Régionale*, *France Situation en* 1997, Conseil de l'Europe Publications, 1998.

European Institute of Public Administration – European Center for the Regions, *Division of Powers between the European Union, the Member States and Regional and Local Authorities*, © European Union, 2012.

Council of Europe, *Structure and Operation of Local and Regional Democracy*, *Germany Situation in* 1998, Council of Europe Publishing, 1999.

Council of Europe, *Structure and Operation of Local and Regional Democracy*, *United Kingdom Situation in* 1999, Council of Europe Publishing, 2000.

Council of Europe, *Structure and Operation of Local and Regional Democracy*, *Spain Situation in* 1997, Council of Europe Publishing, 1997.

The Routledge Dictionary of Politics, 3th edition, Taylor & Francis Press, 2004.

The Blackwell Dictionary of Political Science, Blackwell Publishing Ltd., 1999.

Jonathan Law and Elizabeth A. Martin, *Oxford Dictionary of Law*, Oxford University Press, 2009.

David Crystal, *Cambridge Encyclopedia*, Cambridge University Press, 2000.

David L. Sills, Robert K. Merton, *International Encyclopedia of the Social Science*, Volume 9 – 10, Macmillan, 1968.

薛波主编:《元照英美法词典》,法律出版社 2003 年版。

[日]日本国自治体国际化协会编:《日本的地方自治》(2019 年改订中文本),日本国自治体国际化协会(CLAIR)2020 年版。

Ronald L. Watts, *Comparing Federal Systems*, McGill – Queen's University Press, 2008.

Philip Lynch & Paul Fairclough, *UK Government & Politics*, Hodder Education,2013.

[美]哈特向:《地理学性质的透视》,黎樵译,商务印书馆 1963 年版。

[美]马格莱比、莱特:《民治政府:美国政府与政治》(第 23 版 · 中国版),吴爱明、夏宏图编译,中国人民大学出版社 2014 年版。

[美]理查德 · 宾厄姆等:《美国地方政府的管理:实践中的公共行政》,九州译,北京大学出版社 1997 年版。

万鹏飞、白智立主编:《日本地方政府法选编》,北京大学出版社 2009 年版。

James E. Fleming, Jacob T. Levy, *Federalism and Subsidiarity*, New York University Press, 2014.

[美]杰罗姆 · 巴伦、托马斯 · 迪恩斯:《美国宪法概论》,刘瑞祥等译,中国社会科学出版社 1995 年版。

Marc Landy, Sidney M. Milkis, *American Government: Balancing Democracy and Rights*, McGraw Hill, 2003.

Theodore J. Lowi, Benjamin Ginsberg & Kenneth A. Shepsle, *American Government: Freedom and Power*, Norton & Company,2006.

George C. Edwards Ⅲ, Martin P. Wattenberg & William G. Howell, *Government in America: People, Politics and Policy* (2016 *Presidential Election Edition*, 17th ed.), Pearson Press, 2016.

Cal Jillson, *American Government: Political Development and Institution Change*, Taylor & Francis Group,2015.

[美]沃尔特 · E. 弗克默尔:《美国政府》,汪威译,上海社会科学院出版社 2016 年版。

[奥]凯尔森:《法与国家的一般理论》,沈宗灵译,商务印书馆 2017 年版。

Lynne E. Ford, Barbara A. Bardes, Steffen W. Schmidt & Mack C. Shelley, *American Government and Politics Today*, 18th ed., Cengage Learning,2018.

James Q. Wilson, John J. DiIulio, Jr., Meena Bose, Matthew Levendusky, *American Government: Institutions and Policies*, 16th ed., Cengage Learning,2019.

Ann O'M. Bowman & Richard C. Kearneg, *State and Local Government: The Essentials*, Houghton Mifflin Press,2000.

James Q. Wilson & John J. DiIulio, Jr. , *American Government: The Essentials*, *Cengage Learning*, 2008.

Joseph E. Zimmerman, *Contemporary American Federalism: The Growth of National Power*, Praeger, 1992.

[日]盐野宏:《行政组织法》,杨建顺译,北京大学出版社 2008 年版。

[韩]金东熙:《行政法 Ⅱ》(第 9 版),赵峰译,中国人民大学出版社 2008 年版。

[德]康拉德·黑塞:《联邦德国宪法纲要》,李辉译,商务印书馆 2007 年版。

[德]施密特-阿斯曼等:《德国行政法读本》,于安等译,高等教育出版社 2006 年版。

董礼胜:《欧盟成员国中央与地方关系比较研究》,中国政法大学出版社 2000 年版。

二、论文或资料

王沪宁:《中国变化中的中央和地方政府的关系:政治的含义》,载《复旦学报(社会科学版)》1988 年第 5 期。

《关于中国的地方分权问题——在国际宪法学协会圆桌会议上的发言》,载《张友渔文选》(下卷),法律出版社 1997 年版。

中共中央文献研究室编:《建党以来重要文献选编》(1921 - 1949)(第 1 册),中央文献出版社 2011 年版。

中共中央文献研究室编:《建国以来重要文献选编》(第 9 册),中央文献出版社 2011 年版。

谢庆奎:《中国政府的府际关系研究》,载《北京大学学报(哲学社会科学版)》2002 年第 1 期。

阿沛·阿旺晋美:《关于〈中华人民共和国民族区域自治法(草案)〉的说明》,载全国人大常委会办公厅研究室编:《中华人民共和国人民代表大会文献资料汇编(1949 ~ 1990)》,中国民主法制出版社 1991 年版。

王晨:《关于〈中华人民共和国地方各级人民代表大会和地方各级人民政府组织法(修正草案)〉的说明——2022 年 3 月 5 日在第十三届全国人民代表大会第五次会议上》,载《中华人民共和国全国人民代表大会常务委员会公报》2022 年第 2 号。

沈春耀:《全国人民代表大会常务委员会法制工作委员会关于 2019 年备案审查工作情况的报告》(2019 年 12 月 25 日在第十三届全国人民代表

大会常务委员会第十五次会议上),载《中华人民共和国全国人民代表大会常务委员会公报》2020 年第 1 号。

沈春耀:《全国人民代表大会常务委员会法制工作委员会关于 2021 年备案审查工作情况的报告》(2021 年 12 月 21 日在第十三届全国人民代表大会常务委员会第三十二次会议上),载《中华人民共和国全国人民代表大会常务委员会公报》2022 年第 1 号。

乔晓阳:《地方立法要守住维护法制统一的底线》,载《法治与社会》2015 年第 11 期。

刘昆:《我国的中央和地方财政关系》,载《中国人大》2020 年第 16 期。

楼阳生:《健全充分发挥中央和地方两个积极性体制机制》,载《人民日报》2019 年 12 月 5 日,第 9 版。

楼继伟:《推进各级政府事权规范化法律化》,载《人民日报》2014 年 12 月 1 日,第 7 版。

苏力:《当代中国的中央与地方分权——重读毛泽东〈论十大关系〉第五节》,载《中国社会科学》2004 年第 2 期。

韩大元:《中国司法制度的宪法构造》,载《中国人民大学学报》2009 年第 6 期。

杨小云:《试论协调中央与地方关系的路径选择》,载《中国行政管理》2002 年第 3 期。

郑永年、王旭:《论中央地方关系中的集权和民主问题》,载《战略与管理》2001 年第 3 期。

林尚立:《重构府际关系与国家治理》,载《探索与争鸣》2011 年第 1 期。

杨兴林:《单一制国家结构视角下的大国治理》,载《学习论坛》2018 年第 12 期。

石佑启、邓搴:《论法治视野下行政权力纵向上的合理配置》,载《南京社会科学》2015 年第 11 期。

熊文钊:《处理央地关系的原则》,载《瞭望新闻周刊》2005 年第 49 期。

王建学:《监察机关立法权纵向配置研究——基于地方试点的视角》,载《四川师范大学学报(社会科学版)》2020 年第 5 期。

郑毅:《建国以来中央与地方关系在宪法文本中的演变》,载《中国行政管理》2015 年第 4 期。

郑毅:《论中央与地方关系中的“积极性”与“主动性”原则——基于我国〈宪法〉第 3 条第 4 款的考察》,载《政治与法律》2019 年第 3 期。

王书成:《论纵向分权中的比例原则——以欧盟、联邦及单一制为考察对象》,载《重庆社会科学》2007 年第 5 期。

周黎安:《晋升博弈中政府官员的激励与合作——兼论我国地方保护主义和重复建设问题长期存在的原因》,载《经济研究》2004 年第 6 期。

荣敬本:《变“零和博弈”为“双赢机制”——如何改变压力型体制》,载《人民论坛》2009 年第 2 期。

鲁敏:《转型期政府间纵向关系的调适——从政府过程角度》,载《长白学刊》2011 年第 5 期。

郑毅:《试论我国处理中央与地方关系的八大原则》,载《岭南学刊》2010 年第 5 期。

刘海波:《中央与地方政府间关系的司法调节》,载《法学研究》2004 年第 5 期。

熊文钊:《论中国中央与地方府际权力关系的重构》,载《河北法学》2005 年第 9 期。

祝灵君:《着力发挥社会主义制度“坚持全国一盘棋”显著优势》,载《学习时报》2020 年 2 月 12 日,第 1 版。

王世涛:《论单一制中国的财政联邦制:以中央与地方财政关系为视角》,载《北方法学》2010 年第 5 期。

马岭:《我国单一制国家结构形式的特点》,载《河南财经政法大学学报》2017 年第 6 期。

赵聚军:《行政区划手段的适度运用与纵向府际关系的平衡》,载《湛江师范学院学报》2011 年第 2 期。

魏治勋:《中央与地方关系的悖论与制度性重构》,载《北京行政学院学报》2011 年第 4 期。

[美]布莱恩·E. 亚当斯:《美国联邦制下的地方政府自治》,王娟娟、荣霞译,载《南京大学学报(哲学·人文科学·社会科学版)》2012 年第 2 期。

秦前红:《简评宪法文本关于中央与地方关系的制度安排》,载《河南省政法管理干部学院学报》2007 年第 6 期。

张艳:《我国中央与地方关系的法治困境与出路》,载《内蒙古大学学报(哲学社会科学版)》2008 年第 4 期。

王建学:《中央的统一领导:现状与问题》,载《中国法律评论》2018 年第 1 期。

应松年:《〈立法法〉关于法律保留原则的规定》,载《行政法学研究》

2000 年第 3 期。

沈荣华:《纵向行政体制改革:重点领域和思路选择》,载《行政管理改革》2010 年第 5 期。

王建学:《论地方政府事权的法理基础与宪法结构》,载《中国法学》2017 年第 4 期。

俞祺:《央地关系中的法律保留》,载《中国法学》2023 年第 2 期。

胡萧力、王锡锌:《基础性权力与国家“纵向治理结构”的优化》,载《政治与法律》2016 年第 3 期。

高国荣:《州在美国联邦体系中的地位和作用》,载《世界历史》1999 年第 6 期。

朱军:《单一制国家财政联邦制的“中央 – 地方”财政关系》,载《财经研究》2012 年第 6 期。

Edward Corwin, *The Passing of Dual Federalism*, Virginia Law Review 36(1950):4.

Vernon Bogdanor, *Sovereignty and Devolution: Guasi – Federalism?*, 3 Politics Review (2010).

刘松山:《区域协同立法的宪法法律问题》,载《中国法律评论》2019 年第 4 期。

李利民:《钱颖一:中国改革能走多远》,载《经济》2004 年第 1 期。

颜德如、岳强:《中国府际关系的现状及发展趋向》,载《学习与探索》2012 年第 4 期。

张千帆:《宪法变通与地方试验》,载《法学研究》2007 年第 1 期。

王贵松:《法院:国家的还是地方的》,载韩大元主编:《中国宪法事例研究》,法律出版社 2005 年版。

王建学:《地方各级人民法院宪法地位的规范分析》,载《法学研究》2015 年第 4 期。

秦倩、李晓新:《国家结构形式中的司法权配置问题研究》,载《政治与法律》2012 年第 10 期。

田芳:《行政区划宪法条款的解读:从“省管县”体制的推行说起》,载《现代法学》2008 年第 4 期。

王理万:《行政诉讼与中央地方关系法治化》,载《法制与社会发展》2015 年第 1 期。

王建学:《授权地方改革试点决定应遵循比例原则》,载《法学》2017 年第 5 期。

于文豪:《地方政府双重负责的宪法内涵》,载《中国法学》2021 年第 3 期。

干保柱、刘笑非:《日本地方分权改革与中央地方关系调适》,载《世界经济与政治论坛》2017 年第 3 期。

田芳:《国家纵向结构对公共卫生法制构建的影响:美国经验与教训》,载《兰州学刊》2021 年第 4 期。

韩奇:《市场化转型中的中央权威再造——基于中国中央—地方关系的考察》,载《科学社会主义》2021 年第 1 期。

鲁敏:《从行政性放权到制度化分权:中央与地方权力关系改革趋势分析》,载《理论导刊》2015 年第 2 期。

[美]托尼·赛奇、邵明阳:《盲人摸象:中国地方政府分析》,载《经济社会体制比较》2006 年第 4 期。

附录

主要图表目录